Victor Schultze

Geschichte des Untergangs des griechisch-römischen Heidentums

1. Band

Victor Schultze

Geschichte des Untergangs des griechisch-römischen Heidentums
1. Band

ISBN/EAN: 9783743663398

Hergestellt in Europa, USA, Kanada, Australien, Japan

Cover: Foto ©ninafisch / pixelio.de

Weitere Bücher finden Sie auf **www.hansebooks.com**

Geschichte des Untergangs des griechisch-römischen Heidentums

I.
Staat und Kirche im Kampfe mit dem Heidentum.

Von

Victor Schultze,
Professor an der Universität Greifswald.

Jena,
Hermann Costenoble.
1887.

Alle Rechte vorbehalten.

Vorwort.

Die Geschichte der alten Kirche ist die Geschichte einer aufgehenden und einer untergehenden Religion. Zwischen beiden besteht eine Beziehung, aber die Form dieser Beziehung war naturgemäß der Kampf.

Die erste Phase dieses Kampfes, in populärer Sprachweise als Geschichte der Christenverfolgungen bezeichnet, hat in der kirchengeschichtlichen Forschung und Darstellung fast ununterbrochen in hervorragender Weise Beachtung gefunden. Doch in demselben Maße ist der weitere Fortgang der Entwickelung, die in Konstantin d. Gr. ihre entscheidende Wendung nimmt, aus dem Gesichtskreis der theologischen Wissenschaft zurückgetreten. Nur von weitem und in ihren Umrißlinien wird diese bedeutsame Geschichte sichtbar. Denn es ist eine bedeutsame Geschichte, obschon nicht für die landläufige Auffassung, welche die Kirchengeschichte als theologische Geschichte versteht. In Wahrheit ist die Kirchengeschichte Welt- und Volksgeschichte und das Theologische an ihr nur eine Eigenschaft, nicht ihr Wesen.

Zwei französische Gelehrte, Beugnot und Chastel, haben das Verdienst, das bis dahin noch fast ganz unbekannte

Gebiet erschlossen zu haben. Jener hat den Untergang des Heidentums im Occident (Histoire de la destruction du Paganisme en Occident 1835), dieser im Orient (Histoire de la destruction du Paganisme dans l'empire de l'Orient 1850) in dem allgemeinen Gange und in manchen Einzelheiten verfolgt. Doch können beide Arbeiten angesichts der vorgeschrittenern Forschung und Erkenntnis nicht mehr genügen. Gerade an den wichtigsten Punkten sind sie überholt. Damit ist der Versuch gerechtfertigt, den Gegenstand von neuem zu behandeln.

Ich habe von vornherein darauf verzichtet, in allen Fällen mit abweichenden Meinungen mich auseinanderzusetzen. Mehr gilt mir immer das sicher gestellte Zeugnis der Quellen als jede Reflexion darüber.

Ich scheue das Geständnis nicht, bei der Ausarbeitung dieses Buches mehr von den Welthistorikern als den Kirchenhistorikern gelernt zu haben.

Der vorliegende erste Band behandelt die auf die Vernichtung des klassischen Heidentums gerichteten staatlichen und kirchlichen Anordnungen und Maßnahmen von Konstantin d. Gr. an bis zur Zeit Justinians. Der zweite abschließende Teil soll den Rückgang des Hellenismus in den verschiedenen Ländern und auf den wichtigeren Lebensgebieten aufzeigen.

Inhaltsverzeichnis.

	Seite
Einleitung	1

Erste Abteilung.

Beginn und Organisation des Kampfes	28
Erstes Kapitel. Konstantin der Große	28
Zweites Kapitel. Die Konstantinsöhne	68
Drittes Kapitel. Die Mitarbeit der Kirche	97

Zweite Abteilung.

Die heidnische Reaction unter Julian	123

Dritte Abteilung.

Wiederaufnahme und Fortführung des Kampfes	176
Erstes Kapitel. Die Restaurationsbestrebungen der Kaiser Jovian, Valens, Valentinian	176
Zweites Kapitel. Steigerung des Kampfes durch Gratian und Valentinian II.	209
Drittes Kapitel. Theodosius der Große	257
Viertes Kapitel. Die Kirche und das Heidentum	298
Fünftes Kapitel. Vollendung der Theodosianischen Religionspolitik	334

Vierte Abteilung.

	Seite
Der Ausgang des Kampfes	. 400
Erstes Kapitel. Die Kirche	400
Zweites Kapitel. Die Zeit Justinians .	434
Drittes Kapitel. Rückblick . .	450

Einleitung.

Das Christentum am Eingange des vierten Jahrhunderts.

Im Jahre 260 gab eine unglückliche Schlacht jenseits des Euphrats den Kaiser Valerianus in die Hand seines Gegners, des Sassaniden Schapur. Es war ein Ereignis von weittragender Bedeutung. Das Reich verlor einen kräftigen Herrscher, die Kirche einen rücksichtslosen Verfolger. Der Sohn und Erbe des gefangenen Kaisers, Gallienus, hatte nicht die Fähigkeit, das eine, und nicht den Willen, das andere zu sein, und die Folge war, daß unter ihm das Reich verdarb und die Kirche aufblühte.

Die Lage, in welche Gallienus bald nach seinem Regierungsantritte die Kirche brachte und erhielt, war nicht ohne Analogie vor ihm und ist nach ihm dieselbe geblieben bis zum Ausbruche der diokletianischen Verfolgung. Ihre Eigentümlichkeit besteht darin, daß die neue Religion durch das Gesetz ausgeschlossen, in Wahrheit aber in vollem oder beschränkterem Umfange geduldet wurde. Der Widerspruch, welchen diese Thatsache in sich trägt, ist weder diesem noch andern Herrschern, welche dieser Politik folgten, verborgen geblieben, aber nicht Jeder mochte oder konnte die eine der beiden allein möglichen Lösungen wagen, Anerkennung oder Ausrottung des Christentums.

Unter diesem eigentümlichen Kompromisse ersetzte die Kirche seit Galliens nicht nur rasch die Verluste, die sie unter Valerianus erlitten, sondern erweiterte auch in rühriger Arbeit und mit wachsendem Erfolge die Grenzen ihres Gebietes und festigte ihre innere Organisation. So gedieh sie zu dem blühenden Zustande, den ein Kirchenschriftsteller des vierten Jahrhunderts mit rühmenden Worten rhetorisch schildert.[1]) Die diokletianische Verfolgung hat, wie schwer sie auch einzelne Gebiete und Gemeinden traf, diesen Macht- und Besitzstand nicht wesentlich zu verändern vermocht. Sie war wie ein Schlag auf einen Ball, dessen Oberfläche sich wieder glättet, sobald der Druck aufhört. Die Tausende, die der Kirche im Oriente und sonst im Schrecken vor den Blutedikten verloren gingen, kehrten zurück, als diese außer Wirkung gesetzt wurden. Für den Westen trat außerdem schon nach kaum zwei Jahren mit der Abdankung Maximians eine Wendung zum Bessern ein, und Gallien und Britannien hielt Constantius Chlorus fast ganz außerhalb des Bereichs der Erschütterungen. Auch die östlichen Gemeinden, die länger und empfindlicher den Wechselfällen der Verfolgung ausgesetzt waren, erholten sich in kurzer Zeit wieder.

Die Beschaffenheit der Quellen verwehrt es leider, die Zahl der Christen im ganzen Reiche etwa im zweiten Dezennium des vierten Jahrhunderts mit einiger Sicherheit abzuschätzen. Bestimmte Daten, auf denen zu fußen wäre, fehlen. Nur hier und da treten deutlichere Umrisse hervor,

---

[1]) Euseb. H. E. VIII, 1.

Einleitung.

die unter den gegebenen Verhältnissen von um so größerem Werte sind.

Der eigenartige Boden, welchen in Nordafrika das Ineinandergreifen älterer und neuerer Kulturen geschaffen hatte, erwies sich in einer im Abendlande sonst beispiellosen Weise fruchtbar für das Christentum. Bereits am Ausgange des zweiten Jahrhunderts besaß dieses in Karthago, aber auch in der Landschaft, in allen Ständen zahlreiche feste Punkte[1]) und wußte mit einer Schnelligkeit und Sicherheit die gemeindliche Organisation durchzuführen, daß bereits in den ersten Jahrzehnten des dritten Jahrhunderts in der Proconsularis, in Numidien und Mauretanien über 70 geordnete Bistümer bestanden.[2]) Das lebhafte religiöse und theologische Interesse, welches diese Gemeinden bekunden und das in der wissenschaftlichen und populären Literatur nicht minder wie in kirchlichen Erscheinungen und Bewegungen zu Tage kommt[3]), zeigt die nordafrikanische Kirche auch in der

---

[1]) Einzelne Aussagen Tertullians, wie viel man auch von ihnen abzuziehen ein Recht hat, noch mehr seine Schriften, in ihren Voraussetzungen sowohl wie in ihren realen Angaben, sind das ausreichende Beweismaterial hierfür; auch auf die alten Märtyrerakten kann verwiesen werden.

[2]) Eine unter dem um die Wende des 2. und 3. Jahrh. lebenden karthagischen Bischofe Agrippinus gehaltene Synode versammelte nach einer Angabe Augustins (de baptismo II, 13) 70 Bischöfe, und dabei blieb die Provinz Mauretania unvertreten (Cyprian. Ep. 73 ed. Acad. Vind.) Cyprian redet (a. a. O.) allgemein von episcopi plurimi, doch widerspricht dieser Ausdruck nicht der obigen Zahlenangabe, da auch in den Sententiae episcoporum LXXXVII de haereticis baptizandis auf diese noch größere Zahl mit episcopi plurimi zurückgewiesen wird (Cyprian. opp. I. S. 435).

[3]) An einer vorcyprianischen Synode zu Lambesa beteiligten sich 90 Bischöfe (Cyprian. Ep. 59), i. J. 252 an einem karthagischen Konzil 66 (Cyprian. Ep. 64), an einem andern im Jahre 256 eben=

zweiten Hälfte jenes Jahrhunderts auf aufsteigender Bahn und macht erklärlich, daß im Jahre 330 die Donatisten allein eine Synode von 270 Bischöfen zusammenbringen konnten. Es dürfte demnach wohl die Summe der Bistümer vor dem Ausbruche des donatistischen Schismas, das vielfach doppelte Episkopate schuf, auf 200 abzuschätzen sein, was eine Zahl von mindestens 100,000 Christen, also ungefähr 2 Prozent der Gesammtbevölkerung — diese zu $8\frac{1}{2}$—9 Millionen gerechnet — ergeben würde.[1] Die Hauptmasse saß in der Proconsularis, die in kultureller Beziehung den übrigen Provinzen voranstand und die dichteste Bevölkerung hatte, und hier wiederum nahm Karthago, das im dritten Jahrhundert an Volksmenge und Reichtum allein von Rom übertroffen wurde und demnach eine Bevölkerung von über einer halben Million gehabt haben muß, die hervorragendste Stellung ein. Dann folgt Numidien, in dritter Reihe die beiden Mauretanien. Die Bistümer lagen fast ausnahmslos in den Städten des Landes; das Christentum trug also auch hier den städtischen Charakter, der ihm in den ersten Jahrhunderten überhaupt eignet. Doch liegt in der Geschichte des donatistischen Schismas ein deutlicher Hinweis,

daselbst 71 (Ep. 73) und an einem zweiten in demselben Jahre 87 (Cyprian. opp. 1 S. 435, wo die Namen und die Orte angegeben sind). In eben diesem Jahre erwähnt Cyprian in einem Briefe (Ep. 73) tot milia haereticorum in provinciis nostris ad ecclesiam conversi.

[1] Münter (Primordia ecclesiae Africanae, Hafniae 1829 S. 24) kommt auf anderem Wege zu dem Ergebnis, daß um das Jahr 200 die Zahl der Christen in Nordafrika gegen 100,000 betragen haben könne. Seine Abschätzung ist also eine ähnliche. Auch sei noch darauf hingewiesen, daß noch i. J. 484, also nach der vandalischen Verwüstung die Zahl der nordafrikanischen Bistümer mit Einschluß freilich der Cyrenaica, nach der Notitia provinciarum Africae (Böding, Not. dign. II S. 454) 297 betrug.

daß der neue Glaube auch in der Landbevölkerung weithin Eingang gefunden hatte.

Weit weniger günstig müßte die äußere Lage und die numerische Stärke der Kirche um diese Zeit in Spanien gewesen sein, wenn die nur von 19 Bischöfen und 24 Presbytern besuchte Synode zu Elvira im Jahre 305 oder 306 wirklich eine allgemeine spanische gewesen wäre. Die Wahl des Ortes im Süden der südlichsten Provinz und die fast ausschließliche Zusammensetzung der Versammlung aus Bischöfen der Bätica und der Tarraconensis weisen indeß davon ab. Trotzdem behalten die Akten einen Wert für unsere Untersuchung.[1]) Die scharfe Sprache, welche sie dem Heidentume gegenüber führen, das mannigfache Verflochtensein der christlichen Gesellschaft mit der heidnischen, das sie bezeugen, endlich die schweren sittlichen Schäden innerhalb des geistlichen und des weltlichen Standes, die sie zu strafen für notwendig erachten, sichern mit andern Einzelheiten[2]) die Existenz einer

---

[1]) Die Akten bei Gams, Die Kirchengeschichte von Spanien, 2. Bd. Regensburg 1864 S. 21 ff. Daselbst auch Untersuchungen über die Ortsnamen und ihre lokale Fixirung. Die 24 Presbyter gehören ebenfalls meistens der Bätica an. Daß sie als Vertreter von Bischöfen erschienen, ist nicht wahrscheinlich, denn es heißt gleich am Eingange der Akten: episcopi universi dixerunt.

[2]) Dazu zähle ich Kan. 15: propter copiam puellarum gentilibus minime in matrimonium dandae sunt virgines christianae, ne aetas in flore tumens in adulterium animae resolvatur. Das setzt doch eine starke christliche Bevölkerung voraus. Ferner Kan. 21: si quis in civitate positus tres dominicas ad ecclesiam non accesserit, pauco tempore abstineatur, ut corruptus esse videatur. Die immerhin milde Verordnung rechnet offenbar nicht mehr mit kleinen Kreisen von Christen, sondern mit größern Massen, in denen das Gefühl der Zusammengehörigkeit sich bereits abzuschwächen begonnen hat. Auch der über die Bilder handelnde bekannte 36. Kanon läßt auf Verhältnisse raten, die sich schon längst

zahlreich und weit in das Land eingegossenen Christenheit, die in den untern Volksschichten in gleicher Weise ihre Angehörigen hatte wie in den obern.¹) Zudem gewinnt man aus den Synodalbestimmungen das Bild einer kräftigen, selbstbewußten Kirche, die das Gefühl hat, auf fester Unterlage zu stehen, und mit klaren Zielen arbeitet. Auch die Thatsache, daß die Synode in Bätica — denn das ist anzunehmen — angeregt und in einer Stadt dieser Provinz abgehalten wurde, ist nicht Zufall; sie hat ohne Zweifel, worauf auch die Inschriften weisen²), ihren Grund darin, daß in dieser dichtbevölkerten und am meisten romanisirten Landschaft die Kirche im Volkstume den breitesten Boden hatte und sei es hierdurch, sei es durch Bedingungen anderer Art in der spanischen Christenheit die Führerschaft besaß. In zweiter Linie folgt die Tarraconensis, die schon zur Zeit Strabons gleichfalls stark romanisirt war. In den dünn bevölkerten und noch vielfach barbarischen Nordprovinzen dagegen scheint das Christentum vorläufig nur kümmerlichen Fortgang gefunden zu haben. Daher dürfte bei einer Gesamtbevölkerung von 9—10 Millionen die Zahl der Christen höchstens auf etwa 50,000 zu setzen sein. Nächst Nordafrika scheint Italien die größte

breit und behaglich gestaltet hatten. Ebenso ist Kan. 60 de his, qui destruentes idola occiduntur und Kan. 19 de clericis negotia et nundinas sectantibus charakteristisch für die Lage. Kan. 41 werden Christen als Besitzer einer größeren Anzahl von Sklaven vorausgesetzt.

¹) Z. B. Kan. 2. 3. 40. 41. 49. 56.

²) Unter den von Hübner, Inscriptiones Hispaniae christianae (Berol. 1877) gesammelten spanischen Inschriften des 4.—6. Jahrh. entfallen auf Bätica allein 90, auf die viel umfangreichere Tarraconensis gegen 60, auf Lusitania 44. Das zeigt das Übergewicht der erstgenannten Provinz auch noch in späterer Zeit.

Anzahl christlicher Gemeinden gehabt zu haben. In weit höherem Grade, als dort der Fall war, stand dieses Land dem Weltverkehre offen und genoß nicht minder in internen Verkehr alle Vorzüge einer bequemen Kommunikation. Die erste Stelle nimmt Rom ein. Hier war im Laufe der Zeit eine mächtige Gemeinde herangewachsen, die am Anfange des vierten Jahrhunderts gegen 20 gesonderte Begräbnisplätze besaß und brauchte. Die Vermutung, daß in den untern Schichten der Bevölkerung das christliche Bekenntnis überwog, dürfte kaum irren. Auch wenn die Mitteilung des Eusebius[1]), daß Maxentius, um dem römischen Volke zu schmeicheln, die Christenverfolgungen seines Vorgängers 306 einstellte, in ihrer Zuverlässigkeit, also auch in ihrer Tragweite nach dieser Seite hin beanstandet werden sollte, so bleibt immerhin als Grundlage für jene Vermutung die Thatsache bestehen, daß unter demselben Maxentius die christliche Bevölkerung, in der Frage der Bußpraxis gespalten, in den Straßen Roms in förmlichen Kämpfen zusammenstieß und sich blutige Schlachten

---

[1]) Euseb. H. E. VIII, 14: Μαξέντιος, ὁ τὴν ἐπὶ Ῥώμης τυραννίδα συστησάμενος, ἀρχόμενος μὲν τὴν καθ' ἡμᾶς πίστιν ἐπ' ἀρεσκείᾳ καὶ κολακείᾳ τοῦ δήμου Ῥωμαίων καθυπεκρίνατο, ταύτῃ τε τοῖς ὑπηκόοις τὸν κατὰ Χριστιανῶν ἀνεῖναι προστάττει διωγμόν, εὐσέβειαν ἐπιμορφάζων, καὶ ὡς ἂν δεξιὸς καὶ πολὺ πρᾶος παρὰ τοῖς προτέροις φανείη. Berechtigten Zweifeln kann m. E. diese Angabe nicht unterliegen. Daß die Bischöfe Marcellinus und Marcellus nicht in der Papstgruft beigesetzt wurden, giebt keinen zureichenden Grund ab für die Annahme, daß die loca ecclesiastica damals noch nicht zurückgegeben worden seien (Kraus, Roma sott. 2. Aufl. S. 162 ff.; Real-Encykl. d. christl. Altertümer S. 247 b)

lieferte.¹). Das wird aber nur bei der Voraussetzung einer Mehrheit von Christen in den hier in Betracht kommenden Volksklassen verständlich. In einer Gemeinde, die schon um die Mitte des dritten Jahrhunderts nicht weniger als 154 Kleriker hatte und in ihrem eigenen Schoße über 1500 Bedürftige unterhielt und dazu noch reiche Gaben nach auswärts sandte²), kann eine Fortentwickelung mit solchem Abschluß bereits nach einem halben Jahrhundert nicht auffallen. Auch in den mittlern Volksschichten, in dem Durchschnittsbürgertum war das Christentum damals ohne Zweifel weit vorgeschritten; anders begreift sich nicht, daß von einem ernsten Widerstande dieser Kreise gegen das Christentum nachmals nichts bemerkbar wird. Hartnäckiger hielt sich der alte Glaube in der römischen Aristokratie. So wird in Rom mit nicht geringerer Sicherheit als in Nordafrika eine allgemeine Schätzung gewagt werden können; die Zahl der Christen dürfte hier annähernd den siebenten Teil der gesamten Einwohnerzahl betragen haben, also ungefähr 100,000.³) Eine

---

¹) Die darauf bezüglichen damasinischen Inschriften bei Lipsius, Chronologie d. röm. Bischöfe S. 251. Die hier in Betracht kommenden Worte der einen lauten: Hinc furor, hinc odium sequitur, discordia, lites | Seditio, caedes : solvuntur foedera pacis; der andern: Scinditur in partes populus gliscente furore Seditio, caedes, bellum, discordia, lites.

²) Euseb. H. E. VI, 43; IV, 23; VII, 5. Döllinger (Hippolytus und Kallistus, Regensb. 1853 S. 124) schätzt die Zahl der römischen Christen um die Mitte des 3. Jahrh. auf 50,000 ab, was jedenfalls zu niedrig ist.

³) Im Monum. Ancyranum tab. III v. 15 ff. (herausg. v. Mommsen 1883 S. 58) wird die Zahl der plebs urbana, womit die Gesamtheit der Bürger mit Ausnahme der Ritter und Senatoren sowie der Frauen und Mädchen gemeint ist, auf 320,000 Köpfe angegeben; wie rapide aber unter Augustus die Volksmenge stieg, zeigt Mommsen a.

Vergleichung mit den entsprechenden Verhältnissen der jüdischen Gemeinde in Rom ist geeignet, die Wahrscheinlichkeit dieser Berechnung noch zu heben.

Als Philo von Alexandrien im Jahre 39 oder 40 n. Chr. als Führer einer Deputation in Rom eintraf, schlossen sich dieser nicht weniger als 8000 römische Juden an[1]: darnach und nach andern Nachrichten muß sich die Zahl der römischen Juden auf mindestens 20—30,000 Seelen belaufen haben.[2] Und doch war diese Gemeinde damals erst gegen 100 Jahre alt, denn ihrer Hauptmasse nach hat sie sich erst diesseits des Jahres 63 v. Chr., wo Pompejus mit zahlreichen jüdischen Gefangenen aus dem sog. ersten jüdischen Kriege heimkehrte, gebildet. Unter wesentlich günstigern Bedingungen stehend, muß aber die römische Christengemeinde, die schon im Jahre 64 die Zahl 1000 gewiß erreichte[3]),

---

a. L. S. 60. Bunsen (Beschreibung d. Stadt Rom I S. 184) taxiert die Zahl der freien Bürger auf 650,000, mit Einschluß der Sklaven auf 1,300,000. Ähnlich Wietersheim (Geschichte d. Völkerwanderung I S. 265): „nicht merklich über 1½ Millionen." Dagegen Beloch (Beiträge zur Bevölkerungslehre I S. 392 ff.) auf 600—810,000, was die größte Wahrscheinlichkeit hat. Die Sklavenschaft kann, wo es sich um Abschätzung der Christengemeinde handelt, nur zum geringsten Teile in Rechnung gezogen werden.

[1] Joseph. Ant. XVII, 11, 1.

[2] Seyerlen, Entstehung und ersten Schicksale d. Christengem. in Rom, Tüb. 1874 entscheidet sich für „mindestens 30,000 Seelen"; Hausrat, Neut. Zeitgesch. (1874) 3. Teil für 40,000 unter Augustus und 60,000 unter Tiberius.

[3] Tacitus (Ann. XV, 44) spricht von einer multitudo ingens derer, welche in der neronischen Verfolgung festgenommen und verurteilt wurden. Daneben stand doch eine gewiß ebenso große Zahl von Frauen, Kindern und solchen Christen, die nicht zur Rechenschaft gezogen wurden. Sonst hätte sich die Gemeinde nicht so schnell wieder reorganisieren können, wie das der erste Clemensbrief voraussetzt.

in fast 300 Jahren in bedeutend rascherer Progression sich gemehrt haben. Was Eusebius¹) von dem überraschend schnellen Wachstum der christlichen Gemeinden in der Zeit vor der diokletianischen Verfolgung und von der Notwendigkeit berichtet, zu den vorhandenen Basiliken neue aufzuführen, um für die Menge der aus dem Heidentume Herzuströmenden Raum zu schaffen, bestätigt für Rom die durchaus unverfängliche Mitteilung des Papstbuches, daß Marcellus (307—309) infolge der zahlreichen Übertritte zum Christentume sich veranlaßt sah, eine neue städtische Diöcesaneinteilung in 25 Parochieen vorzunehmen.²)

Wie weit dagegen das Christentum in dem übrigen Italien und auf den umliegenden Inseln ausgebreitet war, läßt sich nicht mit derselben Wahrscheinlichkeit überschlagen. Cornelius brachte in Sachen des novatianischen Schismas im Jahre 251 in Rom eine Synode von 60 Bischöfen und „noch mehr Presbytern und Diakonen"³) zusammen, die wohl ausnahmslos Italien und seinen Inseln angehörten. Die Zahl ist gering, wenn man die analogen Verhältnisse in Nordafrika in Anschlag bringt. Zu welcher Höhe dieselbe in der Folge bis zur Zeit Konstantins gewachsen ist, läßt sich unmittelbar nicht erkennen; als ein Fingerzeig können indes die Angaben des Papstbuches über die von Marcellus, Eusebius und Miltiades in einem Zeitraume von ungefähr

---

¹) Euseb. H. E. VIII, 1.

²) Die Worte lauten: hic fecit cymeteria in via Salaria et XXV titulos in urbe Roma constituit, quod (= quasi) dioeceses propter baptismum et poenitentiam multorum, qui convertebantur ex paganis et propter sepulturas martyrum. (Die letzten Worte et propt. sep. mart. beziehen sich auf die erste Aussage über die neu eingerichteten Grabstätten.)

³) Euseb. H. E. VI, 43.

6½ Jahren vorgenommenen bischöflichen Ordinationen gelten. Darnach betrug die Zahl derselben 46, was immerhin auf eine große Blüte der italischen Kirche hindeutet. Man könnte freilich aus dem Umstande, daß auf dem Konzil zu Arles 314 die Kirche Italiens nur durch ungefähr ein Dutzend Bischöfe vertreten war [1]), auf einen niedrigen Stand der außerrömischen italienischen Christenheit schließen, wenn nicht über dieselbe donatistische Angelegenheit schon vorher in Rom im Beisein 15 italienischer Bischöfe und des römischen Bischofs verhandelt worden wäre. Unter den Bistümern, die gelegentlich genannt werden — ihre Zahl beträgt gegen 20 — tritt Unteritalien auffallend zurück. Doch kann das Zufall sein. Da jedenfalls die kirchliche Lage in Italien ungleich günstiger war, als in Spanien und schwerlich bedeutend ungünstiger als in Nordafrika, so würde sich bei der Voraussetzung einer Gesamtbevölkerung von 9 Millionen (wobei Rom ausgeschlossen ist) eine Zahl von mindestens 100,000 Christen ergeben, also für ganz Italien mit Einschluß Roms als Gesammtsumme niedrigst 200,000.[2]) Auf den umliegenden Inseln treten, wenn man von Syrakus absieht, größere Gemeinden nicht hervor.[3])

---

[1]) Mansi II S. 476 f.

[2]) Wietersheim (a. a. O. I S. 204) berechnet die Gesamtbevölkerung Italiens in der Kaiserzeit auf mindestens 11 Millionen. Obwohl darin auch die Peregrinen und die Sklaven eingeschlossen sind, scheint diese Zahl zu hoch; vgl. Beloch a. a. O. S. 413 ff.

[3]) Auf eine nicht unbedeutende Christengemeinde in Syrakus führt die älteste Katakombe der Gemeinde, die ich wiederzuentdecken das Glück hatte (vgl. meine „Archäol. Studien über altchristl. Monum." Wien 1880 S. 130. 140). Auch das Einladungsschreiben zur Synode nach Arles, das Konstantin an den Bischof Chrestus von Syrakus richtete (Euseb. H. E. X, 5), ist hier zu erwähnen. Auf derselben Synode

In **Gallien** ist das Sendschreiben der Gemeinden von Lugdunum und Vienna i. J. 177 an die „Brüder in Asien und Phrygien" das erste bestimmte Zeugnis einer größern Verbreitung des Christentums in dieser Provinz. Die Existenz von Kirchengebäuden wird während der diokletianischen Verfolgung ausdrücklich bemerkt, doch ohne Angaben über eine größere oder geringere Anzahl derselben. Aus dem Umstande, daß Konstantin einen südgallischen Bischofssitz, Arles, als Ort eines abendländischen Konzils in der Angelegenheit der donatistischen Appellation bestimmte, läßt sich vielleicht auf eine angesehene Stellung der gallischen Kirche überhaupt innerhalb des Ganzen der damaligen abendländischen Christenheit schließen. Doch können auch zufällige Rücksichten dabei maßgebend gewesen sein. Die Zahl der Bistümer, die gelegentlich genannt werden, beträgt nur 13.[1]) Selbstverständlich erschöpft sich damit nicht die Gesamtzahl derselben, doch scheint es immerhin zweifelhaft, ob die gallische Kirche damals doppelt so viele Bistümer besessen habe. Die epigraphischen Quellen stimmen mit den literarischen in dem Nachweise überein, daß das Christentum erst langsam von dem Rhonebecken und der Narbonensis aus in das übrige Gallien vorgedrungen ist und daß die barbarischen oder halbbarbarischen

---

erschien auch ein Bischof aus Calaris auf Sardinien. Die Grabanlagen in Girgenti, dem alten Agrigentum, weisen ebenfalls auf eine vorkonstantinische Gemeinde. (m. Katakomben, Leipz. 1882 S. 291 ff.)

[1]) Es sind folgende: Arelate (Gallia christ. 1715 ff. I S. 93 ff.), Antissiodorum (ebend. XII S. 98 ff.), Augustodunum (ebend. IV S. 40 ff.), Bellovacum (? IX S. 691 ff.), Burdigala, Lemovicum (II. 499 ff.), Lugdunum, Massilia (I, 631 ff.) Pictavium, Remi, Rotomagus, Suessiones (? IX S. 333 ff. vgl. X S. 96 ff.), Vienna. Mehrere dieser Bistümer sind durch die Teilnahme ihrer Inhaber an dem Konzil zu Arles, andere durch gute Überlieferungen beglaubigt.

Gebiete ihm am längsten Widerstand leisteten.¹) Die Zahl der gallischen Christen ist schwerlich größer gewesen als die der spanischen, wahrscheinlich geringer.

Auf der Synode zu Arles war die germanische Kirche durch 2 Bischöfe aus Trier und Köln vertreten. Das ist indes fast die gesamte zuverlässige Kunde von dem Stande des Christentums in Germanien im zweiten Jahrzehnt des vierten Jahrhunderts; denn was sich in dieser Beziehung hinsichtlich der Donauländer noch weiter gewinnen läßt,²) bedeutet wenig für diese Frage. In ähnlicher Lage befinden wir uns Britannien gegenüber, von wo 3 Bischöfe nach Arles kamen. Nur das steht fest, daß die Erwartungen, welche ein häufig zitirtes Wort Tertullians³) erweckt, in der wirklichen Lage ihre Bestätigung nicht finden. Nur langsam werden im vierten und fünften Jahrhundert die Linien eines größern Kirchenkörpers sichtbar.⁴) Die drei englischen Bischöfe welche zu der Synode von Ariminum (359) sich einstellten, lebten in dürftigen Verhältnissen⁵), und auch die altchristlichen Inschriften des Landes führen zu der Vermutung, daß das Christentum vorwiegend auf das platte Land eingeschränkt

---

¹) Le Blant, Manuel d'Épigraphie chrét. d'après les marbres de la Gaule, Paris 1869 S. 95 ff. (z. vgl. auch dess. Veri Inscriptions chrét. de la Gaule antérieures au VIIIe siècle. Paris 1856 ff. Préface).

²) Rettberg, Kirchengesch. Deutschlands I. Bd. Gött. 1846 S. 216 ff.: Hauck, Kirchengesch. Deutschl. I. Bd. Leipzig 1887 S. 3 ff.

³) Tert. adv. Jud. c. 7: Britannorum inaccessa Romanis loca Christo vero subdita.

⁴) Will. Bright, Chapters of early English church history. Oxf. 1878. S. 3 ff.

⁵) Sulp. Sev. Chron. II, 41.

gewesen sei.¹) In günstigeren Verhältnissen befand sich ohne Zweifel die Kirche in Griechenland und Macedonien. Die alten apostolischen Gemeinden haben, wie es scheint, in ihrer Gesamtzahl ihre Existenz auch die folgenden Jahrhunderte hindurch behauptet, und im Laufe der Zeit sind weitere Gebiete gewonnen worden.²) Indes macht nach allem, was davon deutlich wird, diese Kirche nicht den Eindruck, als ob sie in weiterem Umfange im Volksleben gefestigt gewesen sei. Es scheint, daß in dem Lande, wo die alte Religion in den Gemütern fester wurzelte als sonst, und noch in jenen Jahrhunderten Homer „zugleich Bibel und Schulbuch" war, dem Fortschreiten des Christentums sich ganz besondere Schwierigkeiten entgegenstellten. Eine Ausnahme mag Byzanz gebildet haben, wo bereits unter Septimius Severus in großer Anzahl Christen vorhanden waren.³) Die entsprechenden Verhältnisse auf den griechischen Inseln waren gewiß sehr verschiedenartig. Kreta besaß bereits um die Mitte des dritten Jahrhunderts mindestens 2 Episkopate und eine Anzahl Gemeinden; schon früher lassen sich christliche Gemeinden in Melos nachweisen.⁴)

Ein klareres Bild bietet vielfach das Morgenland. Die religiösen und theologischen Bewegungen, die durch die Gemeinden daselbst gehen, und die Geschichte der Christenver-

---

¹) Hübner, Inscript. Brit. christ. Berol. 1876. Voran stehen Wales und Yorkshire.

²) Der Angabe des Libellus synodicus (Mansi I S. 726), daß der Bischof Bacchyllus in Korinth in Sachen des Osterstreites eine Synode von 18 Bischöfen versammelte, widerspricht wenigstens die Notiz bei Euseb. H. E. V, 23 nicht.

³) Tert. Ad Scap. 14 (der Ausruf des Cäcilius Capella: christiani gaudete!)

⁴) Euseb. H. E. IV, 23; m. Katakomben S. 275 ff.

folgungen, soweit sie auf östlichem Boden spielt, zeigen hier das Vorhandensein großer geschlossener Kirchenkörper, wie sie im Abendlande nur in Nordafrika annähernd nachzuweisen sind. Der rasche Gang des Montanismus durch die kleinasiatische Kirche erklärt sich allein aus dieser Voraussetzung, und auch der Gnosticismus läßt überall umfangreiche Gemeindekomplexe durchblicken. Es war auch natürlich, daß diejenigen Gebiete, in welche die Evangelisation zuerst kräftig einsetzte, und auf die sie längere Zeit einseitig fast ihre ganze Arbeit richtete, in größerem Umfange dem Christentume zufielen. Daneben wirkte aber auch die Thatsache fördernd mit, daß in der östlichen Hälfte des Reiches fast gänzlich die Schranke fehlte, welche im Westen den Fortgang des Christentums entweder abschnitt oder wenigstens empfindlich hemmte, die Barbarei. Während nämlich im Abendlande die römische Eroberung mit sehr geringen Ausnahmen zugleich eine langsam vorschreitende schwierige Civilisation war und sein mußte, trat sie in Kleinasien und den umliegenden Ländern in alte Kulturen ein. Wie sehr aber die Ausbreitung des Christentums von solchen Bedingungen abhängig war, stellt die Geschichte derselben an allen Punkten vor Augen. Auch der für politische und religiöse Fragen empfänglichere Sinn der östlichen Bevölkerung und ihr aufgeschlossenes Wesen dürfen nicht außer Betracht bleiben.

Das bekannte Schreiben des jüngeren Plinius an Trajan entschleiert ganz unerwartet bereits am Anfange des zweiten Jahrhunderts in Bithynien und Pontus ein über Stadt und Land verzweigtes, in raschem Wachstum begriffenes Christentum, weiß aber freilich auch von günstigen Erfolgen der auf gewaltsame Unterdrückung desselben abzielenden Regierungsmaßregeln. Wie wenig dauerhaft und ernstlich indes dieser

Gewinn war, läßt sich daran erkennen, daß noch in demselben Jahrhundert der Goët Alexander von Abonuteichos Ursache fand, zu klagen, der Pontus sei voll von Atheisten und Christen[1]), und daß in der Kontroverse über den Passahstreit in dem zweiten Stadium ihrer Entwickelung auch „die Bischöfe von Pontus, unter denen Palmas als der Älteste den Vorsitz führte", hervortraten.[2]) Die langjährige bischöfliche Wirksamkeit ferner einer so bedeutenden Persönlichkeit, wie Gregorius Thaumaturgos war, kann nicht ohne kräftige Förderung des Christentums vorübergegangen sein; sollten die Aussagen einer spätern Zeit darüber als unzuverlässig abgewiesen werden, so bleibt immerhin als feste Grundlage für jene Voraussetzung der „kanonische Brief" des Gregorius v. J. 258, dessen Inhalt ein weit in das Volksleben eingedrungenes Christentum voraussetzt.[3])

Noch viel günstiger war die Lage der Kirche in Armenien. Das Arsakidische Königreich ist das erste Land, in welchem auf ausdrückliche Anordnung der Regierung die christliche Religion allgemein eingeführt wurde. Man darf annehmen, daß die darauf gerichteten Maßregeln, welche seit dem Anfange des vierten Jahrhunderts von dem Könige Terdat auf Veranlassung und unter dem fortdauernden Einflusse Gregors des Erleuchters getroffen wurden, in dem fast nur von Adeligen und Bauern bewohnten Lande, in welchem also ein widerstandsfähiges Bürgertum fehlte, äußerlich wenigstens den

---

[1]) Lucian. Pseudom. c. 25. (II S. 25 ed. Jacobitz Lips. 1838.)

[2]) Euseb. H. E. V, 23.

[3]) Wenn die Mitteilung des libell. syn. (Mansi II S. 551, daß im pontischen Cäsarea nach der diokletianischen Verfolgung eine Synode von 23 Bischöfen tagte, richtig ist, so würde damit auf ähnliche Verhältnisse gewiesen.

Erfolg erreicht haben, auf den sie ausgingen: die Christianisierung des ganzen Reichs. Demnach erscheint die Angabe, daß Gregor selbst 400 Bischöfe ordiniert habe, wohl glaublich. Die Größe des Landes betrug gegen 5000 Quadratmeilen. Da es nicht stark bevölkert war, dürften auf eine Quadratmeile 6—700 Köpfe zu rechnen sein, was eine Bevölkerung von über 3 Millionen ausmacht. Weil aber wahrscheinlich ist, daß der alte Glaube in einzelnen abgelegenen Gegenden noch heimliche oder offenbare Anhänger hatte, und in den Städten eine zahlreiche Judenschaft saß, erleidet jene Summe einen gewissen Abzug, der sich freilich nicht genauer bestimmen läßt, aber schwerlich an eine Million heranreicht.

Die **persische Kirche** knüpft ihren Ursprung an apostolische Mission. Ob mit Recht, bleibt für unsere Frage gleichgiltig. Jedenfalls waren schon in der zweiten Hälfte des zweiten Jahrhunderts christliche Gemeinden in Persien vorhanden[1]), die sich in der Folgezeit doch in dem Grade entwickelten, daß sie eine staatliche Interzession Konstantins d. Gr. hervorriefen. Noch deutlicher läßt die im Anfange der vierziger Jahre des vierten Jahrhunderts von Schapur II. eingeleitete Christenverfolgung eine blühende und wohlgeordnete Kirche erkennen.

Von Christen in **Medien** und **Parthien** wußte man bereits am Ende des zweiten Jahrhunderts.[2]) Doch gehen unsere Quellen hier über Angaben allgemeiner Art nicht hinaus.

In den **vorderasiatischen** Provinzen saß jedenfalls die dichteste christliche Bevölkerung. An zahlreichen Punkten

---

[1]) Bardesanes bei Euseb. Praep. ev. VI, 10.
[2]) Bardesanes bei Euseb. Praep. a. a. O.

der alten Kirchengeschichte tritt dies deutlich hervor, freilich nicht in der Weise, daß daraus greifbare Resultate gewonnen werden könnten: es lassen sich höchstens 30 Bistümer namhaft machen. Denn es entsprach der Selbständigkeit, in welcher die Episkopate in diesem, in zahlreiche größere und kleinere Gemeinwesen zerstückelten und stark partikularistischen Lande sich herausgebildet und erhalten hatten, daß größere Provinzialsynoden, wie sie etwa die Bischöfe von Rom und von Karthago zu sammeln vermochten, hier fehlten. Damit fällt die Möglichkeit einer ungefähren Berechnung der Zahl der vorhandenen Bistümer. Ein Schluß von dem an Umfang kleinern nordafrikanischen Kirchengebiete sichert, wenn man die bedeutend günstigere Bevölkerungszahl in Kleinasien berücksichtigt, jedenfalls eine Minimalzahl von 1 Million Christen innerhalb des Länderkomplexes, welchen östlich etwa eine gerade Linie zwischen Issus im Süden und Sinope im Norden abschneidet.[1] Am Konzil zu Nicäa nahmen gegen 100 kleinasiatische Bischöfe teil.[2] Am meisten traten die vorderkleinasiatischen Provinzen hervor, die auch in wirtschaftlicher und geistiger Hinsicht die binnenländischen Gebiete überholten.

Ähnlich lagen die Verhältnisse in S y r i e n, dem Durchgangslande der christlichen Mission von Palästina nach Norden und Osten. Neben den literarischen Quellen geben die neuerdings wieder an das Licht gezogenen epigraphischen und architektonischen Denkmäler zuverlässige Hinweise in dieser

---

[1] Wietersheim (a. a O. I S. 227): 19,300,000 Einwohner für Kleinasien mit Einschluß von Cyprus (ähnlich Beloch a. a. O. S. 223 ff.); für die nordafrikanische Provinz mit Cyrenaika 8—10 Millionen.

[2] Die Listen bei Mansi II S. 692 ff. ergeben 112 bezw. 114. Pitra (Spicil. Solesm. I S. 529 ff.) bestimmt mit Hülfe einer koptischen Handschrift die Zahl auf 70. Eine vollständige Gewißheit ist hier vorläufig nicht zu erlangen.

Richtung.¹) Die frühe Ansiedelung des Christentums in Edessa ist bekannt. Antiochien, das an Größe und Bevölkerung Alexandrien nur wenig nachstand, muß eine starke Christengemeinde gehabt haben; das ergiebt sich aus der vorherrschenden Stellung, die es in der morgenländischen Kirche einnimmt. Die Zahl der syrischen Christen hat derjenigen der nordafrikanischen Kirche schwerlich nachgestanden.

Größeren Schwierigkeiten begegnete die Evangelisation in **Palästina**. Der Widerstand des Judentums gegen die Kirche muß dort größer gewesen sein als sonst; zudem war durch die Revolutionskriege des ersten und des zweiten Jahrhunderts die Bevölkerung stark verdünnt und das Land verwüstet. Die Einwohnerzahl Palästinas am Anfange des vierten Jahrhunderts hat die jetzige Bevölkerungssumme, die auf 650,000 Seelen berechnet wird, schwerlich überschritten. Darunter kann aber nur eine kleine Minderzahl Christen gewesen sein. Denn da, wo man mit Recht Christengemeinden in größerer Anzahl, wenn solche wirklich vorhanden waren, zu finden hoffen könnte, in des Eusebius Bericht über die Märtyrer in Palästina, bleibt diese Erwartung völlig unerfüllt. Sind wirklich auf der ersten ökumenischen Synode zu Nicäa 19 Bischöfe aus Palästina anwesend gewesen²) — was doch auf eine Zahl von mindestens 25—30 Episkopaten führt, so müssen diese Episkopate von geringem Umfang gewesen sein.

Aus **Arabien** stellten sich zu derselben Synode 6 Bischöfe ein, woraus sich immerhin auf ein größeres geordnetes Kirchen-

---

¹) De Vogüé, Syrie centrale. Architecture civile et religieuse du Ier au VIIe siècle. Paris 1865 ff.: Waddington Inscript. grecques et lat. de la Syrie. Paris 1870; außerdem hier und dort verstreute monumentale Quellen.

²) Mansi u. Pitra a. a. O.

wesen schließen läßt. Denselben Eindruck gewinnt man aus dem, was Eusebius über den Bischof Beryllos von Bostra mitteilt.¹) Die „sehr vielen" Bischöfe, die mit Beryllos über die von ihm angeregte Kontroverse verhandelten, noch ehe Origenes eingriff, also vor dem Jahre 244, waren doch wohl Araber. Andererseits mußte das Land mit seiner nomadisierenden Bevölkerung und seiner zahlreichen fanatischen Judenschaft für die Christianisierung sich schwierig stellen. Der Mittelpunkt der arabischen Kirche wird in Bostra gelegen haben, welches lange Zeit hindurch der oberste Sitz der römischen Zivil- und Militärbehörde in der Provinz Arabia war und auch später, als es durch eine neue Teilung verlor, das rivalisierende Petra andauernd überholte.

Die Einwohnerzahl Ägyptens schätzt Josephus²) auf 7½ Millionen, wobei Alexandrien ausgenommen ist; hier zählte im Jahre 58 v. Chr. Diodor 300,000 freie Einwohner, wonach die Gesamtbevölkerung wenigstens doppelt so groß gewesen sein muß. Schon früh bildeten sich in diesem von mannigfachem Verkehr bewegten Lande christliche Gemeinden, die ihren Mittelpunkt und ihre oberste Leitung in Alexandrien, der zweiten Hauptstadt der Welt, hatten. Schon die Stetigkeit, mit welcher die Verfolgungen an die alexandrinische Kirche anschlugen, würde die Existenz einer starken, in dem Bevölkerungsmeer der Stadt entschieden hervortretenden Gemeinde hinreichend begründen; daneben stehen als weitere Zeugnisse mit derselben Tragweite die blühende Katechetenschule und das rege wissenschaftlich-theologische Leben, welches, wie jene, hier in einzigartiger Erscheinung entgegentritt.

---

¹) Euseb. H. E. VI, 33.
²) Joseph. de bello jud. II, 16.

Unter den Märtyrern der diokletianischen Verfolgung beobachtet man in großer Anzahl ägyptische Christen. Eusebius berechnet ihre Zahl auf viele Tausende.[1]) Noch zuverlässiger belehrt uns die Thatsache, daß auf der im Jahre 320 oder 321 in Alexandrien unter dem Vorsitze des dortigen Bischofs versammelten Synode gegen 100 Bischöfe aus Ägypten und Libyen erschienen. Das würde, da Alexandrien allein mit mindestens 50,000 Christen in Anschlag zu bringen ist, eine Minimalzahl von 150,000 Christen ergeben. Doch war in Wirklichkeit die Zahl sicherlich weit größer, da die oberägyptischen Diöcesen auf jener Synode gewiß nur zum Teil vertreten waren.

Auf dem Küstensaum von Libyen nach der Proconsularis hin haben christliche Gemeinden nicht gefehlt. Zu Wasser und zu Lande bewegte sich hier ein lebhafter Verkehr von Osten nach Westen und umgekehrt. Die Existenz einer Gemeinde in Kyrene wird durch die noch erhaltene Grabstätte derselben gesichert.[2]) Die Größe und künstlerische Ausstattung der Anlage weist auf eine zahlreiche und wohlhabende Gemeinde. Demnach ist anzunehmen, daß die durch die Konkurrenz Alexandriens sehr gedrückte Stadt im dritten Jahrhundert wenigstens noch nicht auf der Stufe des Ver-

---

[1]) Euseb. H. E. VIII, 8: μύριοι τὸν ἀριθμὸν ἄνδρες ἅμα γυναιξὶ καὶ παισίν (vgl. auch VIII, 9 u. 10). Von zwei Gruppen von Christen, die in die palästinischen Bergwerke geschafft wurden, umfaßte die eine 97, die andere 130 Männer (Euseb. D. M. P. VIII). Auch in Cilicien waren ägyptische Christen interniert (ebend. X).

[2]) M. Katak. S. 286 ff. Ob in einer in diesem Cömeterium zum Vorschein gekommenen Inschrift Z. 6: ... ΥΜΟΥ zu ergänzen ist (διω)γμοῦ, wie die Herausgeber des C. I. G. (IV n. 9136) wollen, womit also die Inschrift in die Verfolgungszeit datiert würde, scheint mir unsicher. Doch weisen andere Anzeichen auf den vorkonstantinischen Ursprung der Grabstätte.

falls angekommen war, von welcher die Äußerungen eines
spätern Schriftstellers reden.¹)

Wenn der Heide Maximinus Daza in einem öffent=
lichen Ausschreiben i. J. 313 ausspricht, daß vor der diokle=
tianischen Verfolgung „fast alle Menschen" den Dienst der
Götter aufgegeben und sich der Gemeinschaft der Christen
angeschlossen hätten, so spiegelt sich in dieser Übertreibung
in gewisser Weise die wirkliche Lage doch richtig wieder.²)

Diese Thatsachen und Beobachtungen — von unwesent=
lichen Einzelheiten ist hier abgesehn — führen mit ihren
mittelbaren und unmittelbaren Ergebnissen mit vollkommener
Gewißheit auf eine Minimalzahl von 10 Millionen Christen
innerhalb der damaligen, mit dem römischen Reiche ungefähr
sich deckenden Kulturwelt. Das würde, die Seelenzal dieser
auf rund 100 Millionen veranschlagt, den zehnten Teil
der gesamten Bevölkerung ergeben. Dieser Ansatz bleibt
aber jedenfalls weit hinter der wirklichen Höhe zurück. Denn
so wenig auch greifbare Momente vorhanden sind, nach
denen diese Differenz genau bemessen werden könnte, ebenso
sicher gewinnt doch der Forscher aus der Einzelprüfung der
Quellen den deutlichen Eindruck, daß am Anfange des vierten
Jahrhunderts die Kirche auf dem großen Welttheater von
über 103,000 geogr. Quadratmeilen mehr als 10 Millionen
zählte. Wie weit indes in der Abschätzung diese Linie über=
schritten werden darf, entzieht sich dem Urteil.³) Es ist aber

---

¹) Synesius v. Kyrene in seiner Oratio de regno v. J. 399;
er nennt Kyrene νῦν πένης καὶ καπηρᾶς. Weiteres bei Thrige,
Res Cyrenensium, Hafn. 1828 S. 21.

²) Euseb. H. E. IX, 9.

³) Nach allgemeinen Eindrücken hat Gibbon (III, 15) $1/20$ der
Gesamtbevölkerung, also 5 Millionen angesetzt, Richter (Das weström.
Reich u. s. w. Berlin 1865 S. 85) 5—6 Millionen, Keim (Rom u.

schwerlich anzunehmen, daß die Zahl der Juden damals die der Christen überholt habe.

Jene betrug zur Zeit Neros in Palästina allein gegen 4 Millionen¹), wozu mindestens eine ebenso große Anzahl von Diaspora-Juden kommt.²) Diese Zahl hat sich in den jüdischen Rebellionen zwar stark vermindert, doch ist der Verlust rasch wieder ersetzt worden, so daß die Ziffer im vierten Jahrhundert jedenfalls wieder auf der frühern Höhe stand.

Die rasche Ausbreitung des Christentums im römischen Reiche pflegt durch eine Reihe äußerer, sogenannter natürlicher Ursachen erklärlich gemacht zu werden, die hier zu wiederholen keine Veranlassung vorliegt. Eines, was für die zweite Hälfte des dritten Jahrhunderts, also für die Zeit, in welcher das Wachstum der Kirche in schnellstem Schritt sich bewegte, in der vorliegenden Frage von größter Wichtigkeit ist, wichtiger als alles, was sonst nach alter Sitte hier gebucht wird, ist dabei unbeachtet geblieben, der materielle Rückgang, der sich in der Masse der antiken Bevölkerung

d. Christentum. Berlin 1881 S. 419) $1/_6$, also etwas über 16 Millionen Zöckler (Handb. d. theol. Wissenschaften 1. Aufl. II S. 53) im Orient etwa $1/_{12}$, im Abendland $1/_{15}$; ähnlich Chastel (Histoire de la destruction du Paganisme dans l'Empire d' Orient. Paris 1850 S. 36): $1/_{15}$ im Occident, $1/_{10}$ im Orient. Die Abschätzung von Keim scheint mir nicht zu hoch.

¹) Zumpt, Über den Stand der Bevölkerung u. die Volksvermehrung im Altertume, Berlin 1841 S. 52 auf Grund von Joseph. de bello jud. VI. 9, 3.

²) In Ägypten allein nach Angabe Philos (in Flacc. § 6 [II, 523 ed. Mang.]) 1 Million: dazu die Aussage leg. ad Gaj. § 33 (II, 582 ed. Mang.): Ἰουδαῖοι καθ' ἑκάστην πόλιν εἰσὶ παμπληθεῖς Ἀσίας τε καὶ Συρίας, und der Brief Agrippas an Caligula ebend. § 36 (Mang. II, 587). Auch in der Cyrenaica saß eine zahlreiche Judenschaft; über Rom vgl. oben S. 9.

vollzieht und zwar gerade in denjenigen Schichten, in welchen das Christentum, wie die spätere Geschichte ausweist, am Beginn des vierten Jahrhunderts den breitesten Boden hatte.

Die fortwährenden Barbaren- und Bürgerkriege, welche das dritte Jahrhundert ausfüllen, hatten die staatlichen Finanzen ruiniert; die Steuerlast wurde infolge davon immer drückender. Handel und Gewerbe litten schwer darunter. Dazu kam noch das Übel der Münzverschlechterung und die öffentliche Unsicherheit, welche zahlreiche Verkehrswege abschnitt. Auch die Landwirtschaft wurde empfindlich von der Krisis betroffen; Kolonen und Possessoren verdarben gleicherweise, und die Zahl der brachliegenden Ländereien stieg ins Ungeheure. Schon Pertinax fand in Italien und den übrigen Provinzen große verödete Ländermassen und versuchte, Abhülfe zu schaffen.[1]) Der gesamte Wohlstand ging zurück, die Bevölkerung verarmte, trotzdem eine furchtbare Pestilenz unter Gallus im Jahre 252 die Zahl der Besitzenden um viele Tausende gemindert hatte.

Von dem Militärstaate, zu dem die Entwickelung hingedrängt hatte, war weder Verständnis für die elende Lage noch materielle Hülfe zu erwarten; ja die Bureaukratie, für welche die Bevölkerung nicht über den Wert eines Steuerobjektes hinausragte, wurde unerträglicher und rücksichtsloser. Dumpfe Verzweifelung kam über die durch Erdbeben und unglückverkündende Himmelserscheinungen geängstigten Menschen; der materielle Ruin fing bald an, in reißendem Fortschritte auch die Gemüter zu vergiften, und hier und dort erhoben sich die Hände wider die unbarmherzigen Unterdrücker. Niemand kann ermessen, zu welchem Ende es geführt haben würde, wenn diese ungezählten Massen einmütig im Aufruhr

---

[1]) Herodian. II, 4.

sich erhoben hätten. Die Verwüstungen des Bagaudenaufstandes in Gallien sind geeignet, eine annähernde Vorstellung davon zu geben.

Man darf zuversichtlich behaupten, daß die Kirche die Weiterentwickelung dieser verderblichen Zustände, mochten sie nun in sozialer Verkommenheit oder in sozialer Revolution enden, sistirt hat, und zwar dadurch, daß sie diese Elemente, an welche sich jene Befürchtung knüpfte, in sich aufnahm und umwandelte. In dem allgemeinen Elende, in welchem die Ordnungen des sozialen Lebens auseinandergingen und der Einzelne aus festen Zusammenhängen sich plötzlich herausgerissen und auf sich gestellt und dem Elende preisgegeben sah, mußte die straffe Organisation der Kirche, an welche diese Wechselfälle nicht heranreichten, und die Regelmäßigkeit, in welcher die kirchliche und die private Liebesthätigkeit fungierte, eindrucksvoll wirken und durch ihre bloße Thatsächlichkeit dringend einladen, in der Geschlossenheit dieser Gemeinschaft den Halt und die Existenzsicherheit wiederzugewinnen, die man draußen verloren und draußen wiederzufinden keine Hoffnung hatte. Es waren nicht schlechte Elemente, die damit in die Kirche kamen, sondern im Gegenteil die bessern Schichten der römischen Bevölkerung, die Handwerker, die Detailhändler und die kleinen Grundbesitzer, also vorwiegend der untere und der mittlere Bürgerstand, der in der allgemeinen sittlich-religiösen Auflösung des Heidentums noch als die gesundeste Gesellschaftsklasse sich ausweist.

Es scheint nun, daß schon seit dem zweiten Jahrhundert gerade diese Kreise sich dem Christentume aufgethan haben, ja daß die vorkonstantinische Kirche stets dort ihren Schwerpunkt hatte. Mit Unrecht findet man diesen in der Zeit vor dem dritten Jahrhundert in der Sklavenschaft und der leibeigenen Bevölkerung. Positive Zeugnisse lassen sich für jene Meinung nicht erbringen. Andererseits lag für die unfreien Leute in ihrer rechtlichen und sozialen Stellung ein Hindernis, das ihnen den Anschluß an die neue Religion erschweren, in vielen Fällen geradezu unmöglich machen mußte. Diese Hindernisse wuchsen selbstverständlich in dem Grade, als sich der Gegensatz zwischen Heidentum und Christentum verschärfte. Unbehinderter waren an sich die obern Stände. Doch richteten gesellschaftliche Rücksichten sowie staatsbürgerliche und amtliche Verpflichtungen in Wirklichkeit feste Schranken auf, die erst gegen das Ende des dritten Jahrhunderts häufiger durchbrochen wurden.

Von dieser Zeit wird ausdrücklich rühmend hervorgehoben, daß einflußreiche Hofchargen und hohe Militär- und Zivilposten in die Hände von Christen kamen.[1]) Auch in die Armee waren damals Christen in solcher Zahl eingereiht, daß Galerius es als eine notwendige Sicherheitsmaßregel erachtete, sie auszuscheiden. Aus dem beweglichen Literaten- und Gelehrtentum endlich gewann das Christentum schon seit Hadrian Anhänger. Aristides und Quadratus, die dem in Athen weilenden Kaiser Apologieen überreichten, eröffnen eine ununterbrochene Reihe von Gelehrten, die sich vom Heidentume zu der „neuen Philosophie" wandten. Hervorragende Männer der alten Kirche, Justin d. Märtyrer, Tertullian, Clemens von Alexandrien, Cyprian, Lactantius sind aus jenen Kreisen gekommen.

So hatte sich das Christentum an zahlreichen Stellen in die antike Gesellschaft eingeschoben und in raschem Fortschritte mehrte es das Gewonnene. Am Anfange des vierten

---

[1]) Euseb. H. E. VIII, 1.

Jahrhunderts bedeutete es bereits eine Macht im Staate. In dem Drängen des Galerius und seiner Partei auf eine gewaltsame Vernichtung desselben tritt diese Thatsache ebenso deutlich hervor, wie in der Weigerung Diokletians, „den Erdkreis aufzuregen."[1]) Die Verfolgung wurde schließlich dennoch gewagt. Sie stieß auf größere Massen und festern Widerstand, als die Regierung geahnt hatte. Bald wurde das Fiasko offenbar. Galerius selbst erkannte es, wenn auch unmutig, in einem öffentlichen Ausschreiben an und gab den Verfolgten mehr, als sie bis dahin gehabt hatten, den öffentlichen Rechtsschutz. Er hat zuerst das Wort von der religiösen Toleranz im antiken Staate gesprochen und damit die Forderung erfüllt, welche zwei Jahrhunderte hindurch die Apologeten nicht müde waren vor dem Staate zu wiederholen. Das Mailänder Schutzedikt hat den Gedanken wiederaufgenommen und nachdrücklicher und klarer ausgesprochen. Die vereinzelten Wellenschläge lokaler Verfolgungen legen sich, und auf dem nun festen Boden wächst die Kirche auf, höher und mächtiger, und am Pfingsttage des Jahres 337 spendet in Nikomedien, wo die letzte große Verfolgung begonnen hatte, eine christliche Hand dem Herrscher des Weltreichs die Taufe.

---

[1]) Lactant. de mort. pers. 11.

Erste Abteilung.

Beginn und Organisation des Kampfes.

Erstes Kapitel.

Konstantin der Große.

Das römische Volk wußte, soweit seine geschichtlichen Erinnerungen und seine Legende zurückführten, die Religion als einen wesentlichen Artikel seiner Staatsverfassung und ihre Ausübung als eine wichtige Funktion der öffentlichen Verwaltung. Der private Kultus in seiner Doppelgestalt als häuslicher und gentilizischer trat vor den vom Staate angeordneten und von dessen Organen, seien es bürgerliche, seien es priesterliche, ausgeführten Sacra durchaus zurück. Die Existenz des Staates und seine Erfolge ruhten nach altem Glauben auf der gewissenhaften Ausführung der sakralen Akte. Die religiöse Tugend hat Rom groß gemacht.[1]) Die Religion ist Staatssache, die Priester Staatsdiener, daher ihre Diener nicht Leibeigene des Tempels, sondern Servi publici. Folgerichtig galt jeder Angriff auf die öffentliche Religion als Angriff auf das Staatswesen selbst. Es blieb in den Kreisen des Römertums unverständlich, daß die Christen

---

[1]) Min. Fel. Oct. c. 6: virtus religiosa.

in Versicherungen ihrer guten staatsbürgerlichen Gesinnung nicht ermüdeten und doch das Fundament und die tragende Kraft des Staates, die Religion und ihre heiligen Formen ablehnten.

Politische Rücksichten auf unterworfene Völker und das Hineinströmen fremder Kulte in das Reich haben weder diese Voraussetzungen noch die dadurch geschaffene Lage geändert. Mitten unter Fremdgläubigen vollzog auch noch in der spätern Kaiserzeit der römische Beamte in den vorgeschriebenen Fällen unter priesterlicher Assistenz die ehrwürdigen Kulthandlungen und sprach die heiligen Formeln. Der Militärstaat, den Septimius Severus ausbildete und Diokletian vollendete, deckt sich hierin genau mit dem senatorischen Kaisertum. Der Dispens von persönlicher Vollziehung der Sacra, den Diokletian seinen christlichen Beamten gewährte, hinderte nicht, daß jene dennoch in der herkömmlichen Weise ungeschmälert fortdauerten. Die Religion war mit dem antiken Staatstum so eng verwachsen, daß eine Beseitigung derselben nicht ohne unmittelbare Rückwirkung auf jenes bleiben konnte.

Die Leitung dieses Staatswesens gewann Konstantin der Große in seine Hand. Die brennende Frage des Jahrhunderts und des Reiches war die Christenfrage. Energischer als je Lösung fordernd stand sie vor dem Kaiser. Die gewaltsame Weise, mit welcher die Leiter des Staates im Jahre 303 die Frage aus der Welt zu schaffen vermeinten, hatte sich, trotz der größten Kraftanstrengungen, als unzureichend erwiesen. Damit war zugleich das letzte Mittel aufgebracht. Die Lage war bedenklicher als zu irgend einer Zeit vorher. Das Eingeständnis der Erfolglosigkeit der Gewaltmaßregeln, zu welchem sich die Regierung schließlich gezwungen sah, bedeutete eine tiefe Niederlage, und das Toleranzedikt des Jahres

311 war der Preis, welchen der ermattende Staat an seine christlichen Unterthanen zahlte. Die weitere Entwickelung war wohl geeignet, die Besorgnisse zu steigern. Das Zurückfluten der in der Verfolgung Gefallenen zur Kirche, das Hinzuströmen neuer Bekenner aus dem Heidentume, nachdem die Regierung selbst den Weg geebnet, waren für jeden Einsichtigen bedeutungsvolle Zeichen. Der Staat konnte freilich sich und seine Domäne von dem Christentume abgrenzen, ihm die Beamtenschaft, die Armee und die öffentlichen Anstalten verschließen. Damit hätte er indes den Zufluß der besten Kräfte im Reiche abgedämmt und sich zu langsamem Hinsterben gezwungen. Wollte der Staat nicht die gefährliche Bahn gehen, die alte Religion auszustoßen und das jugendliche, lebenskräftigere Christentum an ihre Stelle zu setzen — es wäre ein Unternehmen von unberechenbaren Erschütterungen gewesen, das kein Verständiger wagen konnte — so blieb nur ein Weg offen: die religiöse Duldung, welche das Mailänder Edikt mit Anschluß an das Galerius-Edikt proklamierte, nach der Seite bürgerlicher Rechte und Pflichten hin zu ergänzen, also den Christen zu der Freiheit der Religion politische Gleichberechtigung mit den Heiden zu gewähren. Das Mailänder Edikt berührt, vielleicht absichtlich, dieses zweite nicht und hat auch später nach dieser Richtung hin offiziell keine Ergänzung erfahren. In Wirklichkeit indes stellte sich der Staat wahrscheinlich schon seit 311, jedenfalls seit 313 auf diesen Standpunkt; seine militärischen und bürgerlichen Ämter, seine Verwaltung und Regierung hielt er den Bekennern des Christentums aufgeschlossen. Damit wurde die alte Religion empfindlich geschädigt. Denn die Beteiligung der Christen an dem Staatsleben war nur zu gewinnen durch eine Einschränkung der sakralen Handlungen, welche die amtlichen

Funktionen der staatlichen Organe nach heiliger Überlieferung durchflochten. Ja, in den meisten Fällen mußte diese Einschränkung zu vollständiger Beseitigung der heidnischen religiösen Akte weitergeführt werden. Das war eine tiefschneidende Verletzung an dem Rechtsbestande des alten Glaubens, gleichbedeutend mit Ausscheidung dieser Religion aus dem Staatsleben.

Die Religionspolitik im Reiche, als deren bestimmende Träger seit dem Patent von Mailand Konstantin und Licinius sich ausweisen, bezweckte mit nichten einen Zustand, der den beiden Religionen gestattete, ungekränkt nebeneinander zu bestehen, sondern war von vornherein unter dem vorherrschenden Einflusse Konstantins auf das Zurückdrängen des Heidentums aus dem öffentlichen Leben und in ihrem letzten Ziele auf Beseitigung desselben gerichtet. Von einer wirklichen Parität weiß jene Politik nichts; sie würde sich mit der Aufstellung oder Ausübung eines solchen Prinzips in Widerspruch zu ihren eigenen Akten gesetzt haben. Das Mailänder Edikt, weit entfernt, das neue System zu bezeichnen oder gar zu bestimmen, bildet nur eine niedrige Vorstufe zu demselben; seine Bedeutung erschöpft sich darin, daß es die Kirche als religiöse Genossenschaft anerkennt, sie in ihren faktischen Besitzstand zurückstellt, was vordem schon einmal unter Gallienus geschehen war, und damit mittelbar die Garantie für die Fortdauer dieses Besitzstandes übernimmt. Es gab im Grunde nicht mehr als die Kirche schon vorher besaß, nur wird dem, was sie war und hatte, das Siegel der Gesetzlichkeit aufgedrückt. Politische Rechte gewährte das Edikt nicht: weder hier noch sonst ist von einem Rechtsanspruche der Christen auf den Staat und sein Gebiet die Rede. In Wirklichkeit aber steht das Christentum, durch die Gunst der Herrscher, im Genusse dieses Rechtes, eines Rechtes, dessen Voraussetzung und Inhalt derartig waren, daß der Gebrauch desselben seitens der Christen einen wesentlichen Abzug von dem Rechtsbestande des Heidentums bedeutete.

Freilich auch ein altgläubiger Herrscher hätte sich solchen Zugeständnissen an die Verhältnisse nicht ganz entziehen können; anders war es nicht möglich, der oben bezeichneten Entwickelung, der Verödung des Staates auszuweichen. Doch würde ein solcher Regent vorläufig immerhin noch vermocht haben, den Rechtsanspruch der alten Religion auf den Staat besser zu wahren, als in Wirklichkeit geschah: in der Armee und in der Beamtenschaft konnte das Übergewicht des heidnischen Elementes aufrecht erhalten und nach dieser und mancher andern Seite hin das heidnische Gepräge des antiken Staates vorläufig gewahrt werden. Daß das nicht geschah, nicht einmal versucht wurde und thatsächlich die Entwickelung eine andere Bahn einschlug, erklärt sich aus der persönlichen Stellung des Herrschers, den das Geschick an die Spitze des Staates stellte, Konstantins.

Das Kriegsspiel um die Alleinherrschaft, das seit der Abdankung Diokletians fast unaufhörlich im Reiche Heer gegen Heer warf, war zu seinen Gunsten ausgefallen. In drei blutigen Siegen entriß er zuletzt dem Mitangustus Licinius die Herrschaft der östlichen Reichshälfte. Die Monarchie war wieder hergestellt. Was sogar einem Diokletian als unmöglich erschienen war, gelang diesem Manne, die Ordnung des Weltreichs unter ein Szepter.

Indes schon seit Oktober 312, wo Konstantin auf dem alten Kampfplatze der Fabier vor Rom am Tiberufer den Usurpator Maxentius und seine Herrschaft vernichtete, lag das Geschick des Reiches thatsächlich in seiner Hand. Mit

Grund darf daher die äußere Lage des Christentums im römischen Reiche in den Jahren 312 bis 324 hauptsächlich in Beziehung auf Konstantin hin bemessen werden. Der christenfeindliche Maximinus Daza ging kaum ein Jahr nach der Tiberschlacht aus dem Leben, und die Abkehr des Licinius von der Religionspolitik Konstantins war nur von geringfügiger Wirkung.

Schon im Kriege gegen Maxentius hatte Konstantin sich und seine Armee unter den Schutz des Christengottes gestellt und den Namen Christus in der bekannten Monogrammform als Feldzeichen angenommen. Der Ursprung des Zeichens ist dunkel, seine Bedeutung klar. Unter den damaligen Verhältnissen war diese Handlung eine offene Auflehnung gegen die alte Religion und mußte in einer Generation, die noch unter den Nachwehen des großen Kampfes zwischen Heidentum und Christentum zitterte, als solche sofort deutlich erkannt werden. Der Kaiser hatte sich damit nicht nur zum Beschützer der Christen aufgeworfen, sondern stellte sich zugleich in scharfen Gegensatz zu dem Heidentume. Die göttliche Verehrung, welche den Heeresinsignien im Lager erwiesen wurde, also daß der Ort ihrer Aufstellung dadurch die Bedeutung eines heiligen Tempelbezirks erhielt[1]), wurde damit plötzlich abgeschnitten, und an ihre Stelle trat der Kultus des „heilbringenden Zeichens", das seinerseits auf den Christengott hinwies. Darin liegt die Tragweite dieses Aktes, die nicht dadurch abgeschwächt wird, daß der Senat und das römische Volk dem einziehenden Sieger gegenüber die Thatsache zu ignorieren für gut fanden. Die bald nach dem Siege

---

[1]) Vgl. die Inschrift C. J. L. III n. 6224: Dis militaribus | genio virtuti a|quilae sanc(tae) signis que leg(ionis) 1 Ital(icae) u. s. w.; auch 1158; 5822.

errichtete Bildsäule des Kaisers, welche ihn, ein Kreuz in der Hand haltend, zeigte¹), stellte das Ereignis dennoch vor aller Augen. Die letzten Beweggründe dieses Bekenntnisses können nur religiöse gewesen sein, wie auch dieser religiöse Zug näher bestimmt werden mag. Der Zeitpunkt, in dem es erfolgte, führt zu dieser Annahme. Denn in keinem der beiden Heere, die gegeneinander geführt wurden, bildeten die Christen eine erhebliche Zahl, so daß es sich empfohlen haben würde, sie im eigenen Heere fester an den Feldherrn zu knüpfen, im fremden sich geneigt zu machen. Im Gegenteil, eine solche öffentliche Verletzung des Heidentums hat als eine politisch sehr unkluge Maßregel zu gelten in einem Augenblicke, wo Konstantin sich anschickte, ein Reich mit über achtzig Millionen heidnischer Bevölkerung zu gewinnen. Auf einen religiösen Hintergrund jener Handlung weisen auch die Aussagen des Kaisers selbst.²)

Bald darauf erfolgte das Mailänder Edikt. Es eröffnet eine Reihe wichtiger Verordnungen zu Gunsten der Christen. In gesteigertem Maße kam seitdem das Wohlwollen des Kaisers gegen die Kirche und ihre Glieder zum Ausdruck. Er zeigt Interesse für ihre innern und äußern Angelegenheiten, fördert ihre Bestrebungen und pflegt einen vertraulichen Umgang mit den Bischöfen. Für die Bedürfnisse der Kirche und ihrer Institute hat er stets eine offene Hand; mit seiner

---

[1] Vgl. meine „Untersuchungen zur Geschichte Konst. d. Gr." in d. Zeitschr. f. Kgsch. Bd. VII S. 343 ff.

[2] Euseb. V. C. I, 27 ff., (die schriftstellerische Ausmalung des Eusebius kommt hier nicht in Betracht), II, 28; II, 55 und sonst. Im übrigen ist auf die trefflichen Ausführungen Rankes hierüber (Weltgesch. IV, 2 S. 256 ff.) zu verweisen.

Beisteuer erstehen zahlreiche Gotteshäuser.[1]) Den Kampf gegen Schisma und Häresie unterstützt er mit staatlichen Mitteln. In seinen Gesetzen und öffentlichen Erlassen erwähnt er die christliche Religion in Ausdrücken, die seine hohe Achtung vor ihr und den Glauben an ihre Göttlichkeit bezeugen; er nennt sie „seine" Religion und verurteilt die Christenverfolgungen als ein „Ankämpfen wider das göttliche Gesetz". In dem Christentum ruht ihm das Glück des Staates.[2]) Die kaiserliche Gesetzgebung und eine ganze Reihe kaiserlicher Verordnungen auf dem Gebiete der Regierung und Verwaltung spiegeln den Einfluß des Christentums wieder: die humanen Bestimmungen über die Sklaverei, die Beseitigung der Brandmarkung auf der Stirn und andere Milderungen in der grausamen Strafjustiz, die Aufhebung des harten Gesetzes über Kinderlose, das Verbot der blutigen Schauspiele, die Einführung des Sonntags, die staatliche Sorge für Arme und Verlassene.

Ein Rückschluß von diesem äußern Verhalten des Kaisers zur Kirche auf seine innere Stellung zum Christentume ist nicht ohne Schwierigkeit und nicht mit vollkommener Sicher-

---

[1]) Diese sind wohl hauptsächlich unter die οἰκοδομίαι πλεῖσται ἀνωφελεῖς einbegriffen, durch deren Aufführung nach dem Urteile des Zosimus (II, 32) der Kaiser den Fiskus erschöpft haben soll.

[2]) 3. vgl. Cod. Theod. XVI, 2, 1: divinus cultus — divina obsequia: XVI, 2, 4: sanctissimum catholicae (scl. ecclesiae) concilium; XVI, 2, 5: sanctissima lex — ecclesiae perpetuae sanctitatis. Euseb. H. E. X, 5, 21: θρησκεία ἡ ἁγία καὶ ἐπουράνιος δύναμις, V. C. IV, 42: ἡ ἐμὴ εὐλάβεια, II, 24: ἡ σεβασμιωτάτη τοῦ χριστιανισμοῦ θεραπεία. II, 67: ὁ τῆς ἱερᾶς θρησκείας νόμος, IV 12: τὸν τῷ θεῷ ἀνακείμενον λαόν. Vgl. außerdem H. E. X, 7, 15; V. C. II, 27; III, 12.

heit zu vollziehen. Dieses Zugeständnis läßt sich nicht umgehen. Fest steht nur: die christlichen Zeitgenossen haben ihn für einen überzeugten Christen gehalten, und er selbst hat sich ihnen als solchen gegeben und nicht nur in Äußerungen privater Natur, sondern auch in öffentlichen Ausschreiben und Anreden als ein Christ gesprochen. Um seines Anschlusses willen an das Christentum haben ihn der Neffe Julianus und der Heide Zosimus geschmäht. Wie weit Konstantin indes innerlich vom Christentum berührt war, entzieht sich der geschichtlichen Erkenntnis, wenn auch die Thatsache feststeht, daß er schon früh von demselben religiöse Eindrücke empfing. Kein Zweifel, daß der Vertraute und Biograph des Kaisers, der Bischof Eusebius sein Urteil darüber zu hoch spannt, woraus freilich noch nicht auf die Ungeschichtlichkeit der von ihm berichteten Thatsachen geschlossen werden darf. Aber andrerseits ist es auch nur durch die rücksichtsloseste Behandlung der Quellen möglich geworden, die Christlichkeit Konstantins zu dem Werte einer wohlberechneten politischen Maßregel zu erniedrigen und seine Religion als den „öden Deismus eines Eroberers, welcher einen Gott braucht, um sich bei allen Gewaltstreichen auf etwas außer ihm berufen zu können", zu kennzeichnen. Schon die Weise, wie verständige Profanhistoriker des vierten Jahrhunderts über den Kaiser urteilen[1]), sollte eine Warnung sein, in ihm ein solches

---

[1]) Eutrop. (X, 7): Vir primo imperii tempore optimis principibus, ultimo mediis comparandus. Immumerae in eo animi corporisque virtutes claruerunt... Civilibus artibus et studiis liberalibus deditus, adfectator justi amoris, quem omni sibi et liberalitate et docilitate quaesivit: sicut in nonnullos amicos dubius, ita in reliquos egregius, nihil occasionum praetermittens, quo opulentiores eos clarioresque praestaret. X, 3: ... qui in Gallis et militum et provincialium ingenti jam

Übermaß von Heuchelei und niedriger Verstellung vorauszu=
setzen. Der fortdauernde Umgang Konstantins mit heidnischen
Gelehrten, unter denen besonders der Neuplatoniker Sopater
eine Vertrauensstellung bei ihm eingenommen zu haben scheint,
bietet nicht nur nichts Auffälliges, sondern ist bei einem für
Kunst und Wissenschaft in hohem Grade empfänglichen Herrscher
so selbstverständlich, daß man sich über das Gegenteil zu
wundern ein Recht hätte. Nachfolger Konstantins, die gegen
das Heidentum weit strenger vorgegangen sind, erscheinen in
demselben oder in noch näherem Verhältnisse zu der Philosophie
und den Philosophen des Heidentums.[1]) Außerdem ist nicht
nachzuweisen, daß zwischen Konstantin und jenen Männern
etwa auch religiöse Beziehungen bestanden haben.[2]) Wenn

---

favore regnabat. Eutropius scheut ein freies Urteil keineswegs, wie
z. B. seine Aussage über die Tötung des Licinius zeigt (X, 6). —
Aurel. Vict. Epit. c. 37: Commodissimus rebus multis fuit:
calumnias sedare, nutrire artes bonas, praecipue studia litte-
rarum; legere ipse, scribere, meditari, audire legationes et
quaerimonias provinciarum ... Irrisor potius quam blandus.
Auch Julian hat in seiner Lobrede auf Konstantius kein Bedenken ge=
funden, dem toten Kaiser Lob zu spenden und ihm Beliebtheit bei Volk
und Heer nachzusagen (Juliani in Const. laudem oratio ed. Schaeffer.
Lpz. 1812 S. 10 f.). Noch freundlicher de Caes. 41, 17: quod (den
Tod Konstantins) sane respublica aegerrime tulit, quippe cujus
armis, legibus, clementi imperio quasi novatam urbem Roma-
nam arbitraretur. Auch c. 40 Schluß. Ebenso erscheint bei dem
heidnischen Zosimus Konstantin nicht als verschlagen und heuchlerisch,
sondern als rücksichtslos und hart. Auch in den Caesares Julians
treten jene Eigenschaften bei Konstantin nicht hervor.

[1]) Ich erinnere nur an die Beziehungen Theodosius d. Gr. zu
Themistius, Libanius und Symmachus.

[2]) Wenn Suidas (s. v. Σώπατρος) die Hinrichtung des Sopater
auf religiöse Motive zurückführt, so steht er im Widerspruch mit Zosi=
mus (II, 40), der darin nur das Resultat einer erfolgreichen Hofintrigue

Sopater und der Hierophant Prätextatus wirklich bei den Einweihungsceremonien von Konstantinopel gebraucht worden sind¹), so waren dies doch nicht Verrichtungen religiöser Art, sondern sie entfallen in das Gebiet des gemeinen Aberglaubens, der auch sonst bei Haus= und Städtegründungen zu allen Zeiten und bei allen Völkern und auch in den christlichen Ländern das ganze Mittelalter hindurch nachweisbar ist. Andrerseits kamen gerade die sonst bei Städtegründungen des Altertums unerläßlichen kultischen und divinatorischen Akte²) hier in Wegfall. Am allerwenigsten aber kommen für die Beurteilung der persönlichen Stellung des Kaisers zum Christentum die Unthaten in Betracht, welche dieser in seiner eigenen Familie und Verwandtschaft beging. Denn wir sind nicht zuverlässig darüber unterrichtet, was hinter diesen furchtbaren Katastrophen liegt³), und Herrscher, die christlich getauft waren und christlich sein wollten, haben schwerer Schuld auf sich geladen. Ein anderes ist es, zum Christentume mit voller Überzeugung sich bekennen, ein anderes, durch seine göttlichen Kräfte wirklich erneuert zu werden.

---

sah, die von dem Gardepräfekten Ablavius ausging. Die größere Glaubwürdigkeit verdient in diesem Falle der jenem Ereignisse näher stehende Zosimus.

¹) Johannes Lydus, de mens. IV, 2 (S. 52 ed. Bonn.)

²) Fustel de Coulanges, La Cité antique. Paris 1866 S. 168 ff.

³) Vgl. auch das Urteil Rankes, Weltgeschichte III, 1 S. 521 Anm. 1. Ebendaselbst ist mit Recht wieder darauf hingewiesen, daß nach dem zuverlässigen Zeugnisse eines Panegyrikers (Anonymi funebris oratio c. 4 [in d. Havercampschen Ausgabe des Eutropius]) die Kaiserin Fausta i. J. 340 noch gelebt hat, sie kann demnach zu der von den neuern Historikern mit besonderem Wohlbehagen aufgezählten Opferreihe nicht gehört haben. Dazu m. Untersuchungen a. a. O. Bd. VIII S. 540 f.

In welchem Maße neben den religiösen Motiven politische Erwägungen das Verhalten des Kaisers im einzelnen bestimmt haben, ist unbekannt und zu wissen von geringem Werte; denn es ist selbstverständlich, daß eine Religionspolitik, mag sie auch in ihrem letzten Grunde vom Religiösen ihren Ausgang nehmen, eben Politik ist: das größere oder geringere Maß aber des Politischen bestimmt sich nach den thatsächlichen Verhältnissen, mit denen der Religionspolitiker zu rechnen hat.

Die wohlwollende Gesinnung des Kaisers gegen die Kirche und ihre Organe findet ihre Ergänzung in seinem Verhalten zu dem Heidentume. Wenn dasselbe als Halbheit, als ein kluges Balancieren zwischen den beiden Religionen und ihren Ansprüchen und Einflüssen verstanden worden ist, so ist dabei die thatsächliche Lage, in die sich Konstantin gestellt sah, nicht richtig erkannt. Selbst bei der Voraussetzung, daß bald nach oder infolge der Toleranzedikte die Zahl der Christen im römischen Reiche sich stark vermehrt habe, so betrug dieselbe immer noch höchstens ein Fünftel der Gesamtbevölkerung. Eine solche Thatsache hätte auch dem christeneifrigsten Herrscher eine gewisse schonende Zurückhaltung auferlegen müssen. Keinem Einsichtigen konnte verborgen sein, daß eine gewaltsame und plötzliche Lostrennung des Heidentums von dem antiken Staate und dem öffentlichen Leben das Reich wiederum in die gefährlichsten Erschütterungen hineingetrieben und den Bestand des neuen Kaisertums ernstlich in Frage gestellt haben würde. Die letzte Reaktion des Staates gegen das aufstrebende Christentum unter Diokletian hatte dieses aus der Beamtenschaft und der Armee verdrängt. Die hohen Militärchargen und die obersten Regierungs- und Verwaltungsposten lagen in der Hand von Heiden. Ebendasselbe war in den niedern Offizien und den städtischen Magistraturen der Fall. Auch das Heer war heidnisch. Höchstens wären im günstigsten Falle doch nur die barbarischen Legionen, die aber damals in dem Ganzen der römischen Armee noch wenig bedeuteten, zu einem Religionskampfe zu gewinnen gewesen. Denn — darüber kann kein Zweifel sein — auf einen passiven Widerstand, zu dem die verfolgten Christen sich zurückzogen, würde das bedrängte Heidentum damals sich nicht beschränkt haben. Die wilden Scenen des heidnischen Fanatismus, welche noch mehr als ein Jahrhundert später der mit Gewalt vorgehende christliche Staat durch seine Rücksichtslosigkeit entfesselte, weisen deutlich darauf hin, in welche Wirrnisse und innere Verwickelungen eine solche Staatskunst geführt haben würde. Sie hätte nicht nur einen Kampf zwischen Staat und Heidentum bedeutet, sondern auch zwischen heidnischer und christlicher Bevölkerung. Das Äußerste, was ein christlicher Kaiser, dem es mit der Christianisierung des Reiches ernst war, unter den damaligen Verhältnissen wagen konnte, war die Zurücksetzung und allmähliche Einschränkung des Heidentums, beides womöglich auf dem Verwaltungswege und in einer Form, daß Gewaltmaßregeln entweder ganz vermieden oder geschickt verdeckt wurden.

Auf dieser Linie hielt sich die innere Politik Konstantins. Von vornherein hat sie diese Richtung, doch kommt dieselbe ganz natürlich anfangs weniger entschieden zur Wirkung als in den spätern Regierungsjahren des Kaisers. In ihrem allgemeinen Ziele festgestellt, mußte sie doch in ihrer praktischen Anwendung eine Politik von Fall zu Fall werden.

Die Förderung dieser Politik durch persönliche Einwirkung auf die davon betroffenen Kreise ließ Konstantin sich angelegen sein. In Privatgesprächen und öffentlichen

Ausschreiben hat er Heiden und Christen gegenüber die alte Religion unbedenklich auf das schärfste verurteilt. Sie gilt ihm als ein „schändlicher Wahn", an welchem „Völker, ja ganze Nationen zu Grunde gegangen sind". Ihre Anhänger sind ihm „Irrende"; ihre Herrschaft über die Gemüter nennt er „Gewalt der Finsternis" und findet in dieser Gewalt das Hemmnis für die „gemeine Neugeburt aller" Er betrachtet es als seine von Gott ihm gewiesene Bestimmung, den „verabscheuungswürdigen Götzendienst" zu beseitigen und den Glauben an ein höchstes Wesen zu verbreiten, auf daß alle, die „Gläubigen" und die noch „im Irrtum Befangenen" unter dem „heiligen Gesetze" leben.[1])

---

[1] Es kommen hier vorzüglich zwei Ausschreiben des Kaisers an die östlichen Provinzen des Reichs kurz nach Besiegung des Licinius (323) und ein Brief an den Perserkönig Schapur, wohl aus etwas späterer Zeit, in Betracht. Es ist für die vorliegende Frage gleichgültig, ob der in Rhetorik und Schriftstellerei wohl erfahrene Kaiser die Schriftstücke eigenhändig entworfen habe oder nicht; jedenfalls trugen sie seinen Namen und gaben sich als Ausdruck seines Willens und Meinens. Das erste Schreiben (Euseb. V. C. II, 24—43), gerichtet an die „Bewohner Palästinas", lag dem Eusebius in der eigenhändigen Ausfertigung des Kaisers vor; es wendet sich an die gesamte Bevölkerung und nicht ausschließlich an die Heiden, wie Eusebius (II, 23) annimmt. Der Inhalt läßt darüber keinen Zweifel. Das Ende der Christenverfolger wird grell beleuchtet; ihr Schicksal hat die Macht des Einen Gottes und die Kraft der wahren Religion herrlich offenbart. Das Ziel der göttlichen Führungen, welche der Kaiser erfahren, ist: $\dot{\iota}\nu'$ ἅμα μὲν ἀνακαλοῖτο τὸ ἀνθρώπινον γένος εἰς τὴν περὶ τὸν σεμνότατον νόμον θεραπείαν, τῇ παρ' ἐμοῦ παιδευομένη ὑπουργίᾳ, ἅμα δὲ ἡ μακαριστὴ πίστις αὔξοιτο ὑπὸ χειραγωγίᾳ τῷ κρείττονι. Deutlicher und schärfer drückt sich aus das zweite kaiserliche Schreiben an die „Bewohner des Ostens", dessen Original, von Konstantins eigener Hand geschrieben, dem Eusebius zur Verfügung stand; er teilt es in griechischer Übersetzung mit V. C. II, 48—60. Die schonungslosen Urteile über die Verfolger und ihr frevelhaftes Be-

Der Kaiser beschränkte sich nicht auf diese und andere Äußerungen. Auch in seinem Benehmen und seinen persönlichen Anordnungen ließ er seine verächtliche Beurteilung der alten Religion auf mannigfache Weise zum Ausdruck kommen.

Mehr als unsere Quellen erkennen lassen, scheint dies schon bald nach dem Maxentiussiege hervorgetreten zu sein.

---

ginnen werden wiederholt. Als allemeinen Rechtsgrundsatz spricht der Kaiser aus: Μηδεὶς τὸν ἕτερον παρενοχλείτω · ἕκαστος ὅπερ ἡ ψυχὴ βούλεται, τοῦτο καὶ πραττέτω. Aber unmittelbar darauf folgt das Bekenntnis, daß nur die unter dem heiligen Gesetze Ruhenden „heilig und rein" leben; die anderen aber, wenn sie Lust haben, mögen τὰ τῆς ψευδολογίας τεμένη behalten. Mit Bedauern wird festgestellt, daß die „Cäremonien des Tempeldienstes und die Gewalt der Finsternis" noch fortdauern, ὅπερ συνεβούλευσα ἂν πᾶσιν ἀνθρώποις, εἰ μὴ τῆς μοχθηρᾶς πλάνης ἡ βίαιος ἐπανάστασις, ἐπὶ βλάβῃ τῆς κοινῆς ἀναστάσεως ἀμέτρως ταῖς ἐνίων ψυχαῖς ἐμπεπήγει. Ähnliche Gedanken kehren in dem Briefe an den Sassanidenkönig wieder (V. C. IV, 9—13). Besonders bemerkenswert die Worte: τοῦτον (d. h. den wahren Gott) ἐπικαλοῦμαι γόνυ κλίνας, φεύγων μὲν πᾶν αἷμα βδελυκτόν (vom Opfer gemeint) καὶ ὀσμὰς ἀηδεῖς καὶ ἀποτροπαίους, πᾶσαν δὲ γεώδη λαμπηδόνα ἐκκλίνων · οἷς ἅπασιν ἡ ἀθέμιτος καὶ ἄρρητος πλάνη χραινομένη, πολλοὺς τῶν ἐθνῶν καὶ ὅλα γένη κατέρριψε, τοῖς κατωτάτω μέρεσι παραδοῦσα. Ebenso hat er in einem an die in Tyrus versammelten Bischöfe gerichteten Schreiben (Athan. contra Arian. c. 86) sich gerühmt, daß durch seine Bemühungen die „Barbaren" zur Kenntnis des wahren Gottes gelangt wären. Auch auf die zuweilen verächtliche Erwähnung der alten Religion und ihrer Sacra in kaiserlichen Gesetzen ist hinzuweisen z. B. aliena superstitio (Cod. Theod. XVI, 2, 5), mos veteris observantiae (XVI, 10, 1); superstitio (IX, 16, 1). Eigentümlich ist die Ausdrucksweise in den beiden Verordnungen über die Haruspicin vom Jahre 319 (IX, 16, 1; 2). Von der Oratio pro sanctis und den Referaten des Eusebius über Reden Konstantins sehe ich ab, obgleich mir ihr Quellenwert größer erscheint, als angenommen zu werden pflegt.

Bereits im Jahre 314 hat ein christlicher Redner in öffentlicher Versammlung die beiden Herrscher Konstantin und Licinius als solche gerühmt, welche sich zu dem allein wahren Gotte und seinem Sohne Jesus Christus bekennen, aber den todten Götzen „ins Angesicht speien" und die „alte Täuschung von der Väter Zeiten her verlachen".[1]) Wie viel auch von diesen Aussagen auf Rechnung des freudigen Gefühls, die ersehnte religiöse Duldung endlich erlangt zu haben, zu setzen sein mag, so führen sie doch im letzten Grunde auf Thatsachen zurück, die so beschaffen sein mußten, daß solche Urteile sich wagen ließen.

Schon zwei Jahre nach der Maxentiusschlacht also hat sich die Christenfreundlichkeit des Kaisers in sehr bestimmten Umrissen dargestellt und zwar auch bereits in einer dem Heidentume entgegengerichteten Form. Die folgende Zeit hat diese Entwickelung rasch weiter geführt.

Zwei kaiserliche Schreiben[2]) an die östlichen Provinzen wiesen diese nachdrücklich auf die wahre und würdige Religion hin, deren Gott auch der Kaiser bekenne. Es ist anzunehmen, daß ähnliche Erlasse auch im Abendlande erfolgt

---

[1]) Eusebius im Panegyrikus bei der Einweihung der Kirche zu Tyrus (H. E. X, 4, 16): ὥστε ἤδη, ὃ μηδὲ ἄλλοτέ πω, τοῖς πάντων ἀνωτάτω βασιλέας, ἧς λελόγχασι παρ' αὐτοῦ τιμῆς συνησθημένους, νεκρῶν μὲν εἰδώλων καταπτύειν προσώποις, πατεῖν δ' ἄθεσμα δαιμόνων θέσμια, καὶ παλαιᾶς ἀπάτης πατροπαραδότου κατεγγελᾶν, ἕνα δὲ αὐτὸν μόνον θεὸν τὸν κοινὸν ἁπάντων καὶ ἑαυτῶν εὐεργέτην γνωρίζειν, Χριστόν τε τοῦ θεοῦ παῖδα παμβασιλέα τῶν ὅλων ὁμολογεῖν.

[2]) Siehe die obige Anmerkung. Dazu Euseb. D. L. C. c. 2: V. C. I, 8 Schlußsatz, was wohl rhetorische Verallgemeinerung und Steigerung ist. Das Geschichtliche wird das Schutzschreiben an den Perserkönig (IV, 8 ff.) sein.

sind. Der Hafenort von Gaza, Majuma, wo man diesen Wink verstand und den Götzendienst abthat, wurde dafür zur Stadt erhoben und durfte sich Constantia nennen; auch die Einwohnerschaft von Constantinia in Palästina, die in stürmischem Vorgehen in ihren Mauern die alte Religion und deren Kult beseitigte, erntete den Beifall und die ausdrückliche Anerkennung des Kaisers.[1]) Auf der anderen Seite tadelte derselbe bei öffentlichen Spielen in Rom mit hartem Worte die zu den sakralen Feierlichkeiten sich anschickenden Truppen und wies die übliche Leistung des Opfers ab, was die heidnischen Kreise der Hauptstadt übel empfanden.[2]) Von den Decennalien wird die herkömmliche Begleitschaft kultischer Akte und religiösen Pompes gelöst[3]); die heidnischen Panegyriker finden sich mehr und mehr veranlaßt, auf die religiöse Stellung des Kaisers Rücksicht zu nehmen. Schon der gallische Redner, der Anfang des Jahres 313 vor dem aus Italien zurückkehrenden Sieger in Trier sprach, hielt es für angemessen, sich allgemein monotheistisch auszudrücken[4]); acht Jahre später äußert sich der Heide Nazarius in seinem Panegyrikus schon ganz christlich.[5]) Schließlich wurden die heid-

---

[1]) Euseb. V. C. IV, 38. 37.
[2]) Zosim. II, 29. Die Stelle ist wichtig: τῆς δὲ πατρίου καταλαβούσης ἑορτῆς, καθ' ἣν ἀνάγκη τὸ στρατόπεδον ἐν ἰέναι εἰς τὸ Καπετώλιον, ἄνοδον ὀνειδίζων ἀναίδην, καὶ τῆς ἱερᾶς ἁγιστείας ἀποστατήσας, εἰς μῖσος τὴν γερουσίαν καὶ τὸν δῆμον ἀνέστησεν. Das Fest mögen die ludi Capitolini gewesen sein; das Ereignis fand nach der Besiegung des Licinius statt, vielleicht an den Vicennalien.
[3]) Euseb. V. C. I, 48. III, 15: D. L. C. II.
[4]) Incerti Paneg. Constantino Aug. dictus (IX S. 192 ff. ed. Teubn. Lips. 1874). Besonders das Schlußgebet c. 26.
[5]) Nazarii Paneg. Const. Aug. dict. (X, S. 213 a. a. O.) c. 2. 7. 14. 15. 16. u. s. ö.

nischen Panegyriker, „die gottlosen Menschen", ganz zurück=
geschoben und Christen traten an ihre Stelle. Bei den
Vicennalien und den Tricennalien im Jahre 326 und 336
hielt der Bischof Eusebius von Cäsarea die öffentliche Rede.[1]

Die von eben diesem Manne herrührende Mitteilung[2],
Konstantin habe „mit Wort und That" seine Ueberzeugung
von der Nichtigkeit des Götterglaubens zu erkennen gegeben
und sich die Förderung des Glaubens an den Einen Gott
angelegen sein lassen, erweist sich damit als wesentlich richtig.

Unangreifbar in der Form, weil nicht ohne Präcedenz,
aber nicht minder unmißverständlich in seinem letzten Ziele
war eine Anordnung des Kaisers, durch welche er sein
Bildnis den Tempeln und überhaupt der religiösen Verehrung
entzog.[3] Er beseitigte damit eine Sitte, die sich in der
Armee und in Volkskreisen schon seit Augustus großer Be=
liebtheit erfreute und in welcher die göttliche Seite des
Principats voll und scharf in die Erscheinung trat. Aber
auch gerade in der Richtung auf diesen sakralen Ritus und
die ihm zu Grunde liegende Voraussetzung[4] hatte die alt=
christliche Polemik eine besondere Schärfe entwickelt, und das
religiöse Gefühl der Christen fand sich durch die Menschen=
vergötterung tief verletzt. Darin liegt die Erklärung jener
Maßregel, deren aufregende Wirkung in heidnischen Kreisen,
da sie Tausende von Tempeln und Hauskapellen traf, ihrem

---

[1] Euseb. V. C. I, 1.
[2] Euseb. V. C. III, 1.
[3] Euseb. V. C. IV, 16. Der Text bei Sokrat. I, 18 ist verderbt.
[4] Es sei hier nur an die auf Inschriften sich findenden Bezeich= nungen des Kaisers als divi filius, deus, dominus et deus, deus natus, θεός, θεοῦ υἱός u. a. erinnert.

Urheber nicht verborgen sein konnte. Wenn er sie dennoch wagte, so prägt sich darin sein entschiedener Wille aus, das Machtgebiet der alten Religion einzuschränken.

Vielleicht noch ehe das genannte Verbot erfolgt war, wandte sich die Provinz Umbria an den Kaiser mit der Bitte, in der Provinzialstadt Hispellum die jährlichen Spiele feiern zu dürfen, in Beziehung auf welche sie bis dahin an die gemeinsame Festfeier der verbündeten Provinzen Tuscien und Umbrien in dem entlegenen Volsinii gewiesen war; zugleich ersuchten die Provinzialen um die Vergünstigung, der Gens Flavia einen Tempel errichten zu dürfen. Konstantin gestattete beides, fügte aber hinzu: „unter der Bedingung, daß das unserm Namen geweihte Haus nicht mit dem Trug irgend eines Aberglaubens befleckt werde."[1]) Was darunter verstanden war, konnte den Hispellaten nicht verborgen sein. Jener Vorbehalt schnitt den Opferdienst ab und bestimmte den in Aussicht genommenen Tempel von vornherein zu einer Ruhmeshalle, in welcher neben den Büsten oder Standbildern der kaiserlichen Familie der in Marmorschrift umgesetzte Freibrief Platz gefunden haben mag.

---

1) Über die darüber berichtende Inschrift (Muratori III, 1791: Orelli-Henzen III n. 5580), deren Echtheit keinem Zweifel unterliegt, Mommsen in den „Berichten über d. Verhandlungen d. K. Sächs. Gesellsch. d. Wiss." 1850 S. 199 ff. Die betreffenden Worte lauten: .... in cujus (scl. urbis) gremio aedem quoque Flaviae, hoc est nostrae gen | tis ut desideratis magnifico opere perfici volumus, ea observatione perscripta (= praescripta?) ne ae des nostro nomine dedicata cujusquam con tagiose superstitionis fraudibus polluatur. Die Inschrift fällt in die Zeit 326—337. Näheres in m. Untersuchungen a. a. O. VII S. 360 ff. Dazu noch Jahn, über die Ausdrücke aedes, templum, fanum, delubrum (Hermes 1879 Bd. XIV S. 567 ff.)

Auf demselben Motive ruht eine kaiserliche Verordnung¹) über die Haruspicin vom Jahre 319. Schon seit Jahrhunderten bedienten sich der Staat und Privatpersonen der Disciplina Etrusca, doch wurde gelegentlich, wie von Tiberius, die geheime, ohne Zeugen vorgenommene Befragung der Haruspices untersagt. Konstantin ging noch weiter; er verbot in dem angezogenen Erlaß die private Haruspicin überhaupt, und zwar in der schärfsten Form: dem Haruspex wird im Übertretungsfalle Todesstrafe, dem, der ihn zu sich ruft, Güterkonfiskation und Verbannung angedroht. Zur Denunciation wird ausdrücklich eingeladen.

Die überraschende Verordnung rief in den davon betroffenen Kreisen große Aufregung hervor: man verstand sie, als ob die Haruspicin damit gänzlich aufgehoben sein solle. Daher sah sich schon bald darauf die Regierung genötigt, den Inhalt ihres Erlasses in anderer Fassung zu wiederholen und die Haruspicinbedürftigen deutlicher, als in dem ersten Gesetze geschehen war, auf die öffentliche Haruspicin zu verweisen, freilich in einer Sprache, aus welcher der Ton der Geringschätzung dieses Ritus deutlich herausklingt.²) Das, was die konstantinische Religionspolitik charakterisiert, die allmähliche Einschnürung und stückweise Zertrümmerung des Heidentums, kommt auch hier zum Ausdruck. Die aus dem Privatleben herausgenommene und in die Hand des Staates gegebene Haruspicin dauert vorläufig noch fort. Eine kaiserliche Willens-

---

¹) Cod. Theod. IX, 16, 1.
²) Cod. Theod. IX, 16, 2. Der Schluß: qui vero id vobis existimatis conducere, adite aras publicas atque delubra et consuetudinis vestrae celebrate sollemnia: nec enim prohibemus, praeteritae usurpationis officia libera luce tractari.

äußerung¹) vom Jahre 321 erkennt die von den Haruspices geübte Profuration der Blitze als zu Recht bestehend an, der Kaiser fordert jedoch in jedem einzelnen Fall eine genaue Berichterstattung. Daß eben diese letztere, aus politischen Gründen, für Konstantin das Entscheidende war, ergiebt der Zusammenhang ziemlich deutlich; überhaupt tritt auch in diesem Edikt die Abneigung des Herrschers gegen die Haruspicin sehr bemerklich hervor. Die vorläufige Belassung der Haruspicin im Staate wurde durch die Macht der Verhältnisse gefordert.²) Aber ebenso ergaben diese ganz natürlich eine Einschränkung derselben.

Ist nämlich die Annahme berechtigt, daß um 320 die höchsten und einflußreichsten Posten in sehr vielen Fällen in christlichen Händen lagen, und daneben auch in die mittlere und die untere Beamtenschaft Christen in größerer Anzahl eingestellt waren, so ergab sich als selbstverständlich, daß die nach alter Sitte von den Staatsbeamten vorgenommene Befragung der Zeichen, sei es in der Form der etruskischen oder der griechisch-römischen Disciplin, nur selten in Anwendung kam.³) Sie wurde von selbst hinfällig, so daß endlich nach 324 ein allgemeines Verbot der Divination gewagt werden konnte.⁴) Das galt aber überhaupt von den sakralen Verrichtungen der staatlichen und bürgerlichen Beamten. Schon Diokletian hatte die Christen von solchen Akten dispensiert; in weit größerem Umfange mußte es jetzt geschehen.⁵) In

---

¹) Cod. Theod. XVI, 10, 1.
²) Über die Stellung Konstantins zur Haruspicin s. m. Untersuchung a. a. O. VIII. S. 517 ff.
³) Euseb. D. L. C. 1; V. C. IV, 52 verglichen mit V. C. II, 44. Sozom. I, 8. Dazu Kan. 7 d. Synode v. Arles (a. 314).
⁴) Euseb. V. C. II, 45.
⁵) Euseb. V. C. II, 44. C. Theod. XVI, 2, 5 (a. 323).

dem Maße also, wie die christliche Beamtenschaft wuchs,
ermattete die Bewegung des großen Apparats kultischer Hand=
lungen, welchen die Frömmigkeit der Vorfahren in das Ge=
triebe der staatlichen Verwaltung und Regierung hineingestellt
hatte. Die Auspication, der erste öffentliche Akt des neu
ernannten Beamten, wurde ein seltenes Schauspiel: die Zahl
der Apparitores, welche die höhern Officialen umgaben, schmolz
zusammen, denn die Gehilfen des Opferdienstes und der
Divination, die Victimarii, Pullarii, Haruspices und wer
sonst noch dazu zählte, schieden aus. Mit einem Wort, die
Magistratur verlor mehr und mehr ihren religiösen Pomp.
Der Staat fing an, sich der heidnisch=religiösen Formen zu
entkleiden. So trat der heidnischen Bevölkerung auch von
dieser Seite her die rücksichtsloseste Verkleinerung ihres Besitz=
rechtes und ihres Besitzstandes auf staatlichem Gebiete un=
mittelbar und gewiß häufig genug verletzend vor Augen.
Denn man kann sich nicht der Vermutung erwehren, daß die
durch die Gunst des Herrschers gestützte und in ihrer Voll=
macht starke christliche Beamtenschaft dem Heidentume den
Umschwung der Dinge im allgemeinen keineswegs schonend
vorenthalten habe. Ein Bild von dem, was schließlich auf
diesem Wege erreicht wurde, giebt die dritte Decennalienfeier
im Jahre 336. Dieselbe sieht von der alten Religion voll=
ständig ab. Die feierlichen Opferhandlungen und Auspica=
tionen, welche sonst diese Feste begleiteten, fielen aus und
wurden durch kirchliche Feierlichkeiten ersetzt. Der öffentliche
Redner wies rühmend auf diese Thatsache hin und durfte
den alten Ritus ungehindert schmähen.[1]

Die Regierung wagte noch mehr. Sie begann, einzelnen
Tempeln ihren wertvollen Schmuck, die metallbeschlagenen

---

[1] Euseb. D. L. C. 2.

Thüren, die vergoldeten Dachverzierungen zu entreißen, ja sie griff sogar das heilige Inventar an. Finanzielle Bedrängnisse mögen die erste Veranlassung dazu gegeben haben, aber daß ein solches Mittel überhaupt beliebt wurde, ist bezeichnend für den Standpunkt, welchen der Staat der alten Religion gegenüber einnahm, und die pietätslose Weise, in welcher die christlichen Beamten den kaiserlichen Befehl ausführten, gab der Maßregel einen ernsten Hintergrund und eine größere Tragweite. Unter Spott und Lachen wurden im Beisein der kaiserlichen Kommissare die ehrwürdigen Statuen, an welchen der Glaube des Volkes hing, mit um den Hals geschlungenen Stricken aus den Tempeln gezogen; man entriß ihnen, was sie Kostbares an sich trugen, und gab die nutzlosen Überbleibsel höhnend an die Gläubigen zurück, oder sie fielen ganz den fiskalischen Schmelzöfen anheim. Die Kosten der Gründung von Konstantinopel wurden zum Teil aus den eingezogenen Tempelschätzen bestritten.[1]) Andere Stücke des heiligen Besitzes verschenkte der Kaiser an seine Günstlinge oder ließ die Statuen so umformen, daß sie in christlicher Umgebung keinen Anstoß mehr erregten. So wurde das Bildnis der Rhea, das nach altem Glauben die Begleiter Jasons bei Cyzicus aufgestellt haben sollten, in Konstantinopel so verstümmelt und umgebogen, daß es endlich zu einer betenden Frauengestalt wurde[2]): aus einem Apollo machte Konstantin sein eigenes Bild.[3]) Auch die schonungslose Art, wie er die Tempel ausraubte, um für die neue Stadt am Bosporus statuarischen Schmuck zu gewinnen, ist be-

---

[1]) Liban. pro templ. II S. 161 ed. Reiske.
[2]) Zosim. II, 31.
[3]) Chron. Pasch. Olymp. 277, 1: Anon. Band. 14.

zeichnend, wenn auch hier religiöse Motive gewiß nicht in erster Linie maßgebend waren.¹)

Priester und Volk mußten dulden, daß die „Götterlosen" bis in das innerste Heiligtum der Tempel vordrangen und mit profanen Händen die zur Konfiskation bestimmten Stücke bezeichneten.²) Die Folge dieser Beraubungen war, daß die Heiligtümer veröpeten und verfielen, ja ein kaiserliches Gebot untersagte im Jahre 326, baufällige Tempel wiederherzustellen.³) In engem Zusammenhange damit steht das Verbot, neue Götterbilder aufzurichten.⁴) Darin sprach sich offen der Wille der Regierung aus, das Heidentum zurückzudrängen. Es war ein langwieriger Weg, der hier betreten wurde, aber eine allgemeine gewaltsame Zerstörung der heidnischen Kultusstätten lag außerhalb des Bereichs der Möglichkeit; nur in einzelnen Fällen, wo es ohne Aufsehn und mit einer gewissen Berechtigung geschehen konnte, wurden Tempel beseitigt, so das berühmte Aphroditeheiligtum zu Aphaka auf dem Libanon, an welches sich ein wüster Kultus der Unsittlichkeit knüpfte. Dieses „gefährliche Fangnetz der Seelen" schien dem Kaiser „nicht wert, von der Sonne beschienen zu werden"; durch eine Abteilung Soldaten ließ er den Tempel samt seinen Weihgeschenken vollständig vernichten. In Jerusalem wurde der über der Grabstätte Christi sich erhebende Aphroditetempel abgetragen, um das Ärgernis zu beseitigen und

---

¹) Euseb. V. C. III, 54 (die Bemerkung Burckhardts S. 419 Anm. 2 zu dieser Stelle ist gegenstandslos) und die Verzeichnisse im Anon. Band.

²) Euseb. V. C. III, 1; 54; 57. D. L. C. S. 9.; Julian. Or. VII S. 228 ed. Spanh.; Sokrat.: H. E. I. 3.

³ Cod. Theod. XV. 1, 3.

⁴) Euseb. V. C. IV, 25; II. 45.

für eine christliche Kirche Platz zu gewinnen.¹) Auch der Asklepiostempel in Ägä, der durch seine Inkubationen einen gefeierten Namen hatte, fiel; wahrscheinlich weil der Kultus und die Priesterschaft des „Seelenverführers" in ähnlicher Weise Anstoß gaben.²) Auch sonst sind Tempel zerstört worden. Ein heidnischer Philosoph³) charakterisiert den Kaiser als einen solchen, der die berühmtesten Tempel umstürzte, um Kirchen auf ihren Trümmern zu errichten und unter welchen die angesehendsten Philosophen gezwungen waren, ein geheimnisvolles Schweigen zu beobachten. In Ägypten sistierte der Kaiser gleichfalls einen unsittlichen Kult.⁴) Dagegen wurden in dem phönikischen Heliopolis, offenbar weil die Stadt eine starke und fanatische Einwohnerschaft hatte, nur die unsittlichen Auswüchse des Aphroditekultus beseitigt und, um eine dauernde Gegenwirkung zu schaffen, auf Befehl und unter reicher Beisteuer des Kaisers eine christliche Gemeinde gegründet.⁵) Auch der heidnische Kultus, der sich an die heiligen Eiche zu Mambre, wo Gott dem Abraham erschienen war, knüpfte, mußte aufhören. In einem an die palästinensischen Bischöfe gerichteten Schreiben befahl Konstantin die schleunige Beseitigung der Götzenbilder und Altäre und der „unreinen Opfer" und bedrohte jede Wiederholung einer gottlosen Ver-

---

¹) Euseb. V. C. III, 55; D. L. C. 8; V. C. III, 25 ff.

²) Euseb. V. C. III, 56. Burckhardt (S. 362): „wahrscheinlich hatte der Gott sich auf politische Fragen eingelassen." Näher liegt es, an die unsittlichen Ausschweifungen zu denken, die sich häufig mit den Inkubationen verbanden und schon früher gelegentlich staatliches Einschreiten herbeiführten.

³) Eunap. Vita Soph. in Aedes. (S. 461 ed. Boissonade).

⁴) Euseb. V. C. IV. 25.

⁵) Euseb. V. C. III, 58. Noch lange nach Konstantin hing die Mehrzahl der Bewohner dem Götzendienste an (vgl. den Brief des Bischofs Petrus v. Alexandrien bei Theodor. H. E. IV, 22.

richtung an diesem heiligen Orte mit schwerer Strafe. Zugleich wurde der Bau einer christlichen Kirche angeordnet, die sich auch bald in herrlicher Schönheit dort erhob.[1]) Damit erschöpft sich indes schwerlich die Zahl der zerstörten Heiligtümer.[2]) In den meisten Fällen begnügte sich der Kaiser allerdings damit, die Tempel schließen zu lassen.[3]) Diese Willensäußerungen und Maßnahmen würden freilich in ein merkwürdiges Licht treten, wenn sich erweisen ließe, daß, wie angenommen wird, derselbe Kaiser die Errichtung heidnischer Tempel angeordnet oder wenigstens wissentlich geduldet habe. Indes die zunächst in diesem Zusammenhange aufgeführte, im Jahre 331 vorgenommene Restauration des Konkordiatempels in Rom verdankt ihre Verwertung in diesem Sinne[4]) allein der trügerischen Führung einer aus ganz disparaten Stücken seltsam zusammengeflossenen Inschriftenkopie. Von Konstantinopel aber versichert Eusebius[5]) mit aller Bestimmtheit, daß hier Konstantin jeglichem Götzendienste ein Ende machte: andererseits erweisen sich die entgegengesetzten Mit-

---

[1]) Euseb. V. C. III, 52, 53 (das Schreiben Konstantins); Sozom. II, 4: Sokrates I. 18. Dazu das zeitgenössische Itin. Hierosolym.: ibi basilica facta est jussu Constantini mirae pulcritudinis.

[2]) Vgl. Euseb. D. L. C. c. 9.

[3]) Anon. Valesii (ed. Gardthausen ad marg. Amm. Marc. Lips. 1875, II S. 288) n. 33: edicto si quidem statuit citra ullam caedem hominum paganorum templa claudi.

[4]) Burckhardt S. 360, irregeleitet durch Gruter S. 100 n. 6 (wogegen S. 1086 n. 5). Doch hat schon i. J. 1828 Orelli (n. 1081) den Sachverhalt aufgedeckt und neuerdings (1876) Henzen im C. J. L. VI. 1 n. 89 wieder daran erinnert. M. Untersuchungen a. a. O. VII S. 359 ff.

[5]) Euseb. H. E. IV, 48. Ein in der Nähe von Konstantinopel gelegener Heiltempel, Sosthenion genannt, wurde in eine Kirche verwandelt. Vgl. darüber Revue archéol. 1849. S. 144 ff.

teilungen des Zosimus im einzelnen als unrichtig.¹) Denn der Tempel der Rhea auf dem großen Forum in Konstantinopel, dessen Erbauung Zosimus auf Konstantin zurückführt, bestand schon vor Neugründung der Stadt²), und die Umformung, welcher sich das Erzbild der großen Göttin unterziehen mußte³), zeigt zur Genüge, wie weit man davon entfernt war, den heidnisch-religiösen Charakter jenes Heiligtums zu wahren. Auch die Statuen der Dioskuren, welche das Hippodrom schmückten, sind nicht als religiöse Standbilder gedacht, sondern bilden nur einen Teil des reichen Raubes antiker Bildwerke, durch welche das „neue Rom" den äußern Glanz von Kunst und Kunstbesitz gewinnen sollte, der für eine Stadt ersten oder zweiten Ranges damals unerläßlich war. Das Brüderpaar mußte außerdem, obgleich seit alten Tagen dieser Bezirk ihm geweiht war, den Raum mit Apollo, Artemis und mehr als einem halben Hundert anderer mythologischer oder historischer Figuren des Altertums teilen.⁴)

Es ist freilich nicht anzunehmen, daß in der Regierungszeit Konstantins heidnische Tempel und Altäre gar nicht errichtet wurden, aber es kann dieses nur in geringem Umfange geschehen sein und gewiß nicht auf Anregung oder auch nur unter Billigung des Kaisers.

---

¹) Vgl. Hesych. Mil. VI. 4 (Fragm. hist. Graec. ed. C. Müller. Parisiis IV S. 149).

²) Das Nähere darüber in m. Untersuchungen a. a. O. VII S. 352 ff.

³) Zosim. II. 31 mit dem bemerkenswerten Zusatze φασὶ δὲ ὡς καὶ τοῦτο διὰ τὴν περὶ τὸ θεῖον εὐλάβειαν πεποιηκέναι.

⁴) Anon. Band. 41.

Zweifelhaft bleibt es, ob bei der Gründung der neuen Stadt am Bosporus auch heidnische Weihen gebraucht worden sind; eine sehr allgemein lautende Mitteilung eines spätern Schriftstellers darüber[1]) kann keinen genügenden Anhaltspunkt geben. Sollte dies der Fall gewesen sein, so folgt noch nicht, daß diese Verrichtungen religiöser Natur waren: sie können sich auf das dunkle Gebiet des volkstümlichen Aberglaubens, von welchem die Heiden und die Christen ein gutes Stück gemeinsam besaßen, beschränkt haben.[2]) In diese Sphäre gehört jedenfalls die Tychestatue, welche die Bildsäule des Kaisers auf dem ausgestreckten Arm trug und welcher auch sonst in der neuen Stadt eine besondere Verehrung erwiesen wurde.[3]) Die zur Erinnerung an die Gründung Konstantinopels geprägte Münze zeigt ihr Bild: eine Frauengestalt mit einer Mauerkrone auf dem Haupte und einem Füllhorn in der Hand; neben ihr am Boden ein Teil eines Schiffes[4]); sie war demnach eine neutrale Personifikation.

So bereitete sich langsam der letzte große Schlag vor, mit welchem Konstantin endlich an der Neige seines Lebens das Heidentum traf. Trotzend wies auf dieses Ende die

---

[1]) Johannes Lydus, de mens. IV, 2. Es ist bemerkenswert, daß Zosimus, trotz seines sichtlichen Interesses für die Geschichte der Neugründung von Byzanz (II, 30), von heidnischen Einweihungsriten offenbar nichts gewußt hat.

[2]) Dahin weist Anon. Band. 3 (auch Codin. 17).

[3]) Chron. pasch. (S. 530 ed. Bonn.); vgl. Hesych. 41. Zosim. a. a. O. weiß von der Errichtung eines eigenen Tempels (ναός) für die Tyche Romana; aber diese Bezeichnung ist nicht im Sinne von „religiöser Kultusstätte" zu fassen. Darüber m. Untersuchungen a. a. O. VII, S. 355 f.

[4]) Zeitschrift f. Numismatik 1876 S. 125. Ähnlich auf einer Goldmünze des Konstantius (Numismat. Zeitschr. 1870 Taf. XIV, 5).

Sistierung der Orakel[1]) und noch deutlicher ein an die kaiserlichen Beamten gerichtetes Gebot[2]), in Zukunft aller staatlichen Opfer sich zu enthalten. Damit war die volle Summe der magistratlichen Kulthandlungen beseitigt. Der Staat verzichtete auf die Genossenschaft und Mithülfe der alten Religion. Entschlossen brach er mit einer vielhundertjährigen Tradition. Aber noch hielt die Besorgnis und Aufregung darüber die Gemüter in Spannung, da ordnete der Kaiser in fester Konsequenz diejenige Maßregel an, welche am tiefsten in das religiöse Gefühl der großen Mehrheit seines Volkes schneiden mußte und den äußersten Punkt bezeichnet, bis zu welchem Konstantins Religionspolitik gegangen ist: das allgemeine Opferverbot. Daß ein solches Verbot erfolgte, kann nach dem, was ihm vorangegangen ist, nicht überraschen. Es liegt dies durchaus in der Richtung der Politik Konstantins, wie dieselbe an den Quellen sich ausweist, und kann nur da unglaubhaft erscheinen, wo diese Politik von falschen Voraussetzungen aus vorgestellt wird. Wenn der Kaiser diesen bedeutungsvollen Schritt gewagt hat, so muß er in der Erfahrung der vergangenen Jahre die Garantieen für die Ungefährlichkeit einer solchen Maßregel gefunden haben.

Die Verordnung selbst, in welcher der Kaiser seinen Willen kund that, ist uns nicht erhalten, aber Eusebius bezieht sich sowohl in seinen Denkwürdigkeiten aus dem Leben Konstantins als in seinem Panegyrikus[3]) mehrmals mit Be-

---

[1]) Euseb. V. C. IV, 25; Zosim. II, 29.

[2]) Euseb. V. C. II, 44. Schon vor 321 waren die häuslichen Opfer untersagt worden (Cod. Theod. XVI. 10. 1); vgl. m. Untersuchungen a. a. O. VIII S. 529.

[3]) Euseb. V. C. II, 45; IV. 23; IV. 25. D. L. C. 2. 8. 9. Nach V. C. IV, 25 ist jene Verordnung ausgesprochen $\dot{\epsilon}\mu\alpha\lambda\lambda\dot{\eta}\lambda o\iota\varsigma$ τε νόμοις καὶ διατάξεσιν τοῖς πᾶσιν, also mehrmals.

stimmtheit darauf, und auch Konstantius greift in einem scharfen Erlasse¹) gegen den Opferdienst vom Jahre 341 auf ein entsprechendes Gesetz seines „göttlichen Vaters" zurück. Diese Angaben lassen zugleich keinen Zweifel darüber, daß das Verbot nicht etwa die Privatopfer allein im Auge hatte, sondern alle Opfer.²)

Das kaiserliche Gesetz berührte den innersten Kern des heidnischen Gottesdienstes. Denn immer und überall stand im Mittelpunkte dieses das Opfer. Der pompöse Kultus schrumpfte auf einen dürftigen Rest zusammen. Man begreift, daß ein rhetorisch angelegter Zeuge dieser Ereignisse im Hinblick hauptsächlich auf diese Thatsache urteilen konnte: „im ganzen römischen Reiche wurden die Thore des Götzendienstes dem Militär- und Bürgerstande verschlossen."³) In der That war die Schließung der Tempel die notwendige Folge jenes Gebotes. Ohne jene konnte dieses nicht aufrecht erhalten werden. Denn wenn auch die Opfer nicht im Tempelhause selbst vollzogen wurden, sondern vor demselben, so bildete der Tempel mit seinem Götterbilde doch die Voraus-

---

¹) Cod. Theod. XVI, 10, 2: Cesset superstitio, sacrificiorum aboleatur insania. Nam quicunque contra legem divi principis parentis nostri et hanc nostrae mansuetudinis ausus fuerit, sacrificia celebrare u. s. w. Burckhardt (S. 361 Anm. 2) nennt dies eine „sehr unbestimmte" Berufung. Kann sie deutlicher sein?

²) Vgl. darüber Chastel a. a. O. S. 61 ff. u. m. Unters. a. a. O. VIII S. 530.

³) Euseb. V. C. IV, 23. (vgl. Praep. ev. IV, 4). Ganz sachlich Theodor. H. E. V, 21: (Κωνσταντῖνος) τὸ μὲν τοῖς δαίμοσι θύειν παντάπασιν ἀπηγόρευσε, τοὺς δὲ τούτων ναοὺς οὐ κατέλυσεν, ἀλλ' ἀβάτους εἶναι προσέταξεν. Auch Sokrat. H. E. I, 3 und Julian. Orat. VII (S. 228 ed. Spanh.) Der frühere Zustand Euseb. H. E. II, 60.

setzung des Opfers. Die heidnische Gottesverehrung mußte in dieser reduzierten ärmlichen Gestalt den Eindruck hervorrufen, als ob sie am Ende ihrer Lebensregungen sei.

Faßt man alles zusammen, so bewähren die Maßnahmen Konstantins in allen ihren Einzelheiten die Richtigkeit des Satzes, daß seine Religionspolitik von Anfang an auf Beseitigung des Heidentums abzielte. So ist dieselbe auch von Freunden und Gegnern, die darüber etwas wissen konnten, beurteilt worden. Während jene ihn als denjenigen feierten, der im Umfange seiner Herrschaft „den ganzen Schmutz des gottlosen Irrtums" weggethan[1]), schalt ihn Julian aus eben diesem Grunde einen „Neuerer und Verstörer altehrwürdiger Satzungen"[2]) und wies ihm im Jenseits einen Platz neben dem „Sohne" an, nicht neben den alten Imperatoren, den Götterfreunden.[3])

Ein paritätisches Verhältnis beider Religionen hat also diese Politik, die seit dem italischen Feldzuge in immer schärfern Umrissen hervortritt, weder in Wirklichkeit gewollt und geübt noch erheuchelt. In ununterbrochener Folge giebt sie der Kirche und nimmt sie dem Heidentume. So wenig sie die Klugheit und vorsichtige Überlegung ihres Urhebers und Leiters verleugnet, so wenig ist sie eine ziellos hin- und herfahrende. Sie enthüllt auf der einen Seite das bewunderungswürdige Talent Konstantins, rücksichtslos oder schonend zu sein, je nach Beschaffenheit der Umstände, aber sie zeigt auf der

---

[1]) Euseb. D. L. C. 2. Andere Aussagen desselben Inhaltes öfters bei ihm und seinen Fortsetzern.

[2]) Amm. Marcell. XXI, 10: novator turbatorque priscarum legum et moris antiquitus recepti (als Urteil Julians).

[3]) Juliani Caes. a. Ende.

andern Seite nicht minder seinen festen Willen in der Richtung auf das eine Ziel hin. Die religionspolitischen Anordnungen des Kaisers bewegen sich dem Christentume und dem Heidentume gegenüber in fortwährender, gleichmäßiger Progression, dort der Rechtsmehrung, hier der Rechtsminderung.

Ein offener Widerstand des Heidentums gegen die kaiserlichen Bestimmungen, auch in ihrer höchsten Steigerung, wird nirgends bemerkbar, und diese willige Unterwerfung einer Menschenmasse, die über zwei Drittel der Reichsbevölkerung ausmacht und in ihrer Mehrzahl in fester innerlicher Anhänglichkeit zu dem väterlichen Glauben stand, befremdet auf den ersten Blick.

Es scheint nicht denkbar, daß 70—80 Millionen ihre alten sakralen Rechte und Gewohnheiten gefügig sich wegdekretieren ließen. Diese Erwägung führt mit untrüglicher Gewißheit zu dem Schlusse, daß der Staat in der Durchführung seines Willens mit der größten Nachsicht verfuhr und eine weite Toleranz übte. Das durch den Widerspruch zwischen Theorie und Praxis charakterisierte Verfahren, welches vordem der heidnische Staat dem Christentum gegenüber befolgte, ist demnach hier in gewisser Weise wieder aufgenommen: von den gesetzlichen Bestimmungen gegen die alte Religion wird nicht in allen Fällen Gebrauch gemacht. Im einzelnen war wohl in erster Linie die Rücksicht auf die öffentliche Ruhe maßgebend. Heidnischen Minoritäten gegenüber in Stadt und Land sind die neuen Gesetze gewiß ohne Zaudern in Anwendung gebracht; auch sonst werden sich die Heiden in der freien Äußerung ihres religiösen Lebens gewisse Einschränkungen haben gefallen lassen müssen. Trotzdem bleibt der Satz zu Recht bestehen, daß der Staat einen Teil seiner gesetzlichen Anordnungen nur lückenhaft und nach Maßgabe der Verhältnisse zur Ausführung gebracht hat. Wort und That deckten sich hier nicht in allen Fällen genau; aber ein solches weitgehendes schonendes Verfahren, welches in der politischen oder religionspolitischen Geschichte aller Völker Analogieen hat, ja auch in der sonstigen Politik Konstantins, in seinem Verfahren gegen die schismatischen Donatisten, erklärt und rechtfertigt sich durch die thatsächliche Lage.

Auch so christeneifrige Kaiser, wie Konstantius und Gratian, in gewisser Weise auch Theodosius haben sich zu ähnlichen Zugeständnissen an die Verhältnisse gezwungen gesehen. Wichtig war — und darin liegt vor allem die epochemachende Bedeutung der Religionspolitik Konstantins — daß der Staat öffentlich die Gemeinschaft mit dem Heidentume abwies und die freie Bewegung desselben gesetzlich zu hindern unternahm. Er zerschnitt das Band, das die alte Religion an den Staat und den Staat an die alte Religion knüpfte, nicht um ihn religionslos zu machen, sondern um ihn mit einer neuen Religion und Religionsgemeinschaft in Verbindung zu bringen. Von hier aus war es nur ein Schritt zu dem Satze, den einst Trajan den Christen gegenüber aussprach: „ihr habt kein Recht des Daseins." Denn diese neue Religion konnte sich zu dem Heidentume nicht duldend stellen, und in dem Grade als sie Einfluß auf den Staat und die Person des Herrschers gewann, mußte sie die Regierung zu dem Letzten drängen, was hier zu thun war, zu dem gesetzlichen Verbot des Heidentums überhaupt.

Außerhalb jedes Zusammenhangs mit der durch die Lage dem Kaiser abgerungenen Beschränkung in der Ausführung der gesetzlichen Bestimmungen über die alte Religion steht die Fortdauer gewisser Titel und Gewohnheiten im Principate und in der Regierung, in denen sich der frühere

Zustand, der heidnische Charakter des Staates mehr oder minder stark reflektiert, und die aus eben diesem Grunde entweder als Nachgiebigkeit an das Heidentum oder als Zeugnisse einer zwischen Heidentum und Christentum schwankenden Gesinnung angesehen werden. Dazu zählt der Titel Pontifex Maximus, welchen Konstantin beibehielt.

Der Pontifex Maximus ist der Vorsteher des Pontifikalkollegiums. Seit Augustus schon lag diese Vorsteherschaft in den Händen der Kaiser. Die Pontifices waren lange Zeit hindurch keine ausschließlich sakrale Behörde: sie bildeten die letzte Autorität für die ganze Summe göttlicher und menschlicher Rechtssätze und erstreckten ihre Wirkung auch auf die Gestaltung des bürgerlichen Rechts. Obwohl diese letztere Seite ihrer Thätigkeit später zurücktrat, so war doch auch noch in der Kaiserzeit ihr Einfluß ein großer und griff vielfach über den Umkreis des Religiösen hinaus. Andererseits gab die höchste Würde in diesem Kollegium das Recht der Priesterernennung und die Aufsicht über das gesamte Religionswesen. Diese Thatsache mußte es, besonders in dem Übergangsstadium, in welchem sich der Staat unter Konstantin befand, mindestens wünschenswert erscheinen lassen, dieses bedeutungsvolle Machtmittel festzuhalten und damit die Möglichkeit einer unmittelbaren autoritativen Einwirkung des Herrschers auf die religiösen Institutionen und den Kultus des Heidentums in den herkömmlichen Rechtsformen zu sichern. Verpflichtungen zu sakralen Verrichtungen legte sich Konstantin damit nicht auf, da es schon längst Sitte war, die persönlichen Leistungen, welche dem Herrscher als Pontifex Maximus oblagen, durch den Promagister vollziehen zu lassen. Auch der Umstand, daß die christlichen Nachfolger Konstantins bis auf Gratian kein Bedenken darin fanden, den Titel zu führen, sollte vor raschen Schlüssen von hier aus auf die Religionspolitik und das persönliche Christentum Konstantins warnen.[1])

Dieselbe Verwarnung gilt in Beziehung auf die fortdauernde staatliche Anerkennung der Priesterschaften, deren alt verbriefte Rechte gegen Unbill gelegentlich geschützt wurden.[2]) Denn dieser Rechtsschutz bezieht sich nicht sowohl auf die religiöse und kultische Seite jener Genossenschaften, die sich vielmehr nach dem Gange der religionspolitischen Gesetzgebung gestaltete, als auf ihren bürgerlichen Rechtsbesitz, wie die kaiserlichen Verordnungen ausweisen. Diesen Standpunkt hat auch der nachkonstantinische Staat als angemessen erachtet und festgehalten.[3])

Noch weniger kann die Fortdauer heidnischer Bildnisse und Legenden auf den kaiserlichen Münzen, wenn schon gerade dieser Punkt betont zu werden pflegt, als ein Zeugnis für den religiösen Synkretismus oder die neutrale Religionspolitik Konstantins angesehen werden. Wie Handel und Wandel noch lange nachher in den hergebrachten Rechts- und Gewohnheitsformen des heidnischen Staates und Volkstums sich bewegten, so auch ganz naturgemäß das in dieses Gebiet entfallende Münzwesen, welches Konstantin kurz vor seinem

---

[1]) Auch Zosimus (II, 36) findet in der Fortführung des Titels seitens christlicher Kaiser nichts Auffälliges. Sollte Euseb. D. L. C. 3 ἀρχιερέα μέγαν, von Christus gebraucht, auf den Titel pontifex maximus anspielen?

[2]) Cod. Theod. XII, 1, 21; XII, 5, 2. In beiden Fällen handelt es sich um sacerdotales und flamines. Darüber m. Untersuch. VII S. 368 ff.

[3]) Z. B. Cod. Theod. IX, 17, 2, wo das Aufsichtsrecht der Pontifices über die sakralen Institutionen noch i. J. 346 anerkannt wird.

Bekenntnis zu dem siegreichen Kreuze von Grund aus reformiert hatte. So wenig daran gedacht werden konnte, etwa die nach Göttern oder Heroen benannten Legionen von diesen Zusammenhängen zu lösen, so wenig begründet mußte es erscheinen, die mythologischen und antik symbolischen Gebilde, die aus den hier und dort verstreuten Münzstätten hervorgingen, zu unterdrücken. Als Zugeständnisse oder Beruhigungsmittel konnten diese Äußerlichkeiten des Münzwesens schon darum nicht gelten wollen, weil eine einzige christliche Münze, die denselben Weg durch das Reich ging, jenen angeblichen Zweck illusorisch machen mußte. Nicht das kann Verwunderung erregen, daß die heidnischen Münzstempel durch die ganze Regierungszeit Konstantins hindurch weiter funktionierten, sondern vielmehr, daß ihnen in wachsender Zahl Münzen mit entschieden christlichem Bekenntnisse zur Seite traten. Denn darin kommt das Streben zum Ausdruck, den Staat vollständig zu christianisieren, ein Ziel, das Konstantin sonst nicht unverhüllt an die Öffentlichkeit zu stellen liebte. In christlichen Kreisen konnten die heidnischen Embleme kaum Anstoß erregen, da diese Münzen seit dem Jahre 313 keine Darstellung tragen, die heidnischer wären als gewisse Erbstücke der Antike in der christlichen Kunst des dritten und vierten Jahrhunderts.[1]) Wenn in der Folgezeit die christlichen Herrscher die heidnischen Bilder und Legenden von den Münzen ausschieden, so folgten sie der von Konstantin gewiesenen Bahn. Sobald einmal christliche Münzen vorhanden waren, mußte dem Publikum der Unterschied zum Bewußtsein

---

[1]) M. Katakomb. S. 98 ff. (Eros u. Psyche, Dioskuren, Sirenen); Garrucci, vetri antichi ornati di figure in oro 2. Aufl. Taf. 23. 3 (Minerva); m. Archäol. Studien S. 99 (Juno Pronuba), S. 111 (Venus), S. 106 (Hymenäus) u. sonst.

kommen, und es ergab sich daraus als selbstverständliche Forderung der nunmehr einflußreichen christlichen Bevölkerung, das ganze Gebiet zu besitzen. Die Regierung war stark und das Heidentum schwach genug, so daß diese Bestrebungen ohne Schwierigkeit bald zum Ziel gelangen konnten.

Mit den Rüstungen zu einem Perserkriege beschäftigt, wurde Konstantin von einem Unwohlsein ergriffen, das sich schnell zu gefährlicher Krankheit steigerte. Erfolglos sucht er in den warmen Bädern von Konstantinopel, dann in Helenopolis Heilung. In Ahnung des nahen Todes begehrte er auf seiner Villa Achyrona bei Nikomedien das sündentilgende Taufbad. Den um ihn versammelten Bischöfen äußerte er, daß sein Wunsch gewesen sei, nach dem Beispiele des Herrn im Jordanflusse die „errettende Versiegelung" zu empfangen; Gott habe es anders gefügt, und nicht länger wolle er nun zaudern.

Der Bischof Eusebius von Nikomedien vollzog die heilige Handlung. In weißem Taufgewande, den Purpur verschmähend, erwartete der Kaiser sein Ende. Den Klagen der Offiziere, die an sein Lager traten und ihm Verlängerung seines Lebens erflehten, setzte er eine freudige Todesbereitschaft entgegen und traf ruhig die letzten Anordnungen. Am 22. März, dem letzten Pfingsttage, des Jahres 337 um die Mittagsstunde schied er aus dem Leben.[1])

Das Wehklagen der Armee um den toten Imperator fand seinen Wiederhall in der gesamten Christenheit. Man wußte, was das Leben dieses Fürsten für das Christentum

---

[1]) Nach Eusebius (V. C. IV, 62 ff.), der ohne Zweifel anwesend war.

und die Kirche bedeutet hatte.¹) Das Unerhörte war durch ihn geschehen. Den festesten und heiligsten Bund, den die griechisch-römische Welt kannte, hatte dieser Neuerer mit klarem Bewußtsein und in überlegter That zerrissen, das Staatswesen von der alten Religion gelöst. Noch mehr: das frei gewordene Feld war mit des Kaisers Willen und Thun den Götterlosen zugefallen. Einem Weingewinde gleich, das vom stützenden Stamme gelöst wird, sank das Heidentum langsam zu Boden: es starb nicht, aber der Tod stand jetzt lauernd in seiner Nähe, und Jeder sah ihn, der sich auf die Zeichen der Zeit verstand.

Eine Münze Konstantins zeigt eine am Boden liegende Schlange, die von der Schaftspitze des Christusbanners durchstochen wird.²) Die Sprache dieses Bildes ist deutlich; es versinnlicht das letzte Ziel, welchem die Religionspolitik des Herrschers in wechselnder Form, aber in stetiger Richtung zustrebte. Konstantin hat dieses Ziel nicht erreicht. Aber den Weg dazu hat er vorgezeichnet. Er der Anfänger, seine Söhne die Fortsetzer.³)

Der römische Senat, alter Sitte treu und der Anerkennung der scharfen Realitäten der Gegenwart ausweichend, reihte den Kaiser in die Zahl der Götter ein und erkannte ihm das Prädikat Divus zu.⁴) Aus diesem offiziellen Akte entwickelte

---

¹) Ich würde mich hier auf eine von Beugnot (S. 112) aus Masdeu (Historia critica de España V S. 94) entnommene Inschrift beziehen, wenn diese nur ächt wäre. Vgl. C. J. L. II, n. 449 (unter den falschen Inschr.). Ich bemerke dies ausdrücklich, weil der Inhalt jener Inscription für den Historiker sehr verlockend ist.

²) Banduri II S. 213. Dazu Euseb. V. C. III. 3.

³) Sozom. H. E. III. 17.

⁴) Eutrop. X, 8: inter divos meruit referri. Dazu eine Anzahl heidnischer Inschriften mit dem Prädikate divus für Konstantin

sich für den neuen Gott mit Notwendigkeit ein religiöser
Kultus, der aber schon in seinen Anfängen entweder von
selbst verkümmerte oder durch staatliche Anordnung besei=
tigt wurde.¹) Doch ist ein christlich getöntes, schattenhaftes
Abbild dieser Apotheose daneben aufgekommen und hat sich
Jahrhunderte lang in volkstümlichen christlichen Kreisen be=
hauptet.²) Ja, ein allerdings nicht unparteiischer christlicher
Historiker meinte, zwischen der Weise religiöser Verehrung,
die in Konstantinopel einem Porphyrstandbilde Konstantins
erwiesen wurde, und heidnischem Götzendienste keinen Unter=
schied entdecken zu können.³)

Die Kirche hat in Konstantin den gefeiert und mit
hohem Lob erhoben, der ihr die ersehnte Freiheit gab und
den Götterdienst und Götterglauben zu Boden warf. Das
war der allgemeine Eindruck, den man von diesem gewaltigen
Manne hatte, ein Eindruck, der zwar, an den Einzelheiten
des Lebens und Wirkens Konstantins bemessen, sich nicht be=
währt, aber doch wahr ist. Da, wo der Geschichtschreiber

(z. B. Orelli n. 602; Maffei, Mus. Veron. S. 521 n. 3;
Marini, Atti I S. 294 u. s. ö.).

¹) M. Untersuchungen a. a. O. VII S. 367 f.

²) Ich zähle dazu die Konsetrationsmünzen, welche auf dem
Revers die Auffahrt Konstantins zum Himmel zeigen in genauem An=
schluß an die „Himmelfahrt Eliä" auf altchristlichen Denkmälern und
zuweilen auch durch das Monogramm Christi ausgezeichnet sind (Cohen,
VI n. 568. 569; dazu Eckhel VIII, 2 S. 92. Abbild. Banduri
II S. 217 unten; S. 219 ob.). Was ferner im Chron. Pasch.
Ol. 277, 3 (darnach Malal. XIII. 321) über die dem Konstantins=
bilde mit der Tyche dargebrachten Ehrenbezeugungen mitgeteilt wird,
ist nicht als Anordnung des Kaisers, sondern als volkstümliche Sitte
zu betrachten, die höchstens in ihren Anfängen in die Zeit Konstantins
zurückreicht. Vgl. auch d. folg. Anm.

³) Philost. II, 18.

Theodoret¹) von Konstantin spricht, dem „alles Lobes würdigen" Kaiser, scheut er sich nicht, in das Urteil hineinzuflechten, was der Apostel Paulus einst von sich in Rücksicht auf sein Apostolat gesagt hatte: „nicht von Menschen, auch nicht durch Menschen (Gal. 1, 1), sondern vom Himmel hatte er seinen Beruf". Das war in der That die Meinung der Christenheit. Als später, nach mehr als einem Vierteljahrhundert, der arianische Bischof Eudoxius in Konstantinopel bei festlicher Gelegenheit von seinem Bischofssitze herab, um dem arianischen Konstantius etwas Gefälliges zu sagen, auf Kosten Konstantins, unter dessen Patronat das nicänische Symbolum zu stande gekommen war, öffentlich die Worte sprach: „der Vater war gottlos, der Sohn ist gottesfürchtig," begann die Versammlung zu tumultuieren.²) So hoch hielt sie das Andenken ihres einstigen Herrn.

---

¹) Thedor. I, 2.
²) Vita seu certamina S. Athan. ed. Bened. I S. CXXVIII n. 12: ὁ πατὴρ ἀσεβής, ὁ υἱὸς εὐσεβής. Der Bischof half sich darauf mit einem Witz aus der unangenehmen Lage.

Zweites Kapitel.
Die Konstantinssöhne.

Mit dem Tode Konstantins zerging die Einheit des Imperiums. Drei Söhne und zwei Neffen, nämlich die Brüder Delmatius und Hannibalian, die schon während seines Lebzeitens unter seiner Oberhoheit größere Gebiete des Reiches verwaltet hatten, glaubten berechtigten Anspruch auf Teile der verlockenden Hinterlassenschaft zu haben.[1]) Die Schatten blutiger Bürgerkriege zogen am Himmel auf. Tage, gleich schreckvoll wie die Zeiten nach der Abdankung Diokletians, schienen heranzuschreiten — da griff die Armee mit einem Gewaltakt ein. Indem sie erklärte, nur die Söhne des großen Konstantin als erbberechtigt anerkennen zu wollen, mordete sie, um jenen den Weg frei und die Zukunft sicher zu machen, in rascher, wilder Entschlossenheit die übrigen Anverwandten des flavischen Hauses; nur die Prinzen Gallus und Julianus, die Brudersöhne Konstantius, blieben durch Zufall verschont.[2])

---

[1]) Mit Grund bestreitet Ranke, Weltgesch. IV, 2 S. 268 ff., daß schon zu Lebzeiten Konstantins eine Erbteilung stattgefunden, was indes nicht ausschließt, daß der Kaiser die Nachfolge seiner drei Söhne ins Auge gefaßt habe (vgl. Julian. Orat. in Const. S. 45 ed. Spanh.). In seltsamer Verwirrung stellen sich diese Dinge bei Zosimus II, 39 dar.

[2]) Ob und wie weit Konstantius an dieser Katastrophe beteiligt war, läßt sich nicht erkennen. Die Anklagen des Athanasius (Hist.

Auf der Basis dieser neugeschaffenen Lage vollzogen die Söhne im Jahre 338 in Sirmium eine neue Reichsteilung. Konstantin II., der älteste der Brüder, erhielt Britannien, Gallien, Spanien und Stücke in Afrika, Konstans Italien, Afrika und Illyrien, Konstantius II., der jüngste, die östlichen Länder, nämlich Thrazien, Asien und Ägypten.

Die drei Herrscher, deren ältester noch nicht einundzwanzig Jahre zählte, waren christlich erzogen, ja Konstantin hatte in ihrer Ausbildung die religiöse Seite besonders hervortreten lassen und darnach auch die private wie amtliche Umgebung der Prinzen bestimmt.[1]) Mit Genugthuung wurde in christlichen Kreisen die eifrige Kirchlichkeit der Kaisersöhne wahrgenommen; in ihrer Dreiheit samt dem Vater sind sie sogar als ein irdisches Abbild der heiligen Dreifaltigkeit bezeichnet worden.[2])

Konstantin hatte seinen Nachfolgern mit dem politischen Erbe verwickelte innerkirchliche Verhältnisse hinterlassen. Die blühende nordafrikanische Kirche war durch den Donatismus aus ihren Fugen gesprengt: schon seit langem lagen ihre Bischöfe klagend am Ohre des Herrschers. Auch die ägyptischen Diözesen hielt das meletianische Schisma noch in

---

Arian. ad Mon. c. 69) sind hier ebenso vorsichtig aufzunehmen, wie die gehässige Berichterstattung des Zosimus (II, 40). Beachtenswert ist der Versuch von Beugnot (I S. 131 ff.), in die Motive der dunkeln Katastrophe einzudringen. Die treue Anhänglichkeit der Armee zu dem Hause Konstantins steht außer Zweifel und wird von Julian selbst in seinem Panegyrikus auf Konstantius mehrfach bezeugt.

[1]) Euseb. V. C. IV, 51. 52. D. L. C. 3. Auch Firm. Matern, De errore prof. rell. c. 28, 9: sacrorum mandatorum ordinem scitis; qui sequi, quid fugere debeatis, veneranda atque immortali voce didicistis. Anders, aber in leicht erkennbarer Tendenz, Julian (De cynica secta or. VII S. 227).

[2]) Euseb. D. L. C. 3.

Zerrissenheit und Verfeindung. Weit bedeutungsvoller war die große christologische Kontroverse, die durch die gesamte Christenheit ging und als der arianische Streit bezeichnet zu werden pflegt. Die Abkehr Konstantins von den Homousianern hatte die dogmatische Einigung, mit welcher die erste allgemeine Synode zu Nicäa abschloß, rasch wieder vernichtet. Schlecht beraten und ohne inneres Verständnis für die Frage, welche die dogmengeschichtliche Entwickelung auf die Tagesordnung gestellt hatte, betrat der Kaiser den Weg der Vermittelung und entfesselte damit einen leidenschaftlichen Kampf, der nicht nur ihn selbst, sondern auch sein ganzes Haus überdauern sollte. Den Nicänern, die in Athanasius von Alexandrien einen klugen und kraftvollen Führer fanden, warf sich eine mannigfach abgestufte Partei entgegen, für welche der Kaiser ungescheut sein Ansehn und seine Macht einsetzte. Durch ein Verbannungsedikt nahm er im Jahre 335 den gefürchteten Führer der Homousianer vom Kampfplatze und verwies ihn nach Trier. Hier verweilte Athanasius bis zum Tode Konstantins in freundschaftlichem Verkehr mit dem Cäsar des Westens, Konstantin II. Die Thronbesteigung desselben verschaffte ihm bereits 338 die Rückkehr in die Heimat und das Bistum.[1]) Das Schreiben Konstantins an die Alexandriner, welches den Heimkehrenden begleitete[2]), ist ein Zeugnis der hohen Achtung des jungen Herrschers vor dem verbannten Bischofe. Auch dieser hat seinem Gönner ein dankbares Ge-

---

[1]) Selbstverständlich konnte die Rückberufung nur mit Erlaubnis des in Ägypten gebietenden Konstantius erfolgen. Doch war auch Konstans mit ins Einvernehmen gezogen (Athan. Hist. Arian. 8. Epiph. haer. LXVIII, 10).

[2]) Sokrat. II, 3.

dächtnis bewahrt und seine Frömmigkeit gerühmt¹): dem nach scheint Konstantin II. auf dem Standpunkte des nicänischen Symbolum gestanden zu haben. Genaueres über seinen Charakter und seine Religionspolitik ist nicht bekannt²): sein Verhältnis zu Athanasius erweckt jedenfalls ein günstiges Vorurteil für ihn, während auf der andern Seite die unter ihm geprägten Münzen mit heidnischen Bildnissen und Legenden³) ebensowenig für ihn wie für seinen Vater ein gegenteiliges Zeugnis abgeben können. Bereits im Jahre 340 verlor er auf einem raschen Kriegszuge in das Gebiet seines jüngeren Bruders, mit dem ein Grenzstreit ihn entzweit hatte, das Leben. Generale des Konstans überwältigten ihn bei Aquileja, töteten ihn und warfen den Leichnam in die Alsa. Die freigewordenen Länder schlug Konstans, während Konstantius durch einen gefährlichen Perserkrieg festgehalten war, ungehindert zu seinem Reiche.

Konstans bekannte das Homousios. Er ist mehrmals bei seinem arianischen Bruder in ernster, ja drohender Weise für die Nicäner und ihre Sache vorstellig geworden und unterhielt persönliche Beziehungen zu Athanasius. Seine bischöflichen Freunde fanden seine Haltung in den dogmatischen

---

[1] Athan. Apol. c. Arian. c. 87. Epist. ad episc. Aegypti et Lib. (t. I S. 280 ed. Maur. Par.).

[2] Sollte die bei Rivaz (s. Haller, Helvetien unter d. Römern I S. 285) sich findende Angabe, wonach Konstantin II. eine auf dem kleinen Sanct Bernhard an der großen Heerstraße errichtete Jupiterstatue i. J. 339 umstürzen und durch einen Meilenstein ersetzen ließ, begründet sein, so würde daraus hervorgehen, daß auch dieser Konstantinssohn, wie seine Brüder, dem Heidentume gegenüber sich nicht auf ein passives Verhalten beschränkt hat.

[3] Cohen, VI n. 10, 52 (Mars); 12. 102. 105—107. 111—116. 159 (Sol); 142—144. 149 (Jupiter); 199 (Isis); 201 (Anubis) u. A.

Zeitfragen korrekt und wußten seine milde Gerechtigkeit und
seine Freigebigkeit der Kirche gegenüber zu rühmen.¹) In
der That war sein Regiment in den ersten Jahren fest, streng
und gerecht; später haben Krankheit und schlechte Einflüsse
seiner Umgebung seine Energie zerrieben, und seine Herrschaft
ist den Unterthanen drückend geworden.²) Doch hat noch
kurz vor dem Tode des Konstans ein heidnischer Redner
seinen unermüdlichen Regierungseifer, dem er nicht selten auch
die Nachtstunden opferte, seine nüchterne, von Ausschweifungen
freie Lebensweise und seine ernsten Absichten in Beziehung
auf das Wohlergehen des ihm untergebenen Landes rückhalt=
los anerkannt bei einer Gelegenheit, wo sich diesem Lobe
leicht ausweichen ließ, wenn der Panegyriker gewollt hätte.³)

Am schärfsten war der religiöse und theologische Sinn
bei dem jüngsten der Brüder, Konstantius, entwickelt. Dog=
matischen und politischen Gegnern gegenüber erwies sich der
ruhige, milde und gut unterrichtete Fürst gleich maßlos in
seinem Mißtrauen, wie rücksichtslos in seinen Handlungen.⁴)

---

¹) Optat. de schim. III S. 64 (ed. Par. 1631). Darnach
hat er nach Afrika in reicher Fülle Almosen und ornamenta domibus
Dei geschickt. Athan. Apol. ad Const. 4. 7.: Hist. Arian. c.
44 (Schreiben des Hosius). Dazu Sozom. III, 18.

²) Eutrop. X, 8; Aur. Vict. 41: per aetatem cautus
parum atque animi vehemens, adhuc ministrorum pravitate
exsecrabilis atque praeceps in avaritiam despectumque mili-
tarium. Übertrieben auch hier Zosim. II, 41.

³) Libanius in seinem Βασιλικὸς λόγος (III S. 272 ff. ed.
Reiske), der wahrscheinlich i. J. 348 niedergeschrieben ist und in erster
Linie dem Konstantius gilt, aber auch auf Konstans sich bezieht.

⁴) Die Charakteristik bei Ranke IV, 1 S. 25 f. Ganz ungerecht=
fertigt ist das Urteil Richters, Gesch. d. weström. Reichs S. 103
unten. Auch ein so erbitterter Gegner wie Hilarius von Poitiers ent=

Darum haben ihn die einen einen Saul und Ahab, die andern einen grausamen Tyrannen und Mörder gescholten.[1] Der Kirche und dem Klerus wandte er zahlreiche Vergünstigungen zu[2] und sprach noch kurz vor seinem Tode in einem öffentlichen Schreiben an die Antiochener als seine Überzeugung aus, daß der Staat „vielmehr in Gottesfurcht denn in Ämtern oder in Arbeit und Mühe des Leibes seinen Bestand und Halt habe".[3] Die Aufrichtigkeit seiner christlichen Überzeugung steht über jedem Zweifel. Seine Frömmigkeit war nicht schlechter als die der Mehrzahl seiner Zeitgenossen. Sein Bemühen, mit dem Mittel der List wie der Gewalt seine dogmatischen Gegner zu bekämpfen und seine Freunde zum Siege zu führen, ist hier die Frucht einer lebendig bewußten und auf innerster Überzeugung ruhenden theologischen Anschauung. Das christliche Bekenntnis war ihm nicht eine Formel, sondern das Regulativ seines sittlich-religiösen Handelns, seiner ganzen Persönlichkeit. Von dort her gewann er die strenge Moralität, die auch unfreundliche Beurteiler an ihm anerkannt haben, und die Genügsamkeit, die so scharf von der Genußsucht und Üppigkeit seiner Umgebung sich abhob.

---

zieht ihm nicht das Lob angeborener Güte und Frömmigkeit (Ad Const. Aug. I, 1). Z. vgl. auch das günstige Urteil bei Julian, Or. in laud. Const.

[1] Athan. Hist. Arian. 67; 68; 69; 45 ($\dot{o}$ τῆς ἀσεβείας προστάτης καὶ τῆς αἱρέσεως βασιλεύς); Hilarius, Contra Const. 10. Noch maßloser Lucifer von Cagliari in den Flugschriften Pro Athanasio — De regibus apostaticis — Moriendum esse pro Dei filio (Bibl. Patrum Max. Lugd. IV S. 181 ff.).

[2] Cod. Theod. XVI, 2, 8—16. Dazu Chron. Pasch. S. 544 f. ed. Bonn. u. die Kirchenschriftsteller.

[3] Cod. Theod. XVI, 2, 16.

Von vornherein ließ sich annehmen, daß die Religions=
politik dieser beiden Flavier dem Heidentume gegenüber von der=
jenigen Konstantins wesentlich abweichen werde. Auch hatten
sich die Verhältnisse, mit denen in jedem Falle zu rechnen
war, günstiger gestaltet. Denn wie vorsichtig und eklektisch
auch die Religionspolitik Konstantins d. Gr. in der Praxis
sich entfaltete, so hatte sie dennoch dem Heidentume großen
Abbruch gethan. Der Zug der Zeit kam ihr entgegen. Die
allgemeine Stimmung und Entwickelung ging mit Ungestüm
eine Bahn, die von der alten Religion weiter und weiter
abführte. Schon wenige Jahre nach Konstantins Tode froh=
lockt ein leidenschaftlicher christlicher Schriftsteller, wenngleich
es in seinem Interesse lag, das Gegenteil berichten zu können,
daß, „obwohl noch in einigen Gegenden die sterbenden
Glieder des Götzendienstes zucken, dennoch die völlige Aus=
rottung des verderblichen Übels aus allen christlichen Ländern
in naher Aussicht steht." Es fehlt nur noch „ein ganz
weniges" und die „unheilvolle Ansteckung der ausgelöschten
Idololatrie" hört ganz auf. Schon ist die Zeit nahe ge=
kommen, die Siegeszeichen aufzurichten und den Triumph
auszurufen.[1]

---

[1] Firm. Matern. de errore prof. rell. c. 20, 5: qui locus
in terra est, quem non Christi possiderit nomen? qua sol ori-
tur, qua occidit, qua erigitur septemtrion, qua vergit auster,
totum venerandi numinis majestas implevit, et licet adhuc in
quibusdam regionibus idolatriae morientia palpitent mem-
bra, tamen in eo res est, ut e Christianis omnibus terris pesti-
ferum hoc malum funditus amputetur. — § 7: modicum tantum superest, ut legibus vestris funditus prostratus diabolus
jaceat, ut extinctae idololatriae pereat funesta contagio.
Veneni hujus virus evanuit et per dies singulos substantia
profanae cupiditatis exspirat . . . . Erigite tropaea victoriae
et praeferatur titulus triumphorum. Dazu Sozom. IV, 11.

Noch ehe diese Worte geschrieben waren, nämlich im Jahre 341 erließ Konstantius mit Berufung auf ein Edikt seines Vaters ein in schärfster Form abgefaßtes Verbot des Götzendienstes. „Aufhören soll der Aberglaube, ausgerottet werden der Wahnsinn der Opfer".[1]) Die Verordnung unterscheidet sich inhaltlich nicht von analogen Bestimmungen Konstantins, nur in der Fassung geht sie über diese hinaus. Der abrupte Eingang und der scharf gefaßte Inhalt lassen einen plötzlichen, durch irgendwelche bestimmte Vorgänge hervorgerufenen Willensentschluß als Ursache des Gesetzes vermuten. Wie sich Konstans dazu stellte, ist nicht bekannt, aber wahrscheinlich zustimmend, denn bald darauf treten beide Brüder, deren Freundschaft gerühmt wird[2]), mit einem gemeinschaftlichen Erlasse hervor, in welchem, „um den Verlorenen die Möglichkeit des Sündigens zu nehmen", in noch drohenderer Sprache der Opferdienst untersagt und die Schließung aller Tempel in Stadt und Land anbefohlen wird. Die Ungehorsamen soll das „rächende Schwert" treffen; ihr Vermögen fällt dem Fiskus anheim. Eine etwaige Nachlässigkeit der Beamten in Ausführung dieser Verordnung soll in derselben Weise geahndet werden.[3])

---

[1]) Cod. Theod. XVI, 10, 2: Cesset superstitio, sacrificiorum aboleatur insania. Nam quicunque contra legem divi principis parentis nostri et hanc nostrae mansuetudinis jussionem ausus fuerit sacrificia celebrare, competens in eum vindicta et praesens sententia exseratur. Eine Strafbestimmung fehlt, doch scheint sich aus Liban. περὶ τῆς ἑαυτοῦ τύχης (I S. 21 ed. Reiske); (καὶ ἦν ἡ δίκη, τῷ τολμῶντι θάνατος) zu ergeben, daß auf die Übertretung der Tod gesetzt war.

[2]) Julian. Orat. in laud. Const. S. 41.

[3]) Cod. Theod. XVI, 10, 4: Placuit omnibus locis atque urbibus claudi protinus templa et accessu vetitis omnibus

Die neue Lage spiegelt sich bezeichnend wieder in einem um diese Zeit in Rom angefertigten, ohne Zweifel offiziellen Kalender. In demselben sind die eigentlichen Opfer und heidnischen Riten gestrichen und „die ursprünglich dem Kultus der Götter bestimmten Tage nur als dies feriati ohne religiöse Bedeutung beibehalten". Ebenso ist „die Bezeichnung der Tage als fasti nefasti u. s. f. aufgegeben, wofür die Tage des senatus legitimus eingetreten sind." Christliche Feste fehlen noch ganz.[1]) Dieses Schriftstück ist das erste Zeugnis einer auf Reinigung des überlieferten heidnisch-

---

licentiam delinquendi perditis abnegari. Volumus etiam cunctos sacrificiis abstinere. Quod si quis aliquid forte hujus modi perpetraverit, gladio ultore sternatur. Facultates etiam perempti fisco decernimus vindicari et similiter affligi rectores provinciarum, si facinora vindicare neglexerint. Das genauere Jahr läßt sich nicht bestimmen. Die jetzige Datierung Constantio IV et Constante III AA. Coss. ist falsch, da das zweite Consulat des Konstans nicht dem vierten, sondern dem dritten Konsulate des Konstantius gleichzeitig ist. Am nächsten liegt die Correktur der Bonner Ausgabe Constante III, woraus sich das Jahr 346 ergeben würde. Gothofredus, Chastel u. A. gewinnen durch die sehr unwahrscheinliche Correktur Constantio A VI et Constantio Caes. II (der Cäsar Constantius Gallus) Coss. das Jahr 353. Adressiert ist der Erlaß an den Stadtpräfekten Taurus.

[1]) Mommsen, Über d. Chronographen vom J. 354 (in d. Abh. d. Königl. sächs. Gesellsch. d. Wissensch. phil.-hist. Kl. I, 1850 S. 369 f. Der vollständige Kalender ist abgedruckt C. J. L. I S. 334 ff. Zum Januar sind beispielsweise folgende Tage verzeichnet: Senatus. legitimus (1. Jan.), dies. Aegyptiacus (2.), ludi votorum. nuncupatio (3.), ludi (4.), ludi (5.), dies. Aegyptiacus (6.), Jano. patri. cm. XXIIII (7.), senatus. legitimus (9.), dies carmentariorum (11.), Jovi Statori. cm. XXIIII (13.), carmentalia (15.), dies. Aegyptiacus (16.), ludi. Palatini (17.), ludi (18.), ludi (19.), n. Gordiani. cm. XXIIII (20.), ludi (21.), ludi (22.), senatus legitimus (23.) n. d. Hadriani. cm. XXIIII (24.), n. chartis (25.).

römischen Kalenders gerichteten Reform, die sich in der Folge=
zeit fortsetzt.

Mit dem obigen Gesetze stellte sich die Regierung dem
Heidentume gegenüber auf einen völlig neuen Standpunkt.
Die Linie der von Konstantin eingeleiteten Politik wird
plötzlich abgebrochen und auf das langsame Mittel allmählicher
Einschränkung der alten Religion Verzicht geleistet. Rück=
sichtslose, gewaltsame Unterdrückung des Heidentums ist das
ausgesprochene Ziel dieser neuen Religionspolitik. Damit
sinkt der christliche Staat auf das Niveau des christenver=
folgenden Staates zurück. Ein Wort des Tadels scheint in
christlichen Kreisen nicht hörbar geworden zu sein. Auch
der große Mann, der gerade damals für sich und seine Partei
den Satz geltend machte, daß auf dem Gebiete religiösen
Glaubens nicht Zwang, sondern Überredung walten dürfe[1]),
Athanasius hat geschwiegen.

Wenn die Regierung die frühern Bahnen verlassen und
diesen Schritt unerschrocken gewagt hat, so liegt darin, daß
sie ihn wagen konnte. Glückliche Kriege hatten beiden
Herrschern eine feste Stellung und die notwendige Auktorität
gegeben, eine solche aufregende Maßregel ihren nach Millionen
zählenden heidnischen Unterthanen dekretieren zu können. Auch
haben Stimmen von größerem oder geringerem Gewichte, die
zu diesem „gottgefälligen" Werke heimlich drängten oder
öffentlich aufriefen, nicht gefehlt. Jenem Erlasse geht un=
mittelbar voraus die an die beiden Kaiser gerichtete Flug=
schrift des Firmicus Maternus, in welcher ein wilder christ=
licher Fanatismus die Machthaber drängt, den letzten Axtschlag
zu thun. Dazu hat Gott ihnen die oberste Herrschergewalt

---

[1]) Athan. Hist. Arian. c. 67 (S. 384).

in die Hand gelegt. Das ist sein Gebot an sie, das fordert er als Dank für tausendfache Hülfe; darin liegt die Gewähr einer glücklichen Zukunft.[1] „Weg, ihr allerheiligsten Kaiser, weg getrost mit dem Tempelschmuck. In die Münze und die Schmelze mit jenen Göttern, daß sie das Feuer zerkoche!"[2] Es ist möglich, daß auch die außergewöhnlichen Naturereignisse, welche in den vierziger Jahren die Menschheit erschreckten[3], Sonnenfinsternis und Erdbeben — Rom schwankte drei Tage lang — den alten Vorwurf des Heidentums wieder aufleben ließen, daß um der Christen willen die Erde dies leide, und dadurch der Zorn der Herrscher erregt oder gesteigert wurde.

Der kaiserliche Erlaß, unter dessen Drucke auch der Altar der Viktoria in der Kurie des römischen Senats weichen mußte, verletzte das religiöse Gefühl des Heidentums begreiflicherweise auf das tiefste und schuf eine Verbitterung, die vereinzelt in gewaltsamem Widerstande oder in erbitterter Rede zum Ausdruck gekommen sein mag. Dies scheint durch ein bald darauf erfolgtes Ausschreiben derselben Herrscher vorausgesetzt zu werden, welches von dem allgemein lautenden Gebote der Tempelschließung die außerhalb der Stadtmauern gelegenen Heiligtümer — gemeint ist wohl in erster Linie Rom — ausnimmt: sie sollen in ihrem frühern Bestande

---

[1] Firm. Matern. De err. prof. rell. 16, 4; 29, 1, 3, 4.

[2] A. a. O. 28, 6: Tollite, tollite securi, sacratissimi imperatores, ornamenta templorum: deos istos aut monetae ignis aut metallorum coquat flamma, donaria universa ad utilitatem vestram dominiumque transferte. Post excidia templorum in majus Dei estis virtute provecti.

[3] Hieron. Chron. a. 2360. 2361 (tribus noctibus ac diebus Roma mutavit). Dazu die Sonnenfinsternis während des Perserkrieges am 6. Juni 346.

erhalten bleiben, weil es „unziemlich sei, Tempel zu zerstören, an die sich für das römische Volk seit uralter Zeit die Festfreude der Spiele knüpfe." Indes wird diese Nachgiebigkeit ausdrücklich als persönliche Gnadenerweisung bezeichnet und gleich am Eingange die Erklärung abgegeben, daß es sein Bewenden dabei habe, daß „jede Superstition völlig ausgerottet werde." ¹) Auch besagt in ihrem Wortlaute und in ihrer ursprünglichen Absicht diese Milderung wenig; sie kam nur den wenigen Heiligtümern zu gute, die in unmittelbarer Verbindung mit einem Circus oder einer Arena oder irgend einem andern Festplatze standen. Doch konnte sie unter Umständen leicht eine Handhabe bieten, auch solche außerhalb der Mauern gelegenen Tempel unter ihren Schutz zu bringen, die keinerlei Beziehung zu öffentlichen Spielen hatten.

Im Jahre 350 trat eine bedeutsame politische Veränderung ein. Der Oberkommandant der Jovianer und Herkulianer, der Germane Magnentius, nahm in Autun unerwartet den Purpur. Die rasche Entschlossenheit, welche der kleine Kreis, aus dem Magnentius vorgeschoben wurde, bewies, und glückliche Umstände ließen die Usurpation gelingen. Konstans, überrascht und kopflos, suchte in schleu-

---

¹) Cod. Theod. XVI, 10, 3: Quamquam omnis superstitio penitus eruenda sit, tamen volumus, ut aedes templorum, quae extra muros sunt positae, intactae incorruptaeque consistant. Nam cum ex nonnullis vel ludorum vel agonum origo fuerit exorta, non convenit ea convelli, ex quibus populo Romano praebeatur priscarum sollemnitas voluptatum. Gerichtet an den Stadtpräfekten Catulinus. Die Bonner Ausgabe conjiciert als Abfassungszeit 346. Im Cod. Theod. steht der Erlaß vor dem oben erwähnten, aber mit Unrecht, wie ich glaube. Sein Inhalt setzte Cod. Theod. XVI, 10, 4 voraus.

niger Flucht die spanische Provinz zu gewinnen, doch in dem Pyrenäenstädtchen Helena, das Konstantin zu Ehren seiner frommen Mutter so genannt, ereilten ihn die von Magnentius ausgesandten Mörder und stießen ihn, das Asylrecht mißachtend, in der Kirche nieder.¹)

Die Ursache der Erhebung des germanischen Generals, dem hervorragende Herrschergaben durchaus abgingen, verschließt sich der Erkenntnis. Die anfangs gleichgültige, später scharf abweisende Haltung der Bevölkerung verbietet, in dieser Usurpation die natürliche Frucht des schlechten Regiments des Konstans zu sehen: sie reiht sich vielmehr den militärischen Überrumpelungen an, welche durch die ganze römische Kaisergeschichte gehen und in den meisten Fällen in zufälliger persönlicher Mißstimmung und in dem Wagnis weniger Personen ihren Grund und Ausgang haben.

Die Herrschaftsgeschichte des Magnentius hat durchaus ein militärisches Gepräge.²) Die Parallele wird dadurch noch vollständiger, daß auf die Kunde von dem, was geschehen war, auch die illyrischen Legionen ihren grauen Feldherrn Vetranio als Augustus ausriefen, der dann alsbald seine Münzen mit dem Christusmonogramm und der historischen Inschrift „In diesem Zeichen wirst du siegen" ausgehen ließ. In jedem Falle lagen diesen Erhebungen religiöse Beweggründe fern. Magnentius war Christ, obwohl mit starker Neigung zum Abergläubischen³), was sich vielleicht aus seiner

---

¹) Zonar. XIII, 6 (ναός hier „Kirche", nicht „Tempel", wie Richter S. 112 voraussetzt). Athan. Apol. ad Const. c. 6 nennt seinen Tod ein μαρτύριον.

²) Eine Inschrift (Orelli-Henzen 1106) bezeichnet ihn u. a. als conservator militum et provinciarum.

³) Athan. Apol. ad Const. c. 6; Philost. III, 26.

Volksreligion erklärt. Seine Münzen tragen die bekannten Symbole des Christentums, das Monogramm, das Labarum, das Zeichen Alpha und Omega.[1]) Bald nach seiner Usurpation ist er zu gallischen Christen — darunter ohne Zweifel auch Bischöfe — in Beziehung getreten, und diese haben sich zu dem Versuche bereit finden lassen, den mit Konstantius verfeindeten einflußreichen Athanasius auf des Gewalthaerrschers Seite zu ziehen, freilich vergeblich. Athanasius konnte dem Tyrannen nicht verzeihen, daß durch seine Hand Konstans gefallen war.[2]) Trotz seines christlichen Bekenntnisses hielt es Magnentius in Rücksicht auf seine schwierige Lage für geboten, durch gewisse Zugeständnisse das Heidentum des Westreichs an sich zu ziehen. So gab er, wenigstens für die Nachtstunden, die Opfer frei.[3]) Es war im Grunde wenig, denn das Heidentum wird auch fernerhin in der Lage einer halbunterdrückten Religion gehalten, doch schien dieses Wenige für den Zweck, zu dem es gegeben wurde, auszureichen, ein Beweis, wie mächtig unter Konstantin auch im Occident das Christentum herangewachsen war. In großer Anzahl drängten sich die Heiden, wohl in Hoffnung, noch mehr zu gewinnen, zu den Fahnen des Magnentius.[4])

---

[1]) Cohen, Méd. des Emp. Rom. VI, 1, 6, 10, 17, 29, 31—36, 42, 45, 47, 49, 52, 58 u. sonst.

[2]) Athan. a. a. O. c. 6. 7. 8. Weil das christliche Bekenntnis des Magnentius bestritten worden ist, so weise ich noch darauf hin, daß Athanasius (a. a. O. c. 7) gerade das schwer empfand, daß Magnentius einen in der Taufgnade Stehenden getötet habe. Das konnte doch nur einem Christen als besonders schwere Verschuldung angerechnet werden. Daß bei dem Gewaltstreich auch Christen und zwar nahe Freunde des Athanasius das Leben verloren (Athan. a. a. O. c. 6), hat mit der religiösen Frage nichts zu thun.

[3]) Cod. Theod. XVI, 10, 5.

[4]) Philost. III, 26.

Konstantius erhielt die beiden Unglücksposten in einem Augenblicke, als der persische Krieg eine günstige Wendung für ihn genommen hatte. Sofort brach er nach Westen auf. Das erste Unternehmen war glücklich. Vetranio, von seinen Truppen im Stich gelassen, nahm die Gnade des Kaisers in Anspruch und brach seine „Komödie" ab.¹) Durch die vortrefflichen illyrischen Truppen verstärkt, zog dieser weiter zu dem „heiligen Kriege" gegen den barbarischen Thronräuber. Auch Magnentius, der eben in Rom einen Prätendenten, den Nepotianus vernichtet und die Stadt mit Mord und Schrecken erfüllt hatte, eilte zur Entscheidungsschlacht herbei. Auf der Ebene bei Mursa in Pannonien stießen beide Heere am 28. September des Jahres 351 zusammen. Konstantius, der geschickt den religiösen Enthusiasmus seiner Truppen zu erregen und zu benutzen verstand²), behauptete nach hartem, blutigem Ringen das leichenbedeckte Feld.³) Zwei Jahre nachher hatte das germanische Kaisertum, gegen das sich nun Jedermanns Hand erhob, mit dem Selbstmorde seines Trägers ausgespielt, und Konstantius ließ sich feiern als „Vernichter

---

¹) Jul. Imp. Or. II de Const. reb. gest. S. 77.

²) Theodor. H. E. III, 3.

³) Die Schlacht zählt zu den großen Völkerschlachten (Eutrop. X, 12: ingentes Romani imperii vires ea dimicatione consumptae sunt). In der Armee des Konstantius herrschte die Überzeugung vor, daß der Kampf nicht nur dem legitimen Fürsten, sondern auch der wahren Religion gelte. Nach Theodor. III, 3 befahl Konstantius sogar den Heiden in seinem Heere vor der Schlacht sich taufen zu lassen oder sich zu entfernen: ἀμυήτοις γὰρ συμπολεμεῖν οὐκ ἀνέξομαι. Philostorgius (III, 26) faßt den Kampf geradezu als Religionskampf auf und weiß von einer dem Konstantius zu Teil gewordenen himmlischen Kreuzerscheinung, während Magnentius und die Seinen sich auf die Dämonen verließen. Was Sulp. Sev. II S. II, 38 steht, ist Legende.

der verderblichen Tyrannei."¹) Das wenige, was das Heidentum gnadenweise von Magnentius erhalten hatte, nahm ihm der Sieger wieder mit hartem Wort und unter Nennung des verhaßten Gebers: der römische Stadtpräfekt Cerealis empfing den kaiserlichen Befehl: „Abgeschafft sollen werden die nächtlichen Opfer, die Magnentius gestattet hat, und aufhören die verruchte Toleranz."²)

Das Reich hatte jetzt wiederum einen Herrscher. Wenn unter Konstantin der alten Religion wenigstens noch ein Schein des Rechtes geblieben war und eine weitgehende thatsächliche Duldung, die über die Zukunft beruhigen konnte, so war die religiöse Stellung dieses Autokraten so fest und klar, und sein Verhalten auch in innerkirchlichen Fragen so rücksichtslos und unduldsam, daß eine Schonung des Heidentums außerhalb des Bereichs der Wahrscheinlichkeit lag. In der That schien der theologisirende Kaiser sich jeder Rücksichten gegen den heidnischen Teil seiner Unterthanen entbunden zu haben. Wie Firmicus Maternus es ihm einst vorgezeichnet, sah er in der Unterdrückung der alten Religion eine Aufgabe, die Gott in seine Hand gelegt als ein heiliges Werk. Mit der Gewalt verband er den Hohn. Es war eine seiner Liebhabereien, seinen Maßnahmen gegen den Götterglauben die Schärfe des Spottes hinzuzufügen und mit absichtlicher Pietätslosigkeit die Gemüter zu verletzen.

Besonders richtete sich der Unwille des Kaisers gegen die Tempel, mit denen das Heidentum am bezeichnendsten in

---

¹) Exstinctor pestiferae tyrannidis nennt ihn eine römische Inschrift (Orelli-Henzen n. 1101).
²) Cod. Theod XVI, 10, 5: Aboleantur sacrificia nocturna, Magnentio auctore permissa, et nefaria deinceps licentia repellatur (a. 353).

die Erscheinung trat. Es schien ihm nicht genug, die heiligen Bauten niederzureißen und den Platz wie das Material an christliche Gemeinden für Kirchenbauten zu verschenken oder die Heiligtümer zu öffentlicher Versteigerung zu bringen[1]), sondern auch an Hofbeamte und Günstlinge wurden durch kaiserliche Gnade Tempel als Geschenke abgegeben, „wie ein Pferd oder ein Sklave oder wie ein Hund und eine goldene Schale". Da sah man, wie die Götterbilder eilfertig aus den Heiligtümern geworfen und diese zu Speichern umgewandelt und mit Holz oder Stroh gefüllt wurden. Andere — „Edelmütigere" nannte sie das Heidentum — scheuten sich freilich vor solcher Profanation, rissen das Gebäude nieder und bauten sich aus den Steinen Häuser[2]), aber Konstantius selbst, um seine ganze Verachtung des Götterglaubens grell hervorleuchten zu lassen, schreckte in furchtbarer Rücksichtslosigkeit nicht davor zurück, einzelne Tempel öffentlichen Dirnen als Quartier anzuweisen.[3]) In dem Grade hatte der Konstantinssohn die Scheu vor der alten Religion überwunden; sie galt ihm nicht einmal mehr als dämonisch. Doch begnügte er sich in einzelnen Fällen, gewiß aus sehr bestimmten Rücksichten, damit, die Schließung anzuordnen.

Ohnmächtig mußte das Heidentum sehen, wie fanatische Christen, der Zustimmung des Kaisers sicher, daran gingen,

---

[1]) Sozom. III, 17; Cod. Theod. X, 1, 8 (Verordnung des Valentinianus und Valens v. J. 364): Universa loca vel praedia, quae nunc in jure templorum sunt, quaeque a diversis Principibus vendita vel donata sunt u. s. w. Die diversi Principes sind Konstantin und seine Söhne.

[2]) Liban. II S. 22. 185 ff. 564, I S. 248. 529 (ed. Reiske.)

[3]) Liban. Monod. in Jul. (I S. 500 ed. Reiske).

Altäre umzustürzen und die Tempelwände niederzureißen.¹) Damit ging Hand in Hand die Konfiskation des noch vorhandenen Tempelvermögens, das der Kaiser verschwenderisch seiner Umgebung und der Kirche zuwies. Man zeigte mit Fingern auf die „vom Tempelraub gemästeten" Höflinge, und in der Kirche selbst protestierte eine gewichtige Stimme gegen diese Gnadengaben des „räuberischen Wolfes", welcher der Kirche Häuser aufrichtet und dabei ihren Glauben niederreißt.²)

So war dem absterbenden Heidentume mit den Kultstätten die Möglichkeit öffentlicher Ausübung seiner Religion genommen. Es zog sich auf den Hausgottesdienst zurück oder suchte sonst verborgene Orte für seine sakrifiziellen Verrichtungen auf. Ein Teil der Götterbilder scheint aus dem Ruin gerettet worden zu sein: die zertrümmerten ließen sich leicht ersetzen. So muß in der Verborgenheit der Opferkultus mit einer gewissen Intensivität wieder aufgenommen worden sein. Der Regierung konnte diese Erscheinung auf die Dauer nicht verborgen bleiben. Daher erfolgte im Jahre 356 eine auch von dem Cäsar Julianus unterzeichnete Verordnung des Herrschers, welche von neuem diejenigen mit Todesstrafe bedrohte, „die erwiesenermaßen opfern oder Götterbilder verehren".³) Das Edikt bietet nichts neues, es bringt nur frühere Bestimmungen in drohende Erinnerung.

---

¹) Chrysost. Hom. in Iuvent. et Max. Mart. c. 1 (t. II, S. 580 ed. Maur.).

²) Amm. Marcell. XXII, 4: Hilar. Pict. Contra Const. III, 5: ecclesiae tecta struit, ut fidem destruit: III, 10: auro reipublicae sanctum Dei oneras et vel detracta templis vel publicata edictis vel exacta poenis ingeris. Vgl. auch Sozom. IV, 11.

³) Cod. Theod. IX, 16, 6: Poena capitis subjugari praecipimus eos, quos operam sacrificiis dare vel colere simulacra

Aber gerade diese Thatsache bezeugt, daß den ältern Verordnungen zum Trotz das Heidentum in den verbotenen Formen fortdauerte. Aus kirchlichen Kreisen heraus wird dies bestätigt; mit Unwillen ist hier bemerkt worden, daß sogar bekehrte Christen sich wiederum verleiten lassen, zu den verkehrten Mitteln der Mantik, ja zum Rauchopfer zurückzukehren, um irgend einen Aufschluß über die Zukunft oder irgend eine Hülfe zu erlangen. Amulette und Zauberformeln sind noch im Schwange; mit Illumination werden die Götterfeste begangen, an den Quellen und Flüssen steigt der Dampf des Opfers auf; die steinernen Götterbilder haben noch ihre gläubigen Verehrer. Es fehlt auch nicht an übermütiger Verspottung derjenigen Christen, welche das Taufbad suchen: „du gehst hinein (in das Taufhaus), um in das Wasser hinabzusteigen. Hat denn die Stadt keine Bäder?" [1]

Als der Prinz Julian im Jahre 354 oder 355 die Stätte des alten Ilion besuchte, bot sich ihm der christliche Bischof des Ortes, Pegasios als Perieget an und gestand bald dem überraschten Cäsar, daß er ein Götterfreund sei und heimlich zu Helios bete. Er habe das bischöfliche Amt nur übernommen, um den alten Heiligtümern der Stadt

---

constiterit. Durch La Bastie (Mém. de l'acad. des Inscript. XV S. 98 ff.) und seine eigenen unrichtigen theoretischen Konstruktionen in Beziehung auf die Religionspolitik der Konstantinssöhne irre geleitet, hat Beugnot (I S. 141 ff). die Publikation dieses Gesetzes sowie des Cod. Theod. XI, 10, 4 registrierten bestritten; beide seien als Entwürfe zu betrachten, die erst nachher durch den jüngeren Theodosius aus dem kaiserlichen Archive hervorgezogen seien. Es mag hier genügen, auf die Gegenbemerkungen von Chastel (S. 82 f.) hinzuweisen.

[1] Cyrill v. Jerus. in seinen um 347 in Jerusalem gehaltenen Katechesen z. B. XIX, 6. 7. 8: IV, 37: VI, 11: Procatech. 16.

Schutz zu verschaffen. Er führte darauf Julian zu dem Heiligtum des Hektor, wo die Bildsäule des Helden stand und ein Altar, auf dem noch Opferbrände glimmten, weiterhin zu dem Tempel der Ilischen Athene, in dem noch sämtliche Götterbilder unversehrt waren. Es geht daraus hervor, daß hier der alte Kultus noch fortbestand, ja, daß die durch Homers Dichtung berühmt gewordene Stadt eine Art Wallfahrtsort der Altgläubigen war.[1]) Julian gab nach seiner Thronbesteigung dem seltsamen Bischofe eine priesterliche Würde, doch scheint der Mann bei seinen neuen Glaubensgenossen nicht recht Vertrauen gefunden zu haben.[2])

Gestützt auf die gesetzlichen Verordnungen und das persönliche Wohlwollen des Kaisers, betraten nun christeneifrige Beamte und Geistliche den Weg der Verfolgung der heidnischen Religion. Der kaiserliche Neffe Gallus setzte mitten in den berühmten Daphnehain bei Antiochien, dem die ehrwürdige Sage und eine herrliche Natur die Weihe der Religion und des Idylls zugleich gaben, eine Kirche und brachte hier den Leib des Märtyrers Babylas unter, dem Apollotempel gerade gegenüber. Der Orakelgott verstummte. Statt der Liebespaare, die zu der Leidens- und Liebesstätte der Daphne zu pilgern pflegten, zogen jetzt Gläubige mit heiligen Gesängen dorthinaus, um ihre Bitten und Gelübde am Grabe des Märtyrers niederzulegen.[3]) Im syrischen Arethusa wagte, einer starken heidnischen Bevölkerung zum Trotz, der Priester Marcus, das alte Heiligtum

---

[1]) Vgl. darüber den von Henning aufgefundenen, zum erstenmal Hermes IX S. 258 ff. mitgeteilten Brief Julians.

[2]) Das scheint mir in dem angegebenen Briefe, dessen Adressat übrigens unbekannt ist, angedeutet zu sein.

[3]) Sozom. V, 19.

dem Boden gleichzumachen; in Heliopolis hatte ein Diakonus Cyrillus einen Namen als Tempelzerstörer.¹) Die christliche Gemeinde im kappadokischen Cäsarea vernichtete das Heiligtum des Stadtgottes Zeus und einen Apollotempel und rüstete sich, auch den dritten, noch übriggebliebenen Tempel niederzureißen.²)

In Alexandrien ging der an Stelle des vertriebenen Athanasius durch die Regierung eingesetzte arianische Bischof Georgios mit aller Schärfe gegen das Heidentum, seine Tempel und seinen Kultus vor. Ein höherer Militärbeamter namens Artemius ließ eine Reihe von Tempeln niederlegen.³) Indeß hielt sich in Alexandrien und im Nillande das Heidentum mit großer Hartnäckigkeit. Es scheint, daß Konstantius öfters zu Spezialmaßregeln gegen den Götterdienst in Ägypten sich veranlaßt sah.⁴) Aber andrerseits hat gerade hier, in Alexandrien, die kaiserliche Regierung, um den verhaßten Athanasianern erfolgreicher entgegenwirken zu können, es nicht verschmäht, den Fanatismus des Heidentums gegen die orthodoxe Gemeinde auszubeuten. Bei der Vertreibung des Athanasius in den Jahren 331 und 356 bedienten sich die kaiserlichen Beamten ungescheut der Hilfe des heidnischen Pöbels und ließen es geschehen, daß derselbe diese Gelegenheit benutzte, um seinem Hasse gegen das Christentum durch Profanation gottesdienstlicher Gebäude und Mißhandlung von Klerikern und geweihten Jungfrauen Befriedigung zu verschaffen. Es ist damals sogar gewagt worden, in einer

---

¹) Gregor v. Naz. Orat. invect. I (S. 88 ff. ed. Colon. a. 1690); Theodor. H. E. III, 7.
²) Sozom. V, 4.
³) Theodor. III, 18.
⁴ Sozom. IV, 10.

christlichen Kirche Alexandriens den Göttern Hymnen und Opfer darzubringen und Christum zu verfluchen. Da ferner sich die Regierung bemühte, für eine Petition gegen Athanasius heidnische Unterschriften zu gewinnen und als Gegenleistung Schonung der Heiligtümer in Alexandrien versprach, so konnte es wohl geschehen, daß das befremdliche Gerücht entstand und von Mund zu Mund zu ging: „Konstantius ist ein Heide geworden".[1]

Die auf den Opferdienst gesetzte Todesstrafe ist, wie drohend sie auch ausgesprochen wurde, wohl in keinem einzigen Falle zur Anwendung gekommen. Nirgends hört man davon.[2] Die Regierung wird sich in der Praxis milder gezeigt haben als in der Gesetzessprache, und auf der andern Seite scheint das Heidentum im allgemeinen so willensschwach und zaghaft gewesen zu sein, daß die kaiserlichen Anordnungen äußerlich wenigstens den Erfolg, auf den sie abzielten, fast vollständig erreichten. Wohl sind damals und nachher Heiden in größerer Anzahl hingerichtet worden, doch nicht um ihres religiösen Bekenntnisses willen, sondern nach Norm einer Reihe von Verordnungen aus den Jahren 357 und 358, welche die politisch verdächtig gewordene Divination verboten und die gewerbsmäßigen Vollzieher derselben, die Magier, die „Feinde des menschlichen Geschlechts" mit grausamer

---

[1] Ἕλλην γέγονε Κωνστάντιος. Vgl. Athan. Encycl. ad Episc. epistula c. 3: hist. Arian. c. 54—56 u. sonst.

[2] Die Aussage des gegen Konstantius überhaupt voreingenommenen Ammianus Marcellinus (XIV, 5, 9): nec quisquam facile meminit, sub Constantio quemquam absolutum bezieht sich auf politische Prozesse; von einer Religionsverfolgung nach dem Maßstabe der angeführten Religionsedikte weiß jener Historiker nichts.

Leibesstrafe bedrohten, wie auch Privatpersonen, welche die Wahrsagung ausübten oder in Anspruch nahmen.¹)

Von der Basis dieser Gesetze aus scheint auch die durch ein Spezialmandat des Kaisers angeordnete Beseitigung des wieder aufgelebten Orakels des Gottes Besa zu Abydum in der Thebais erfolgt zu sein. Die dort im Tempel des Orakelgottes gefundenen und zur Kenntnis des Kaisers gebrachten Papierzettel mit den Wünschen und Fragen unzufriedener, auf eine bessere Zukunft hoffender Leute erschienen doch in dem Grade staatsgefährlich, daß unter der Führung des kaiserlichen Notarius Paulus eine eigene Kommission an Ort und Stelle beordert und eine Reihe peinlicher Exekutionen vorgenommen wurde. Die Anklagen scheinen indes nur auf Staatsgefährlichkeit und Ausübung der Divination gestellt worden zu sein.²) Doch ist kaum anzunehmen, daß Konstantius vor der Ausführung des blutigen Gerichtes, das er mehrmals in so bestimmter Form den Anhängern der alten Religion angedroht hatte, zurückgeschreckt sei, wenn er nennenswertem Widerstande begegnet wäre.

Im Jahre 357 besuchte der Kaiser Rom. Von der flaminischen Straße her betrat er in einem großen, prächtigen Aufzuge am 28. April die Stadt. Mit offenbarer Teilnahme und Freude sah er die glänzenden Profanbauten und Heiligtümer. Er bewunderte den Jupitertempel auf dem Kapitol, das Pantheon, das Haus der Tyche Romana und ließ sich über Geschichte und Bestimmung dieser Gebäude genaue Aus-

---

¹) Cod. Theod. IX, 16, 4 (sileat omnibus perpetuo divinandi curiositas), IX, 16, 5 (hos [die Wahrsager] quoniam naturae peregrini sunt, feralis pestis absumat): IX, 16, 6 (die Magier humani generis inimici).

²) Amm. Marcell. XIX, 12.

kunft geben. Der fanatische Heidenverfolger zeigte sich bei dieser Gelegenheit auffallend human und tolerant. Den Vestalischen Jungfrauen wurden die alten Privilegien neu bestätigt, der Nobilität Priestertümer zuerkannt und zu den Festfeiern ein Geldbeitrag gewährt.¹) Die Achtung vor der großen Geschichte dieser Stadt und Rücksicht auf die hier noch mächtige und selbstbewußte Aristokratie mögen dem Kaiser eine gewisse Mäßigung auferlegt haben: doch ist diese schwerlich über die Linie ausgesuchter Höflichkeit hinausgegangen. Wenn einige Jahrzehnte später ein angesehener Mann des heidnischen Roms dieses Verhalten als religiöse Duldung gedeutet und in diesem Sinne ausgebeutet hat²), so ist zu beachten, daß derselbe Konstantius bei dieser Gelegenheit mit dem Anblick des wiedererrichteten Altars der Victoria sich nicht „beflecken" wollte und daher die Entfernung desselben befahl.³) Allerdings hat Konstantius in gleicher Weise wie sein Vater die Rechte der heidnischen Sacerdotien geschont, aber doch nur insofern diese zivilen oder sakral-juristischen Inhalts waren. So wurde von ihm die autoritative Stellung der Pontifices innerhalb des antiken Sepulcralwesens weiterhin als rechtlich anerkannt, und in Nordafrika das Verhältnis der Sacerdotien zu dem korpora

---

¹) Amm. Marcell. XVI, 10. Symmach. Ep. X, 54: nil ille decerpsit sacrarum virginum privilegiis, decrevit nobilibus sacerdotia, Romanis caeremoniis non negavit impensas et per omnes vias aeternae urbis laetum secutus senatum vidit placido ore delubra, percunctatus est templorum origines, miratus est conditores. Cumque alias religiones ipse sequeretur, has servavit imperio.

²) Symmach. a. a. O.

³) Ambros. Epist. XVIII (t. III S. 886 ed. Maur. 1751).

tiven Organismus der Advocati festgesetzt.¹) Das Leitende und Entscheidende in seinem Vorgehen gegen das Heidentum war und blieb in jedem Falle das ibololatrische Moment. Irgend eine Nachgiebigkeit des Kaisers in dieser Richtung ist nicht nachzuweisen. Die wenigen Münzen mit heidnischen Typen, die unter seiner Regierung ausgingen²), kommen an sich als indifferente Stücke nicht in Rechnung. Aber ihre geringe Zahl bringt an den Tag, daß die Regierung die völlige Beseitigung dieser Prägungen ins Auge gefaßt hatte.

Daraus folgt freilich nicht, daß in dem weiten Umfange des Reiches die Opferfeuer ausgelöscht und die Tempel geschlossen oder zertrümmert worden seien.

Wie einst in den Zeiten der Christenverfolgungen die Umsetzung der von der Zentralstelle ausgegebenen Edikte in die Praxis sich im einzelnen nach dem Wollen und dem Können der Beamten bestimmte, so hat auch unter Konstantius, den schärfsten Verordnungen zuwider, das Heidentum offen oder verdeckt Schutz oder wenigstens Duldung gefunden. Denn wie sehr auch jetzt in der Beamtenschaft das christliche Element überwog, so ist doch eine Sichtung derselben zu Gunsten des christlichen Bekenntnisses nicht erfolgt³), und noch zahlreiche höhere und niedere Posten wurden von Heiden verwaltet, die mit den kaiserlichen Ausschreiben

---

¹) Cod. Theod. IX, 17, 2 (dagegen ignoriert IX, 17, 1 das zuständige Pontificalcollegium vollständig, vgl. auch IX, , 17, 3): XII, 1, 46.

²) Cohen VI n. 276 (Sol); 277 (Anubis); 259 (eine heidnische Opferscene) vgl. auch n. 167 (Raub d. Sabinerinnen); 49. 147 sind zweifelhaft. Sehr stark tritt der auch in die altchristliche Symbolik aufgenommene Phönix hervor.

³) Gregor v. Naz. a. a. O. S. 95.

entweder gar nicht oder nur oberflächlich und scheinbar sich
abfanden.

Aber auch den christlichen Beamten legte sich an Orten
mit starker heidnischer Bevölkerung eine Schonung als ganz
natürlich auf. Unter Konstantius hat sogar der erste Beamte des Reichs, der römische Stadtpräfekt Tertullus, als
die Kornflotte durch Stürme zurückgehalten wurde, der
tumultuierenden Menge dahin nachgeben müssen, daß er im
Kastortempel zu Ostia ein feierliches Opfer für die glückliche
Einfahrt der Flotte brachte.¹) Als ferner in einem politischen
Prozesse in Ägypten dem Philosophen Demetrius nachgewiesen wurde, daß er mehrmals dem Gotte Besa Opfer dargebracht, sich aber politisch nicht kompromittiert habe, erfolgte
die Freisprechung, obwohl die Leitung der Untersuchung in
der Hand eines durch seine Blutgier und seinen Fanatismus
berüchtigten Inquisitors lag.²)

Schwerlich ist Konstantius über diese thatsächlichen Verhältnisse getäuscht worden. Denn das maßlose Denunzianten-
tum, das er aufkommen ließ, um sich ihm dann zum Sklaven
zu machen, hat sich dieses Gebiet der innern Politik kaum
entgehen lassen. Doch muß, wie schon bemerkt, die Nachgiebigkeit und Widerstandsunfähigkeit des Heidentums eine
so große gewesen sein, daß die Regierung mit Verwarnungen
auskommen konnte. Wenn das Heidentum einige Jahre
später von einem leidenschaftlichen Schriftsteller*) apostrophiert
worden ist: „Welche Freiheiten haben wir euch genommen?
Wo haben wir den Pöbel gegen euch aufgeregt? Wo haben

---

¹) Amm. Marcell. XIX, 10, 1 ff.
²) Amm. Marc. XIX, 12.
³) Gregor v. Naz. a. a. O. S. 95.

unsre Beamten ungesetzlich gegen euch verfahren? Wo hat man euch in Gefahr des Lebens gebracht?" — so ist das rhetorische Verwendung thatsächlicher Verhältnisse.

Das Gladiatorenspiel vermochte auch Konstantius nicht zu beseitigen. In der Leidenschaft für dasselbe begegneten sich offenbar Christen und Heiden, und der Kaiser stand einer geschlossenen Masse gegenüber. Doch setzte er wenigstens eine Einschränkung der Ausgaben durch und gab öffentlich seinem Widerwillen gegen das „verabscheuungswürdige Wort" Ausdruck.[1])

Auf dem Marsche gegen seinen Neffen Julianus, der in offener Empörung in Gallien sich erhoben hatte, wurde Konstantius an der Heerstraße, die nach Tarsus führt, am Fuße des Taurus in der cilicischen Stadt Mopsukrene am 3. November 361 vom Tode ereilt, nachdem er kurz vorher die Taufe empfangen. „Gleich einer Ceder neigte er sich zu seiner Zeit, fiel auf sein Lager nieder, entschlief und ruhte in Frieden".[2]) Der Senat gesellte den offenbaren Götterfeind, alter Gewohnheit folgend, den Göttern zu.

Die Regierung der Kaisersöhne bietet ein eigentümliches Schauspiel. Das, was die geschichtliche Größe und die Erfolge des Vaters begründete und bedingte, die vordringende klare Erkenntnis und als Frucht und Stütze derselben ein festes und zugleich maßvolles Handeln, ist mit dem Toten zu Grabe gegangen. Die neue Staatskunst gleicht einem Schiffe ohne Steuer. Ein Gefühl der Unsicherheit hält die

---

[1]) Cod. Theod. XV. 12, 2 v. J. 357 (gladiatorium detestandum nomen). Der Cäsar Gallus selbst gab in Antiochien blutige Cirkusspiele (Amm. Marc. XIV, 7).

[2]) Ephräm im vierten Liede gegen Julian (deutsch von Bickell in d. Zeitschr. f. kath. Theol. 1878 S. 353).

jungen Herrscher in Unruhe und Inkonsequenz gefangen. Ihre Diplomatie ist ein unsicheres Markten mit den wechselnden Verhältnissen, bald mit Gewinn, bald mit Verlust. Das gilt in besonderem Maße von dem ohne Zweifel tüchtigsten der Söhne, dem schließlich das Glück die Szepter der Brüder in den Schoß warf, Konstantius. Seine weltliche und kirchliche Politik ist rücksichtslos und nachgiebig, klug und überstürzend, gut und schlecht zugleich gewesen. Es war ein Unglück, daß gerade da, wo die Aufgabe seines Lebens lag, in den Staatsgeschäften die Ruhe und Besonnenheit, die ihm sonst eignete, ihn verließ und an ihre Stelle eine Leidenschaftlichkeit trat, deren Ungestüm auch die Freunde erfahren haben. So bewährte er sich auch dem Heidentume gegenüber. Seine erste öffentliche Äußerung über und an dasselbe nennt den Opferdienst „Wahnsinn", und die höchste Strafe, über welche die Justiz verfügte, hat er den hartnäckigen Anhängern der alten Religion zugemessen, als ob sich das von selbst verstünde. Der innere Widerwille Konstantins gegen den gemeinen Götzendienst hat sich bei dem Sohne zum Abscheu und zu fanatischem Hasse gesteigert. Wenn die Urteile und Maßnahmen jenes hinsichtlich des Heidentums als ernste, dringliche Warnungen empfunden werden mußten, trafen die Worte und Thaten dieses gleich Blitzschlägen das heilige Gebiet der alten Religion. Die letzte Scheu vor dem, was noch Millionen im Reiche das ehrwürdigste und heiligste war, hatte dieser Nachfolger des „frommen" Diokletian abgestreift. Den gläubigen Philosophen, die bei dem Vater noch ein- und ausgehen durften, ist die Thür des kaiserlichen Palastes verschlossen: mit Ingrimm sahen sie, wie statt ihrer „barbarische Leute" den Herrscher umdrängten und die

„Götterfeinde" mit ihrer Scheinweisheit den Ton angaben.¹) Richtig hat ein hellblickender Heide das Verhältnis der frühern Religionspolitik zu der gegenwärtigen so bestimmt: Konstantin entzündete die Funken, Konstantius machte einen gewaltigen Brand daraus.²) Und in diesem Brande ist ein gutes Stück Heidentum für immer zu Grunde gegangen. Die Frucht der feingesponnenen Politik des großen Konstantin, der das Heidentum Schritt für Schritt zurückzudrängen gearbeitet hatte, erntete Konstantius, weil die Zeit der Ernte gekommen war. Seine harten Reden und Maßnahmen sind mit Nichten nur die rasche Ausdrucksform seines schnell auflodernden Zornes, sondern zugleich das natürliche Erzeugnis der Lage, die er vorfand. Die Gedanken und Ziele, die Konstantin noch vorsichtig andeutete, stellte Konstantius rücksichtslos vor aller Augen.

---

¹) Liban. III S. 437.
²) Liban. a. a. O.

Drittes Kapitel.
Die Mitarbeit der Kirche.

Der Kampf des Staates gegen das Heidentum war von seinen ersten Anfängen an unter Konstantin bis zu seiner vollen Entfaltung unter Konstantius begleitet von dem Beifall und der Mithilfe der Kirche. So wenig diese Thatsache an sich befremden kann, gewährt es doch ein seltsames Schauspiel, daß dieselbe Religionsgemeinschaft, die mehr als zwei Jahrhunderte hindurch in der Zunge des Orients und des Occidents gegen die auf sie gerichteten Gewaltmaßregeln des heidnischen Staates zu protestieren nicht müde geworden war und in leidenschaftlichen Bittschriften Freiheit des Glaubens für sich begehrt hatte, kein Wort des Einspruchs oder des Tadels fand, als sich vor ihren Augen dieselben Ereignisse, nur in umgekehrter Rollenverteilung, wiederholten. Das rasche Anwachsen des Christentums muß das Gefühl der Verachtung, und der Greuel der letzten Verfolgungen die Erbitterung gegen das Heidentum zu einer Höhe getrieben haben, daß die Erinnerung an die eigene schmerzliche Erfahrung darin unterging oder, wo sie noch fortlebte, zu erfolgreicher Gegenwirkung sich nicht mehr stark genug erwies. Bedenken, die etwa aufstiegen, ließen sich willig mit dem Einwurfe beschwichtigen, daß Niemand mit Gewalt zur Taufe gezwungen werde[1]), oder fanden in den harten Geboten des Alten Testaments gegen den Götzendienst Beruhigung.[2]) Doch zeigt sich andererseits die Mitarbeit der Kirche an der Überwindung des Heidentums jetzt noch nur ausnahmsweise auf den ungerechten Wegen, in die sie später sich treiben ließ. Die zwiefache Weise, in welche vordem die Christenheit ihr Verhältnis zur alten Religion faßte, auf der einen Seite die literarische Bekämpfung und die gemeindliche Absonderung, auf der andern Seite die friedliche Missionsarbeit, wird vorläufig weiterhin festgehalten.

Was zunächst die wissenschaftliche Polemik anbetrifft, so bietet diese inhaltlich wenig Neues. Die Waffen, die in den Händen der jüngern Generation liegen, sind noch die alten. Auch die Gefechtsweise hat sich im ganzen nicht verändert: was die geschichtliche Erfahrung hinzugegeben, hat nur geringe Bedeutung. Am raschesten und kühnsten hat Laktantius das Urteil der Geschichte aufgegriffen. In dem Augenblicke, als die letzten Verfolger der Kirche, von glücklichern Nebenbuhlern überwunden, am Boden lagen, entwarf er in großen Zügen und grellen Farben, mit viel Wahrheit, aber noch viel mehr Dichtung sein düsteres Gemälde „Von dem Untergange der Christenverfolger".[3]) „Am Boden liegen sie, die da Gott widerstrebten; die den heiligen Tempel umstürzten, sind in noch mächtigerem Sturze gefallen — spät, aber tief und nach Verdienst."[4]) In wilder Freude häuft er Schmä-

---

[1]) Chrysost. Hom. de Droside Mart. c. 2.
[2]) Firm. Mat. c. 29.
[3]) Lactant. De mortibus persecutorum. Über Verfasser und Chronologie Ebert in d. Abhandlung. der Königl. Sächs. Gesellsch. d. Wiss. Lpz. 1870. XXII. Bd. S. 115 ff.
[4]) I, 5 f.

hungen auf die „reißenden Wölfe"; es ist ihm Genuß, ihr böses Regiment und ihr böses Ende zu malen. Seine Worte müssen von tiefer Wirkung gewesen sein, denn das Gewicht der Thatsachen und des Erfolges lag darin.

Der nächste Nachfolger des Laktantius in der Bestreitung des Heidentums ist Eusebius.[1]) Er geht in der Bahn der ältern Apologetik. Ernst und fest führt er die Sache des Christentums. Seine Worte sind Angriff und Verteidigung zugleich. Das erleichtern die Zeitumstände. Denn obwohl die weltüberwindende Kraft des Kreuzes vor Aller Augen offen liegt, so giebt es doch noch viele Spötter dieses Kreuzes und daneben Solche, welche die alten Anklagen des Heidentums gegen die neue Religion weiterführen und nicht ablassen, über die „Gottlosen" und „verruchten Menschen" zu klagen Von vornherein hat der wissenschaftliche Beweis mit der Schwierigkeit zu kämpfen, daß Viele die Möglichkeit desselben in dem vorliegenden Falle bestreiten: im Christentum beruhe alles auf vagem Glauben.[2])

Man begreift, daß ernste Männer das Mittel wissenschaftlicher Verhandlung zwischen den streitenden Religionen auch da noch versuchten, als die Geschichte bereits mit ihrem Machtwort die Entscheidung gegeben hatte; aber man begreift nicht minder, daß die Maßnahmen des Staates gegen den alten Kult in der Christenheit die Veranlassung zu drohenden Weissagungen auf die Zukunft des Heidentums wurden und in den Dienst der Polemik und Propaganda sich stellten. Daß freilich die Kirche als solche die Geschichte in dieser Weise für sich ausgenützt habe, ist nicht bekannt und würde

---

[1]) Euseb. Praeparatio evangelica.
[2]) Euseb. a. a. O. I, 2; I, 1.

ihrem sonstigen Verfahren in dieser Zeit widersprechen. Diejenige Stimme, welche laut und zudringlich die gewaltsame Vernichtung des Heidentums dem Staate als eine heilige Pflicht nahelegte und die Gläubigen der alten Religion mit Scheltworten anfährt, wie sie bis dahin nicht vernommen waren, hat keine kirchliche Legitimation besessen; sie ist der Ausdruck der persönlichen Gesinnung dessen, von dem sie ausging, des Julius Firmicus Maternus.

Gerade als die Edikte der beiden Konstantinssöhne das Heidentum erschütterten, legte dieser leidenschaftliche Anwalt des Christentums seine Flugschrift „Über den Wahn der unheiligen Religionen" an den Stufen des Thrones nieder.[1]) Er sieht die Tempel noch ragen und die Opfer noch dampfen; mit der heiligen Binde schreitet der Priester zum Altar, und von Munde zu Munde gehen in alter Weise die dunkelen Geheimformeln, und immer noch finden sich Gläubige, die die Last des Tauribolium und des Criobolium nicht scheuen. Aber es sind „unheilige Leute", eine „bejammernswerte Menschenschar" und müssen sich den Zuruf gefallen lassen: „Thut ab den elendvollen Irrtum, reißt euch von dem Verderben los, so lange es noch Zeit ist." Gewappnet mit der heiligen Schrift, macht der Verfasser sich anheischig, die „Verlorenen" ihres Irrtums zu überführen.[2])

Die Widerlegung ist knapp wie die Schilderung des Götzendienstes, aber belebt durch Pathos und Ironie und

---

[1]) Firm. Matern., De errore profanarum religionum (ed. Acad. Vindob.), geschrieben um 347 (vgl. Ebert, Lat. Lit. d. M. A. I S. 124 ff.; Teuffel, Gesch. d. röm. Lit. 3. Aufl. S. 953 Anm. 10.
[2]) A. a. O. 20, 4, 7; 27, 8; 18, 1; 19, 1 u. sonst. — 4, 3. — 8, 4

reich durchflochten mit Äußerungen des Mißfallens und des Abscheues. Der durchschlagende Erfolg wird indessen nicht von dieser Bekämpfung, sondern von der thätigen Mithilfe des Staates erwartet. Diese zu erwirken, ist das Ziel des Maternus. Er will die Thorheiten und Verruchtheiten des Irrglaubens vor den Herrschern aufdecken und an den Worten der heiligen Schrift ihnen ihr Verhalten weisen. Die Sprache ist deutlich. „Alles das muß, heiligste Kaiser, von Grund aus zerstört und abgethan werden, damit jener unheilvolle Aberglaube nicht länger das römische Reich beflecke. Helfet den Elenden, rettet die Untergehenden. Dazu hat euch der höchste Gott die Herrschaft gegeben, daß durch euch der Riß dieser Wunde geheilt werde. Besser ist es, daß ihr sie errettet wider ihren Willen, als sie verloren gehen laßt mit ihrem Willen."[1]) Großes haben die Herrscher vollbracht: Feinde besiegt, die Grenzen erweitert, den Ozean gebändigt, den Briten erschreckt — es war der Lohn dafür, daß sie die Tempel in den Staub gestürzt.[2]) Doch es ist noch nicht genug geschehen. Als unabweisbare Notwendigkeit legt sich ihnen die Pflicht auf, das Übel ganz auszurotten. Die Schrift will es, denn sie sagt Deuteronomium 13, 6: „Wenn dein Bruder oder dein Sohn oder dein Weib, das an deiner Brust liegt, oder dein Freund, welcher der Geliebte deines Herzens ist, heimlich zu dir sprechen: laßt uns gehen und fremden Göttern dienen, den Göttern der Heiden, so sollst du nicht mit ihm eins sein und nicht sollst du auf ihn hören und dein Auge soll ihn nicht schonen und nicht sollst du ihn verbergen, sondern ihn anzeigen, und deine Hand soll die

---

[1]) A. a. O. 16, 4. 5.
[2]) A. a. O. 28, 6.

erste sein, ihn zu töten, und zuletzt die Hand des ganzen
Volkes, und sie sollen ihn zu Tode steinigen, darum, weil er
gesucht hat, dich von deinem Herrn abzuwenden." Da liegen
die richtigen Maßstäbe. Sie gebrauchen bringt Gotteslohn.
„Dann wird glücklicher Erfolg euch nicht fehlen, weder Sieg
noch Macht noch Friede noch Reichtum noch Gesundheit und
Triumphe, auf daß ihr, getragen von der göttlichen Wahrheit,
den Erdkreis in glücklicher Herrschaft regiert." [1])

Die Aussichten klangen verlockend und mußten bei den
Herrschern eine um so willigere Aufnahme finden, da diese
bereits auf dem Wege waren, zu welchem der Heidenfeind sich
ihnen als Führer anbot. Gewiß haben sich ähnliche Stimmen
und Prophezeiungen auch sonst an das Ohr der Kaiser
gedrängt.

In ganz anderer Weise arbeitete die Kirche an der
großen Aufgabe der Zeit, an der Beseitigung des Heidentums.
Es läßt sich nirgends erkennen, daß sie schon jetzt, dem Bei=
spiele des Staates folgend, Gewalt versucht habe: vielmehr
erscheint ihr Bemühen darauf gerichtet, das Heidnische aus
den Gemeinden auszuscheiden und diese von der anders=
gläubigen Umgebung abzusondern, soweit es sich um Ver=
hältnisse handelte, die unmittelbar oder in ihrer letzten Trag=
weite in das religiöse Gebiet eingriffen. Das war alte, auf
richtiger Erkenntnis ruhende Tradition, deren Notwendigkeit
sich in dem Maße geltend machte, als die Kirche in die Welt
hineinwuchs. Bedeutungsvoll steht in dieser Hinsicht am
Anfange des vierten Jahrhunderts die Synode zu Elvira.[2])
Sie hat eine Reihe scharfer Bestimmungen zum Schutze des

---

[1]) A. a. O. 29, 1—4.
[2]) Hefele, Konziliengesch. 2. Aufl. I S. 148 ff.; Gams,
Kirchengesch. von Spanien, Regensb. 1864 II, 1 S. 1 ff.

christlichen Bekenntnisses und zur Abwehr des Heidentums getroffen. Hinfort soll kein Christ mehr mit bunten Teppichen heidnische Festzüge dekorieren helfen; die Verächter dieser Verordnung trifft eine dreijährige Ausschließung aus der kirchlichen Gemeinschaft.¹) Wenn ferner bisher in christlichen Häusern in Rücksicht auf die heidnische Sklavenschaft oder aus sonstigen Gründen Götzenbilder geduldet sind, so soll diese Schonung nun aufhören; nur in dem Falle ist sie weiterhin gestattet, daß gewaltsamer Widerstand seitens der Sklaven zu fürchten wäre. Dann aber wird erwartet, daß die christliche Herrschaft sich von diesem Götzendienste fern halte.²) Die Vollziehung eines Götzenopfers zerschneidet für immer das Gemeinschaftsband zwischen der Kirche und dem Schuldigen: denn dieser begeht damit ein „Kapitalverbrechen" und die „höchste Missethat". Auch diejenigen verfallen der Exkommunikation, die durch Zaubermittel einem Andern das Leben rauben, „da sie ohne Hilfe der Abgötterei ein solches Verbrechen nicht vollführen können."

Wie in diesen Maßnahmen die Synode sich in Einklang mit der kirchlichen Vergangenheit zeigt, so auch in der Beurteilung gewisser heidnischer Ämter und Gewerbe, die den Christenstand gefährden oder geradezu aufheben. Dahin gehört der

---

¹) Kan. 57: matronae vel earum mariti vestimenta sua ad ornandam saeculariter pompam non dent: et si fecerint, triennio abstineantur. Unter pompae sind wohl die circensischen Aufzüge zu verstehen, bei denen die Götterbilder vorangetragen wurden (vgl. Tertull. De spect. 7).

²) Kan. 41: admoneri placuit fideles, ut in quantum possunt prohibeant, ne idola in domibus suis habeant. Si vero vim metuunt servorum, vel se ipsos puros conservent: si non fecerint, alieni ab ecclesia habeantur. Der Kanon bietet noch manches Beachtenswerte.

Flaminat. Diese ursprünglich rein priesterliche Würde, welche im Laufe der Zeit ihren religiösen Charakter bedeutend abgeschwächt hatte und zu den angesehensten Munizipalehren zählte, war an sich durch die Kirchengesetze den Christen nicht versagt, obwohl sie mancherlei Versuchungen in sich trug. Doch stand auch hier das kirchliche Opferverbot in voller Geltung[1]), ja auch die Veranstaltung öffentlicher Spiele — natürlich nur solcher, die mit Menschentötung verbunden waren — brachte die christlichen Flamines in den Zustand der Pönitenz.[2]) Dadurch wurden allerdings dem Flaminate Schwierigkeiten entgegengeworfen, welche die Übernahme desselben seitens eines Christen fast zur Unmöglichkeit machten. Denn Opfer und öffentliche Spiele gehörten zu den vornehmsten Obliegenheiten dieses Amtes.

In einer schwierigern Lage sah sich die Kirche den Duumvirn und Dekurionen gegenüber; denn diese kostspieligen und damals gern gemiedenen Magistraturen, die auch religiöse Verrichtungen in sich schlossen, wurden durch den Staat aufgezwungen. Der Wille des Einzelnen erwies sich machtlos. Die Synode wußte in diesen Schwierigkeiten die kluge Vermittelung zu finden, daß die Duumvirn während der Dauer ihres Amtes als nicht zur Kirche gehörig angesehen werden sollten.

Auch mit den Wagenlenkern und den Pantomimen beschäftigte man sich in Elvira. Ihre Aufnahme in die christliche Gemeinschaft ist nur dann statthaft, wenn sie ihr Gewerbe aufgegeben haben. Leisten sie dies Versprechen und

---

[1]) Kan. 1. 6 (vgl. K. 2) 2 (dazu K. 4).

[2]) Kan. 3. Über den nicht ganz durchsichtigen Kanon vgl. Hefele a. a. O. S. 156 f. und Gams a. a. O. S. 55 f.

kehren dennoch zu ihrem frühern Berufe zurück, so verfallen sie der Exkommunikation.[1]

Diese scharfe Verordnung erklärt sich in ihrer Anwendung auf die Pantomimen leicht. Die älteren Theologen und Apologeten haben hier schon den Weg gewiesen. Die Pantomimik war thatsächlich ein unmoralisches Gewerbe geworden, welches die Kirche im Umfange ihres Einflusses nicht dulden durfte.[2] Bei der Ausschließung der Wagenlenker dagegen scheinen die feierlichen Eröffnungsopfer und die superstitiösen Akte verschiedener Art, welche die circensischen Spiele begleiteten, den Ausschlag gegeben zu haben.[3]

Weiterhin wurde die Versammlung über eine Thatsache schlüssig, die auch sonst in den christlichen Gemeinden der ersten Jahrhunderte hervortritt, die Überzahl heiratsfähiger christlicher Jungfrauen. Die Gründe dieser Erscheinung liegen ohne Zweifel darin, daß die Bedingungen, in denen die Kinderlosigkeit im römischen Heidentume ruhte[4]), in der Christenheit ganz oder zum Teil wegfielen. Die eigenartige Weise, durch welche der römische Bischof Kallistus schon ein Jahrhundert vorher diesem empfindlichen Mißstande abzuhelfen gesucht hatte, indem er Ehen freigeborener Jungfrauen mit Sklaven und Freigelassenen für kirchlich zulässig er-

---

[1] Kan. 56: magistratum vero uno anno, quo agit duumviratum, prohibendum placet, ut se ab ecclesia cohibeat. — Kan. 62.

[2] Tertull. De spect. 10: Theatrum proprie sacrarium Veneris est. Einzelheiten Ad nat. 1, 10: De idol. 2: Cyprian. Ad Donat. 8; Min. Fel. 37; Arnob. 7, 33 u. sonst. Vgl. Hefele in d. Tüb. Theol. Quartalschr. 1841 S. 396 ff.

[3] Cyprian. De spect. 4: quis ludus sine sacrificio? quod certamen non consecratum mortuo? u. s. w.

[4] Vgl. Seneca, Consol. ad Marc. 19: Plin. Epist. IV, 15.

klärte¹), hat ihm schweren Tadel eingebracht und scheint in der Kirche wenig Anklang gefunden zu haben. Die spanische Synode stand vor der Thatsache zahlreicher gemischter Ehen. Sie fand es angezeigt, dieselben zu verbieten, doch ohne eine Strafbestimmung hinzuzufügen, was offenbar in schonender Rücksicht auf die Sitte geschah, die in der Notlage ihre festen Wurzeln hatte. Dagegen wurde die Ehe einer Christin mit einem Juden oder Ketzer wie auch mit einem heidnischen Priester unter bestimmte Strafe gestellt²); denn diese Fälle werden nur selten vorgekommen sein und boten größere Gefahren für das christlich-katholische Bekenntnis der Gattin.

In allen diesen Anordnungen offenbart sich das Streben der Kirche, sich da von dem Heidentume zu isolieren, wo sittlich-religiöse Gefahren vorhanden waren. Nirgends ist einem feindlichen Vorgehen gegen das Heidentum in irgend einer Form das Wort geredet. Im Gegenteil, dem übermäßigen Eifer, der durch Zerstörung der Götterbilder die Andersgläubigen herausforderte, wird ein Zügel durch die Bestimmung angelegt, daß, wer bei einer solchen That das Leben verliert, nicht als Märtyrer geachtet werden solle.³)

Bald nachher änderten sich die politischen Verhältnisse schnell zu Gunsten der Christen. Das Edikt von Mailand gab ihnen die lang begehrte Religionsfreiheit, das

---

¹) Hippol. Philos. IX, 11: vielleicht auch Euseb. H. E. 4, 23, 7. Vgl. Döllinger, Hippol. u. Kall. S. 158 ff.

²) Kan. 15: propter copiam puellarum gentilibus minime in matrimonium dandae sunt virgines christianae, ne aetas in flore tumens in adulterium animae resolvatur. Kan. 16. 17.

³) Kan. 60: si quis idola fregerit et ibidem fuerit occisus, quatenus in evangelio scriptum non est neque invenietur sub apostolis unquam factum, placuit in numerum eum non recipi martyrum.

persönliche Wohlwollen Konstantins fügte zahlreiche weitere
Privilegien hinzu. So gestaltete sich die Lage der Kirche
immer günstiger. Diesen Umschwung spiegelt schon die im
Jahre 314 in Arles, hauptsächlich in Angelegenheit des
Donatismus, versammelte Synode wieder, die fast als legi=
times Organ der abendländischen Christenheit gelten könnte.
Dieselbe hat auch mehrere, auf das Verhältnis zum Heiden=
tume bezügliche Weisungen ergehen lassen und sich hierbei
an die entsprechenden Kanones der Synode von Elvira an=
gelehnt. So wird den Wagenlenkern und Schauspielern der
Verzicht auf ihr Gewerbe in derselben Weise zur Bedingung
der Zugehörigkeit zur Kirche gemacht: dagegen ist den mit
Heiden ehelich sich verbindenden Christinnen eine bestimmte
Strafe gesetzt, nämlich vorübergehende Ausschließung.[1] An=
dererseits giebt die Synode die Bekleidung gewisser heidnischer
Ämter, die Statthalterschaft und die Magistraturen frei: sie
konnte es, weil für die christlichen Beamten ein Zwang zu
götzendienerischen Amtshandlungen nicht mehr existierte. Doch
wurde die Vorsicht beobachtet, daß diese Beamten von
Bischof zu Bischof empfohlen und zugleich gemeldet wurden,
auf daß die Bischöfe die Betreffenden unter ihrer Aufsicht
behielten.[2]

---

[1] Die Akten bei Mansi II S. 471 ff. Kan. 4. 5. — Kan. 11: de puellis fidelibus, quae gentilibus junguntur, placuit, ut aliquanto tempore a communione separentur.

[2] Kan. 7: de praesidibus, qui fideles ad praesidatum prosiliunt, placuit, ut cum promoti fuerint, literas accipiant ecclesiasticas communicatorias ita tamen, ut in quibuscunque locis gesserint, ab episcopo ejusdem loci cura illis agatur et cum coeperint contra disciplinam agere, tum demum a communione excludantur. Similiter de his, qui rempublicam agere volunt.

In demselben Jahre ging im Orient eine kirchliche Versammlung zu Ancyra mit scharfen Maßregeln gegen die „Gefallenen" vor und bedrohte diejenigen Christen, welche die Mantik ausüben oder sonst den abergläubischen Gewohnheiten der Heiden folgen, mit fünfjähriger Pönitenz.[1]) Einige Jahre später wird auf dem ersten ökumenischen Konzile zu Nicäa (325) Beschwerde darüber erhoben, daß Leute, „die eben aus dem Heidentume kommen", nach kurzem Unterricht die Taufe empfangen, ja sogar priesterliche Ämter erlangen. Die Synode fühlt sich gedrungen, hier Ordnung zu schaffen. In Beziehung auf die Gefallenen, von denen ebenfalls die Rede war, zeigte sie sich nicht minder entschieden wie die Synode zu Ancyra. Besondern Unwillen aber erregte die Thatsache, daß in den letzten Kämpfen zwischen Konstantin und Licinius Christen, die bereits den „Militärgürtel" abgelegt, die Heereszeichen wieder aufsuchten und zwar die Heereszeichen dessen, der sich kurz vor seinem Falle zum Vorkämpfer des Heidentums gemacht hatte. Ein solches Verfahren heißt nichts anders, als „wie ein Hund zum eigenen Auswurf zurückkehren"; die Synode belegt es mit Strafe.[2])

In derselben Richtung wie diese synodalen Urteile und Festsetzungen gehen gewisse Bestimmungen der kirchlichen Rechtsbücher aus der ersten Hälfte des vierten Jahrhunderts, welche zum großen Teil die Bezeichnung „apostolisch" führten, weil ihnen ein apostolischer Ursprung zugeschrieben zu werden pflegte. Sie sind fast sämtlich Erbstücke aus früherer Zeit, welche die späteren Generationen nach Maßgabe ihrer Anschauungen und Bedürfnisse umgestalteten. Dahin gehört die

---

[1]) Mansi II S. 514 ff. Kan. 1—12; 24.
[2]) Mansi II S. 668 ff. Kan. 2. 10. 12.

bald nach dem Jahre 300 entstandene „apostolische Kirchenordnung". In Anknüpfung an einen Satz der älteren „Apostellehre" verbietet dieselbe von neuem die Vogelschau und die Zauberei und wiederholt die apostolische Mahnung (1. Tim. 3, 7), daß bei der Bischofswahl darauf gesehen werde, daß der zu Wählende auch bei den Heiden einen guten Namen habe.[1]) Ebenso bringen die „apostolischen Konstitutionen" diese und andere Mahnungen der „Apostellehre" wieder in Erinnerung.[2])

Verhielt sich hier die Kirche abwehrend, so hatte sie andrerseits den Befehl ihres Meisters, das Evangelium zu

---

[1]) Kan. 10 (fast ganz übereinstimmend mit „Apostellehre" III, 4.) Ἰάκωβος εἶπεν· τέκνον μοι, μὴ γίνου οἰωνοσκόπος, ἐπειδὴ ὁδηγεῖ εἰς τὴν εἰδωλολατρίαν μηδὲ ἐπαοιδὸς μηδὲ μαθηματικὸς μηδὲ περικαθαίρων μηδὲ θέλε αὐτὰ ἰδεῖν μηδὲ ἀκούειν· ἐκ γὰρ τούτων ἁπάντων εἰδωλολατρία γεννᾶται (Text bei Bickell, Gesch. des Kirchenrechts, Gießen 1843 I S. 107 ff. Dazu Krawutzky in d. Tüb. Theol. Quartalschr. 1882 III S. 359 ff.) — Kan. 16: — εἴ τις ἡμῖν καλὴν ἔχει ἀπὸ τῶν ἐθνῶν.

[2]) Const. Apost. VII. 3: οὐ μαγεύσεις, οὐ φαρμακεύσεις· φαρμακοὺς γάρ, φησίν, οὐ περιποιήσεται (Ex. 22. 18). — VII, 6: μὴ γίνου οἰωνοσκόπος, ὅτι ὁδηγεῖ πρὸς εἰδωλολατρίαν... οὐκ ἔσῃ ἐπαοιδὸς ἢ περικαθαίρων τὸν υἱόν σου, οὐ κληδονεῖς οὐδὲ οἰωνίσῃ, οὐδὲ ὀρνεοσκοπήσεις οὐδὲ μαθήσῃ μάθημα πονηρόν· ταῦτα γὰρ πάντα ὁ νόμος ἀπεῖπεν. — VII, 21: ἀπὸ δὲ τῶν εἰδωλοθύτων φεύγετε, ἐπὶ τιμῇ γὰρ δαιμόνων θύεται αὐτά, ἐφ᾽ ἕξει δηλαδὴ τοῦ μόνου θεοῦ, ὅπως μὴ γένησθε κοινωνοὶ δαιμόνων (vgl. „Apostell." VI, 3). — Dazu das „kanonische Gesetz der hl. Apostel" (Bickell a. a. O. I S. 133 ff.) Kan. 17: εἴ τις δίδει ἀντίψυχα τοῖς πάνθεσιν ἢ λαμβάνει γραπτὰ ἢ δίδει, οὐκέτι πιστοὶ ἀλλ᾽ οὐδὲ Χριστιανοί.

allen Heiden zu bringen. Das Bild des Apostels Paulus des „Herolds im Morgenlande und im Abendlande", stand ihr in lebendiger Erinnerung. Dennoch treten uns nur selten Spuren einer berufsmäßig geübten, organisierten Mission entgegen. Dafür ist ergänzend eingetreten die stille Arbeit der Einzelnen in und an ihrer Umgebung, noch mehr aber die eindrucksvolle Erscheinung des Christenlebens mit seinem sittlichen Ernst und seiner Bewährung in Verfolgungsleiden. Zwar haben Erscheinungen moralischer Versunkenheit so wenig im zweiten, wie im vierten Jahrhundert weder bei den Hirten noch bei der Herde gefehlt, doch sie waren nicht derart, um den sittlichen Gesamteindruck zu erschüttern, den die christliche Gemeinschaft dem Heidentume bot. Weiterhin ist diese Kirche bei Beginn des vierten Jahrhunderts durch das Läuterungsfeuer heftiger Verfolgungen gegangen. Das mußte ihre Tüchtigkeit steigern und, wo dieselbe verloren gegangen war, erneuern. Die Herrschaft Konstantins erfüllte sie mit großen Hoffnungen, und weder jener noch seine Söhne haben diese Hoffnungen getäuscht. Das Bewußtsein, daß die Welt dem Christentume gehöre, ist damals am stärksten gewesen. Die natürliche Wirkung dieser Stimmung mußte die Missionsarbeit sein. Zwar hören wir auch jetzt nur gelegentlich von solcher, aber überall stößt man auf die Frucht derselben, das ist der überraschend schnelle Rückgang des Heidentums. Es drängt sich der Eindruck auf, daß nunmehr die Kirche als solche, d. h. die Geistlichkeit eine thätige Propaganda sich zur Aufgabe gemacht habe. Schwierigkeiten boten sich, außer denen, die im religiösen Bekenntnis lagen, kaum noch. Das niedergebeugte, fast hoffnungslose, von dem Staate im Stich gelassene Heidentum war ein günstiger Boden wie nie zuvor, andrerseits ein Konflikt mit den Gesetzen, welchen im zweiten und im dritten Jahrhundert öfters Christen zum Opfer fielen, nicht mehr möglich. Der Klerus war mit seinem weitreichenden Einfluß nach oben und nach unten und in seiner festen Geschlossenheit der denkbar geeignetste Stand, hier einzugreifen.

Diese Vermutung findet eine Bestätigung in der Thatsache, daß in der julianischen Verfolgung eine Reihe von höhern und niedern Geistlichen namhaft gemacht und zur Verantwortung gezogen wird, weil sie Tempel und Götterbilder umgestürzt haben. Denn die Beseitigung der Kultstätten und der Kultgegenstände war in den meisten Fällen der natürliche — oft freilich auch vorweggenommene — Abschluß der Missionsarbeit in einem bestimmten Gebiete.

Das Mittel der Bekehrung war die Verkündigung, entweder in der Form öffentlicher Predigt oder in der Gestalt privater Belehrung. Daß vielfach auch irdische Mittel und Wege nicht verschmäht worden sind, muß zugegeben werden, nicht aber das Recht, darnach das Gesamturteil über die Mission jener Zeit überhaupt zu bemessen.

In kurzen Zügen hat in einem seiner Lieder der hl. Ephräm das Wirken eines missionseifrigen Mannes, des ihm befreundeten Bischofs Abraham von Nisibis, gezeichnet.[1]) „Er mühte sich ab," heißt es da, „an dem Heidentume, dessen Kinder er unterrichtete, so daß er von den Dornen Früchte der Keuschheit pflückte. Er belehrte die Götzenpriester und machte ihre Söhne zu Priestern, welche statt seiner Gott den heiligen Dienst darbrachten. Sie fluchten ihm und er segnete; sie haßten ihn und er liebte sie. Er harrte aus und erwarb reichen Lohn. Den Heiden gab er sein Leben preis und er-

---

[1]) Vgl. Zeitschr. f. kath. Theol. 1880 S. 434 f.

beutete viele, obgleich er ganz allein stand, durch sein langmütiges Dulden. Als sie ihn endlich durch viele Erfahrungen kennen gelernt hatten, staunten sie über ihn, weil sie merkten, daß er ein Mann Gottes war. Denn es ward ihnen klar, daß er ihre Bosheiten erduldet und ihre Lasten getragen hatte, um ihre Seelen zu gewinnen". Vielleicht in noch weiterem Kreise war der Bischof Marcus von Arethusa bekannt, von dem gerühmt wird, daß er sowohl durch seinen Wandel wie durch seine Beredsamkeit und Gelehrsamkeit viele aus dem Heidentum gewonnen habe. Er veranlaßte auch die Zerstörung eines Göttertempels, wofür er später unter Julian Schweres zu erdulden hatte.[1])

Auch das Mönchtum wurde in dem Maße, als es an Ausdehnung gewann, ein einflußreicher Faktor der Mission. Nicht als ob dasselbe jetzt schon bewußt diese Aufgabe übernommen hätte — es ging bekanntlich von ganz andern Erwägungen aus — wohl aber weil es in der Form des Eremitentums sich in Gebieten heimisch machte, die von dem Christentum und der Kirche abgelegen waren und hier ganz natürlicher Weise in die Mission hineingezogen wurde. Ein mit den Verhältnissen seiner Zeit wohlvertrauter Schriftsteller[2]) weiß schon um das Jahr 355 von großen Erfolgen der Einsiedler in dieser Hinsicht zu berichten. „Wie viele haben sie von den Idolen weggeführt! Wie viele von den dämonischen Bräuchen durch ihre Predigt befreit! Wie viele dem Herrn zu Dienern gemacht, so daß die, welche diese Wunder sahen, darüber staunten! Oder ist es nicht ein

---

[1]) Gregor N. S. 88 ff.
[2]) Athan. Epist. ad Dracont. c. 7.

großes Wunder, eine Jungfrau oder einen Jüngling zur Keuschheit und einen Götzendiener zur Erkenntnis Christi zu leiten?" Von dem Patriarchen des Mönchtums, dem Ägypter Antonius, berichtet sein Biograph ausdrücklich, daß auch Heiden, darunter Priester und Philosophen, den gepriesenen Asketen aufsuchten und durch seine Erscheinung wie durch seine Worte für das Christentum gewonnen wurden.[1]

Die gesuchten oder ungesuchten Missionserfolge der Kirche oder einzelner Christen hatten sich zu bewähren im Katechumenat. Auf die Ausbildung desselben wurde schon frühzeitig große Sorgfalt verwendet: das Aufkommen der Häresieen und der immer stärker werdende Zudrang des Heidentums machte das zur Notwendigkeit. Die Thatsache, daß diese für die Taufe vorbereitende Unterweisung neben dem positiven Inhalt der christlichen Heilswahrheit auch eine negative Seite, nämlich die Widerlegung und Bekämpfung des Heidentums in sich trug, ist selbstverständlich und kommt bereits im zweiten Jahrhundert in der Abrenuntiation und zwar unter dem Titel „Pompa diaboli" zum Vorschein; denn hierunter ist die Gesamtheit der widerchristlichen oder auch nur außerchristlichen religiösen Erscheinungen — mit Ausnahme des Judentums — begriffen. In den katechetischen Vorträgen, welche der Bischof Cyrill von Jerusalem um 347 in der Auferstehungskirche hielt, bestimmt derselbe den Zweck dieses Unterrichts in der einleitenden Katechese[2] so: „Waffen sollst du erhalten gegen feindliche Gewalt, Waffen gegen die Häresieen, gegen die Juden, die Samariter und die Heiden." Lernen soll hier der Täufling, „wie er den Hellenen mit

---

[1] Athan. Vita S. Antonii c. 70 ff.
[2] Cyrill. Hieros. Procatech. n. 9.

dem Wurfspeer durchsticht." In Übereinstimmung damit steht die Ausführung. Umständlich wird das Wesen des „Teufelsgepränges" erläutert, damit dem Katechumenen kein Zweifel des Urteils bleibt. Nicht nur der eigentliche Götzendienst in seinen mannigfaltigen Abstufungen vom Amulett und der Zauberformel bis zum Opfer fällt unter diesen Begriff, sondern nicht minder die „Theaterwut" und das Zirkusspiel und alle Welteitelkeit. Hier gilt das Gebet des Psalmisten (Ps. 119, 37): „Wende meine Augen ab, daß sie nicht die Eitelkeit sehen." Niemand lege die Hand an den alten Pflug; sondern „fliehe hinauf auf die Höhe zu Jesu Christo".[1])

Das heidnisch Religiöse wird in diesen Katechesen fast genau mit denselben Grenzen umzogen wie in den oben angeführten disziplinarischen Sätzen. Es waltete also darüber ein allgemeines Einverständnis in der Kirche.

Das Zusammenwirken des Staates und der Kirche in der Richtung auf dasselbe Ziel hin mit der Vollzahl der mancherlei Mittel, welche dort und hier zulässig erschienen, mußte das äußere Wachstum und Gedeihen der Kirche mächtig fördern. Das freudige Bewußtsein dieser Thatsache klingt bei den christlichen Schriftstellern dieser Zeit vernehmlich durch. Zwar nimmt sich im Hinblick auf die weite Völkerwelt die Zahl der Christen noch klein aus, aber tagtäglich mehren sich die Bekenner des Kreuzes, und die Menschen wenden sich weg von den Altären der Dämonen und der Eitelkeit der Götzen und treten auf den Weg des Heils. Die „unheiligen Götterfabeln" finden keinen Glauben mehr. Bis an das Ende der Erde reicht die Christenheit, die Ausbreitung des jüdischen Volks weit überholend[2]).

---

[1]) Vgl. Catech. XIX. 6, 7, 8; IV. 37.
[2]) Hilarius Pict. Tract. in Psl. LVIII n. 9: pauci ex

Die Erkenntnis, daß in vielen Fällen nicht aufrichtige Bewegung des Herzens, sondern Rücksicht auf äußere Verhältnisse oder wenigstens der allgemeine Zug der Zeit, der vom Heidentume ab zum Christentume führte, das Taufbegehren entstehen ließ, hat in der Christenheit nicht gemangelt. Cyrill von Jerusalem spricht es in seiner einleitenden Katechese offen aus: der Mann kommt zur Taufe, um die Gunst einer Frau zu gewinnen, der Sklave, um seinem Herrn, der Freund um dem Freunde gefällig zu sein.[1]) Wo gewissenhafte Geistliche fehlten, war der Zugang um so leichter. Aber auch pflichttreue Männer sahen sich, der Masse der Katechumenen gegenüber, außer Stande, den einzelnen so nahe zu treten, wie es die kirchliche Ordnung forderte. So kam es, daß die Kirche eine große Anzahl von Namenschristen gewann, die kein Bedenken hatten, auch noch in den alten religiösen Formen weiterzuleben oder wenigstens in entscheidungsvollen Lebenslagen dorthin zurückzukehren. Doch erst die julianische Bedrückung machte den Schaden in seinem vollen Umfange offenbar, und aus dieser bittern Erfahrung heraus urteilte hernach der hl. Ephräm von Nisibis[2]) mit leichtem Tadel: Die frommen Kaiser hatten so die Erde bestellt, „daß selbst

omnibus gentibus sunt fideles: dagegen Tract. in Psl. LXVII n. 20: quotidie autem per populi credentis accessionem benedictionis multiplicatur augeturque confessio, cum gentiles superstitiones impiaeque de diis fabulae, cum arae daemonum, cum idolorum inania relinquuntur et iter omnibus ac profectus dirigitur in salutem. Diese Traktate gehören den letzten Lebensjahren des Hilarius an, sind also in den sechziger Jahren entstanden. — Cyrill. Hieros. Cat. IX. 16.

[1]) Cyrill. Hieros. Procat. n. 5.
[2]) In seinen Liedern gegen Julian v. J. 363, deutsch von Bickell in d. Zeitschr. f. kath. Theol. 1878 S. 338.

die Dornen den Schein des Weizens annahmen, und die Saat sogar dem Unkraut ihre Farbe mitteilte."

Das Heidentum geriet in eine schwierige Lage. Nicht minder gefahrdrohend als die staatlichen Verordnungen erwies sich die wachsende Begehrlichkeit und der zunehmende Propagandaeifer der Kirche, welcher in den staatlichen Edikten nicht nur volle Freiheit, sondern auch Schutz und Unterstützung suchte. Von dem fast rechtlos gewordenen Gebiete ging ein Stück nach dem andern verloren. Nicht nur Christen meinten damals, Zeugen der letzten Todeszuckungen des Heidentumes zu sein, und wiesen siegesgewiß hin auf die niedergeworfenen Tempel und die zum Schweigen gebrachten Priesterschaften[1]), sondern auch den Heiden erschien ihr Religionswesen beim Abscheiden des Konstantius als ein wüstes Trümmerfeld: die Heiligtümer und Altäre am Boden, Opfer und Weihen gehemmt, die Priester verjagt.[2]) In der That sind an vielen Orten damals die letzten Stützen des Hellenismus für immer gebrochen worden und große Massen verloren gegangen, vorab im Orient. Indes mit derselben Gewißheit läßt sich sagen, daß der Wille der Regierung wie der Kirche weit hinter dem vorgesteckten Ziel zurückblieb. Die Macht der Thatsachen erwies sich doch stärker als der Fanatismus dieses Konstantiners und als der Bekehrungseifer der Kirche. Die alte Hauptstadt hat die hastigen Bemühungen des Augustus um Ausrottung des Götterdienstes stolz ignoriert. Eine im Orient verfaßte und,

---

[1]) Hilar. Pict. Tract. in Psl. CXXXVII (I S. 559): templa collapsa sunt, simulacra mutata sunt, haruspices interventu sanctorum silent, augurum fides fallit, unum Dei nomen in omnibus gentibus sanctum est. Dazu oben S. 74 Firmicus Maternus.

[2]) Liban. I S. 510. 529.

wie es scheint, vielgelesene geographische Weltumschau¹) aus den Jahren 350—353 nennt Rom „geschmückt mit heiligen Gebäuden" und weiß von der Verehrung der Götter und der Fortdauer der Haruspicin daselbst.

Auch die mächtigste und volkreichste Stadt des Orients, Alexandrien, obgleich dem kaiserlichen Zorne näher, barg in ihren verworrenen Quartieren noch eine solche Zahl von Altgläubigen, daß der Regierung vor den wilden Wassern bangte, wenn diese gelegentlich hervorbrachen. Hier werden noch die Götter „in ganz besonderer Weise" verehrt. Das gilt überhaupt von dem „göttlichen Ägypten". Da sind noch Scharen von Tempelhütern, Priestern und Zeichendeutern; auf den Altären erlöscht die heilige Flamme nicht, das Opfer feiert nicht, aus dem Turibulum steigt beständig der „himmlische Duft" des Weihrauchs auf.²) Doch hat andrerseits ein abendländischer Bischof³), der einige Jahre nachher längere Zeit als Verbannter im Morgenlande lebte, geurteilt: „fast ganz Ägypten ist jetzt gläubig". Beide Aussagen schließen sich nicht aus. Die Tempel des „heiligen" Damaskus hatten noch einen berühmten Namen⁴), und daneben wußte noch manche andere Stadt ihre ehrwürdigen Heiligtümer sich zu erhalten. Sogar hohe und höchste Beamte haben kein Bedenken getragen, den Göttern Tempel und Altäre aufzurichten

---

¹) Descriptio mundi et gentium (ed. Müller: Geographi graeci minores II S. 513 ff.) c. 55.

²) A. a. O. c. 34 (S. 519 ff.).

³) Hilar. Pict. Tract. in Psl. LXVII c. 33: Aegyptus prope universa est jam fidelis. Dazu die Aussage des Athanasius Apol. ad Constant. c.14 über die Christenmenge in Alexandrien und die in dessen Schriften erwähnten zahlreichen Episkopate in Ägypten.

⁴) Juliani Imp. Epist. XXIV (S. 35 ed. Heyler).

und von diesem ihren Werk durch die Sprache der Inschriften öffentlich Kunde zu geben. Trotz aller Verluste wird das Heidentum kaum über die Hälfte der Bevölkerungszahl des Reiches herabgesunken sein. Aber diese 40 bis 50 Millionen kommen doch weit niedriger in Anschlag als die ihnen gegenüberstehende Hälfte, weil ihnen die Kraft und Zuversicht des Glaubens und die Hoffnung der Zukunft fehlten. Das Heidentum — alles weist darauf hin — war innerlich im Absterben begriffen. Es war nur noch ein halblebiger Organismus und als Ganzes unfähig und willenlos zum Widerstande.

Ein gegen Ende der Regierungszeit des Konstantius entstandene, unter dem Namen des Athanasius gehende Streitschrift gegen das Heidentum, welche aber zugleich Missionszwecke verfolgt[1]), gewährt in größerem Umfange als die sonstige Literatur dieser Zeit einen Einblick in die Lage der beiden Religionen in ihrem Verhältnis zu einander.

Schon so weit ist nach der Meinung dieses Christen die Entwickelung gediehen, daß die göttliche Wahrheit, wenn sie überhaupt auf menschlichen Beweis angewiesen wäre, jetzt

---

[1]) Ich meine den λόγος καθ' Ἑλλήνων u. den dazugehörigen λόγος περὶ ἐνανθρωπήσεως τοῦ λόγου, die in der Benediktinerausgabe der Opera Athanasii voranstehen und deren Ursprung in die Jahre 318—323 d. h. vor den arianischen Streit, der nirgends berührt ist, gesetzt werden. Indes schließt die geschichtliche Lage des Heidentums, wie sie hier gezeichnet ist, eine so frühe Abfassung jedenfalls aus. Die beiden Schriften können erst nach der Mitte des 4. Jahrh. entstanden sein. Damit fällt aber auch meines Erachtens die Athanasianische Autorschaft. Belehrend ist der Vergleich mit Firmicus Maternus, den wir sicher datieren können (s. oben S. 100.). In der ersten Schrift wird die heidnische Götterlehre und die praktische Religionsübung mit dem herkömmlichen Räsonnement bekämpft, in der zweiten die positive Lehre, aber auch mit manchen polemischen Einschiebseln gegeben.

darauf verzichten könne, da sie tagtäglich durch die That
mächtig sich als das erweist, was sie ist. Auch die Heiden
können sich der Erkenntnis der Kraft des Kreuzes nicht mehr
verschließen. In der ganzen Welt wird jetzt Christus ver-
kündet und seine Herrschaft und Gottheit anerkannt. Die
Zeit des Götzendienstes ist dahin.[1]) Allerdings lebt und
webt die Idololatrie noch in der Welt; noch hört man in
Ägypten die Klagelieder über das Hinsterben des Osiris, in
Dodona spricht die Stimme der Götter aus dem Klange
des Erzes, die Priester der Kybele feiern ihre orgiastischen
Feste, bei den Ägyptern, den Griechen, den Phöniziern dauert
der alte Kultus fort, und vor den Statuen von Holz und
Stein wirft man sich noch nieder. Ja, auch der alte Celsus-
spott über die christlichen Mysterien, über das Kreuz, die
Menschwerdung, die Auferstehung schweigt noch nicht, und die
Meinung, daß das Christentum der Welt zum Fluche, nicht
zum Segen gereiche, hat noch ihre Gläubigen.[2])

Doch ist das alles schon auf dem Punkte, um bald ganz
zu verschwinden. Unaufhaltsam schreitet der Zerstörungs-
prozeß vorwärts. Die Zeiten, wo der weite Erdkreis und
jeder Ort an den Dienst der Dämonen gebunden war und
die Menschen von keiner andern Gottheit wußten als den
Idolen, ist längst vorüber. Vor dem Kreuze flieht und
schwindet aller Trug der Mantik und jegliche Täuschung der
bösen Geister. Die, welche einst die Götzen anbeteten, treten
sie jetzt mit Füßen und beschimpfen sie; die einst die magische

---

[1]) A. a. O. I, 1. II, 46. 48. 53 u. sonst.
[2]) A. a. O. I, 1. 10. 13. 23. II, 1. 2 u. sonst (vgl. die Deutung der Trinität als Polytheismus Oratio III 'contra Arian. c. 15 u. Vita S. Antonii c. 74).

Kunst bewunderten, verbrennen die Formelbücher derselben.¹) Einst war alles angefüllt von dem Betrug der Orakel, Delphi, Dodona, Böotien, Lykien, Libyen, Ägypten, „jetzt aber, seitdem Christus überall gepredigt wird, hat der Wahnsinn derselben ein Ende, und kein Wahrsager ist daselbst mehr zu finden".²) Mit dem Götzendienst hat auch die hellenische Weisheit ihren Kredit verloren und ist als Thorheit und Eitelkeit erwiesen; daher macht sie nicht nur keine Fortschritte, sondern geht zurück. Viele, die früher ihr dienten, haben ihr den Abschied gegeben und legen jetzt das Evangelium aus.³) Mit einem Worte: die Idololatrie nimmt überall ab, die Lehre Christi überall zu.⁴)

Niemand wird in dieser rhetorischen Schilderung jedes Wort wägen wollen; Hoffnung und Wirklichkeit schieben sich in ihr oft ineinander. Doch tritt deutlich die Thatsache hervor, daß die Christenheit unter dem Gesamteindrucke stand, als ob das Heidentum sich in voller Auflösung be-

---

¹) A. a. O. II, 31. 46. 48. 53 u. s. Dazu Oratio I contra Arian. (geschrieben 356 ff.) c. 43 fast mit denselben Worten.

²) A. a. O. II, 47. Hier wird das Orakelwesen in Dodona als vergangen bezeichnet, während I, 10 dasselbe als noch bestehend vorausgesetzt zu sein scheint. Es ist hier wohl zwischen verborgenem und öffentlichem Fortbestand zu scheiden. Auch kann die Erwähnung von Dodona in I, 10 immerhin als geschichtlicher Beweis aufgefaßt werden, womit der scheinbare Widerspruch seine Lösung fände. — Über die Abnahme des Orakelwesens auch Vita Antonii c. 33 in ähnlicher Weise.

³) A. a. O. II, 1. 2. 53. 55.

⁴) A. a. O. II, 55: θεώρει, πῶς ἡ μὲν τοῦ σωτῆρος διδασκαλία πανταχοῦ αὔξει· πᾶσα δὲ εἰδωλολατρία καὶ πάντα τὰ ἐναντιούντα τῇ Χριστοῦ πίστει καθ' ἡμέραν ἐλαττούμενα καὶ ἐξασθενεῖ καὶ πίπτει.

finde. Die spätere Geschichte zeigt, daß dieser Eindruck richtig war. Überall stößt man in diesen Zeilen eines durchaus nicht überschwänglichen Schriftstellers auf das stolze Gefühl voller Überlegenheit des Christentums über den Hellenismus. Wie etwas Fremdes steht dieser in der Welt; seine Ohnmacht ist durch die Geschichte erwiesen, sein Untergang nur noch eine Frage der Zeit. Daher die souveräne und oft spöttische Art, in welcher dieser Apologet mit dem Heidentume umgeht; nirgends läßt sich auch nur die geringste Besorgnis bemerken, daß dasselbe je wieder zu Leben und Macht kommen könnte. Der Sieg und die Welt gehören für immer dem Christentume.

Außerhalb der sich bekämpfenden und abstoßenden Gegensätze war unter dem Einflusse der letztjährigen Entwickelung innerhalb des Heidentums eine Richtung emporgekommen, deren zahlreiche Vertreter zwar die christliche Religion als solche abwiesen, aber zu dem christlichen Staat und der christlichen Gesellschaft freundliche Beziehungen unterhielten. Die Voraussetzung dieser eigenartigen Haltung war weniger Indifferentismus als eine durch die damalige Philosophie, aber auch durch christliche Einflüsse geschaffene religiöse Weitherzigkeit, welche dem Andersgläubigen diejenige Toleranz entgegentrug, die man für sich selbst forderte. In dieser Stellung zum Christentum finden wir viele höhere Beamte, und sie besaßen das Vertrauen des Kaisers. Der edelste Repräsentant dieser Richtung innerhalb der Beamtenschaft ist Secundus Sallustius. Auch Philosophen und Rhetoren fanden sich in dieser Form mit der ungünstigen Zeitlage ab; am bekanntesten sind darunter Themistius und Libanius. Letzterer insbesondere hat bei christlichen Kaisern wie bei Julian Gunst gesucht und gefunden, ohne irgend welche Zumutungen hinsichtlich seines religiösen Bekenntnisses zu erfahren; seine vielbewegte Lebensgeschichte zeigt ihn uns auch in engem freundschaftlichen Verkehr mit Christen.

Zu diesem Kreise, in dessen Art es lag, das Christentum abzulehnen, ohne es zu bekämpfen, zählten die besten Vertreter des Götterglaubens. Indem dieselben aber in die christlich-staatliche und christlich-gesellschaftliche Ordnung in solcher Weise sich einfügten, konnte das Heidentum keine Stütze mehr an ihnen haben oder überhaupt Ernstliches von ihnen hoffen. Es war also nicht einmal in der Lage, über seine tüchtigsten Kräfte zu verfügen.

Zweite Abteilung.

Die heidnische Reaktion unter Julian.

Als der letzte Konstantinssohn am Fuße des Taurus unter den Wehklagen seiner Soldaten in Fieberglut verschied, stand der Prätendent Julian mit seiner Armee bereits in Serbien. Von seinen Wahrsagern und seinen Philosophen ermutigt und mit hochfliegenden Hoffnungen erfüllt, war er „wie ein Brandpfeil" in Eilmärschen von Gallien ostwärts gezogen.

Durch Raschheit und Klugheit hatte er die mancherlei Schwierigkeiten, die sich ihm entgegenstellten, zu überwinden verstanden. Nun räumte ihm der Tod des Kaisers das letzte und größte Hindernis weg, an dem sein Wagnis, der zuversichtlichen Sprache der Götter zum Trotz, wohl zerschellt wäre, wie einst der Ansturm des Magnentius. Eine Hand, die nach dem Diadem des toten Augustus griff, war, außer seiner eigenen, nicht zu sehen. Das Feld stand offen.

Es mußte Julian daran gelegen sein, möglichst bald in der östlichen Hauptstadt einzutreffen. Bereits am 11. Dezember hielt er seinen Einzug in Konstantinopel, empfangen von dem Senat und einer jubelnden Volksmenge. Der Beifall galt dem sieggekrönten jungen Herrscher[1], nicht dem zum Götterglauben abgefallenen Christen, denn von diesem wußten nur wenige. Bald darauf langte auch der tote Konstantius in Konstantinopel an. Der Gardeoffizier Jovian, den das Geschick später an die Spitze des Reiches stellte, führte den von Soldaten geleiteten Trauerzug, an den bald wundersame Sagen sich anlehnten[2], und das Volk strömte wiederum aus den Thoren, um den alten Kaiser ehrfurchtsvoll zu begrüßen. Unter großer Prachtentfaltung und nach christlichem Ritus wurde die Totenfeier gehalten. Mit entblößtem Haupte und das Diadem in der Hand tragend, schritt der junge Fürst dem Zuge voran.[3] War es Cäremonie oder berechnende Politik? Wohl beides, aber in erster Linie kluge Erwägung. Es wäre unklug gewesen, der mächtigen, ganz christlichen Stadt, die dem götterfeindlichen Kaiser in ihrer schönsten Kirche die Grabstätte bereitete, oder — was noch schwerer wiegen mußte — den Abgesandten der asiatischen Armee, die unter dem Kreuzesbanner focht und in treuer Anhänglichkeit zu dem Toten gestanden hatte, irgend eine Ursache zur Mißstimmung zu geben.[4] Diese Rücksicht erwies sich mächtiger als der innere Abscheu gegen den „treff=

---

[1] Amm. Marc. XXII. 2. Zosim. III, 11.

[2] Greg. Naz. Orat. II invect. vol. I S. 118 ed. Colon. 1690. Nach dieser Ausgabe auch im Folg. citiert.

[3] Greg. Naz. a. a. O. S. 119. Philostorg. VI. 6 (S. 85 ed. Gothofr.).

[4] So Greg. Naz. gewiß mit Recht; vgl. dazu Theodoret. H. E. III, 3 u. Amm. Marc. XXI, 2. An solche Rücksichten auf die Verhältnisse war Julian schon seit Jahren gewöhnt.

lichen" Konstantius¹), mächtiger auch als der Widerwille gegen den christlichen Kultus, der hier sich breit und voll entfaltete.

Das neue Kaisertum beanspruchte für sich den Wert einer auf den ausdrücklichen Willen der Götter fußenden neuen Ära. Der junge Herrscher, der sich als das auserwählte Rüstzeug in diesem Aufgang der geschichtlichen Entwickelung ansah, hat das öfters ausgesprochen, am bezeichnendsten in einer Parabel.²) Ein reicher Mann (Konstantin), so erzählt er, der große Reichtümer zum Teil von seinen Vätern ererbt, zum Teil selbst sich erworben hatte, verteilte diese Güter unter seine Söhne. Um dieses Besitzes willen entstand bald Streit und Mord unter ihnen; dazu kam noch, daß die alte Religion zertreten und ihre Heiligtümer niedergerissen wurden. Den Zeus und Helios jammerte dieses Anblicks, und jener befahl den Schicksalsgöttinnen, einen neuen Lebensfaden zu spinnen — das war der Ursprung Julians. Den Knaben vertraute Zeus dem Helios und der Jungfrau Athene zur Erziehung an. Als er zum Jüngling herangewachsen war, wird er in den Kreis der Götter entrückt, erhält weise Belehrung und wird mit dem Versprechen der Himmlischen entlassen, daß sie überall um ihn sein wollen. „Denn wir sind seine Wohlthäter, Freunde und Heilande." Helios reicht ihm noch eine Fackel, „damit selbige denen auf Erden als ein großes Licht leuchte"; Athene giebt ihm Helm und Gorgoneion, Hermes seinen goldenen

---

¹) Vgl. die scharfen Urteile über Konstantius in Julians Jugendgeschichte in d. Oratio ad Athen. S. 270 ff. (ed. Spanh.), ebenso Orat. VII (de secta cynica) u. sonst. Der Panegyrikus auf Konstantius sticht begreiflicherweise scharf davon ab.

²) Orat. VII S. 227 ff.

Stab. „Sei eingedenk, daß du eine unsterbliche Seele hast, die von uns ihren Ursprung hat, und daß du, uns nachfolgend, ein Gott sein und mit uns unsern Vater (Zeus) schauen wirst", das waren die Abschiedsworte.

Es scheinen hier alttestamentliche Geschichten aus der christlichen Jugenderziehung Julians nachzuklingen, die Rettung Mosis und sein geheimnisvoller Umgang mit Gott oder die Berufung Davids zum Könige von Israel wider Saul und sein entartetes Haus. Schon früh hat der Knabe die Stimme der Götter in seinem Innern zu hören geglaubt[1]), dieser Götter, die ihn zu derselben Zeit seine christlichen Erzieher zu verabscheuen lehrten. Wir wissen nicht, wie diese Fäden sich angeknüpft haben; aber die freudenlose, harte Jugend und daneben das von vornherein für die Mystik der neuplatonischen Philosophie veranlagte und allem Wissenswerten aufgeschlossene Gemüt des Jünglings geben gewisse Anhaltspunkte.

Nachdem die erste Saat aufgegangen, hat es nicht an Leuten gefehlt, welche ihr Wachstum zu hüten und zu beschleunigen verstanden. Der Preis, um den Julian sich diese „Erlösung" erkaufen mußte, war die Heuchelei. Er ist jahrelang ein Diener der Götter und ein Diener Gottes zugleich gewesen und hat von den religiösen Rechten und Pflichten des Taufbades wie der eleusinischen Weihe unterschiedslos Gebrauch gemacht.[2]) Jetzt konnte er die Maske ablegen.

---

[1]) Amm. Marc. XXII, 5 und eigene Äußerungen Julians.

[2]) Die Thatsächlichkeit der Taufe ergiebt sich einfach aus dem Umstande, daß Julian als Lektor fungierte (Greg. N. S. 58; dazu Sokrat. V, 22). Bezeichnend für die Geschicklichkeit, mit welcher er seinen Abfall zu verdecken verstand, ist, daß der strenggläubige Bischof

Obwohl in den ersten Wochen seiner Alleinherrschaft noch einige Zurückhaltung geboten war, so wurde doch bald den Unterthanen des weiten Reichs kein Zweifel mehr darüber gelassen, daß der Kaiser sich zu dem Götterglauben bekenne. Dieses Bekenntnis nur als persönliches gelten zu lassen und in die allgemeine Entwickelung der religiösen Verhältnisse im Reich nicht einzugreifen, lag nicht in der Natur des lebhaften, eigenwilligen und selbstbewußten Mannes. Das Drängen der Freunde und mancherlei Aufmunterung aus heidnischen Kreisen, die unerwartet mit neuer Hoffnung sich erfüllt sahen, wird nicht gefehlt haben. So richtete sich denn die religiöse Politik unter der persönlichen Leitung des Kaisers auf Wiederherstellung des Heidentums in vollem Umfange, worin gleich die Vernichtung des Christentums miteingeschlossen war. Man darf sagen, daß diese Religionspolitik von Julian selbst als das wichtigste Stück seiner Regierung und als die Hauptaufgabe seines Lebens angesehen worden ist.[1]) Staatliche Dekrete verkündeten der überraschten Welt, daß der Götterglaube wieder in seine Rechte eingesetzt sei, und forderten, daß die Tempel aufgeschlossen und Opfertiere zu den Altären geführt würden. Nach Antiochien überbrachte der Philosoph Pythiodorus eilfertig diese Kunde; in Alexandrien wurde das kaiserliche Edikt am 4. Februar 362 bekannt gegeben.[2])

Hilarius von Poitiers in einer an Kostantius gerichteten Bittschrift als Zeugen seiner Unschuld anruft dominum meum, religiosum Caesarem tuum Julianum (Ad Const. II. 2).

[1]) Gut die Vita et convers. S. Athan. § 25: . . τοῦ βασιλέως πᾶσαν σπουδὴν καὶ τῆς βασιλείας τὸ κράτος κατὰ τῆς εὐσεβείας ἐπιτείνοντος.

[2]) Amm. Marc. XII, 5; Chron. Pasch. S. 546. — Liban. Ep. 606. — Athanasii vita acephala (zuerst herausgegeb.

Es war anzunehmen, daß die Vermeidung offener Gewalt zu den Grundsätzen dieser Politik gehören werde. Julian hat sich darüber deutlich genug geäußert. „Meine Anordnungen hinsichtlich der Galiläer ohne Ausnahme," schrieb er einst[1]), „sind so mild und menschenfreundlich, daß Niemand irgendwie Gewalt zu leiden hat oder zum Tempel geschleppt wird oder irgend eine andere Kränkung erfährt wider seinen Willen." Der milde Charakter der Verfolgung wird auch von Kirchenschriftstellern anerkannt.[2]) Man darf indes in dieser Selbstbeschränkung nicht den Ausfluß der persönlichen Humanität des Kaisers sehen. Ein offener Kampf mit allen Mitteln staatlicher Gewalt mußte jedem vernünftigem Politiker seit den üblen Erfahrungen der diokletianischen Zeit nicht nur als ein erfolgloses, sondern geradezu als ein gefährliches Unterfangen erscheinen. Man kannte die furchtbare Gewalt des Märtyrerfanatismus. Julian selbst soll die Möglichkeit gewaltthätigen Vorgehens mit den Worten abgewiesen haben: „dann werden sie alle, wie die Bienen zum Bienenkorb, so zum Martyrium sich

---

von Maffei, Osservaz. lett. t. III S. 60 ff.; neuerdings von Sievers in d. Zeitschr. f. hist. Theol. 1868 S. 148 ff.) § 7: praeceptum propositum est, quo jubebatur reddi idolis et neochoris (= νεωκόροις) et publice rationi, quae praeteritis temporibus illis sublata sunt.

[1]) Julian. Ep. 43 S. 82 ed. Heyler, München 1828 (nach dieser Ausgabe sind im Folg. die Briefe immer citiert, die übrigen Schriften Julians nach der Ausgabe von Spanheim). Dazu Ep. 7 S. 10: ἐγώ, νὴ τοὺς θεούς, οὔτε κτείνεσθαι τοὺς Γαλιλαίους οὔτε ἄλλο τι πάσχειν κακὸν βούλομαι.

[2]) Z. B. Hieron. Chron.: blanda persecutio fuit, illiciens magis quam impellens ad sacrificandum; Rufin. H. E. c. 32. Dazu Eutrop. X, 16: religionis christianae insectator, perinde tamen ut cruore abstineret.

Die heidnische Reaktion unter Julian.

drängen."¹) Von derselben Besorgnis gequält, warf sich hernach der Freund Julians, Libanius zum Beschützer der verfolgten Christen auf. „Hüte dich," schrieb er an den Präfekten von Phönikien²), „daß deine Maßnahmen unter uns noch mehr Märtyrer schaffen nach der Weise des Marcus von Arethusa, der so viele Qualen erduldet hat und jetzt verehrt wird wie ein Halbgott."

Das Meiste hat man sich wohl von den auf Verwaltungswege zu vollziehenden Maßregeln versprochen, ohne indes auf gesetzliche Verordnungen zu verzichten. An ungesetzlichen, tumultuarischen Vorgängen hat es freilich hernach nicht gefehlt, und sie hinterlassen nicht immer den Eindruck, als ob die Regierung denselben fern gestanden oder sie ungern gesehn hätte.

Aus der Erfahrung dieses öffentlich abgeleugneten, aber in Wirklichkeit mit allerlei List und Bedrückungen geführten Kampfes³) erwuchs bei den davon Betroffenen ein hoher Grad von Erbitterung, die gelegentlich sogar zu der Forderung einer gewaltsamen, Martyrien schaffenden Verfolgung nach der Weise Diokletians sich hat fortreißen lassen.

Der Eifer und Ernst, mit welchem Julian an die große, schwere Aufgabe seines Lebens ging, findet in seinem persönlichen Verhalten einen bezeichnenden Ausdruck. Er erwies

---

¹) Chrysost. De Juv. et Max. Martt. t. II S. 519. Dazu Ep. LXIII S. 132 und Liban. I S. 562 f., wo hierüber einige bemerkenswerte Mitteilungen gegeben werden.

²) Liban. Ep. 730.

³) Richtig charakterisiert bei Greg. N. S. 72: $\mu\eta\chi\alpha\nu\tilde{\alpha}\tau\alpha\iota$ $\alpha\dot{\upsilon}\tau\grave{o}\varsigma$ $\mu\grave{\epsilon}\nu$ $\kappa\alpha\grave{\iota}$ $\beta\iota\acute{\alpha}\zeta\epsilon\sigma\theta\alpha\iota$ $\kappa\alpha\grave{\iota}$ $\mu\grave{\eta}$ $\delta\sigma\kappa\epsilon\tilde{\iota}\nu$. Auch Chrysost. De Juv. et Max. Martt. II, 579: $\varphi\alpha\nu\epsilon\rho\tilde{\omega}\varsigma$ $\sigma\alpha\lambda\pi\acute{\iota}\sigma\alpha\iota$ $\tau\grave{o}\nu$ $\pi\acute{o}\lambda\epsilon\mu o\nu$ $o\dot{\upsilon}\kappa$ $\dot{\epsilon}\beta o\acute{\upsilon}\lambda\epsilon\tau o$.

sich als ein Muster religiöser Gewissenhaftigkeit. Den regelmäßigen und außergewöhnlichen Ansprüchen der Götter wurde mit peinlicher Sorgfalt von ihm Genüge geleistet. Gebet, Opfer, Orakelfragen durchflochten seine Tage; auch die Nachtstunden sind ihm für dieses heilige Thun nicht zu kostbar erschienen. Auf seinen Reisen versäumte er es nicht, die wiederaufgeschlossenen Tempel zu betreten und persönlich das Opfer darzubringen oder wenigstens einer Opferhandlung beizuwohnen. Auf einer Reise durch Syrien, die ihn auch nach Berrhöa führte, schrieb er über den Aufenthalt in dieser Stadt an Libanius[1]: „ich blieb einen Tag dort, besah die Akropolis, opferte in königlicher Weise dem Zeus einen Stier und hatte mit dem Senat ein religiöses Gespräch." Und bei der Erwähnung von Batnä bemerkt er: „ich brachte gegen Abend und in früher Morgenstunde ein Opfer dar, wie ich genau an jedem Tage zu thun pflege." Diese Opferakte gestalteten sich nicht selten zu öffentlichen Schaustücken, wie einmal in Konstantinopel, als Julian zum Altar der Tyche herantrat[2], und in Antiochien. Es war dabei auf Propaganda abgesehen. Die Heiden ferner liebten es, diese Gelegenheiten zu benutzen, um den Herrscher mit lautem Beifallsrufen zu begrüßen, was sich Julian in Rücksicht auf die heilige Würde der kultischen Handlungen ernst verbat.[3] Andrerseits erschien auch den Heiden der Übereifer des Kaisers seltsam, wie er die Altäre mit Opferblut „überschüttete" und zuweilen auf einmal hundert Ochsen hinschlachtete und einen kostspieligen Import ausländischer seltener Opfertiere ein-

---

[1] Ep. XXVII S. 45.
[2] Sokrat. H. E. III, 11.
[3] Ep. LXV S. 134.

richtete.¹) Dazu hatte er einen eigentümlichen Drang, die Opferhandlung mit eigener Hand zu vollziehen, was seinen leidenschaftlichen Gegnern einen willkommenen Anlaß gab, das Bild des kaiserlichen „Opferschlächters" und „Stierbrenners," der das Beil schwingt, selbst das Opferholz herbeischleppt oder vor dem Opferfeuer die Backen aufbläht, höhnisch zu zeichnen.²) Er ist nicht müde geworden, Tempel wiederherzustellen und Altäre aufzubauen. „Wer hat je so viele Götzenaltäre errichtet? Wer hat je alle Dämonen so hoch geehrt?"³) In dieser Frage spricht sich die Verwunderung der Christenheit aus über das, was sie vor ihren Augen sah. Die neuplatonische Mystik und Theurgie führte dabei den Kaiser weiter über die Sätze und Riten des alten volkstümlichen Götterglaubens hinaus; es war ein Arbeiten mit einer Masse von Einzelheiten.⁴)

Wie sehr bei dieser fieberhaften und absichtsvollen religiösen Arbeit das kaiserliche Ansehen verlor, läßt sich leicht vorstellen. Es wird aber daran ersichtlich, daß Julian in Bezug auf das einzuschlagende Verfahren im Grunde doch keine richtige Einsicht hatte. Ein Zeitgenosse charakterisiert das neue Kaisertum als Vermählung der Philosophie mit dem Königtum⁵); er hätte hinzufügen können: in der Form

---

¹) Amm. Marc. XXII. 12. vgl. Eunapius Sard. Fragm. ed. Bonn. vol. I S. 107.

²) Greg. N. S. 121. Dazu Liban. I S. 394 f.; 81 ff. 508; 14 ff.; II S. 5 ff. u. sonst.

³) Ephräm. Hymn. IV in Jul. (Zeitschr. f. kath. Theol. 1878 S. 352).

⁴) Amm. Marc. XXV. 4: superstitiosus magis quam sacrorum legitimus observator.

⁵) Greg. N. S. 67.

der Unterordnung des Königtums unter die Philosophie. Was Julian noch in Gallien scherzhaft mit den Worten eines Sprichwortes „dem Stier einen Saumsattel auflegen" nannte [1]), damit die Unverträglichkeit der kriegerischen und der philosophischen Thätigkeit charakterisierend, war ihm jetzt verhängnisvoll geworden. Es wird, wenn nicht neue Quellen sich uns erschließen, immer rätselhaft bleiben, wie dieser fürstliche Sophist sich als tüchtigen Krieger hat bewähren können und seine doktrinäre, für das Geistige interessierte Natur den Anforderungen des Soldatenlebens sich gewachsen zeigte. Denn die gallischen Kriegszüge — anders der Perserkrieg — offenbaren wenig von dem redseligen, vielschreibenden, abstrakten und von weichen Stimmungen beherrschten Philosophen. Aber jetzt, als das ganze Reich in seine Hand gegeben ist, treten diese Züge scharf hervor, und eine angeborene oder anerzogene Herrschertüchtigkeit macht sich wohl in einzelnen Maßnahmen geltend, erscheint aber nirgends als etwas Wesenhaftes, Fundamentales. Man denke sich einen eben erst den Jünglingsjahren entwachsenen Mann mit einem Herzen voll Ideale, die mächtig nach der Wirklichkeit drängen, mit einem reichen, aber überschwenglichen Gemüt, beraten von Theoretikern, die das Leben nicht kannten und doch wichtige Stellungen ausfüllen sollten [2]) — an der Spitze des Weltreichs

---

[1]) Amm. Marc. XVI, 5: Clitellae bovi impositae sunt; lane non est nostrum opus.

[2]) Themistius, Modestus, Afacius, Sallustius (vgl. Zeller, Phil. d. Gr. 3. Aufl. III, 2 S. 734 Anm. 1 u. Mommsen im C. J. L. III, 1 u. 247) bekleideten ansehnliche Präfekturen, die beiden erstern sogar in Rom; auch Libanius war im Besitz einflußreicher Ämter. Andere Sophisten, wie Himerius, Maximus, hatten eine Stimme in öffentlichen Angelegenheiten.

und vor der Aufgabe, in den Gang der geschichtlichen Ent=
wickelung, die dem Christentume den Sieg in die Hand gegeben
hatte, einzugreifen und diese Entwickelung rückwärts zu wenden.
Das Ende konnte nur ein Ende mit Bankerott sein.

Der wissenschaftlich tüchtige Kaiser, der von seinen
Kenntnissen gern Gebrauch machte, zeigte sich auch darin als
Gelehrten, daß er eine Streitschrift gegen die Christen und
das Christentum in die Welt zu geben für gut fand. Seine
streng christliche Erziehung, die ihn mit der biblischen Ge=
schichte vertraut gemacht hatte, kam ihm dabei in hohem
Grade zu statten. Denn nächst dem Namen des kaiserlichen
Autors ist diesem Buche Κατὰ Χριστιανῶν am meisten die
darin wahrgenommene Schriftkenntnis zu gute gekommen;
auch strenggläubige Leute haben dadurch einen Eindruck
empfangen. Als fünfzig Jahre nachher der Bischof Cyrill
von Alexandrien zur Widerlegung des Angriffs schritt, be=
merkt er, daß das Buch noch viele Leser habe.[1]) Wie lange
mag es nachher noch in den verborgenen Kreisen des Heiden=
tums heimlich gelesen und als ein kostbarer Schatz gehütet
und fortgeerbt sein! In der Kirche und in dem christlichen
Staate ist die Schrift vernichtet worden. Die bei Cyrill
und sonst erhaltenen Fragmente[2]) offenbaren die tiefe Ab=
neigung Julians gegen die „trügerische Lehre der Galiläer",
die das Gute und Schöne, was die hellenische und jüdische
Religion besitzt, verworfen und dafür sich angeeignet haben

---

[1]) Cyrilli Alex. Contra Julianum. Praefatio S. 3 (ed. Spanh.).

[2]) Scriptorum Graec. qui christ. impugnaverunt relig. quae supersunt. Fasc. III (Juliani imp. librorum contra christ. quae supers. ed. K. J. Neumann Lips. 1880 (auch deutsch: Kaiser Julians Bücher gegen die Christen. Lpz. 1880).

das Schlechte, was Griechen und Juden als ein „böser Dämon" sich angeheftet hat. Im einzelnen zeigt sich ihm überall der Vorzug des Hellenentums. Die biblische Urgeschichte bleibt weit zurück hinter der Wahrheit und Würde der platonischen Vorstellungen über diese Dinge; nicht messen kann sich der jüdische Gottesbegriff mit dem platonischen. Große Vorzüge hat die von der Götterwelt beherrschte Menschheit, in Wissenschaft und Kunst, in Handel und Wandel. Hier sind die wahrhaft großen Menschen zu finden, die großen Feldherrn, die großen Philosophen, die großen Gesetzgeber. Dieser gottgesegneten Menschheit gegenüber stehen nun da die „Unglücksmenschen", die Überläufer von der Wahrheit zu dem „toten Juden", welcher „in seinem ganzen Leben nichts gethan hat, was der Rede wert wäre". Die heiligen Schriften, auf welche die neue Thorheit sich stützt und herleitet, sind voller Ungereimtheiten und Widersprüche. Nichts Edeles ist in ihnen. „Wählet nur einmal aus eurer Gesamtheit Knaben aus und lasset sie an euren Schriften sich bilden; wenn diese Knaben im spätern Alter etwas tauglicher sind als Sklaven, dann will ich ein Schwätzer und Anschwärzer sein." Die Schrift ist durchzogen und getragen von einem höhnischen Tone. Julian liebte es überhaupt, die „Galiläer" in diesem Tone zu behandeln und tiefernster Fragen mit einem Witzworte sich zu entledigen.[1]) Auf eine wirklich ernste, wissenschaftliche Widerlegung seiner Gegner ist er selten eingegangen. Diese unwürdige Weise, heilige

---

[1]) Außer der obigen Streitschrift z. B. Ep. XLII S. 81; XLIII S. 82; dazu der Misopogon u. Caesares (am Schluß die Bemerkungen über Konstantin). Vgl. auch Sokrat. III, 12. 14 u A. Hierher gehört auch die verächtliche Bezeichnung der Christen als

Glaubensüberzeugungen in das Bereich des Witzes und des
Hohnes herabzuziehen, mußte die Gereiztheit der Christen
aufs höchste steigern und die Neigung hervorrufen, mit
gleicher Münze zurückzuzahlen, wie nachher die Antiochener
auch thaten.

Empfindlicher als dieser geschickte literarische Angriff
traf die Christengemeinden eine Reihe von Maßnahmen und
gesetzlichen Verordnungen, welche auf Hebung des Götzendienstes und Verdrängung des Christentums mittelbar oder
unmittelbar abzielten. Dahin gehört die Rückberufung der
von Konstantius während der arianischen Kämpfe verbannten
oder sonst vertriebenen Bischöfe. Scheinbar ein Akt hoher
Gerechtigkeit, brachte diese Maßregel — und darin liegt ihre
Erklärung [1]) — Verwirrung und Aufruhr in die Gemeinden.

Die durch das Homousios und andere Schlagworte ge-
schiedenen Parteien traten einander wieder schroff gegenüber.
In vielen Gemeinden stand Bischof gegen Bischof. Ausge-
glichene Gegensätze wurden wieder sichtbar, neue Spaltungen
kamen zum Vorschein. Darin lag eine große Schwächung
der Kirche: es bewährte sich an ihr das Wort „Teile und

Γαλιλαῖοι, womit dieselben als bäuerisch und barbarisch charakterisiert
werden sollten.

[1]) Amm. Marc. XXII, 5 u. die Kirchenschriftsteller. So ist
auch das Entgegenkommen Julians gegen die Juden, die Erbfeinde des
Christentums, zu beurteilen. Er hat sie mit Privilegien überschüttet
und ihren Staat und ihren Tempel wiederherzustellen versprochen.
(Amm. Marc. XXIII, 1. Greg. N. S. 111 Sokrat. III, 20. Philos.
VII, 9 u. a.). Daher der Enthusiasmus der Juden für den heid-
nischen Kaiser. „Die Beschnittenen stießen in die Posaune und freuten
sich darüber, daß er ein Zauberer war, und jubelten, weil er ein
Götzendiener war" (Ephräm, Hymn. I gegen Julian. Zeitschr. f. kath.
Theol. 1878 S. 339). Vgl. Jul. Ep. XXV S. 42 f.

herrsche." Wie wenig es dem Kaiser hierbei auf ausgleichende Gerechtigkeit und wirkliche Amnestie ankam, bezeugt die Thatsache, daß der Bischof Athanasius von Alexandrien bereits im Oktober 362 wieder aus Alexandrien weichen mußte. Der Präfekt erhielt den gemessenen Befehl, den „Götterfeind" zu entfernen, weil derselbe sich unterfangen habe, vornehme hellenische Frauen zu taufen.[1]) Also nur weil der Kaiser in dem Bischof einen erfolgreichen Gegner seiner Hellenisierungspläne erkannte, entzog er ihm den Bischofssitz wieder.

Ein Bittgesuch der alexandrinischen Christen, den Verbannten der Gemeinde zurückzugeben, wies Julian mit Unmut und hartem Tadel des Athanasius ab und fügte die Aufforderung hinzu, daß die christliche Bevölkerung der Stadt zu dem alten Glauben, welchem Alexandrien seine Macht und seinen Wohlstand verdanke, zurückkehre.[2])

Die parteiische Rechtspflege Julians, wo es sich um religionspolitische Fragen handelte, tritt auch hervor in seinem Verhalten zu einem blutigen Aufruhr in derselben Stadt, der noch vor diese Ereignisse fällt. Bereits 357 nämlich hatte Konstantius an Stelle des vertriebenen Athanasius den Arianer Georgios aus Kappadozien auf den bischöflichen Stuhl von Alexandrien erhoben. Der gewaltthätige Kirchenfürst, der sich durch die Gunst des Kaisers gedeckt wußte, machte sich durch sein rücksichtsloses Benehmen bei Heiden und Christen verhaßt. Im Stillen sammelte sich die Erbitterung: es bedurfte nur eines Anlasses, um sie in

---

[1]) Ep. VI S. 9.
[2]) Ep. LI S. 94 ff.

offene That hervorbrechen zu lassen. Diesen Anlaß gab Georgios, als er, vom kaiserlichen Hoflager zurückkehrend und mit seinem Gefolge an dem prächtigen Tempel der Stadttyche vorüberziehend, die Äußerung that: "wie lang doch wird dieses Grabmal noch stehen?" Da erhob sich der heidnische Pöbel, um sein Heiligtum besorgt, zu einem furchtbaren Aufstande. Georgios wurde ergriffen, grausam mißhandelt und zu Tode getreten. Auch zwei angesehene kaiserliche Beamte, die als Götterfeinde gehaßt waren, fielen der Wut des Volkes zum Opfer. Die zerfleischten Leiber der Ermordeten wurden an der Küste verbrannt und die Asche in das Meer gestreut. Es kam zu förmlichen Straßenkämpfen zwischen Heiden und Christen.[1]) Das Schreiben, das der

---

[1]) Amm. Marc. XXII, 11. Ausführlicher und wesentlich von Amm. Marc. abweichend Sokrates H. E. III, 2; Sozom. V, 7: Vita et certam. S. Athan. § 12. Demnach gab zum Aufruhr der Umstand Veranlassung, daß Georgios das unter Konstantius konfiscierte Mithräum zu einer Kirche umzubauen unternahm und bei der Aufräumung desselben zahlreiche Menschenschädel entdeckt wurden, welche die Christen öffentlich ausstellten zur Verhöhnung der Heiden. Daraufhin entstand der Tumult, der nach diesem Historiker viel blutiger war, als Amm. Marc. voraussetzt. Der Ausgleich ist schwer zu finden. Wahrscheinlich sind hier zwei verschiedene Ereignisse kombiniert. Das gleich zu erwähnende Schreiben Julians spricht eher für Amm. Marc., wie auch die Athan. vita acephala. Nach letzterer wurde Georgios von dem Volke ins Gefängnis geworfen und etwa drei Wochen daselbst gehalten. Dann: pene omnis populus illius civitatis perduxit de carcere Georgium nec non etiam comitem qui cum ipso erat insistentem fabricae dominicae, quae dicitur Caesarium, et occiderunt ambos et eorum corpora circumduxerunt per mediam civitatem, Georgii quidem super camelum, Dracontii vero homines funibus trahentes et sic injuria adfectos circum horam VII diei utriusque corpora combusserunt. Ein merkwürdig lakonischer Bericht.

Kaiser daraufhin an die Alexandriner richtete[1]), ist ein Meisterstück der Diplomatie. Es bewegt sich in Anklagen und Entschuldigungen, aber so, daß Julian im Grunde die Rolle eines Anwalts des alexandrinischen Pöbels führt. „Das Volk hat es gewagt, wie Hunde einen Menschen zu zerfleischen", aber Georgios „verdiente noch Schlimmeres und Schwereres"[2]). Die Frage, was denn die Ursache dieses Wutausbruches gewesen, beantwortet er bereitwilligst selbst, und die Antwort ist so, daß wenigstens alles erklärlich und begreiflich wird. Als Schuld bleibt zuletzt nur noch bestehen der Konflikt mit dem Gesetze. „Denn ihr habt Gesetze, die jeder nach Kräften ehren und hochhalten soll." Indes will der Kaiser auch hier auf jegliche juristische Ahndung verzichten; nur eine „linde Arzenei" will er anwenden, „mahnende Worte". Diesen werden sie, hofft er, um so eher Gehör schenken, da der Stempel ihrer edeln hellenischen Herkunft ihrem Geiste und ihrem Leben noch aufgeprägt sei. Zosimus[3]) fügt hinzu, daß der Kaiser ursprünglich die Absicht gehabt habe, mit aller Entschiedenheit einzuschreiten, doch sei es dem Zureden seiner nächsten Freunde gelungen, ihn milder zu stimmen. Auch im kappadozischen Cäsarea glaubten die Christen Ursache zu haben, über Parteilichkeit des Kaisers zu klagen. Hier war ihnen seitens der Heiden durch Fahrlässigkeit des Präfekten Schweres zugefügt; sie erhoben Klage vor dem

---

[1]) Ep. X S. 13 ff.

[2]) Übrigens meinte auch Epiphanius (Adv. haer. III, 1, 1), als er sich die Frage stellte, ob Georgios als Märtyrer zu betrachten sei und dies verneinte, jener sei wegen seiner schlechten Thaten getötet worden. So rücken der Haß des Heiden gegen den Christen und des Ketzerrichters gegen den Arianer nahe zusammen.

[3]) Zosim. XXII, 11.

Richterstuhle des Kaisers, der Beamte wird schuldig befunden, aber Julian läßt „Milde" walten.[1]

Zu keiner Zeit auch hat Julian sich gescheut, seine kaiserliche Macht und Autorität parteilich einzusetzen, wenn er sich davon eine Förderung des Götterglaubens versprach. In Hierapolis steigt er bei Sopatros ab, um ihm öffentlich seine Anerkennung dafür auszusprechen, daß er allen Verlockungen zum Abfall vom Hellenismus standhaft sich erwiesen hatte.[2] In einem öffentlichen Schreiben an die Alexandriner verhehlt er diesen nicht, wie er ein Gefühl tiefer Beschämung mit sich trage, so lange in der Stadt des „Königs Serapis" auch nur ein einziger zu den Galiläern sich bekenne.[3] Es war leicht zu bemerken und ist bemerkt worden, daß die kaiserliche Gnade den heidnisch gesinnten Städten zugewandt, den christlichen Ortschaften aber verschlossen war.[4] Das eben genannte Cäsarea, das schon früher den Zeus- und den Apollotempel in seiner Mitte zerstört hatte und jetzt unter den Augen des Kaisers daranging, das dritte Heiligtum, den Tychetempel zu schleifen, wurde aus der Liste der Städte gestrichen, und die Gemeinde erhielt die Auflage, die Tempel auf ihre Kosten wieder herzustellen.[5] Der Hilferuf der Stadt Nisibis gegen die Persergefahr wurde mit der Forderung beantwortet, zuerst den Götterdienst wiederherzustellen.[6]

---

[1] Greg. N. S. 91 ff.
[2] Ep. XXVII S. 47 ff.
[3] Ep. LI S. 94.
[4] Sozom. V, 3.
[5] Sozom. V, 4.
[6] Sozom. V, 3. Dazu Ephräm (Zeitschr. f. kath. Theol. 1878 S. 343).

Auch ein Oberhoheitsstreit, der damals zwischen dem christlichen Konstantia (vergl. S. 44) und dem heidnischen Gaza geführt wurde, fand nach kaiserlicher Entscheidung in der Weise seine Erledigung, daß Konstantia der Nebenbuhlerin zugesprochen wurde. Das Urteil galt in christlichen Kreisen als durch die Religionspolitik Julians bestimmt[1]), der offen einmal den Satz ausgesprochen: „lieben muß man die Götter sowie die gottesfürchtigen Leute und Städte."[2]) Andererseits sicherte der Kaiser der von einer Kalamität betroffenen Stadt Pessinus Unterstützung unter der Bedingung zu, daß die Bewohner, deren Eifer für die Göttermutter erkaltet war, sich diese wieder versöhnten.[3]) Das christliche Konstantinopel, welches einst gepriesen worden war, weil es nicht befleckt sei durch irgend einen Trug des Götzendienstes, sah nun Tempel und Götter in seiner Mitte und mußte Einschränkung seiner religiösen Rechte sich gefallen lassen, vielleicht sogar Beschimpfung.[4]) Auch in Nisibis wurde der Hellenismus, trotz des kräftigen Widerstandes des Bischofs Abraham, gewaltsam zur Herrschaft gebracht. In Emesa schafften die Heiden ein Bild des Bacchus in die Hauptkirche; im syrischen Epiphania wurde das Idol in lärmender Prozession unter Flötenspiel und Trommelschlag in das christliche Gotteshaus geführt; die erschütternde Kunde dieser Entweihung brachte dem greisen Bischof Eustathius den Tod. An vielen Orten

---

[1]) Sozom. V, 3.

[2]) Ep. VII S. 10: ὅθεν χρὴ τιμᾶν τοῖς θεοῖς καὶ τοῖς θεοσεβεῖς ἄνδρας τε καὶ πόλεις.

[3]) Ep. XL S. 92.

[4]) Himerius, Orat. VII § 9 (ed. Wernsdorf); Vita seu certam. S. Ath. § 13; Vita et conversatio S. Ath. S. CXXIV § 25. — Theodor. III, 12.

wurden, zum Teil unter Mithilfe der Juden, christliche Basiliken niedergebrannt, in Damaskus, Gaza, Askalon, Berytos, Alexandrien und sonst.[1]) Überall wurden hier unzweifelhafte Rechte der christlichen Gemeinden verletzt. Ein unparteiisches Tribunal, an das man hätte appellieren können, war nicht vorhanden. Für die Bekenner des Kreuzes gab es keine Gunst mehr am kaiserlichen Hofe. Als der Kaiser einst erklärte, daß er nicht daran denke, gegen die Galiläer Gewalt anzuwenden, fügte er hinzu: „aber, daß die Götterfreunde ihnen vorgezogen werden sollen, sage ich ohne Hehl".[2]) Das Wort führten die Sophisten, die „sehr teuern Freunde"; durch sie ging der Weg zum Kaiser.[3]) Anhänglichkeit an den alten Götterglauben diente als Empfehlung; das Wort „Übertritt" war der Schlüssel zum kaiserlichen Wohlwollen. Einer seiner vertrautesten Freunde hat von ihm geurteilt, daß Personen, die über den Götterglauben sich belehren ließen, ihm mehr galten als seine Verwandten, und „einen Freund des Zeus achtete er für seinen Freund, und einen Feind desselben für seinen Feind".[4])

Die christliche Palastdienerschaft wurde verjagt; und doch hatte nur ein Teil einen solch kurzen Abschied verdient.[5])

---

[1]) Ephräm a. a. O. S. 345 (u. Anm. 3); Chron. Pasch. S. 547; Ambros. Epist. I 40, 15.

[2]) Ep. VII S. 10. Daß auch in die persönliche Rechtspflege solche Motive hineinspielten, sagt Amm. Marcell. XXII, 10.

[3]) Sokrat. III, 1. Ein lebendiges Bild von dem Verkehr des Kaisers mit den Philosophen geben die Vitae Sophistarum des Eunapius (Ausg. von Boissonade-Dübner, Paris 1849).

[4]) Liban. I S. 448 (es handelt sich hier um die Sache des Aristophanes, die Libanius in dieser Rede führt). — Gregor. N. S. 120. — Liban. I S. 564.

[5]) Amm. Marc. XXII, 4.

Schwieriger war die Reinigung der Armee durchzuführen, in welcher das christliche Bekenntnis einen starken Anhang hatte. Julian ließ ihr das heilige Kreuzesbanner nehmen und führte die heidnischen Fahnenzeichen wieder ein.¹) Die „erprobten Männer", die er zu Befehlshabern ernannte²), waren ohne Zweifel Heiden.

Er hat auch das bedenkliche Mittel nicht verschmäht, die Gelegenheit eines Donativs zu benutzen, um die christlichen Soldaten zum Opfer zu verleiten, woraus sich hernach aufregende Scenen entwickelten.³) Es läßt sich nicht ermessen, wie weit die Hellenisierung der Armee gelungen ist. Von dem gallischen Heere glaubte Julian schon auf dem Zuge gegen Konstantius urteilen zu können: „die Mehrzahl meiner Soldaten ist altgläubig".⁴) In der Leibgarde befanden sich wohl nur Heiden.⁵) Besonders hat Julian den Aufenthalt in Antiochien benutzt, um in der Armee für den Götterglauben zu missionieren, zunächst mit dem Mittel der Überredung und des Raisonnements, dann aber auch, wie ein unparteiischer Augenzeuge versichert, „durch Gold und

---

¹) Greg. N. S. 75.
²) Amm. Marc. XXII, 7.
³) Greg. N. S. 84 f.
⁴) Ep. XXXVIII S. 69: τὸ πλῆθος τοῦ συγκατελθόντος μοι στρατοπέδου θεοσεβές ἐστιν. Dazu bestätigend Liban. I S. 578.
⁵) Sokrat. III, 13. — Gregor S. 35 bemerkt, daß es dem Julian gelungen sei, auf seine Seite zu ziehen innerhalb der Armee μέρος οὐκ ἐλάχιστον. Ephräm giebt in seinem 3. Liede gegen Julian (Zeitschr. f. kath. Theologie 1878 S. 349) einen noch größeren Erfolg zu. Ob hier zwischen scheinbarem und thatsächlichem Erfolg geschieden ist?

Silber".¹) Doch haben diese Bemühungen nicht vermocht, in dem Heere ein bewußtes Heidentum zu schaffen, das den Mut gehabt hätte, für seine Glaubensüberzeugung einzutreten. Die militärische Disziplin mußte auch dem Widerstrebenden den Mund schließen. Überhaupt aber darf auf die religiöse Stimmung der Armee kein großes Gewicht gelegt werden. Die kaiserlichen Soldaten waren vorwiegend religiös indifferent, oder, besser gesagt, ihre Religion war der Erfolg, ihre Gottheit die Tyche.

Von größerer Tragweite waren die auf Verdrängung der Christen aus dem öffentlichen Leben gerichteten Bestrebungen. Zwar die Maßnahmen und zum Teil peinlichen Exekutionen, welche Julian gleich nach seiner Thronbesteigung gegen eine Anzahl angesehener Würdenträger und einflußreicher Beamten veranlaßte, die unter Konstantius eine Rolle gespielt hatten²), scheinen fast ausnahmslos nicht in religiösen oder religionspolitischen Erwägungen ihren Grund gehabt zu haben, sondern wollen als politische und administrative Akte aufgefaßt werden, in welchen die neue Regierung ihren vollständigen Bruch mit der bisherigen Politik und Verwaltung ausdrückte. Indes wird bei der Behandlung einzelner Personen wie des Notars Paulus, der lebendig verbrannt wurde, und des Oberkämmerers Eusebius, den gleichfalls das Todes-

---

¹) Liban. I S. 578: er bewies den Soldaten, $\pi\lambda\tilde{\eta}\vartheta o\varsigma$ $\sigma\omega$-$\mu\acute{a}\tau\omega\nu$ $\varkappa a\grave{i}$ $\sigma\iota\delta\acute{\eta}\varrho o\upsilon$ $\varkappa\varrho\acute{a}\tau o\varsigma$ $\varkappa a\grave{i}$ $\dot{a}\sigma\pi\acute{i}\delta\omega\nu$ $\dot{i}\sigma\chi\grave{\upsilon}\nu$ $\varkappa a\grave{i}$ $\pi a\nu\vartheta^{\prime}$ $\dot{a}\pi\lambda\tilde{\omega}\varsigma$ $\varphi\lambda\upsilon a\varrho\acute{i}a\nu$ $\varepsilon\tilde{i}\nu a\iota$ $\vartheta\varepsilon\tilde{\omega}\nu$ $o\dot{\upsilon}$ $\sigma\upsilon\mu\pi o\lambda\varepsilon\mu o\acute{\upsilon}\nu\tau\omega\nu$ ... $o\dot{\upsilon}\varkappa$ $\dot{a}\varrho\varkappa o\acute{\upsilon}\nu\tau\omega\nu$ $\delta\grave{\varepsilon}$ $\tau\tilde{\omega}\nu$ $\lambda\acute{o}\gamma\omega\nu$, $\chi\varrho\upsilon\sigma\grave{o}\varsigma$ $\varkappa a\grave{i}$ $\ddot{a}\varrho\gamma\upsilon\varrho o\varsigma$ $\sigma\upsilon\nu\acute{\varepsilon}\pi\varrho a\tau$-$\tau\varepsilon\nu$ $\varepsilon\dot{i}\varsigma$ $\pi\varepsilon\iota\vartheta\acute{\omega}$.

²) Amm. Marc. XXII, 3, wo auch die Parteilichkeit der in schlechte Hände gegebenen richterlichen Untersuchung bemerkt wird. Dazu XXII, 11.

urteil traf, die feindselige Stellung dieser Männer zum Heidentum als erschwerender Umstand in Rücksicht gezogen sein.¹) Auch der frühere Statthalter von Ägypten, Artemius, ein bekannter Heidenfeind, fiel jetzt. Worin die von den Alexandrinern gegen ihn erhobenen „gräulichen Anklagen" bestanden, ist nicht bekannt; sie genügten aber dem Kaiser, den Mann dem Henker zu übergeben.²) Die christliche Überlieferung fand in jener Hinrichtung wohl nicht ohne Grund die Rache des Heidentums.³)

Weiterhin wurden aus den höhern und den niedern Staatsämtern die Christen entfernt.⁴) Manche haben die Fortführung ihres Amtes durch Übertritt zum Heidentum erkauft, wie der Comes Orientis Julianus, ein Oheim des Kaisers, und der Comes Sacrarum Largitionum Felix aus der Beamtenschaft des Konstantius, der früher in keinem guten Verhältnisse zu Julian stand, jetzt aber ein „Freund der Götter" geworden war und dafür den höchsten Finanzposten im Reiche erhielt.⁵) Ein anderer Staatsbeamter, Modestus, empfing als Lohn für seinen Übertritt die Präfektur in Konstantinopel; später ist er zum Christentum zurückgekehrt. Auch der Präfektus Orientis Elpidius, der mit

---

¹) über Paulus S. 90; über Eusebius Sozom. V, 5.

²) Amm. Marc. XXII, 11.

³) Theodor. H. E. III, 18; Chron. Pasch. S. 549, wo der Eifer des Artemius für die Kirche hervorgehoben und auf den persönlichen Haß Julians gegen ihn verwiesen wird.

⁴) Greg. N. S. 95; Sokrat. III, 13; Rufin. I. 32.

⁵) Liban. I S. 436. Greg. N. S. 75; Philost. VII, 10. (vgl. dazu Julian. Ep. ad Athen. S. 273). Liban. Ep. 714. 1074. — Philost. VII, 10; Liban. I S. 436; Ep. 670. 706 (vgl. Sievers, Das Leben des Libanius, Berlin 1868 S. 106). Dazu Rufin. I, 32: Christianis statuit non debere committi, utpote quibus etiam propria lex gladio uti vetuisset.

seiner ganzen Familie einst zu einem Anachoreten wallfahrtete, fiel ab und empfing mit einem einflußreichen Amte die Anerkennung seines kaiserlichen Herrn, scheint aber schließlich zu dem frühern Religionsbekenntnis wieder zurückgekehrt zu sein.¹) Bei den städtischen Magistraturen ergaben sich gewisse Rücksichten von selbst; hier konnte der kaiserliche Wille nicht uneingeschränkt und unmittelbar sich geltend machen, es kam vielmehr der Bekenntnisstand der Kommune in Frage.²)

Diese Anordnungen fanden ihre notwendige Ergänzung in der Neugestaltung des Schulwesens. Sollte die Hellenisierung des Staates wirklichen und dauernden Erfolg haben, so war es geboten, den Jugendunterricht dem Einflusse des Christentums zu entziehen. In der That schritt die Regierung hierzu vor. Ein Gesetz vom Jahre 362 bestimmte, daß jeder Bewerber um ein öffentliches Lehramt sich ein Zeugnis der Behörde verschaffe und dieses dem Kaiser zur Begutachtung vorgelegt werde, damit der Betreffende „mit um so größerer Ehre zu den Lehrämtern in den Städten gelange".³) Damit wird der letzte Entscheid in die Hand des Kaisers gelegt; in ihm findet das weit ausgedehnte öffentliche Schulwesen nunmehr seine Konzentration. Darin liegt die große politische und administrative Tragweite dieses Gesetzes. Schon in der ältern Kaiserzeit waren der Staat und die Kommunen mit der Einrichtung öffentlicher Schulen vorgegangen und hatten für feste Besoldung der Rhetoren und Grammatiker Sorge getragen. Neben den mittlern Anstalten erstanden bald auch höhere Schulen, wie das „Athenäum"

---

¹) Siehe Anmerkung 5 vorige Seite.
²) So war es der Fall z. B. in Konstantinopel Ep. XI, S. 16.
³) Cod. Theod. XIII, 3, 5.

in Rom, welches Antoninus Pius begründete, und das „Museum" in Alexandrien, eine Art Akademie mit festem Einkommen für die daselbst vortragenden Sophisten und Poeten. Auch Konstantinopel besaß eine ansehnliche Schule; den größten Ruhm aber hatte Athen mit seiner blühenden Universität. In vielen Fällen erfolgte die Besetzung durch den Staat, in andern durch die Magistrate. Unberührt von diesen Ordnungen waren die Privatschulen und Privatlehrer, die auf das Honorar ihrer Schüler angewiesen waren.

Das neue Gesetz bedeutete eine tief einschneidende Maßregel. Es trägt in diesen Dingen alles auf die persönliche Entscheidung des Monarchen zurück. Die Tendenz ist durchsichtig: die Regierung verschaffte sich dadurch das Mittel, ihre Religionspolitik auch auf die Schule auszudehnen d. h. den Jugendunterricht zu hellenisieren. Allerdings ist in dem Gesetze selbst dieser Zweck nicht ausgesprochen, aber thatsächlich lag die Sache jetzt so, daß christliche Rhetoren und Grammatiker in den Staats- und Kommunalschulen keine Anstellung mehr fanden. Ohne Zweifel sind aber in Verbindung hiermit an die bereits angestellten christlichen Rhetoren und Grammatiker Forderungen in Beziehung auf Form und Inhalt des Unterrichts gestellt worden, denen Folge zu geben ihre religiöse Gewissenhaftigkeit ihnen verbot. Abgesehn davon, daß auf diese Weiterung Aussagen der christlichen Schriftsteller weisen[1]), ließen sich nur so die öffentlichen Lehranstalten dem christlichen Einflusse erfolgreich entziehen. Thatsächlich werden also diese neuen Verordnungen die Wirkung gehabt haben, daß ein großer Teil der christ-

---

[1]) So konnte Chrysostomus (a. a. O. S. 579) von einem ausdrücklichen Befehle sprechen, entweder das Lehramt niederzulegen oder den christlichen Glauben abzuschwören.

lichen Lehrer ihr Amt niederlegte¹) und auch diejenigen, welche
die Fortführung desselben mit ihrem Gewissen in Einklang
zu setzen vermochten, in christlichem Sinne auf die Schüler
zu wirken nunmehr behindert waren.

In seiner offenen und redseligen Weise hat Julian diesen
Ausschluß der Christen von den öffentlichen Lehrämtern in
einem Privatschreiben²) zum Gegenstand einer höhnischen
Deklamation gemacht, die sich freilich die Aufgabe, eine
wirklich sachliche Motivierung zu geben, erläßt und den
eigentlichen Kern der Frage nicht berührt.

Übrigens hat die neue Schulordnung direkt nur die
christlichen Lehrer betroffen; aber in ihrer weitern Wirkung zog
sie auch ganz natürlich die christlichen Schüler in Mitleidenschaft.
Denn in den neugeordneten Schulen, in welchen über den restau-
rierten Götterglauben vorgetragen, vielleicht sogar die christliche Religion bekämpft wurde, konnte ihres Bleibens nicht
sein.³)

---

¹) Nach Augnst. Conf. VIII, 5 gab in Rom der gefeierte
Rhetor Victorinus lieber die „geschwätzige Schule" auf als das Wort
Gottes. Auch Prohäresius verzichtete auf sein öffentliches Lehramt,
obwohl Julian ihn zurückzuhalten sich bemühte (Hieron. Chron. ad
an. 366). Julian selbst hat es für „thöricht" erklärt, daß diejenigen
die klassischen Schriften auslegen, welche die Götter verachten. In
diesem Falle mögen sie „in die Kirchen der Galiläer gehen und den
Matthäus und Lukas auslegen." (Ep. XLII S. 80 f.)

²) Ep. XLII S. 78 ff.

³) Ein Ausschluß der christlichen Schüler ist nie erfolgt. Es
scheint, daß die thatsächlichen Folgen jener Neuordnung bei Sokrates
III. 13, 16), Theodoret (III, 8) und Rufin (I, 32) die irrige Meinung
veranlaßt haben, daß den Christen der Besuch der öffentlichen Schulen
untersagt sei. Das Gegenteil ergiebt sich aus Julians Ep. XLII S.
81, wo jener ausdrücklich für statthaft, ja wünschenswert erklärt, daß
christliche Jünglinge die heidnischen Schulen besuchen.

So war das Gesetz ein hartes: auch Heiden haben es gemißbilligt.[1]) In der Christenheit war die Erbitterung eine große. Man legte hier außerdem die Absicht in das Gesetz, das Christentum überhaupt von den klassischen Studien wegzudrängen und zur Barbarei zu erniedrigen. Gregor von Nazianz[2]) hat solche Erwägungen, die bei Julian gewiß nicht ganz fehlten, aber doch nur in untergeordneter Weise mitgewirkt haben, so skizziert: „Uns gehört die Wissenschaft und die Beschäftigung mit den Wissenschaften, euch die Thorheit und die Barbarei. Eure Weisheit kommt nicht über das „Glaube nur" hinaus." Jedenfalls wurde das Heidentum jetzt wieder ermutigt, von den „Fabeln der thörichten Galiläer", von den „Jüngern roher Fischer", die „mit alten Weibern zusammensitzen und psallieren", laut und öfter zu sprechen. Im übrigen sticht die Empfindlichkeit der christlichen Theologen in diesem Falle sehr ab von dem Ruhm, den die alten Apologeten darin setzten, Inhaber der „barbarischen Philosophie" im Gegensatz zur hellenischen Philosophie zu sein.

Diese Maßregeln trafen auch einen Teil des christlichen Klerus, soweit nämlich derselbe in den genannten Stellungen sich befand. Weitere Verordnungen zielten auf den Klerus in seiner Gesamtheit ab: sie nahmen ihm ein wichtiges Stück der Vorrechte, welche ihm die Gesetzgebung seit Konstantin d. Gr. gewährt hatte.[3]) Auch die Staatszuschüsse kamen

---

[1]) Amm. Marc. XXII, 10: inclemens et obruendum perenni silentio, quod arcebat docere magistros rhetoricos et grammaticos ritus christiani cultores.

[2]) Greg. N. S. 97. Dazu S. 51: ἀπιέζειν μὲν ἐκώλυσε (scl. τοὺς λόγοις), τὸ δὲ ἀληϑεύειν οὐκ ἔπαυσε.

[3]) Ep. LII S. 100 werden als dem Klerus genommene Rechte aufgezählt: δικάζειν u. γράφειν διαϑήκας, und Julian spricht von

nun in Wegfall. Es war kein geringfügiger Verlust, aber doch verhältnismäßig leicht auszugleichen in einer Zeit, wo die christliche Liebesthätigkeit noch in voller Blüte stand. Schwerer mußte die Rückforderung der den Kirchen über= wiesenen Tempelgüter empfunden werden, da hierauf nicht nur Gotteshäuser und Gottesdienste fundiert waren, sondern auch mancherlei Wohlthätigkeitsanstalten. Die Annahme, daß hierbei in durchgreifender Weise verfahren sei, stößt auf so große Schwierigkeiten, daß eine Einschränkung der allgemein lautenden Verordnung auf bestimmte Fälle unbedingt ge= fordert wird. Das gilt ohne Zweifel auch hinsichtlich der Tempel. Soweit diese noch vorhanden und brauchbar waren, sind sie zurückgefordert worden, vorausgesetzt natürlich, daß eine Gemeinde und Priesterschaft sich fand; es mögen auch einzelne Tempel, die bereits in Kirchen umgewandelt waren, vom Heidentume zurückverlangt sein, aber schwerlich ist auch nur der Versuch gemacht, in dieser Richtung überall gleich= mäßig vorzugehen. In vielen Fällen mußte die Lage der= art sein, daß der Staat ganz Verzicht leistete oder mit einer Kontribution sich begnügte.¹) Wie weit und ob über=

ἡ προτέρα δυναστεία desselben, die nun beseitigt sei. Zu den ab= rogierten Privilegien werden sonst noch gezählt: Aufhebung der geist= lichen Gerichtsbarkeit (d. h. ihrer civilrechtlichen Geltung) sowie der Immunität von der Gewerbesteuer und gewissen öffentlichen Zwangs= ämtern.

¹) So ist wohl zu verstehen, was Sokrat. III, 13 über eine den Christen auferlegte Steuer mitteilte. Einige Fälle bei Liban. Ep. 636; 740. 1426b. Die Vita et conv. S. Ath. § 25: οἱ τῶν Ἑλλήνων ναοὶ οἱ μὲν ἀνεῴγησαν, οἱ δὲ ἀνενεοῦντο, ἀλλὰ μὴν καὶ νέοι ᾠκοδομοῦντο. Damit ist diese Sachlage richtig bezeichnet.

haupt die Forderung durchgesetzt werden konnte, daß die zerstörten Tempel von den christlichen Gemeinden bezw. den Zerstörern wieder aufgebaut würden[1]), entzieht sich der Erkenntnis. Überhaupt gilt von allen diesen Anordnungen, daß die Ausführung nach den örtlichen Verhältnissen und der zufälligen Gesinnung der Beamten und Magistrate sich bestimmte. Daher kann auch die Zentralleitung nicht für alles einzelne verantwortlich gemacht werden. Daß Kirchenkassen geleert und Kirchenschätze mit Einschluß der heiligen Geräte geraubt wurden[2]), lag gewiß nicht im Willen des Kaisers, obwohl dieser in einem Falle, nämlich in Edessa die Einziehung von Kirchengütern angeordnet hat mit der höhnischen Begründung, er wolle den davon Betroffenen den Weg ins Himmelreich leichter machen.[3]) Es wird auch auf christlicher Seite zugestanden, daß einzelne Beamte, durch Geldgier verleitet, weiter gingen, als ihre Befehle lauteten.[4]) Volkstumulte haben zu blutigen Auftritten geführt. Auf der einen Seite die herausfordernde Haltung des mit Opfer und Festzügen demonstrativ in die Öffentlichkeit tretenden Heidentums[5]), auf der andern Seite der seit langem angesammelte Haß

---

[1]) Sozom. V, 5. Eigentümlich ist der V, 20 berichtete Vorfall in Milet. Dort wurden damals in der Nähe des Orakels des didymäischen Apollo mehrere Kirchen erbaut.. Auf die Nachricht davon gab Julian dem Präfekten von Karien den Befehl, diese Kirchen, wenn sie schon Dach und Altar hätten, niederzubrennen, wenn sie dagegen noch im Bau begriffen wären, die Fundamente zu zerstören. Wahrscheinlich sah Julian in diesen Kirchenbauten eine Verhöhnung des Orakelgottes und seines Heiligtums.

[2]) Greg. N. S. 87; Theod. III, 12.

[3]) Ep. 43 S. 82.

[4]) Sokrat. III, 14.

[5]) Theod. III, 6. Dazu der Augenzeuge Ephräm (a. a. O. S. 341): „die Heiden trugen ihre Götzenbilder und rasten."

wider die Zerstörer der Tempel und die Verächter des Götter=
glaubens haben in manche Gemeinde Aufruhr und Mord ge=
tragen. In Heliopolis am Libanon wurde der Diakonus
Cyrill, der unter Konstantin d. Gr. viele Götzenbilder um=
geworfen hatte, erschlagen.

In Askalon und Gaza sind ebenfalls Geistliche und
christliche Frauen der Wut des Pöbels zum Opfer gefallen,
in Dorostolus in Thrazien brachte der Präfekt selbst einen
Christen namens Ämilianus auf den Scheiterhaufen.¹) Im
syrischen Arethusa hatte der greise Bischof Marcus schwere
Mißhandlungen zu erdulden; es war die Rache für Zer=
störung eines Tempels.²) Auch sonst sind Christen, darunter
Geistliche und geweihte Jungfrauen, gefoltert und schimpflich
behandelt worden.³) Die Neigung der Kirchenschriftsteller
und christlichen Zeitgenossen, diese Männer und Frauen als
unschuldige Märtyrer aufzufassen, darf das Urteil nicht
hindern, daß in vielen Fällen das verletzte Recht auf der
Seite des Heidentums war. Es ist vorgekommen, daß
Christen, unter Anreizung des Klerus, sich zu Gewaltthätig=
keiten fortreißen ließen.⁴) Gregor von Nazianz weiß von

---

¹) Theodor. III, 7.
²) Greg. N. S. 88 ff.; 133. Es werden auch noch andere
Martyrien aufgezählt, z. B. Sozom. V, 9. 10. 11. Theodor. III,
15. Chron. Pasch. S. 546. 549. Dazu Chrysost. a. a. O. S. 579.
³) Greg. N. S. 126.
⁴) Ep. LII S. 100; hierselbst das Urteil: τὰ γοῦν πλήθη τὰ
παρὰ τῶν λεγομένων Κληρικῶν ἐξηπατημένα πρόδηλον,
ὅτι ταύτης ἀφαιρεθείσης στασιάζει τῆς ἀδείας. Weiterhin
Warnung an die Gemeinden: μὴ συστασιάζειν τοῖς Κληρικοῖς
μηδὲ ἀναπείθεσθαι παρ' αὐτῶν λίθους αἴρειν
μήτε ἀπιστεῖν τοῖς ἄρχουσιν. Vgl. auch Fragm. S. 288 (ed.
Spanh.).

einem Eiferer, der den Altar der Magna Mater niederriß; in Phrygien vergriffen sich Christen an einem eben wiederhergestellten Tempel; sie wurden verbrannt.¹) Ja es liegt die Versuchung nahe, aus den Anklagen auf hochverräterische Pläne, welche den Tribunen der Leibwache Romanus und Vincentius den Kopf kosteten, auf einen gegen Julian geplanten Staatsstreich zu schließen. Doch sind irgend welche bestimmte Anhaltspunkte für eine solche Vermutung nicht gegeben; sollte diese dennoch begründet sein, so darf die Kirche für ein solches Komplott ebensowenig verantwortlich gemacht waren wie für die eben erwähnten tumultuarischen Auftritte.

Andrerseits hat Julian auch nicht immer verstanden, wohlgesinnte angesehene Persönlichkeiten in der richtigen Weise zu behandeln. Das tritt grell hervor in seinem Verhalten zu dem ehrwürdigen Bischof Titus von Bostra. Dieser hatte samt seinem Klerus dem Kaiser schriftlich die Versicherung gegeben, daß die Christen in Bostra, obwohl an Zahl den Heiden überlegen, doch, auf seine, des Bischofs Ermahnungen hin, sich ruhig verhalten würden. Julian nun benutzte diese amtliche Äußerung des Bischofs, um die Gemeinde gegen ihn aufzuregen, als habe jener dieselbe als zu Tumulten neigend geschildert, und forderte die Bostrener auf, sich ihres Bischofs zu entledigen.²)

Schlimmer ist, daß diese Religionspolitik thatsächlich zu blutigen Tumulten und zu Hinrichtungen geführt hat, womit dieselbe von der von Konstantin und seinen Söhnen eingenommenen Haltung scharf absticht. Die peinlichen Strafen

---

¹) Amm. Marc. XXII, 11. Man wird dadurch an Euseb. H. E. VIII, 6, 8 erinnert.

²) Ep. LII S. 101 u. Sozom. V, 15.

welche Konstantius androhte, ohne in die Lage zu kommen, sie ausführen zu müssen, hat der Neffe seinerseits in seiner „einschmeichelnden Verfolgung" nicht hindern können, obwohl er sie verabscheute. Denn, wie schon bemerkt, darf Julian nicht für alle Vorkommnisse verantwortlich gemacht werden. Er selbst legte Wert darauf, den Christen gegenüber die ruhige Selbstbeherrschung und den Gleichmut eines Philo= sophen zu bewähren, und hat vor ungesetzlichem Vorgehen, gewarnt.[1]) Indes gerade diese Zurückhaltung und schein= bar ängstliche Scheu, von den philosophischen Grund= sätzen abzuirren, vermochte leicht den Schein der Schwäche zu er= wecken und in die Versuchung zu führen, nicht nur dem Willen, sondern auch der Person des Kaisers den geziemenden Respekt zu entziehen. Das ist in der That öfters geschehen, in be= sonders hervorstechender Weise während des Aufenthaltes Julians in Antiochien.

Antiochien war eine der Erstlingsstätten des Christen= tums. Hier kam für die Bekenner Jesu Christi zuerst die Bezeichnung „Christen" auf; von hier aus hat der Apostel Paulus die bedeutungsvollen Missionsreisen ausgeführt, in denen er die hellenische Welt dem Evangelium aufschloß. In der ältesten Märtyrergeschichte glänzt der Name des an= tiochenischen Bischofs Ignatius. Später ist Antiochien be= kannt geworden als der Mittelpunkt einer eigenartig gestalteten Theologie, die auch in die arianischen Kämpfe eingriff; da= mals ist auch die Stadt der Ort wichtiger theologischer Kon= ferenzen und Vereinbarungen gewesen. Der ausschlaggebende Teil der Bevölkerung dieser mächtigen, blühenden Stadt be= kannte sich zum Christentum. Ihre Huldigungsgesandtschaft

---

[1]) Ep. LII S. 101 f. Greg. N. S. 74.

traf unter den Gesandtschaften aller Städte am spätesten bei Julian ein.[1])

Julian beschloß, einen längern Aufenthalt in Antiochien zu nehmen. Im September 362 verließ er Konstantinopel und begab sich über Chalcedon nach Nikomedien. Der Anblick dieser, ihm durch Jugenderinnerungen theuren Stadt, welche Erdbeben und Feuersbrunst zu einem Trümmerhaufen gemacht hatten, ergriff ihn tief. Über Nicäa und Galatien — beides kirchengeschichtlich berühmte Namen — reiste er dann nach Pessinus weiter, um dem gefeierten Götterbilde seine religiöse Verehrung darzubringen und mit Opfern und Gelübden sich und sein Geschick der Magna Mater zu empfehlen. Zu seinem Leidwesen bemerkte er, daß in der Stadt selbst, obwohl sie der Göttermutter ihren Ruhm und ihren Wohlstand verdankte, der religiöse Eifer im Erkalten war.[2]) An der Grenze Kappadoziens und Ciliciens begrüßt der cilicische Statthalter Celsus, ein Schüler des Libanius, den Augustus mit einer Rede, während auf dem nebenstehenden Altar das Opfer rauchte. Julian nahm diese Aufmerksamkeit seines einstigen Studiengenossen in Athen mit großem Wohlwollen entgegen.[3]) Von Bittenden mancherlei Art arg belästigt, traf er endlich vor Antiochien ein; es war gerade — wohl nicht zufällig — der Tag der Adonien, als er zur Stadt heranschritt. Eine Volksmenge begrüßte ihn vor den Thoren mit enthusiastischem Zuruf: „Ein Stern des Glückes geht auf über dem Morgenlande!" Sie mag wohl vorzüglich aus denen bestanden haben, von denen Libanius späterhin

---

[1]) Jul. Misop. S. 367.
[2]) Ep. XXXXIX S. 92.
[3]) Liban. Ep. 648; I S. 575.

dem Julian meldete¹), daß sie, indem sie von seinen Kämpfen und Siegen in Gallien hörten, nicht abgelassen hätten, heimlich den Göttern Opfer zu bringen, „daß das Land das deinige werde" und der beseitigt werden möchte, „der das Reich zu Grunde richtet." Der Kaiser, der einen solchen Empfang nicht geahnt hatte, war überrascht. Jedoch im Innern der Stadt verändert sich sofort das freundliche Bild. Jammergeschrei und Klage tönt dem einziehenden Herrscher entgegen und dazwischen die Worte: „Alles ist im Ueberfluß da und doch ist Alles teuer!" Aber ohne Zweifel hat zu den Farben dieses Gegenbildes auch die scharfe Abneigung des antiochenischen Volkes gegen den Hellenismus und seinen kaiserlichen Gönner beigetragen, worüber Julian hernach öfters geklagt hat.

Der Kaiser zeigte sich beflissen, den gerechten Beschwerden der Antiochener abzuhelfen und übte strenge Gerechtigkeit: indes schon hier wurde mißfällig aufgenommen, daß er an die Streitenden die Frage zu richten pflegte, zu welcher Religion sie sich bekännten. Man wurde argwöhnisch, obschon noch ohne Grund.²) Dazu kamen die eifrigen Tempelbesuche und häufigen Opfer. An jedem Morgen opferte Julian unter den Bäumen des Palastes, wozu sich ein großes Publikum drängte, von dem ein Teil es aber nur darauf abgesehen hatte, von dem kaiserlichen Opferer gesehen zu werden.³) „Einmal hat der Cäsar im Tempel des Zeus geopfert," läßt Julian⁴) die Antiochener reden, „dann im Tempel der

---

¹) Liban. I S. 465 ff. (ed. R.) Übrigens übertreibt Libanius stark.

²) Amm. Marc. XXII, 10.

³) Liban. I S. 82; 453.

⁴) Misop. S. 346.

Tyche, darauf ist er dreimal zu dem Heiligtum der Ceres gegangen (wie oft ich zum Tempel der Daphne gegangen bin, weiß ich nicht mehr). Es kommen die syrischen Kalenden: der Cäsar sucht den Tempel des Zeus Philios auf; es ist ein Staatsfest: der Cäsar geht wieder in den Tychetempel. An einem unheiligen Tage setzt er aus, dann bringt er wieder nach überlieferter Sitte im Tempel des Zeus Philios Gelübde dar. Wer mag es ertragen, daß der Cäsar so oft zu den Tempeln hin- und hergeht?" Allerdings lag hier die Quelle des übeln Verhältnisses, welches sich bald zwischen dem Kaiser und den Antiochenern ausbildete. „Das ganze Volk haßt mich," hat jener einst ausgesprochen, „weil es sieht, daß ich an den religiösen Satzungen meiner Vorfahren festhalte."[1]) Daneben wirkten andere Dinge äußerlicher Art mit, die Julian in seinem „Barthasser" berührt und mit seiner Ironie geißelt.

Zu einem offenen Konflikt gab das Heiligtum des daphnischen Apollo vor der Stadt Veranlassung.[2]) In dem herrlichen Haine mit seinem berühmten Orakel hatte Gallus dem hl. Babylas eine Kapelle gebaut (S. 87), und seitdem war der Orakelgott stumm. An dem Hauptfeste des Gottes im Monate Lus begab sich Julian aus dem Tempel des Zeus Kassios zum Daphnehaine in der Erwartung, eine festliche Menge zu finden und mit ihr gemeinsam die Feier zu begehen. „Ich malte mir dabei in Gedanken wie im

---

[1]) Misop. S. 357.
[2]) Darüber Misop. S. 361 ff.; Amm. Marc. XXII, 13; Sozom. V, 19; Sokrat. III, 18; Theodor. III, 10; Philost. VII, 8 u. A. Liban. III S. 332 ff.; Ep. 695; Chrysost. de Babyl. II S. 533.

Traume einen Festzug aus und Opfertiere und Libationen und Chöre zur Ehre dieses Gottes und Jünglinge, die von göttlicher Andacht erfüllt sind und in weißer prächtiger Kleidung im Tempelgebiete stehen." Es war aber nur ein Priester da, der aus eigenen Mitteln eine Gans für den Gott herzutrug. Der Kaiser hielt seinen Unmut nicht zurück. Mit scharfem Wort tadelte er die Nachlässigkeit und Undankbarkeit des Senats und des Volkes von Antiochien. Eine an den Gott gerichtete Frage bleibt ohne Antwort, weil die Stätte mit „Leichen" gefüllt sei. Daraufhin läßt Julian den Sarg des hl. Babylas ausgraben, den die herbeigeströmte christliche Bevölkerung in Empfang nimmt und in die Stadt zurückführt, mit unverhohlenem Scheltwort und unter dem Gesange von Psalmen, welche die Thorheit der Götzendiener geißeln. Der erzürnte Kaiser befahl dem Präfekten Salustius, gegen die Tumultuanten vorzugehen. Noch war die Untersuchung nicht abgeschlossen, da brach, am 22. Oktober, im Daphnetempel Feuer aus und vernichtete das Heiligtum, „ein entsetzlicher Anblick für die anwesenden Fremden, aber dem Volke ein liebliches Schaustück."[1]) Julian erkannte darin die rächende Hand eines Christen und ließ — „von nicht geringerer Glut verzehrt wie das Heiligtum selbst", bemerkt Libanius — in rasch auflodernden Zorn die große Kirche in Antiochien schließen. Die Nachforschungen ergaben nichts Sicheres. Ein Gerücht schrieb die Ursache des Brandes dem Philosophen Asklepiades zu, der seiner Gewohnheit gemäß vor der Bildsäule des Gottes eine kleine silberne Statue der Kybele aufgestellt und mit brennenden Wachskerzen dekoriert habe und dann weggegangen sei. Der Apollopriester wurde

---

[1]) Misop. S. 361.

einem peinlichen Verhör unterworfen, sagte aber nichts aus.
Die Möglichkeit, daß von heidnischer Seite der Brand heimlich
angelegt sei, um den Kaiser zu schärferem Vorgehen gegen
die Christen zu veranlassen, bleibt immerhin bestehen. Das
Verfahren des Kaisers mußte die schon vorhandene Abneigung
der Bevölkerung steigern; man scheute sich nicht mehr, ihn
in geflügelten Worten und in Pasquillen zu verhöhnen und
sein Thun wie seine äußere Erscheinung zum Gegenstand
von Volkswitzen zu machen. Der religiöse Gegensatz tritt
dabei in entsprechender Weise hervor, wie in Äußerungen:
der Kaiser verfolge das X (= $Χριστός$), und man sehne sich
nach dem K ($Κωνστάντιος$) zurück; X und K hätten der
Stadt nichts geschadet; nur um des Kaisers willen strömen
Beamte und Leute aus dem Volke zu den Tempeln. Eine
christliche Matrone angesehenen Namens, die Mutter des berühmten Johannes Chrysostomus, sammelte um sich einen
Chor von Jungfrauen, mit denen sie, wenn der Kaiser an
ihrem Hause vorüberzog, mit Vorliebe Psalmenverse sang,
wie: „Die Götzen der Heiden sind Silber und Gold, von
Menschenhänden gemacht" (Ps. 115, 4) und: „Es stehe Gott
auf und zerstreuet werden seine Feinde" (Ps. 68, 1). Der
Kaiser, dadurch geärgert, entbot die Frau vor sich und ließ
sie in seiner Gegenwart körperlich züchtigen. Die Bestrafte
rechnete sich indes diese Mißhandlung zur Ehre an und ließ
sich nicht abhalten, ihre alte Weise fortzusetzen.[1] Alle diese
und andere Vorkommnisse waren Nadelstiche, die auch einer
ruhigeren Natur als Julian war, empfindlich werden mußten.
Die Abfassung der gegen die Antiochener gerichteten Spott-
schrift „der Barthasser" war ein eines Kaisers unwürdiger

---

[1] Theodoret. III, 19.

Schritt.¹) Der Spott, mit welchem die Bevölkerung die von Antiochien aus angeordneten Rüstungen zu einem Perserkriege aufnahm²): „wie willst du, heldenmütiger Mann die Pfeile der Perser aushalten, da du vor unsern Witzen gezittert hast" — zeigt, bis zu welchem Punkte schließlich die Verhältnisse sich entwickelt hatten.

Ein nüchterner, aber dem Kaiser freundlich gesinnter Historiker und Augenzeuge seines Lebens tadelt an ihm, daß er seiner Subjektivität allzusehr Gewalt gebe über die festen Normen der bestehenden Gesetze.³). Die Vorgänge in Antiochien bestätigen dieses Urteil. Julian wollte König und Philosoph sein; zum Könige hatte ihn sein Geschick gemacht, zum Philosophen seine Neigung; so versuchte er beides zu sein, aber der König unterstand bei ihm dem Philosophen. Das Lob, das eine pergamenische Inschrift ihm zu spenden meinte, indem sie ihn „Meister der Philosophie" nannte, ist in Wirklichkeit ein Tadel. Den Subjektivismus des Philosophen brachte er in die Ausübung seiner Herrscherpflichten hinein; seine umfassende wissenschaftliche Bildung und seine persönliche Beweglichkeit fanden sich in dem kaiserlichen Dekorum nicht zurecht.⁴) Ihm fehlte die Majestät und Gemessenheit der Haltung, die seine beiden Vorgänger bei aller Leutseligkeit in hohem Grade besaßen und die man seit Diokletian an

---

¹) Das Urteil des Amm. Marc. XXII, 14. Dazu Sokrat. III, 1 über die satirische Schriftstellerei Julians überhaupt: τὸ διασύρειν ἢ σκώπτειν οὐκέτι φιλοσόφου, ἀλλὰ μὴν οὐδὲ βασιλέως.

²) Misop. S. 344.

³) Amm. Marc. XXII, 10.

⁴) filosofiae magister (Ephem. epigr. vol. V n. 1388).

⁵) Vgl. das zutreffende Urteil des Sokrat. III, 1. Dazu Amm. Marc. XXII, 7, und die Charakterzeichnung XXV, 4.

dem Augustus zu sehen gewohnt war. Damit verband sich der Mangel eines klaren, zielbewußten Handelns. Lust und Unlust bestimmten vielfach die Anordnungen des Herrschers, nicht das Bewußtsein ernster Pflicht und unbestechlicher Gerechtigkeit. Daher das Widerspruchsvolle in seinen Regierungshandlungen. Darum ist es ihm auch nicht gelungen, bei seinen religiösen Gegnern diejenige Achtung und ehrerbietige Zurückhaltung zu erwirken, die seine beiden Verwandten doch auch von dem Heidentume zu erzwingen verstanden. In der Christenheit hat in der Folge noch lange eine Reihe von Erzählungen fortgelebt, welche die Zaghaftigkeit und moralische Machtlosigkeit des Kaisers festem Bekennermute gegenüber darthun.[1]) Ein Teil davon ist ohne Zweifel geschichtlich oder hat einen geschichtlichen Kern, aber wie man darüber auch urteilen mag, die Voraussetzung, auf der jene Anekdoten ruhen, ist geschichtlich. Den Spott über den „Philhellenen" und „weisen Gesetzgeber"[2]) hat man in der Christenheit schwerlich aufgespart bis zum Tode des Herrschers. Als er eines Tages in Konstantinopel im Tychetempel opferte, trat der Bischof Maris von Chalcedon an ihn heran und schalt ihn mit lauter Stimme öffentlich einen „unfrommen und gottlosen Menschen".[3]) Mit dem stolzen Mute eines zu jedem Martyrium bereiten unbeugsamen Christen hat ihn sein früherer Studiengenosse Basilius von Cäsarea schonungslos zurechtgewiesen und bezüglich einer von Julian ihm zugemuteten Leistung offen seinen Ungehorsam erklärt.[4]).

---

[1]) Greg. N. S. 85. Sokrat. III, 12; Theodor. III, 22. 23. Sozom. V, 4.
[2]) Greg. N. S. 52. 98.
[3]) Sozom. V, 4.
[4]) Basil. Magn. Ep. XLI (ed. Bened. Paris t. III S. 124).

Die neue Religionspolitik verfolgte neben der eben geschilderten Aufgabe noch eine zweite, die neben jener parallel lief, ja die Voraussetzung der ersteren bildet: die Erneuerung des Heidentums. Hierin liegt das größte Interesse, welches die Person und die Geschichte Julians bietet.

Die Erkenntnis, daß dem niederliegenden Heidentum nicht damit geholfen sei, wenn die Tempel wieder aufgeschlossen, die Priestertümer neu geordnet und die Opferfeuer angezündet würden, konnte keinem Einsichtigen verborgen sein; die Geschichte gab zu deutlich Ausweis darüber. Auch Julian wußte das, allerdings nicht sowohl aus Reflexion über die Geschichte als durch das religionsphilosophische System, das er mit seinen Freunden teilte, den Neuplatonismus. In dem Dasein des Neuplatonismus ist das Eingeständnis der Unzulänglichkeit des Götterglaubens in der überlieferten Form gegeben. Zwar wird diese Form nicht etwa als wertlos bei Seite geschoben, aber sie hat nur Bedeutung im Zusammenhange und im Lichte der eigentümlichen, nach dem großen Plato genannten mystischen Philosophie, in die sie hineingefaßt ist. Diese Philosophie unterscheidet sich von allen andern hellenischen Philosophieen der Vorzeit dadurch, daß sie das Erkenntnismedium nicht in dem reinen logischen Denken findet, sondern in der Mystik. Intuition, Emanation, Ekstase: um diese drei Prinzipien gruppirt sich das durch Entwickelungsstufen hindurchgegangene mannigfaltige System. Während bei Plotin der Neuplatonismus noch auf der Höhe einer Philosophie steht, ist er bei dem „göttlichen" Jamblichus bereits aus einer philosophischen Lehre zu einer theologischen Doktrin geworden, die ihr Ziel in der Restauration des Polytheismus sucht. In dieser Gestaltung empfing das Zeitalter Julians den Neuplatonismus. Ein günstiges Geschick gab dem athenischen Neuplatoniker das Szepter des ganzen römischen Reichs. Welche Empfindungen mußte diese Thatsache in den Reihen der Sophisten wach rufen, die unter Konstantius trauernd abseits gestanden und kaum noch zu hoffen gewagt hatten. Ein nicht geahnter Wechsel war eingetreten, und in diesem Wechsel lag die Forderung, zu handeln.

Julian und sein philosophischer Freundeskreis mußten jetzt die Zeit für gekommen erachten, die Gedanken des Neuplatonismus in die Wirklichkeit umzusetzen und so das aristokratische Besitztum zu einem Gemeingute der Massen zu machen. Jedoch bei Durchführung dieser Aufgabe mußte jene Philosophie sich gefallen lassen, daß sich eine ganze Reihe christlicher Gedanken und Institutionen an sie anschloß. Darin liegt das bezeichnende Zugeständnis, daß die Welt ohne das Christentum nicht mehr auskommen konnte. Diese Amalgamirung des Neuplatonismus geht auf Julian zurück; seine Äußerungen stellen das sicher. Er hat persönlich mit den Oberpriestern und andern hier in Betracht kommenden Männern über die neuplatonische Kirche eifrig korrespondiert. In einem Schreiben an den galatischen Oberpriester Arsakios[1]) hat er ausdrücklich auf die „götterlose Religion" sich bezogen und ein Idealbild des heidnischen Priesters entworfen, zu welchem die neuplatonische Askese, noch mehr aber die christliche Moral ihm die Farben leihen mußten. Wie von den Gemeinden ernstlich gefordert wird, die Priester als „Mittler zwischen uns und den Göttern" zu ehren und

---

[1]) Ep. XLIX S. 89 ff. Im folgenden ist auch Bezug genommen auf Ep. LXII S. 127; Ep. LXIII S. 130; Fragm. S. 288 ff. sowie auf andere gelegentliche Äußerungen.

ihnen mit Achtung und Frömmigkeit zu begegnen, so hat auch die Priesterschaft ihrerseits ganz besondere Pflichten. Wohlanständigkeit kommt dem Priester und seinem Hause zu. Von Theater und Wirtshaus soll er sich fern halten und kein entehrendes Gewerbe treiben. Sein Leben soll keusch und züchtig, sein Benehmen würdevoll, sein Auftreten anspruchslos, seine Kleidung einfach sein. Nicht minder lehnte sich die äußere Ordnung des Priesterstandes an die kirchliche Organisation an. Der heidnische Oberpriester nahm die Stellung eines Provinzialbischofs ein; ihm waren die einzelnen Priester und Heiligtümer und gottesdienstlichen Ordnungen unterstellt. Ihren Abschluß fand die Hierarchie in der Person des Kaisers als des Pontifex Maximus. Allerdings ist alles dies nur ein Schatten gegenüber dem, was die feste Geschlossenheit und strenge Abstufung des christlichen Klerus war; es sind eben nur Anfänge, erst noch Umrißlinien. Dennoch bietet dieser Versuch, auf dem Boden des Heidentums eine klerikale Ordnung zu schaffen, das höchste Interesse. Das gilt nicht minder von den kultischen Reformen, zu denen der Neuplatonismus, um dem Christentum erfolgreich Abbruch zu thun, sich gedrängt sah. Der alte Kultus, der nur Liturgen, keine Gemeinde brauchte, und der christliche Gottesdienst, der im eigentlichsten Sinne Gemeindegottesdienst ist, trafen sich auf einem mittlern Punkte, und es entstand daraus ein Gebilde, wie es die römische Kirche, nur einige Jahrhunderte später, nachdem sie für die Opferidee eine entsprechende Liturgie gefunden hatte, gleichfalls aufweist. Opfer und Predigt, das sind die beiden Mittelpunkte in der elliptischen Formation des neuplatonischen Gottesdienstes. Das Opfer mit seiner rein materiellen, götzendienerischen Vorstellung, die Predigt mit der Moral einer neuen Philosophie. Wie mögen die Prediger-Sophisten das Kunststück vollbracht haben, diese Gegensätze zu vermitteln? Der fromme Plutarch könnte uns vielleicht den Weg zu einer genauern Vorstellung dieser Dinge weisen.

Nachahmenswert erschien dem Kaiser auch die christliche Liebesthätigkeit, nicht nur nach ihrer idealen, sondern auch nach ihrer praktischen Seite. In ihren regelmäßigen und außergewöhnlichen Funktionen ließ sie den Draußenstehenden die christliche Gemeinschaft als einen auf thätiger Liebe gegründeten Bruderbund erscheinen, der den Einzelnen der Unbill und den Wechselfällen des Lebens entnimmt und vor dem elenden Untergange, dem in dem überfüllten Reiche so viele Existenzen erlagen, sicher rettet. Manchen mag diese Erwägung zu dem christlichen Bekenntnis gelockt haben, obwohl diese christliche Barmherzigkeit Andersgläubigen sich nicht entzog. Julian hat kein Hehl daraus gemacht, daß, als er sich entschloß, die christliche Liebesthätigkeit in seine neuplatonische Kirche zu verpflanzen, dieser praktische Gesichtspunkt für ihn maßgebend war. Drei Dingen, meinte er, verdanke die götterlose Religion ihr Wachstum, nämlich ihrer Liebesthätigkeit, ihrer Fürsorge für die Toten und ihrem — allerdings heuchlerischen — heiligen Lebenswandel.[1]) Diese Stücke sollen auch den Göttergläubigen nicht fehlen. Daher wünscht der Kaiser, daß mit Armenspeisung und der Einrichtung von Hospizen vorgegangen werde; die Mittel dazu

---

[1]) Ep. XLIX S. 89 f.: οὐδὲ ἀναβλέπομεν, ὡς μάλιστα τὴν ἀθεότητα συνηύξησεν ἡ περὶ τοὺς ξένους φιλανθρωπία καὶ ἡ περὶ τὰς ταφὰς τῶν νεκρῶν προμήθεια καὶ ἡ πεπλασμένη σεμνότης κατὰ τὸν βίον. ὧν ἕκαστον οἴομαι χρῆναι παρ' ἡμῶν ἀληθῶς ἐπιτηδεύεσθαι.

bewilligt der Staat, doch soll auch die private Mildthätigkeit in geeigneter Weise angeregt und organisirt werden. Gleichsam um bei sich und Anderen die Empfindung zu unterdrücken, daß hier die hellenische Weisheit von der Thorheit der Galiläer sich bestimmen lasse, fügt Julian die Bemerkung hinzu, daß nach Homer alle Fremde und Bettler unter dem Schutze des Zeus ständen. Auch die Empfehlung der Feindesliebe wird philosophisch begründet, allerdings nicht zum erstenmale, da wir schon die Stoiker auf diesem Wege finden, aber hier unter dem sichtlichen Eindrucke des Christentums. Es ist dieselbe Selbsttäuschung, in der sich bewußt oder unbewußt der moderne Philanthropismus befindet, indem er die Ethik des Christentums plündert und mit diesem Fetzen sich behängt.

Das sind die allerdings dürftigen Grundzüge der religiösen Restauration; sie geben nur ein unvollkommenes Bild, wesentliche Stücke fehlen. Schwerlich ist das nur Schuld unserer Quellen; es scheint vielmehr, daß der große Restaurationsplan überhaupt erst noch in ganz allgemeinen Umrissen vorhanden war. An zahlreichen Punkten läßt sich die Wahrnehmung machen, daß das, was die negative Seite dieser Religionspolitik darstellt, die Bekämpfung des Christentums, klar gefaßt ist und, von einzelnen bedeutungslosen Schwankungen abgesehen, konsequent durchgeführt wird, daß dagegen die wichtigere positive Seite aus dem Stadium schattenhafter Umrisse kaum herausgewachsen ist. Offenbar hat weder in der Seele des Kaisers, der einer so weltgeschichtlichen Aufgabe nicht im entferntesten gewachsen war, noch im Kreise seiner philosophischen Berater Klarheit darüber bestanden. Das allgemeine Schema war gewiß vorhanden — man ist wohl schnell damit fertig gewesen und hat rasch das Wort

bereit gehabt: hier sei die Arzenei, die alternde Welt und
ihre ermattende Seele zu neuer Gesundheit zu bringen[1]), —
aber nun kam das schwierigere Unternehmen, die Theorie auf
die realen Verhältnisse anzuwenden, Idee und Wirklichkeit in
Einklang zu bringen. Da wird sich bald die Erkenntnis auf=
gedrängt haben, daß die Macht des Lebens und der That=
sachen, mit der man zu rechnen hatte, stärker war als die
Gedankenlinien einer Theorie. Dieser Gegensatz drängte ganz
natürlich zu dem zusammenhangslosen Experimentiren, welches
diese Restaurationspolitik kennzeichnet. War es überhaupt mög=
lich, auf diesem Wege etwas zu erreichen? Gregor von Na=
zianz hat einmal spottend sein Bedauern darüber ausge=
sprochen, daß das Werk nicht vollendet worden sei; man hätte
sonst daran den Unterschied können lernen zwischen einem
Menschen und dem Affen, der jenen nachahmt. Gegen dieses
Bild dürfte sich nichts Wesentliches einwenden lassen. Es
erhebt sich nun die Frage, wie weit diese Maßregeln ihr Ziel
erreicht haben, wie weit es gelungen ist, das Christentum aus
dem von ihm eingenommenen Gebiete zurückzudrängen und
dem Heidentum neues Leben zuzuführen.

Mit großen Hoffnungen ist Julian an das Werk seines
Lebens und seiner höchsten Wünsche gegangen. Sein Idealis=
mus ließ ihn die Schwierigkeiten übersehen. Als er den Ab=
fall von seinem kaiserlichen Herrn und von dem Christengotte
unter dem zustimmenden Winke der Götter vollzog und ge=
stützt durch eine starke, ihm treu ergebene Armee die ersten
Befehle zur Befreiung des Heidentums gab, schien ihm der
unmittelbare Erfolg ein überraschend großer, und er glaubte,

---

[1]) Liban. I S. 529; 617.

daß die Götter seiner Mühe reiche Frucht geben würden, „wenn wir nur nicht nachlassen."¹) Indes er vergaß, daß seine ersten Anordnungen sich an halbbarbarische Länder, an Gallien und die Donaugebiete wandten, wo die Kirche, von einzelnen Landschaften abgesehen, sich noch nicht völlig eingerichtet hatte. Als nachher die kaiserlichen Maßregeln sich auf alte und festerworbene Sitze des Christentums richteten, stießen sie auf starken Widerstand. Zwar ein gewisser Erfolg konnte auch hier nicht fehlen; das war vorauszusehen. Denn die vorige Regierung hatte die Begünstigung der Christen und die Zurücksetzung der Heiden so offen betrieben, daß sie notwendigerweise zahlreiche Heuchler und Namenschristen schaffen mußte. Unter diesen konnten die Einladungen und Bemühungen des Kaisers ihre Wirkung nicht verfehlen. Es wird auch auf christlicher Seite zugestanden, daß dem ersten Anprall Viele erlagen und „die Religion wie ihr Gewand gewechselt haben."²) Der hl. Ephräm bekennt³): „ich erstaunte über die Vielen, welche den Allbeleber verleugnet hatten, um einer sterblichen Krone zu gefallen," und erklärt richtig diese Thatsache so: „Die Spätsaat geriet gleichsam in Angst und Schrecken; denn die letzten Generationen, welche auf Erden aufgesproßt waren, waren nicht sorgfältig ausgesäet und gepflanzt worden. Was keine tiefe Wurzel hatte, wurde schnell ausgerottet; aber die gutgepflanzte Saat, welche festgewurzelt war, brachte hundertfältige, sechszigfältige und dreißigfältige

---

¹) Ep. XXXVIII S. 69.

²) Greg. N. S. 53 ff. — Asterius v. Amasea, Homil. III (t. 40 S. 208 ed. Migne).

³) In seinem ersten Liede gegen Julian, deutsch von Bickell in der Zeitschr. f. kath. Theol. 1878 S. 338.

Frucht".¹) Ein tragisches Beispiel hierfür gab der Sophist Ekebolios in Konstantinopel. Unter Konstantius trug er die Maske des Christentums und gab sich als einen Strenggläubigen; unter Julian kehrte er zu dem nutzbar gewordenen Hellenismus zurück. Nach dem Tode Julians begehrte er wieder Aufnahme in die christliche Gemeinde, warf sich vor der Kirchthür zu Boden und rief die Gläubigen an: „Zertretet mich, das dumm gewordene Salz!"²) In welchen Schichten der Bevölkerung vorzüglich der Abfall sich vollzog, wissen wir nicht. Die höhere und niedere Beamtenschaft, die Aristokratie und das Volk haben daran Teil gehabt.³) Auch von den christlichen Rhetoren und Sophisten wird mancher zu dem Glauben des Philosophenfreundes sich gewandt haben, der die Philosophie „auf den kaiserlichen Thron gesetzt"⁴) und bei dem Gunst und Brod leichter zu finden war als in der Kirche. Auch ein ägyptischer Bischof Heron und ein Presbyter Theoteknos erlagen beide in Antiochien den verlockenden Aussichten, welche die neue Regierung eröffnete.⁵) Es wäre wertvoll, die nähere Geschichte dieser Apostasieen zu wissen; indes die Quellen schweigen. Aber andererseits erhielt der Glaube der standhaft gebliebenen Christen in dieser Bewährung eine größere Kraft und offenbarte sich in herr-

---

[1]) A. a. O. S. 338. 348.
[2]) Sokrat. III, 13.
[3]) Greg. N. S. 75: πολλοὶ ἐν δυναστείαις καὶ ὕψεσιν, πολλοὶ δὲ τῶν κάτω. Philost. VII, 10. Aster. a. a. O. Dazu Rufin. I. 32 übertrieben.
[4]) Claud. Mamert. Grat. actio (Paneg. lat. ed. Teubn. Lips. 1874 S. 244 ff.) c. 23: tu philosophiam . . . amictam purpura, auro gemmisque redimitam in regali solio collocasti. Ähnliche Aussagen auch bei Libanius u. A.
[5]) Philost. VII, 13. Chron. Pasch. 548.

lichen Beispielen ruhmvollen Bekennermutes. Mit der Ver=
achtung gegen die Abtrünnigen hat man nicht zurückgehalten.
Mit Fingern wies man öffentlich auf sie und brandmarkte
sie mit der Bezeichnung „Verräter".¹) Es ist nicht bekannt,
daß unter den sich befehdenden Parteien innerhalb der Kirche
eine einzige auch nur dem „Abtrünnigen" sich willfährig ge=
zeigt habe. Die wohlwollende Behandlung, welcher der arianische
Bischof Aetius seitens des Kaisers sich zu erfreuen hatte,
ruht auf früheren nahen Beziehungen und findet ihr Wider=
spiel in der harten Bestrafung der Arianer in Edessa.
Groß sind jedenfalls die Erfolge dieser Religionspolitik
nicht gewesen. In die freudige Genugthuung über
den „großen Umschwung in so kurzer Spanne Zeit"²) mischte
sich doch auch bei dem Kaiser die wehmütige Erfahrung, daß
„einige widerwillig und nur wenige willig zwar, aber ein=
sichtslos zum Opfer schreiten"³), und er hat sich des Ge=
dankens nicht erwehren können, daß manche nur zum Schein
den Göttern dienen, heimlich aber ihre Verbindung mit dem
Christentum festhalten.⁴) Der Beifall seiner Freunde, die
mit lauter Stimme rühmten, daß nun die „Finsternis ver=
scheucht, und es wieder gestattet sei, die Hände zu Helios

---

¹) Aster. a. a. O.: Στιγματίαι δὲ περινοστοῦσι κατὰ τὰς πόλεις μισούμενοι · δακτυλοδεικτούμενοι προδόται καὶ οὗτοι τοῦ Χριστοῦ δι' ὀλίγον ἀργύριον ... ἀπὸ τῆς προσ-ηγορίας τοῦ παραβάτου γνωριζόμενοι ὡς ἀπὸ τῶν σημάν-τρων οἱ ἵπποι.

²) Ep. XLIX S. 89.

³) Ep. IV S. 8. In gleicher Weise spricht sich Liban. Ep. 1057 aus.

⁴) Ep. LXII S. 128.

aufzuheben"¹), konnte ihn, wie sehr er auch solchem Lob zugänglich war, auf die Dauer nicht täuschen.

Diese Erfolglosigkeit kann nicht überraschen, wenn man beachtet, daß eine Regierung von fast fünfundzwanzigjähriger Dauer vorhergegangen war, die, unterstützt von der eifrigen Missionsarbeit einer hoffnungsfreudigen Kirche, mit klarem Bewußtsein und im Großen und Ganzen energischen Mitteln das Heidentum bekämpft und auf der andern Seite der Kirche Gelegenheit gegeben hatte, ihren Besitz sicher zu stellen. Bereits vor mehr als zehn Jahren hatte Firmicus Maternus das Heidentum am Boden liegen gesehen, hilflos und sterbend, und diese zehn Jahre — dahin weisen viele Anzeichen — hatten die Lage des Hellenismus um ein bedeutendes verschlimmert. Es wird erzählt²), daß der Kaiser seinem Leibarzte Oribasius den Auftrag gab, das verstummte Orakel zu Delphi wieder reden zu machen, daß dieser aber die Antwort erhielt: „Melde dem Kaiser, schon lange sei die kunstreiche Halle in den Staub gesunken; Phöbos hat keine Hütte mehr, keinen weissagenden Lorbeer, keine redende Quelle, denn verstummt ist auch das redende Wasser." Diese Erzählung individualisiert, was von dem griechisch-römischen Heidentum überhaupt gilt. Gab es noch eine Kunst, die es vermochte, diesem zergangenen Organismus wieder zu Leben und Kraft zu verhelfen? Wenn überhaupt, dann besaß jedenfalls Julian diese Kunst nicht. Dieser Glaube stand der christlichen Kirche damals fest, und darum haben die Bemühungen des Augustus um Wiederherstellung des Götterglaubens keine sonderliche Beunruhigung geschaffen. Vor

---

¹) Himer. a. a. O.
²) Cedren. I S. 532.

allem im Westen scheint man wenig oder gar nicht davon berührt gewesen zu sein. Gewiß wird es allenthalben in der Christenheit Verwunderung erregt haben, auf dem Throne Konstantins einen Mann zu sehen, der bei den heidnischen Göttern zu beteuern pflegte, Münzen mit heidnischen Emblemen in Umlauf brachte, die stummen Orakel wieder reden ließ und Land und Stadt in der Begleitung von anrüchigen Männern und Frauen — den Priestern und Priesterinnen des neugeweckten Kultus — durchzog[1]), aber die Kirche kannte ihre Stärke allzugut, als daß sie um ihre Zukunft hätte besorgt sein sollen. Möglich, daß der weitere Fortgang dieser Religionspolitik den Gegensatz noch mehr geschärft und die beunruhigenden Auftritte und blutigen Zusammenstöße gemehrt hätte und infolge davon die Stimmung eine gedrücktere geworden wäre. Bei Beginn seines letzten Kriegszuges soll Julian einschneidendere Maßregeln in Aussicht gestellt haben. Jedoch er kam nicht in die Lage, die volle Widerstandskraft des Christentums zu erproben. Als er den Athanasius aus Alexandrien verwies und die Gemeinde klagend und weinend den Scheidenden umringte, tröstete sie dieser, auf den Kaiser anspielend, mit den Worten: „seid getrost, meine Lieben; es ist nur ein Wölklein, das bald vorüberzieht, laßt uns ein wenig bei Seite treten."[2]) Das erfüllte sich.

Ein Kriegsunternehmen riß den Kaiser aus seinen innerpolitischen Plänen und Arbeiten. Die römischen Herrscher

---

[1]) Darüber berichtet Chrysost. de S. Bab. (ed. Ven. II S. 559 f.) nach Mitteilungen von Augenzeugen; ebenso Amm. Marc XXII, 14 (doch vgl. XXV, 4).

[2]) Sozom. V, 15; Theodor. III, 9; Rufin. I, 34. Ein ähnliches Urteil Basil. Magn. Ep. XVII S. 96 a. a. O. (Vergleich mit dem raschen Hinsterben der Giftpflanzen).

hatten aus republikanischer Zeit die lästige Erbschaft der Perserkriege überkommen. Von einem Perserkriege hatte den Konstantius die Nachricht der Empörung Julians gerufen. In das entblößte Gebiet waren dann die eroberungslustigen Feinde nachgerückt; das ganze Euphrat- und Tigrisland bis zu den Grenzen Ciliciens fiel in ihre Hand. Ein neuer Feldzug drängte sich unabweisbar auf. Im März 363 reiste Julian von Antiochien zur Armee ab, die bald in voller Aktion war. Die Hoffnungen und Wünsche seiner Freunde folgten ihm; die Phantasie malte ihnen jetzt schon die Zeit, wo die erbeuteten Schätze des Ostens den Tempeln neuen Schmuck geben und die persischen Jünglinge in Ekbatana und Susa dem Wort hellenischer Rhetoren lauschen würden. Die Siege des großen Alexander sollten wiederkehren. Der Kaiser hat diese frohen Erwartungen geteilt. Als er am 1. Januar 363 zugleich mit Sallustius das Konsulat übernahm und der bestellte Redner die erhöhte Machtfülle des Reiches auf die Erneuerung des Götzendienstes und auf die thätige Religiosität des Kaisers zurückführte, der seinen Palast zu einem Tempel macht, und den Wunsch aussprach, daß in Susa die Perser den römischen Kriegern den Wein kredenzen möchten, hat Julian diese Worte mit Befriedigung aufgenommen.[1]) Der Kampf war wechselvoll, aber siegreich. Immer mehr machte sich indes an dem kaiserlichen Feldherrn eine Unsicherheit bemerklich, welche die Erfolge wieder in Frage stellte. Doch sollte Julian das Ende der mit viel Gepränge unternommenen, aber bald von mancherlei übeln Vorbedeutungen begleiteten Expedition nicht sehen. Bei einem von persischen Panzer-

---

[1]) Liban. I S. 484 ff. Dazu I S. 85.

reitern eingeleiteten Vorpostengefechte in der Nähe des Tigris traf ihn, der diesmal den Panzer verschmäht hatte, ein tödlicher Lanzenstoß, von unbekannter Hand geführt.[1]) In das Zelt gebracht, starb er unter philosophischen Gesprächen mit seinen Freunden in der Mitternachtsstunde desselben Tages am 26. Juni 363 im zweiunddreißigsten Jahre seines Lebens. Er hatte sich einst ein „Lebensende ohne Leid und mit Ruhm" gewünscht.[2]) War ihm das geworden? Schwerlich ist er mit dem Gefühl, dieses Wunsches teilhaftig geworden zu sein, gestorben, und richtiger ohne Zweifel hat die christliche Überlieferung die letzten Gedanken des Kaisers getroffen, wenn sie ihn die Todeswunde empfangen läßt mit dem Ausrufe: „Galiläer, du hast gesiegt!" Ein schimpflicher Friedensvertrag war die zweite böse Erfahrung dieses Feldzuges.

Derselbe Jovian, der einst die Leiche des Konstantius nach Konstantinopel geleitet hatte, führte auch den toten Julian aus dem unsichern Lande nach Cilicien. Als der Zug die Stadt Nisibis passierte, die von Julian Hartes erduldet hatte und nun dem Feinde preisgegeben war, ja gerade an jenem Tage das Banner des siegreichen persischen Satrapen zugesandt erhielt, trat der hl. Ephräm an den Sarg heran und sprach, wie er selbst erzählt[3]), über den stummen Toten die Worte: „Dieser ist es also, welcher sich

---

[1]) Wer die tödliche Lanze geschleudert, darüber sind schon damals verschiedene Meinungen gewesen, deren keine für sich absolute Glaubwürdigkeit beanspruchen kann. Uns sind darüber nicht einmal Vermutungen gestattet. Vgl. Amm. Marc. XXV, 3; Greg. N. S. 116 ff. Theodor. III, 25.

[2]) Jul. Orat. ad reg. Sol. S. 180.

[3]) Drittes Lied gegen Julian a. a. O. S. 347.

gegen den lebendigen Namen erhoben und vergessen hat, daß er nur Staub ist. Deshalb hat ihn Gott wieder zu Staub werden lassen, damit er erkenne, daß er Staub sei." Die Heiden aber geleiteten ihn trauernd nach Tarsus, der Heimatstadt des Apostels Paulus, und begruben ihn hier und nannten ihn den „großen Julianus."[1]

Der dumpfen Trauer und ratlosen Niedergeschlagenheit, welche die Todesnachricht unter den Heiden hervorrief, entsprach die Freude über dieses Ereignis innerhalb der Christenheit. Von der Stadt Antiochien wird dieses insbesondere bemerkt. Sie hat den Fall ihres Kaisers in den Kirchen und im Theater dankend und jubelnd gefeiert.[2] Der hl. Ephräm in Nisibis stand auf und dichtete im freudigen Gefühle des Dankes und in heiligem Zorne zugleich seine fünf Lieder gegen den Christenverfolger, der „in einer Nacht aufsproßte und in einer Nacht wieder verdorrte." Und in Kappadozien hielt sich der angesehene Bischof und Dogmatiker Gregor von Nazianz nicht für zu gut, in alttestamentlichem Feuereifer wider den Toten zu entbrennen und zur Schande des Kaisers und nicht zur Ehre des Christenglaubens in zwei Streitreden diese Verfolgung zu skizzieren. Noch viele Andere haben in Wort und Schrift den Toten bedroht und gescholten. Die Erregtheit und Heftigkeit, die dabei zu Tage kommt, beweist den festgewurzelten Anspruch der Kirche auf Alleinherrschaft im Reiche. Nur eine arianische Bittschrift,[3] welche die Gunst Jovians suchte, hat den Mut gehabt, von dem Christenverfolger als dem „gottgeliebtesten und aller-

---

[1] Zosim. V, 2. Die Grabschrift III, 34.

[2] Theodor. III, 28. Vgl. Liban. Ep. 1185. 1489 (gemeint sind doch wohl Konstantinopel und Antiochien).

[3] Athan. Opera t. II, 1 S. 783.

seligsten" zu sprechen; doch war dies wohl nur Anbequemung an die offizielle Ausdrucksweise. Aber auch in heidnischen Kreisen wurde die Unruhe der Lage und die Beängstigung der Gemüter, welche dieselbe Person "bald beim Opfer, bald in der Kirche, bald vor den Götzenbildern, bald am Tische des Herrn" sehen ließ, tadelnd bemerkt.[1]

---

[1] Themistius Orat. V S. 80 ed. Dindorf.

Dritte Abteilung.

Die Wiederaufnahme und Fortführung des Kampfes.

Erstes Kapitel.
Die Restaurationsbestrebungen der Kaiser Jovian, Valens, Valentinian.

Das Ende Julians war das Ende seines Werkes. So rasch wie der Götterkult mit seinen bunten Formen lebendig geworden war vor den Augen der Christenheit, ebenso rasch verschwand er wieder. Die Priester flüchteten sich in die Verborgenheit zurück, die Orakel wurden stumm, die Sophisten legten klagend den Philosophenmantel ab[1]; der ungeheure Apparat von kultischen Verrichtungen und divinatorischen Veranstaltungen, den dieser eine Mann über das weite Reich hingebreitet hatte, löste sich auf, die Opferer und Zeichendeuter verloren sich hierhin und dorthin, die Mantik wurde wieder eine verächtliche Kunst. „Wo sind nun deine Wahrsagersprüche, thörichter Maximus?" rief in Antiochien die Volksmenge dem berühmten Neuplatoniker zu. „Gesiegt hat Gott und sein Christus!"

---

[1] Sokrat. III, 24. Liban. Orat. in Jul. S. 327.

Wie ein Traum ging alles vorüber. Es wird dadurch begreiflich, daß man bald nachher das Unternehmen Julians ein „komisches Drama" genannt hat.[1]) Wo sind die Grammatiker und Ratgeber? Wo sind die Opfer? Wo sind die Mysterien? Wo die Haruspices? fragte man schon kurze Zeit darauf und konnte die Antwort geben: „Alles ist dahin." Ein Zeitgenosse meint, es sei der Wahrheit zu „verächtlich" erschienen, „die Zauberer und Wahrsager einzeln zu besiegen; deshalb flocht sie dieselben alle mit dem einen Kaiser zusammen und gab ihnen Gelegenheit, Helm und Waffen anzulegen, um sie dann Alle in dem Einen zu besiegen."[2]) Die Niedergeschlagenheit der Heiden und die Ungeduld der Christen waren so groß, daß die Entscheidung nicht hinausgeschoben ist bis auf den Zeitpunkt, wo über die kaiserliche Nachfolge die Würfel gefallen waren. In Massen kehrten die Abgefallenen zur Kirche zurück.

Julian hat in seiner letzten feierlichen Anrede, mit der er aus dem Leben schied, ausdrücklich abgelehnt, einen Nachfolger zu nennen. Die in Form einer eigentümlichen Reflexion gehaltene Begründung dieser Zurückhaltung, wie sie Ammianus Marcellinus dem Sterbenden in den Mund legt[3]), bringt, ihre Geschichtlichkeit vorausgesetzt, schwerlich die innersten Gedanken Julians zum Ausdruck. Jene Antwort verdeckt nur die Resignation auf die Zukunft des hoffnungsfreudig

---

[1]) Theodor. III, 22. — Aster. a. a. O.: τὸ δρᾶμα τὸ κωμικόν.

[2]) Greg. N. S. 123. — Ephräm a. a. O. S. 342.

[3]) Amm. Marc. XXV, 3: super imperatore vero creando caute reticeo, ne per imprudentiam dignum praeteream aut nominatum, quem habilem reor, anteposito forsitan alio, in discrimen ultimum trudam. Ut alumnus autem rei publicae frugi, opto bonum post me reperiri rectorem.

begonnenen Werkes. Unter seinen Generalen und hohen Beamten fand Julian offenbar Niemanden, der den in weite Dimensionen wachsenden Schwierigkeiten seiner Restaurationspolitik gewachsen schien.

Die asiatische Armee übernahm in kritischer Lage, einem siegesmutigen Feinde gegenüber, die verantwortungsvolle Aufgabe, dem Reiche einen Augustus zu geben. Am Morgen des 27. Juni traten die höhern Offiziere zusammen, um über diese Frage zu entscheiden. Es offenbarten sich Meinungsverschiedenheiten, doch einigte man sich endlich auf die Person des Präfekten Sallustius. Derselbe war ein Anhänger und thätiger Mitarbeiter der Pläne Julians, aber von milder Gesinnung und ein entschiedener Gegner jedweden gewaltsamen Vorgehens gegen die Christen.[1]) Darum wird er auch denen unter den Befehlshabern genehm gewesen sein, die mit dem Hellenismus sich nicht befreunden konnten. Doch Sallustius lehnte in Rücksicht auf seine Kränklichkeit und sein Alter ab. Ob hinter dieser Entschuldigung nicht noch andere Beweggründe lagen, die vielleicht die eigentlich entscheidenden waren, wissen wir nicht. Den Augenblick der Ratlosigkeit, den diese Weigerung schuf, benutzten einige Wenige, um den Befehlshaber der Palasttruppen Flavius Claudius Jovianus zum Vorschlag zu bringen und, noch ehe es zu einer Beratung darüber kam, ihn als Augustus auszurufen. Der überraschte Offizier wurde sofort mit dem kaiserlichen Purpur bekleidet und durch das Lager geführt. Die vollendete Thatsache zwang auch

---

[1]) Derselbe ist wohl identisch mit dem Verf. der neuplat. Schrift „Von den Göttern und von der Welt" (vgl. Ausgabe v. Orelli S. 191 f.). Über sein mildes Verfahren in der julianischen Religionsbedrückung Ambros. Epist. 40, 15; Sozom. V, 9. 10. Theodor. III, 7: IV, 22. Philost. VII, 4 u. A.

die mit diesem Ausgange Unzufriedenen, sich ohne Widerrede zu fügen. Der Gewählte, der noch jugendliche Sprößling einer wohlbekannten militärischen Familie germanischer Herkunft, war Christ und zwar nicänischen Glaubens. Als er einst vor die Wahl gestellt war, zu opfern oder den Dienst aufzugeben, war er bereit, das Cingulum abzulegen; doch wußte Julian, der die militärische Tüchtigkeit des jungen Offiziers schätzte, ihn der Armee zu erhalten.¹) Ob das christliche Bekenntnis bei seiner Erhebung mitgewirkt hat, läßt sich aus den Worten des Ammianus Marcellinus nicht unmittelbar entnehmen; indes scheint der Umstand darauf hinzuweisen, daß einige wenige „stürmische Köpfe", wie jener mit der Erhebung Jovians nicht zufriedene Geschichtsschreiber sich ausdrückt, diese Wahl plötzlich auf die Tagesordnung stellten und durch rasches Vorgehen fertig machten.²) Nach christlicher Quelle soll Jovian anfangs den Purpur mit dem Hinweis darauf zurückgewiesen haben, daß er als Christ keine Neigung empfinde, einer heidnischen Armee zu gebieten: erst der Zuruf der Soldaten, sie seien auch Christen, habe seine Weigerung gebrochen.³) Es liegt kein Grund vor, diese bestimmt auftretende Überlieferung gänzlich zu verwerfen, wenn sich auch der geschichtliche Kern nicht mehr herausschälen läßt.

---

¹) Sozom. VI, 3; Sokrat. III, 22; Theodor. IV, 1; Rufin II, 1 (er nennt ihn Confessor); Vita seu cert. Athan. § 13.

²) Amm. Marc. XXV, 5.

³) Rufin. II, 1; Sozom. VI, 3; Sokrat. III, 22; Theodor. IV, (hier berufen sich die alten Soldaten auf die „Unterweisungen" [διδασκαλίας] Konstantins d. Gr.); etwas abweichend Chron. Pasch. S. 552.

Mit Unrecht ist das christliche Bekenntnis Jovians in Frage gestellt worden.¹) Als Christen kennt ihn die einstimmige Überlieferung der Kirchenschriftsteller, christliche Bischöfe haben mit ihm als einem christlichen Kaiser verhandelt, und wieder erschien das heilige Kreuzeszeichen auf den kaiserlichen Münzen.²) Seinen nicänischen Glauben bewies er dadurch, daß er den von Julian zurückgerufenen, aber noch nicht restituierten orthodoxen Bischöfen zu ihren Sitzen verhalf; der Wortführer der Nicäner, Athanasius besaß seine Gunst.³) In dem Rückberufungsschreiben aus dem Exil nennt der Kaiser den von Julian gehaßten Bischof „gottgeliebt" und „Freund Gottes" und belobt ihn, daß kein Leiden, keine Wut der Verfolgung ihn erschüttert habe.⁴) Als die kirchlichen Parteien ihn um Entscheidungen zu ihren Gunsten angingen, hat er den Homousianern sein kaiserliches Wohlwollen zugewandt, ohne indes den Sekten die Duldung zu entziehen.

Es war selbstverständlich, daß Jovian den großen Verlust an Rechten und Freiheiten, welchen die julianische Bedrückung der Kirche gebracht hatte, ausglich. Es scheint in vollem Umfange geschehen zu sein. Hohe Beamte, welche

---

¹) Mit Beziehung auf Amm. Marcell. XXV, 6: hostiis pro Joviano extisque inspectis pronuntiatum est eum omnia perditurum, si u. s. w. Indes wird die Opferschau von dem Heere vorgenommen, und Ammianus Marcellinus selbst bezeichnet bald nachher den Kaiser als Christen (XXV, 10: christianae legis idem studiosus et nonnunquam honorificus).

²) Cohen, Méd. VI S. 384 ff. n. 3. 15. 17. 21 (Labarum); aber vereinzelt auch ägyptische Gottheiten, wie Isis (n. 22. 24. 25. 26), Anubis (n. 27), Harpokrates (n. 28), ganz wie unter den Konstantinssöhnen.

³) Sozom. VI 5; Sokrat. III, 24; Theodor. IV, 2. 3.

⁴) Athan. Op. t. I. 1 S. 779; dazu die Antwort auf eine nicänische Petition S. 783.

sich an der Zerstörung von Kirchen beteiligt hatten, wurden zur Verantwortung gezogen. Der Comes Magnus, der das christliche Gotteshaus in Berytos mit Feuer zerstört und, wie es scheint, sich auch anderer schwerer Vergehungen gegen die Christen schuldig gemacht hatte, entging kaum der Todesstrafe und wurde gehalten, die zerstörte Kirche auf seine Kosten wiederherzustellen.[1] Dagegen ist der Kaiser in seinem Verhalten zu dem Heidentume vorläufig nicht zu der Rechtslage desselben beim Ableben des Konstantius zurückgegangen. Es ist diesem rechtgläubigen Augustus auch von Heiden nachgerühmt worden, daß er die Freiheit der religiösen Überzeugung nicht beschränkt habe. Einer der Männer, die dem Götterfreunde Julian nahe standen, der Rhetor Themistius hat in hohen Worten die weise Einsicht des neuen Herrschers vor dem Angesichte desselben gepriesen, da er die Religion „dem Befinden eines Jeden" überlasse, und hat sogar das Urteil gewagt, daß diese Toleranz nicht minder dem Reiche zu gute komme, wie der persische Friede, da dieser den auswärtigen Kriegen, jene den inneren Zwistigkeiten ein Ziel

---

[1] Nach Philost. VIII, 1 stellte Jovian der Kirche τὸν ἀρχαῖον κόσμον wieder her und befreite sie von den Lasten, die Julian auf sie gelegt. Einzelheiten bei Sozom. VI, 4: Jov. erklärte das Christentum für die Staatsreligion, gab den Klerikern und Jungfrauen die Immunitäten zurück und stellte alles wieder her, was Julian der Kirche genommen hatte; an den Präfekten Secundus schrieb er, daß, wer mit einer geweihten Jungfrau sich verehliche, dem Tode verfalle. (Cod. Theod. IX, 25, 2). — Sokrat. III, 24: Restituierung der Bischöfe. — Theodor. IV, 4: Wiedereinführung der Getreidelieferungen an die Kirche. — Athan. vit. aceph. § 18: am 15. September trafen Briefe des Jovianus an den Präfekten Olympus ein mit dem Befehle, ut tantum deus excelsus colatur et Christus et ut in ecclesiis colligentes se populi celebrent religionem. — Über den Comes Magnus Theodor. IV, 22.

setze.[1]) Was hier in der Sprache der Rhetorik ausgedrückt ist, bedeutet freilich nicht die Fortdauer der Rechte und staatlichen Zuwendungen, die Julian in so reicher Fülle dem alten Kultus zuströmen ließ, sondern nur wenig mehr als eine schonende Behandlung der Göttergläubigen. Wie weit diese gegangen und besonders wie sich im Einzelnen die Beziehungen zwischen den heidnischen und christlichen Elementen der Kommunen nunmehr gestaltet haben, entzieht sich der Erkenntnis. Da, wo der Hellenismus künstlich in die Höhe gebracht war, sank er von selbst wieder zusammen, so daß er der Linie, auf welcher er unter Konstantius sich befand, wieder sehr nahe kam. In den meisten Fällen machte der Druck der geänderten Verhältnisse besondere Maßregeln überflüssig. Wo aber die Regierung eingriff, verfuhr sie mit großer Nachsicht. Die allgemein lautende Angabe des Sokrates[2]), wonach alle heidnischen Tempel geschlossen und jedes öffentliche Opfer untersagt sei, bewährt sich nicht an den Thatsachen. Auch das ist nicht zutreffend, daß Jovian die höheren Regierungsämter an Christen überwies[3]), da unter ihm und nach ihm zahlreiche Personen hohe Posten bekleiden, welche von Julian dorthin gestellt waren oder wenigstens zur alten Religion sich bekannten. Doch schließt diese Thatsache die Möglichkeit, ja Wahrscheinlichkeit nicht aus, daß der christliche Kaiser bei Bestellung seiner Beamten auch das religiöse Bekenntnis in Rechnung zog. Dieses schonende Verfahren entsprach ohne Zweifel auch der

---

[1]) Themistius Orat. V ad Jovianum S. 80 ed. Dindorf. Die Rede wurde Anfang 363 in Dadastana vor Jovian und dessen unmündigem Sohne Varronianus gehalten und bald darauf nach dem plötzlichen Tode Jovians in Konstantinopel vor dem Volke wiederholt.

[2]) Sokrat. III, 24.

[3]) Chron. Pasch. S. 554.

allgemeinen Stimmung in den leitenden Kreisen der Kirche. Wenn es freilich vorgekommen ist, daß das christliche Volk die heidnischen Präfekten bedrohte und im Theater, auf dem Forum und in den Versammlungen mit lautem Geschrei sich gegen die Göttergläubigen wandte[1]), so hat doch der heftigste Feind Julians und des Hellenismus, Gregor von Nazianz, eindringlich ermahnt, die frühern Beleidigungen zu vergessen und nicht Gleiches mit Gleichem zu vergelten. „Laßt uns zeigen, was jene von den Dämonen und was wir von Christo gelernt haben."[2]) Diese humane Gesinnung erklärt sich nicht allein aus christlich-religiöser Empfindung, sondern ruht nicht minder in der Überzeugung, daß in dem mißlungenen Restaurationswerk die letzte Kraftanstrengung und die letzte Hoffnung des Heidentums untergegangen sei, und dieses daher nicht mehr Gegenstand der Befürchtung, sondern vielmehr des Mitleids sei. „Wer wird," so äußerte damals Jemand[3]), „jetzt noch an das Fatum und an das Horoskop glauben? Wer wird jetzt noch den Orakeln und wahrsagenden Dämonen Vertrauen schenken?"

Das nachsichtige Verhalten der Regierung schloß indes nicht aus, daß sie jeden Rechtsübergriff des Heidentums in das Gebiet der Kirche und ihrer Angelegenheit abwies. Als einst ein heidnischer Lehrer Ursache zu haben glaubte, bei dem Kaiser über Athanasius Klage zu erheben, wies ihn jener mit den Worten ab: „was hast du, der du doch ein Hellene bist, mit Christen zu schaffen?"[4])

---

[1]) Liban. Ep. 1489; Gregor. N. S. 131.
[2]) Greg. N. S. 131.
[3]) Ephräm a. a. O. S. 356.
[4]) Athan. Op. t. I, 1 S. 779.

Darin liegt also das Wesen und der Erfolg der Religionspolitik, welche der Nachfolger Julians zu der seinigen machte, daß sie dem Christentum und der Kirche ihren frühern Besitz ohne irgendwelchen Abzug zurückgab, das Heidentum andererseits aus seiner bevorzugten Stellung verdrängte, ohne ihm die staatliche Duldung zu entziehen. In Wahrheit bedeutete diese Duldung wenig; sie war nicht mehr als ein ruhiges Hinsterbenlassen. Denn wie kurz auch die Herrschaft Julians war, so hatte sie doch offenbar gemacht, daß dem Götterglauben auch nicht mehr durch staatliche Mittel aufzuhelfen sei. Nun wurden ihm diese entzogen und an ihre Stelle ein nicht ungünstiger, aber doch rechtloser Zustand gesetzt. Denn die Duldung ist dem Heidentume nicht gesetzlich gegeben worden, sondern ist nur Ausfluß des zufälligen persönlichen Wohlwollens der Regierung, und es bleibt fraglich, ob der Kaiser, der die Dinge noch in Unruhe und Bewegung vorfand, wenn er länger gelebt hätte, auf diesem Standpunkte verharrt wäre.

Obwohl also Jovian zu den harten Gesetzen und harten Maßregeln des Konstantius nicht zurückgekehrt ist, hat doch die Kirche in ihm freudig den Träger einer neuen Religionspolitik begrüßt. Sie hat ihn „den Gefährten der Heiligen" genannt und seine Person und sein Werk in dankbarer Erinnerung bewahrt[1]), obschon ihr nicht unbekannt war, daß er die Leiche des „Christusfeindes" feierlich in Tarsus neben dem Christenverfolger Maximian beigesetzt hatte und den Freunden desselben sein Wohlwollen nicht entzog.[2]) Sein wenig ehrenvoller Friedensschluß mit den Persern ist von kirchlichen Schrift-

---

[1]) Ephräm. a. a. O. S. 348; Greg. Naz. I S. 117 f.
[2]) Eunapius, Vita Max. a. a. O. S. 478.

stellern aus der thatsächlichen Lage heraus gerechtfertigt wor=
den.¹) Das Regiment Jovians würde sich vielleicht im
Laufe der Zeit, durch die Umstände dahin gedrängt, zu einer
schärferen Reaktion gegen den Hellenismus entwickelt haben.
Doch schon nach achtmonatlicher Herrschaft entriß auf dem
Wege nach Konstantinopel in dem Städtchen Dadastana in
Bithynien der Tod am 17. Februar 364 den erst dreiund=
dreißigjährigen Kaiser einem Wirkungskreise, in welchem er
sich kaum noch zurecht gefunden hatte.²) Er wurde in Kon=
stantinopel in der Apostelkirche von den Christen bestattet.³)
Sein leutseliges Wesen, seine ungeheuchelte Frömmigkeit und
sein gerechter Sinn lassen den Mangel eigentlicher Herrscher=
tugenden, wie die unruhvolle Zeit sie verlangte, nicht so
scharf hervortreten und stehen gewichtig neben den Fehlern,
die ein Zeitgenosse in seiner Charakterschilderung aufführt.⁴)
Wäre ihm ein längeres Leben beschieden gewesen, so hätte
er vielleicht, wonach er strebte, erreicht, ein zweiter Konstan=
tius — nach der guten Seite — zu werden.

Während die Leiche Jovians nach Konstantinopel ge=

---

¹) Z. B. Gregor. N. S. 117: „nicht dem darf man die Feuers=
brunst zuschieben, der sie nicht zu löschen vermag, sondern dem, der sie
entzündet hat."

²) Rufin. II, 1: haec tam pia et tam beata principia mors
immatura corrupit.

³) Auffallend Eutrop. X, 18: benignitate principum, qui ei
successerunt, inter Divos relatus est. Darnach würden Valens und
Valentinian die Veranlassung dazu gewesen sein, was durch das christ=
liche Bekenntnis dieser Beiden ausgeschlossen ist. Oder sollte die Apo=
theose im Laufe der Zeit zu einem bloßen Ceremoniell geworden sein?

⁴) Amm. Marc. XXV, 10; dazu Eutrop. X, 18: Et
civilitati propior et natura admodum liberalis fuit. — Aurel.
Victor . . . . Hic fuit insignis corpore, laetus ingenio, litera-
rum studiosus.

leitet wurde, rückte die Armee von Dadastana nach Nicäa vor, der Stadt des ersten ökumenischen Konzils, um daselbst die Neuwahl zu vollziehen. Die Ausübung dieses wichtigen Aktes erschien ihr als ein selbstverständliches Recht. Wer sollte sonst dieses Recht ausüben? Es wurden in Nicäa mehrere Namen genannt und in Beratung gezogen, schließlich einigten sich die Stimmen auf den Befehlshaber der zweiten Kompagnie der Schildträger, Valentinianus, der sich damals in Ancyra befand. Wenige Tage nachher traf dieser in Nicäa ein und wurde von den Truppen unter lauten Beifallsäußerungen zum Augustus ausgerufen.

Valentinian war ein Landsmann und Vertrauter Jovians und bekannte sich wie dieser zum Christentume. Er hatte bereits unter Konstantius und Julian gedient, doch kassierte ihn jener auf eine verläumderische Anklage hin von seinem Tribunenrange in Gallien, und Julian sah sich durch einen peinlichen Vorfall in Antiochien veranlaßt, gegen ihn disciplinarisch zu verfahren. Als Valentinian nämlich bei einer feierlichen Prozession zum Tempel der Stadttyche der militärischen Ordnung gemäß vor dem Kaiser herschritt, besprengte der am Eingange des Heiligtums stehende Priester wie die Gewänder der übrigen, so auch sein Gewand mit Weihwasser. In seinem Gewissen verletzt, traf ihn in rascher Aufwallung Valentinian mit einem Faustschlag, erklärte laut, das sei kein Reinigungswasser, sondern Schmutzwasser, und trennte das Stück, auf welches die Tropfen gefallen waren, von seinem Gewande und warf es verächtlich von sich. Der erzürnte Kaiser verbannte ihn daraufhin in ein entlegenes Kastell.[1]) Diese Standhaftigkeit hat die Christenheit dem

---

[1]) Am ausführlichsten Theodor. III, 16; Sozom. VI, 6 (mit einigen unwesentlichen Abweichungen): eine andere Überlieferung

Tribunen nicht vergessen; in seiner Erhebung zur Imperatoren=
würde sah sie den göttlichen Lohn dafür.¹)

Neben dieser festen Treue zu seinem Glauben und einer
auf diese gegründeten untadelhaftigen Sittlichkeit²) zeichneten
den neuen Herrscher ein ernster gerechter Sinn, Erfahrung
und Gewandtheit in den Geschäften und eine würdevolle
Haltung aus. Das volle Bewußtsein seines fürstlichen Be=
rufs hat ihn wohl zu Strenge und Härte verleitet, doch
kannten ihn die Unterthanen mehr als leutseligen und
milden Regenten. Obwohl redegewandt, sprach er wenig.
Ein Meister in der Diplomatie, war er zugleich ein mili=
tärisches Genie, trotzdem aber nicht immer glücklich in der
Wahl seiner Beamten und Offiziere. Sparsam bis zum
Geiz, hat er doch die Steuerlast des Volkes erleichtert.
Auch in den schönen Künsten war er bewandert; er verstand
sich auf die Malerei und die Modellierkunst. Seine Er=
scheinung war königlich.³)

---

hat offenbar Sokrat. IV, 1 in seinen übrigens ganz kurzen Mit=
teilungen; Ambros. Ep. I. 21 (III S. 910 ed. Bened.) ganz all=
gemein: cujus et fides confessionis constantia comprobata est;
bestimmter. De obitu Valent. c. 55: qui militiam sub Juliano et
tribunatus honores fidei amore contempsit. — Rufin II, 2:
Vita seu cert. S. Athan. § 13 genannt τῆς εὐσεβείας ὑπέρ-
μαχος). Auch Zosim. IV, 2 weiß von einer Denunciation Valen=
tinians bei Julian durch den Philosophen Maximus.

¹) Rufin. II, 2: qui militiam „pro Christo reliquerat,
recepit imperium.

²) Amm. Marc. XXX, 9: omni pudicitiae cultu domi
castus et foris, nullo contagio conscientiae violatus obscenae,
nihil incestum. Auch Aurel. Victor: infestus vitiis.

³) Zu den Urteilen heidnischer Schriftsteller, unter denen Ammia=
nus Marcellinus und Zosimus ihm von vornherein abgeneigt sind,
sind die Aussagen der Kirchenhistoriker Sokrat. IV, 1; Sozom.
VI, 3; Theodor. IV, 6 u. A. hinzuzunehmen.

Bald nach vollzogener Wahl begab sich Valentinian nach Konstantinopel, um hier einen wichtigen Regierungsakt vorzunehmen; er erhob nämlich seinen jüngeren Bruder Valens, nachdem er ihn kurz vorher mit einer angesehenen militärischen Würde bekleidet hatte, zum Mitaugustus und überwies ihm die Präfektura Orientis, also Asien, Ägypten und Thrazien. Valens war gleichfalls Christ und hatte wie sein Bruder unter Julian Gelegenheit gefunden, seine christliche Überzeugung zu bewähren. Die hervorragenden militärischen und staatsmännischen Gaben seines älteren Bruders besaß er gleichsam nur in geringerer Qualität, er war ein tüchtiger Durchschnittsregent, doch mit guten sittlichen Eigenschaften und dem Bruder in unwandelbarer Treue zugethan. Thatsächlich stand er zu ihm im Verhältnis der Unterordnung.

Nachdem in Sirmium die Herrschaftsgebiete genau abgegrenzt waren, reiste Valentinian im Sommer 364 nach Mailand und Valens nach Konstantinopel. Sturmvoll waren für beide Kaiser Anfang und Verlauf ihrer Regierung. Valentinian wurde bald nach seiner Ankunft in Italien in einen Krieg mit den Alamannen hineingerissen; auch die Burgunden traten drohend mit Forderungen vor den Kaiser, Sachsenschwärme warfen sich auf die nordgallische Küste, durch Britannien und Gallien ging eine tiefe Gährung. Dazu kam endlich noch ein Einfall der Quaden; gereizt, weil der Kaiser in ihren Grenzgebieten Befestigungen aufführte, brachen sie plötzlich in das römische Gebiet ein und brachten binnen kurzem ganz Pannonien in ihre Gewalt. In diesen drangvollen Zeiten und Ereignissen, welche das Reich erschütterten, zeigte sich Valentinian als umsichtigen Regenten.

Es gelang ihm, die drohenden Gefahren, wenn auch nicht zu beseitigen, so doch zurückzudrängen.

In noch größere Schwierigkeiten sah sich Valens im Ostreiche verwickelt. Lauernd standen die Goten an der Donau und warteten auf den günstigen Augenblick, um den Strom zu überschreiten. Valens beeilte sich, ihnen unüberwindliche Grenzwälle entgegenzuwerfen, da griff plötzlich im Reiche selbst eine Hand nach seinem Diadem. Der Feldherr Prokopius, ein Blutsverwandter Julians, erhob sich im September 365 wider Valens, auf die gefährliche Bahn des Prätendententums gedrängt durch seinen Ehrgeiz und noch mehr durch die verzweifelte Lage, in welche das Mißtrauen der Machthaber seit Jovian diesen letzten Konstantiner mit seinem Schatten von Erbrecht getrieben hatte. Des Konstantius zweite Gemahlin Faustina schmückte ihn selbst mit dem Purpur und legte ihr fünfjähriges Töchterlein in seine Arme. In Konstantinopel trat das konstantinische Kaisertum in die Öffentlichkeit; der Erfolg des Wagnisses war ein überraschend großer. Die von dem Usurpator künstlich wiederbelebten konstantinischen Erinnerungen, manche Härten der Verwaltung und nicht zum mindestens die allgemeine Unzufriedenheit, die schon vor Valens da war, aber von einem Regierungswechsel hoffte, trieben dem abenteuerlichen, geheimnisvoll verschlossenen Manne Haufen von Anhängern zu und machten die Krone des morgenländischen Augustus eine Zeitlang wanken. Religiöse Momente treten bei dieser Erhebung nirgends hervor. Prokopius war allerdings Heide und gehörte zu dem vertrauten Freundeskreise Julians; ein Gerücht wußte davon, daß Julian auf dem Perserzuge in der Stadt Karrhä, von bösen Ahnungen gequält, seinem Verwandten vor dem rauchenden Opferaltar ohne Zeugen den Purpurmantel übergeben habe, damit jener, sobald er von dem Tod des Kaisers höre, sogleich die Herrschaft ergreife.[1]) Doch trug Jovian kein Bedenken, gleich nach seiner Thronbesteigung den Prokopius — es war freilich die erste und letzte Vertrauensbezeugung — mit einem wichtigen Geschäfte zu betrauen[2]), was ihn jedenfalls nicht als fanatischen Hellenisten erscheinen läßt. Bedeutsamer ist, daß der Usurpator auf seine Münzen mit dem Labarum in der Hand sich abbilden ließ und auch das Monogramm Christi und das Kreuz auf demselben Geldstück öffentlich zeigte, das sein Antlitz trug.[3]) Sollte das kluge Berechnung gewesen sein? Oder hat der unglückliche, ernstgesinnte Mann in seiner schweren Leidenszeit, die ihn Elend und Entbehrung in reichem Maße kosten ließ, in dem Evangelium Trost gefunden? Wir haben keine bestimmte Antwort auf diese Fragen. Doch läßt sich die zweite eher bejahen als die erste. Denn Prokopius hat kurz vor seiner Schilderhebung auf dem Landgute des angesehenen arianischen Theologen Eunomius bei Chalcedon in Verborgenheit geweilt, und ein anderer arianischer Führer, Aetius hat bei ihm ein wichtiges Amt bekleidet.[4]) Auch auf die freundschaftlichen Beziehungen zu der Witwe des Konstantius darf hingewiesen werden, wie auf die Thatsache, daß in christlichen Gebieten und Städten Prokopius seinen großen Anhang hatte. Bemerkenswert ist auch, daß der Heide Libanius den neu ernannten Prokonsul Klearchus, der an der Niederwerfung des Prokopius

---

[1]) Amm. Marc. XXIII, 3.
[2]) Zosim. III, 35.
[3]) Cohen a. a. O. Bd. IV S. 424 n. 7. 9. 12. 13. 16. 17.
[4]) Philost. IX, 5. 6.

großen Anteil hatte, deswegen belobt.¹) Damit streitet nicht, daß einige Männer, die das Vertrauen Julians besaßen, von Prokopius hohe Ämter erhielten, wie Araxius, der Präfektus Prätorio wurde, und Andronikus, ein Schüler des Libanius, der zur Würde eines Vicarius von Thrazien aufstieg. Die Not zwang den Usurpator, die Persönlichkeiten zu nehmen, wie sie zu finden waren. Fast ausnahmslos haben diese Männer vorher oder nachher auch im Dienste des christlichen Kaisertums gestanden.

Der Prätendent erlag endlich derselben Macht, die er für sich angerufen hatte, die aber Valens geschickter für sich auszuspielen verstand, der konstantinischen Tradition. Der ruhmbedeckte ergraute konstantinische Feldherr Arbetio, dessen Name die Armee an unvergängliche Siegesthaten erinnerte und der ihr als ein lebendiges Denkmal des vollen Glanzes der konstantinischen Herrschaft galt, erstickte durch List und Thatkraft die Empörung und brachte den Urheber lebendig in die Hände des Valens, der ihn hinrichten ließ und das Haupt nach Gallien zu Valentinian sandte.

Als Prokopius gegen Valens aufstand, war der Cyniker Heraklius vor ihn getreten und hatte ihn angeredet: „sei starken Mutes, damit die Nachwelt Gutes von dir reden kann." Jetzt nachdem er tot war, nannte ihn ein heidnischer Rhetor spottend den „Winterkönig".²) „Er begrub mit seinem Tod die aufsteigenden Stürme bürgerlicher Unruhen und Kriege wie einst der alte Perperna."³) Die beleidigte Majestät bedurfte indes

---

¹) Liban. Ep. 1118.

²) Eunap. fragm. n. 28 (ed. Bonn. S. 73). — Themist. Orat. VIII.

³) Amm. Marc. XXVI, 9.

noch längerer Zeit, bis sie an den Anhängern des Toten ihrer Rache volle Genüge geleistet hatte.

Kaum war Valens von dieser Gefahr befreit, da kam im Jahre 367 wirklich der längst gefürchtete Gotenkrieg, an welchem der Kaiser schließlich zu Grunde ging.

Der gefahrvollen politischen Lage gesellten sich in beiden Reichen kirchliche Verwickelungen zu. Der nicänische Glaube, den Konstantius gewaltsam niedergeschlagen oder in zweideutige Formeln eingezwängt hatte, richtete sich unter Julian und Jovian wieder auf und forderte sein Recht. Im Abendlande hatte er überhaupt nur geringe Verluste gehabt, ja der orthodoxe Orient suchte und fand in seinen Nöten hier stets eine kräftige Stütze. Jetzt gewannen indes auch im Morgenlande die Nicäner wieder den Mut, den Kampf offen aufzunehmen, und bedrohten die Arianer und die vermittelnden Richtungen in ihrem Besitzstande. Die Leidenschaften flammten wieder auf.

Valentinian zählte zu den Homousianern und ist in dieser Stellung zu keiner Zeit wankend geworden. Doch wußte er auch den Gegnern im allgemeinen gerecht zu werden und ihnen, soweit es statthaft erschien, Duldung zu gewähren. Außerdem war sein Grundsatz, kirchliche Fragen von den zuständigen kirchlichen Organen beraten und erledigen zu lassen. Als auf seiner Reise nach dem Abendlande nach vollzogener Reichsteilung der Bischof Hypatianus von Heraklea in Thrazien als Abgeordneter nicänischer Bischöfe mit der Bitte an ihn herantrat, daß ihnen die Berufung einer Synode zur Festigung des rechten Glaubens gestattet werde, antwortete der Kaiser: „mir als Laien kommt es nicht zu, mich in fremde Angelegenheiten zu mischen. Die Priester, denen es zusteht, mögen sich versammeln, wo sie wollen."¹) Ambrosius²) kennt den Ausspruch von ihm: „es ist nicht meine Sache, Richter zwischen Bischöfen zu sein." In einer Ansprache³) forderte er einst zur Wahl eines Bischofs auf mit der Begründung, „daß auch wir, die wir die weltliche Regierung führen, aufrichtig unser Haupt vor ihm beugen und seinen Tadel — denn wir sind Menschen und darum Sünder — wie eine heilsame Arzenei entgegennehmen können." Es war nicht am allerwenigsten das Verdienst dieser vorsichtigen Zurückhaltung Valentinians, aus der er nur vereinzelt heraustrat⁴), daß unter seiner Regierung im Abendlande die kirchliche Entwicklung in ruhigern Bahnen ging als im Orient.

Ganz andere Wege ging Valens. Auch er stand anfangs, wie sein Bruder, im nicänischen Bekenntnis. Doch hatte er bei Übernahme der Regierung noch nicht die Taufe erhalten. Als er nun zum Gotenkriege sich rüstete, hielt er in Anbetracht der ernsten Lage es für angezeigt, vorher das heilige Taufbad zu empfangen. Er wandte sich daher an den angesehenen, einst unter Konstantius einflußreichen Bischof Eudoxius von Konstantinopel, einen hervorragenden

---

¹) Sozom. VI. 7.

²) Ambros. a. a. O.: non est meum judicare inter episcopos.

³) Theodor. IV. 6. Es handelte sich um die Wahl eines Nachfolgers für den verstorbenen arianischen Bischof Auxentius in Mailand.

⁴) 3. B. Cod. Theod. XVI, 5, 3 (woselbst Befehl an den Stadtpräfekten Ampelius zu strengem Einschreiten gegen die Manichäer a. 372) u. XVI, 16, 1 (wo die nordafrikanischen Bischöfe mit Absetzung bedroht werden, falls sie die Taufe wiederholen a. 373). Instruktiv sind auch die in Sachen des Ursinus und Damasus ergangenen kaiserlichen Reskripte bei Baron. Annal. ann. 368 n. 2. 3. 4; ann. 369 n. 4; ann. 371 n. 1. 3.

Führer der Arianer, und dieser entsprach seinem Verlangen. Daß er einen Arianer aufsuchte und nicht einen Nicäner, war das Werk seiner Gattin, die sich schon seit längerer Zeit bemüht hatte, den Kaiser zu den Arianern hinüberzuziehen.[1]) Ob es wahr ist, was weiter erzählt wird, daß der Bischof bei der Sakramentsspendung den kaiserlichen Täufling verpflichtet habe, nicht nur in Treue bei dem arianischen Dogma zu verharren, sondern auch die Gegner desselben zu bekämpfen[2]), mag dahingestellt bleiben; jedenfalls vollzog Valens mit der Taufe seinen offenen Übertritt zum Arianismus, benahm sich als ein fanatischer Parteigänger dieser Christologie und hat auch die gewaltsamsten Mittel nicht gescheut, seine Genossen zu fördern und den Nicänern Abbruch zu thun. Er machte sich zum willenlosen Handlanger der arianischen Wortführer. Auch wenn die leidenschaftlichen Übertreibungen seiner Ankläger billig in Anschlag und Abzug gebracht werden, bleibt noch genug, um ihn als einen maßlosen, mit List und Gewalt kämpfenden Verfolger der Nicäner bezeichnen zu können. Vieles erinnert lebhaft an ähnliche Vorgänge unter Julian, nur daß dieser Eiferer vor gewaltthätigen Maßregeln eine weit geringere Scheu hatte als der durch seine Humanitätsphilosophie gezügelte Neuplatoniker. Man meinte innerhalb der rechtgläubigen Christenheit, seit der ersten Predigt des Evangeliums habe die Kirche noch keine solche Bedrückung erfahren.[3]) Abgesehen von diesem Punkte waren beide Herrscher eins in den Äußerungen ihres

---

[1]) Theodor. IV. 12. Dazu Sokrat. IV. 1; Sozom. VI. 6.

[2]) Theodor. a. a. O.

[3]) Basil. Magn. Ep. 242 (III. 371).

Wohlwollens gegen die Kirche. Sie haben es an Vergünstigungen und mancherlei Zuwendungen nicht fehlen lassen. Wo indes das staatliche Interesse mit dem kaiserlichen in Konflikt kam oder aus mißbräuchlichen Verhältnissen sich Zustände ergaben, welche der staatlichen Ordnung nachteilig schienen, haben sie kein Bedenken getragen, für den Staat zu fordern, was nach ihrem Ermessen dem Staate zukam. Ein christlicher Presbyter in Epirus, der einem politisch verdächtigen hohen Beamten ein Versteck gewährt hatte, büßte dieses Vergehen mit seinem Kopfe.[1]) Es wurde überall offenbar, daß das Reich wiederum eine christliche Regierung hatte. Die kaiserlichen Münzen zeigten das Labarum, das Monogramm Christi und das Kreuz.[2])

Die Stimmung des Heidentums war seit dem jähen Untergange Julians eine gedrückte. Ein kräftiger Despot hätte mit Leichtigkeit dem Hellenismus schwere Wunden schlagen und sein Ende beschleunigen können. Aber ebensowenig wie Jovian waren Valentinian und Valens in der Lage, über einen solchen Machtaufwand zu verfügen. Politische und kirchliche Unruhen zogen ihre Kraft anderswohin ab. Zwar haben auch unter Konstantius mancherlei innere und äußere Verwickelungen und Kämpfe nicht gefehlt, indes war er eine weit tüchtigere Herrschernatur, und im Reiche

---

[1]) Z. B. Cod. Theod. XVI, 2, 19. 20. 21. 22; XIV, 3, 11; XII, 1, 63. — Amm. Marc. XXIX, 3 (vgl. XXVII, 7); Hieron. Chron. a. 375 (?): Presbyter Sirmii iniquissime decollatur, quod Octavianum ex Proconsule apud se latitantem prodere noluisset.

[2]) Cohen a. a. O. S. 396 n. 4. 6. 11. 19. 26. 28. 29. 23. 24. 56 u. f. (Valentinian): S. 410 n. 9. 11. 14. 27. 5. 24. 25 u. f. (Valens). Daneben auf den Münzen beider einigemal auch ägyptische Gottheiten, Isis, Anubis, Harpokrates (59. 60. 61. 62. — 76. 77. 78. 79. 80), wie auch unter Jovian (s. S. 189 Anm. 2.)

lebten noch die Erinnerungen an den glorreichen Namen seines Vaters. So konnte die Religionspolitik der beiden Kaiser keine andere sein, als welche Jovian eingeschlagen hatte. In der That tritt diese Gleichheit deutlich hervor.

Valentinian wollte volle Freiheit der Kirche dem Heidentum gegenüber. Als es zur Kenntnis des Kaisers kam, daß Christen von heidnischen Richtern und Verwaltungsbeamten zur Bewachung der Tempel gezwungen würden, schritt er mit einem Verbot dagegen ein.¹) Ebenso wünschte er da das christliche Gewissen geschützt, wo Christen und Heiden gemeinsam zu beraten und zu handeln pflichtmäßig verbunden waren, wie in den städtischen Kollegien und im Senate.²) Auch darin lag eine weitgehende Rücksicht auf die Kirche und das christliche Bekenntnis, daß, offenbar in Gemäßheit oft vorgetragener Wünsche der Bischöfe, die Schauspieler und Schauspielerinnen, wenn sie in Todesnot das Sakrament der Taufe begehrten und erhielten, im Falle der Genesung von der Verpflichtung befreit wurden, zur Bühne zurückkehren zu müssen. Die elende Existenz der sonst unauflöslich an die verachtete Kaste gebundenen Schauspieler mußte dieses aus dem Abscheu der Kirche gegen das verkommene Bühnenwesen

---

¹) Cod. Theod. XVI. 1, 1: Quisquis judex seu apparitor ad custodiam templorum homines christianae religionis apposuerit, sciat, non saluti suae, non fortunis esse parcendum (a. 365).

²) Ambros. in einem Schreiben an den jüngern Valentinian (a. a. O. S. 870 f.): quid respondebis etiam patri qui te majore dolore conveniet dicens: de me, fili, pessime judicasti, qui putasti, quod ego gentilibus conniventiam praestitissem; nemo ad me detulit, aram esse in illa romana curia. Gemeint ist der Altar der Victoria.

entsprungene Gesetz freudig begrüßen. Doch traf die vorsichtige Regierung zugleich Spezialmaßregeln, durch welche einem Mißbrauch dieser Vergünstigung vorgebeugt wurde.[1]) Andererseits hat Valentinian bald nach seinem Regierungsantritt in mehreren Edikten den Heiden die freie Ausübung ihres Kultus gewährleistet.[2]) Ammianus Marcellinus[3]) rechnet es ihm zum höchsten Lobe an, daß er „zu den verschiedenen Religionen sich unparteiisch verhielt, niemanden beunruhigte und nicht forderte, daß diese oder jene Gottheit verehrt werde." Diese Selbstbeherrschung dem Heidentum gegenüber ist um so höher anzuschlagen, als beide Brüder bald nach Übernahme des Reichs unter Erscheinungen, die auf Vergiftung wiesen, heftig erkrankt waren und in dem Freundeskreise Julians den Urheber des Mordversuches suchten.[4]) Doch hat weder Valentinian noch Valens diese That dem Heidentum als solchem entgelten lassen. Den heidnischen Priestertümern wurde die Fortdauer ihrer alten Rechte feierlich versichert und eine von Beamten versuchte Schmälerung derselben in mehreren Fällen zurückgewiesen.[5]) Das war freilich nicht mehr und nicht weniger als was der Heidenfeind Konstantius gewährt und geduldet hatte. Man darf nicht vergessen, daß die Sacerdotien auch staatliche und kommunale Lasten und

---

[1]) Cod. Theod. XV, 7, 1.
[2]) Cod. Theod. IX. 16, 9: ... testes sunt leges a me in exordio imperii mei datae, quibus unicuique, quod animo imbibisset, colendi libera facultas tributa est.
[3]) Amm. Marc. XXX. 9: inclaruit, quod inter religionum diversitates medius stetit nec quemquam inquietavit neque ut hoc coleretur imperavit aut illud nec interdictis minacibus subjectorum cervicem ad id quod ipse coluit inclinabat, sed intemeratas reliquit has partes ut reperit.
[4]) Amm. Marc. XXVI, 4: Zos. IV, 1.
[5]) Cod. Theod. XII, 1, 60 (a. 364): XII, 1, 75 (a. 371) u. f.

Rechte trugen, die auf den Staat und die Gemeinden über=
zuleiten mit großen Schwierigkeiten verbunden war. Noch
in einer späteren Zeit seiner Regierung erklärte er in einer
Verordnung vom Jahr 371: gegen die Ausübung der Haru=
spicin habe er nichts einzuwenden; weder sie noch „irgend eine
andere von den Vorfahren gebilligte religiöse Handlung" er=
achte er für ein Kriminalvergehen.¹) So hatte einst auch
Konstantin die Haruspicin an sich für nicht verwerflich er=
klärt, aber doch im Tone der Mißachtung derjenigen, welche
davon Gebrauch machen wollen. Mit Konstantius weiterhin
teilte Valentinian die tiefe Abneigung gegen die politisch ver=
dächtig gewordene Mantik. Die unheimlichen nächtlichen
Veranstaltungen, durch welche den Göttern das Geheimnis
der Zukunft entlockt zu werden pflegte, die Gebete, die Cäre=
monieen, die Opfer wurden durch ein gemeinschaftliches Gesetz
beider Kaiser bereits im September d. J. 364 unter Todes=
strafe gestellt.²) Doch erlangte der Prokonsul von Achaja,
Prätextatus, durch seine persönliche Fürsprache, daß die
eleusinischen Mysterien nicht unter die Wirkung dieses Gesetzes
gebracht wurden; vielmehr gestattete Valentinian ihre Fort=
dauer, allerdings unter der Bedingung, „daß alles sich voll=

---

¹) Cod. Theod. IX, 16, 9: Haruspicinam ego nullum
cum maleficiorum causis habere consortium judico neque
ipsam aut aliquam praeterea concessam a majoribus religionem
genus esse arbitror criminis .... nec haruspicinam repre-
hendimus, sed nocenter exerceri vetamus.

²) Cod. Theod. IX, 16. 7: Ne quis deinceps nocturnis
temporibus aut nefarias preces aut magicos apparatus aut
sacrificia funesta celebrare conetur. Detectum atque convic-
tum competenti animadversione mactari, perenni auctoritate
censemus. Die Interpretatio bestimmt die Ahndung näher als
Todesstrafe.

ziehe in Gemäßheit der althergebrachten Überlieferung."¹) Überhaupt sind die Sacra, wenn sie in kanonischer Weise, nach den alten Ordnungen vollzogen wurden, nirgends behindert worden, so lange nicht die Rücksicht auf bestimmte Verhältnisse das Gegenteil gebot. Als der athenische Oberpriester Nestorius gegen Ende der Regierung Valentinians, durch einen Traum dazu veranlaßt, bei dem Magistrat der Stadt Athen den Antrag stellte, dem alten Heros Achilleus einen öffentlichen Kultus einzurichten, um dadurch Athen und Attika vor den verwüstenden Erdbeben zu schützen, welche damals das Morgenland erschreckten, wies der Magistrat den Bittsteller als einen kindischen Alten ab, offenbar in Rücksicht auf diesen bestimmten Willen des Kaisers, der keine neue Superstition wollte. Der Bittsteller half sich indes damit, daß er eine kleine Statue des Achillens unter das Athenebild im Parthenon stellte, und indem er der Athene die gewohnten Opfer brachte, dabei auch geziemender Weise seines Heroen gedachte.²) In der Folgezeit haben sich die Herrscher noch mehrmals gegen den „Irrwahn" der Mathematiker, dem politische Unzufriedenheit und politischer Ehrgeiz bis in die Reihen der Senatoren hinein gläubige Jünger

---

¹) Zosim. IV. 3. Die Begründung: τοῦτον ἔφη, τὸν νόμον ἄριστον τοῖς Ἕλλησι καταστήσειν τὸν βίον, εἰ μέλλοιεν κωλύεσθαι τὰ συνέχοντα τὸ ἀνθρώπειον γένος ἁγιώτατα μυστήρια κατὰ θεσμὸν ἐκτελεῖν. Daraus darf man auf den großen Anhang des Hellenismus in Griechenland zurückschließen. Die kaiserliche Einschränkung: πράττεσθαι πάντα κατὰ ἐξ ἀρχῆς πάτρια entspricht ganz dem Sinne von Cod. Theod. IX, 16, 9

²) Zosim. IV. 18.

verschafft hatten, mit großer Schärfe ausgesprochen.[1]) Obschon von diesen Bestimmungen nur die Heiden betroffen wurden und wohl hauptsächlich solche, die durch den Tod Julians in ihren hochfliegenden Hoffnungen sich getäuscht sahen, so lag ihnen jegliche religiöse Tendenz fern; vielmehr bezweckten sie, die durch eine immer maßloser in die Politik sich verstrickende Divination hervorgerufene Aufregung, die leicht zu bedenklichen inneren Unruhen führen konnte, abzuschneiden.

Rein staatlicher Natur scheint auch eine von den Herrschern im ersten Jahre ihrer Regierung getroffene Maßregel aufgefaßt werden zu müssen, welche die Konfiskation sämtlichen Tempelgutes zu Nutzen des kaiserlichen Privatvermögens anordnete, soweit jenes früher einmal von der Regierung eingezogen und verkauft oder verschenkt war.[2]) Damit wurde also die Vermögenslage der heidnischen Heiligtümer, wie sie beim Ableben des Konstantius gewesen war, wiederhergestellt, also sämtliche Maßnahmen Julians zu Gunsten des Privatbesitzes der Tempel rückgängig gemacht. Es war ein rücksichtsloses Verfahren, und es traf nicht sowohl die heidnischen Priesterschaften, die sich jenes Besitzes schon entwöhnt hatten, als diejenigen, welche durch Schenkung oder Kauf unter Konstantin und Konstantius Eigentümer des Tempelgutes geworden waren, das heißt Christen. Diese Thatsache drängt dazu, das Vorgehen der Kaiser als eine Finanzoperation

---

[1]) Cod. Theod. IX, 16, 8. 9. 10.
[2]) Cod. Theod. X, 1, 8: Universa loca vel praedia, quae nunc in jure templorum sunt, quaeque a diversis principibus vendita vel donata sunt, retracta ei patrimonio, quod privatum nostrum est, placuit aggregari. Das Jahr 364 steht fest, das jetzige Datum prid. Non. Febr. ist falsch, da es vor den Regierungsantritt der beiden Herrscher fällt; vgl. darüber Gothofr. zu d. St.

aufzufassen, die aus der religionspolitischen Lage Gewinn zieht. Der übertriebene haushälterische Sinn der Herrscher, der nicht selten in maßlose Habsucht ausartete[1], kommt dieser Beurteilung entgegen.

Das Verhalten des Valens im Ostreiche entspricht genau demjenigen Valentinians, und ohne Zweifel ist diese Übereinstimmung das Ergebnis vorhergegangener gemeinsamer Besprechung der wichtigen Frage. Themistius[2] hat den Augustus des Orients in derselben Weise dafür belobt, wie Valentinian bei Ammianus Marcellinus Anerkennung gefunden hat. Katholischen Christen, welche unter dem Drucke der vollen Abneigung des Kaisers standen, ist im Lichte ihrer eigenen harten Lage diese Duldung des Heidentums als unverantwortlich weitgehend erschienen und Gegenstand bitterer Beurteilung geworden. Theodoret[3] verleiht dieser Stimmung mit den Worten Ausdruck: „während seines längern Aufenthaltes in Antiochien — es war im Winter 373—374 — gab er allen Freiheit des Kultus, Heiden wie Juden und auch denen, die sich zwar Christen nennen, aber das gerade Gegenteil der evangelischen Wahrheit lehren. Die hellenischen Mysterien wurden wiederum von den im Irrwahn Befangenen gefeiert, und er gestattete, daß die nach dem Tode Julians von Jovian ausgelöschte Gaukelei wieder aufblüte." Voll Staunen sahen die Bewohner von Antiochien die ausgelassenen Festzüge zu Ehren des Zeus, des Dionysos und der Demeter über ihren Markt und ihre Straßen öffentlich dahinrasen.

---

[1] Amm. Marc. XXX, 8; XXXI, 14.
[2] Themist. Orat. XII (ihre Ächtheit vorausgesetzt).
[3] Theodor. IV, 24.

Was von der Toleranz des Valens dem Heidentum gegenüber hier und sonst berichtet wird, entspricht schwerlich in vollem Umfange den wirklichen Verhältnissen; immerhin bleibt bestehen, daß der Augustus in seinen leidenschaftlichen, bewegten Kämpfen gegen die Orthodoxie und in den vielen andern Wirrnissen seiner Regierung die einzelnen Lebensäußerungen und Bewegungen des Hellenismus übersah. Nicht selten auch hat der Arianismus den Fanatismus der Göttergläubigen aufgerufen, um desto wirksamer seine Gegner zu bekämpfen. Nur wo das Heidentum sich und seine Superstition in den Dienst politischer Träumereien und Umtriebe stellte, ist ihm Valens ein rücksichtsloser Feind und Verfolger geworden. Davon steht in seiner Geschichte in blutigen Zügen geschrieben. Ein Jahrhundert, wo der Zufall diesem oder jenem das Szepter in den Schoß warf, mußte in den Menschen den Reiz wecken, sich selbst das Horoskop zu stellen oder den Namen überhaupt des nächsten Glückskindes zu erfragen. Die Mittel dazu bot in großer Auswahl die Divination mit ihrem Reichtum an volkstümlichen Zusätzen. In hellenischen Kreisen insonderheit regte die trostlose, hoffnungsarme Gegenwart das Verlangen, von den Göttern zu erfahren, ob noch eine zuverlässige Hoffnung sei und noch ein Name, an den diese sich binden könne. Die Übung dieser Befragung war eine alte; sie hatte den ganzen Zorn des Konstantius erregt. Aber sie war nicht zu unterdrücken. Hoffnung und Befürchtung trieben immer wieder Leute auf die gefährliche Bahn.

Im Jahre 371 oder 372 gestand ein des Giftmordes angeklagter verkommener Mensch namens Palladius auf der Folter, von einer solchen Befragung der Götter betreffend den Nachfolger des Kaisers zu wissen und nannte mehrere

Namen. Begierig wurden diese Mitteilungen aufgenommen, und die schleunigst angestellte Untersuchung ergab, daß in der That mehrere Personen einem aus Lorbeerzweigen geflochtenen Dreifuß durch magische Verrichtungen den Namen des zukünftigen Herrschers entlockt hatten. Der über dem Dreifuß schwebende, mit geheimnisvoller Formel geweihte Ring schlug an die Buchstaben ΘΕΟΔ an, und sofort ergänzten die Zeugen ΘΕΟΔΩΡΟΣ und richteten den Orakelspruch auf einen angesehenen kaiserlichen Beamten Theodorus, der mit dem Ruhme eines alten Geschlechtes und seiner Bildung persönliche Beliebtheit und Tüchtigkeit in den Geschäften verband. Er erhielt Kunde von dem Spruche und verschloß ihn heimlich in seine Brust. Um so beflissener zeigten sich die Unternehmer der Divination, in heidnischen Kreisen, die auf eine bessere Zukunft warteten, das Orakel zu verbreiten und freudige Erwartungen wach zu rufen. Hohe und niedere kaiserliche Beamte wie Private, vor Allen aber die Philosophen und Rhetoren, die seit Julians Tode ungeehrt und unbeachtet abseits standen, knüpften ihre Hoffnungen an dieses Ereignis. Fast in alle Winkel dieser stillen Gemeinschaft drang mit Hülfe einer maßlosen Denunciation und eines unbarmherzigen Folterverhörs die richterliche Untersuchung. Bald waren die Henker in furchtbarer Thätigkeit. Scharen von Verurteilten wurden dem Tode überliefert. Mit Schauern sah man diese unersättliche Blutarbeit, die nicht Opfer genug haben zu können schien. Auch der Philosoph Maximus, hochgeehrt in seiner Zeit und ein naher Freund Julians, wurde in das Verderben hineingezogen. In Ephesus wurde dem schwererkrankten Manne, der unmittelbar vor seinem Lebensende stand, das Haupt abgeschlagen. Ein gleiches Geschick traf mehrere andere Neuplatoniker. Die böswillige Denunciation wollte nicht aufhören. Ein Schrecken war über das ganze Reich gekommen. Es wurde als ein Unglück verwünscht, einen Namen zu haben, der mit ΘΕΟ⌐ anfing. In großer Anzahl sind damals Träger der Namen Theodorus, Theodotus, Theobulus, Theodosius hingerichtet worden. In dem fanatischen Arianer schien eine dunkele Angst lebendig geworden zu sein, ob nicht das Orakel vielleicht doch Recht haben könnte.[1]

Diese grausame Justiz hat, obwohl von politischen Beweggründen ausgehend und bestimmt, thatsächlich das Heidentum schwer erschüttert. Denn dieses war ja das Ziel der entfesselten Spionage und schrankenlosen Denunciation, und die zahllosen Opfer gehörten ihm an. Auch läßt sich vermuten, daß einzelne richterliche Beamte über die Grenzlinie des Politischen hinausgingen, um den Götterglauben als solchen zu treffen. In andern Fällen ergab sich eine Scheidung zwischen Politischem und Religiösem überhaupt als unmöglich; fast überall stieß die Untersuchung zuletzt auf die Anhängerschaft Julians, welche politisch verdächtig war und zugleich die religiösen Reformgedanken desselben bewußt festhielt. Dadurch sah sich die Regierung veranlaßt, für den höhern Beamtenstand auch das religiöse Bekenntnis in Anschlag zu bringen, und entfernte eine Anzahl heidnischer Würdenträger von ihrem Posten.[2] Indifferente Beamte oder solche, welche bestimmte Garantieen ihrer Treue boten, sind indes in ihrer Stellung verblieben; sie begegnen hernach

---

[1] Amm. Marc. XXIX, 1. 2; Zosim. IV, 13. 14. 15. Philost. IX, 15; Sokrat. IV, 19; Sozom. VI, 35.

[2] Zosim. IV, 2 weiß, daß noch vor diesen Ereignissen die beiden Kaiser die Verwaltung der Provinzen und anderer wichtiger Ämter den von Julian dazu berufenen Personen, zwei ausgenommen, entzogen und in andere Hände gelegt hätten. Es scheint mir richtiger, diese Maßregeln später zu setzen.

noch öfters in der Geschichte beider Kaiser. Auch das ist nicht gering zu veranschlagen, daß die grausame Form, in der sich die rächende Strafe auswirkte, in heidnischen Kreisen Furcht und Schrecken verbreitete und das Heidentum, wenn auch nur vorübergehend und nicht überall, von der Öffentlichkeit zurückdrängte. Die safranfarbenen Mäntel der heidnischen Philosophen verschwanden; ihre Hörsäle wurden leer, die Mantik ruhte, weil Jeder besorgte, in den Verdacht hochverräterischer Orakelbefragung zu kommen.[1]).

In den großen Städten freilich, wo das Heidentum sich noch als eine starke Macht und im Besitz der Volksmassen wußte, konnte natürlich der Eindruck dieser Geschehenisse nur ein geringer sein. Ein Vorfall in Alexandrien offenbart, daß auch nach solchen Erfahrungen in den heidnischen Schichten der großen Städte ein wilder Haß sich erhielt, der auch vor offenem Angriff auf die christliche Bevölkerung und ihre heiligen Rechte nicht zurückschreckte. Im Mai des Jahres 373 nämlich war in dieser Stadt Athanasius, der unbeugsame Kämpfer und Dulder des nicänischen Glaubens, im ruhigen Besitz seines Bistums gestorben; denn Valens hatte den angesehenen Mann, der eine gewaltige Macht in seiner Hand trug, nicht zu verdrängen gewagt, obwohl die Augen der Arianer immer auf den alexandrinischen einflußreichen Bischofsstuhl gerichtet waren. Doch um seine Nachfolge entbrannte ein heftiger Kampf. Die Freunde und Gesinnungsgenossen des Toten traten rasch zusammen und erhoben, einen Wunsch des Heimgegangenen erfüllend, den Presbyter Petrus, den

---

[1]) Sozom. VI, 35: Ambros. De fide I, 13, 84: non quaero, quid loquantur philosophi, requiro quid faciant. Soli in suis gymnasiis remanserunt. Vide quam fides argumentis praeponderet: illi quotidie a suis consortibus deseruntur.

Genossen seiner Leiden und Gefahren, auf den bischöflichen Thron. Der heidnische Statthalter Palladius, der seinem arianischen Herrn gefällig sein wollte, vielleicht auch bestimmte Instruktionen hatte, vertrieb den Petrus mit Gewalt aus der Stadt. Bei dieser Gelegenheit ließ sich der heidnische Pöbel, dessen Leidenschaft der Statthalter aufgeregt und dessen Mitwirkung er gebraucht hatte, um seinen Zweck desto sicherer zu erreichen, zu schändlicher Profanation der Theonaskirche hinreißen. Unter Hymnen auf die Götter drang die Menge in das Gotteshaus, welches Petrus eben verlassen hatte, und erfüllte den heiligen Raum mit wüstem Lärm. Die in der Kirche anwesenden geweihten Jungfrauen wurden ergriffen, entkleidet und so durch die Stadt geführt und dem Hohne der Heiden und der Arianer preisgegeben. Auch der Altar wurde entweiht, und von der bischöflichen Kathedra herab hielt ein Wüstling eine Predigt, in welcher Unzucht, Raub, Fressen und Saufen als heilsame Dinge erbaulich empfohlen wurden. Erst die Ankunft des Comes Magnus, der inzwischen, wie es scheint, mit dem arianischen Christentum paktiert hatte und unter starker militärischer Bedeckung den von Euzoius in Antiochien besorgten arianischen Bistumskandidaten Lucius herbeiführte, machte den Ausschreitungen ein Ende.[1)]

Es konnte nicht ausbleiben, daß solche Erfahrungen die Mäßigung der Herrscher auf eine harte Probe stellten. Auch der Einfluß der Kirche, vor allem der Bischöfe, sowohl im Orient wie im Occident machte sich immer entschiedener geltend und suchte die weltliche Regierung, für welche das

---

[1)] Vgl. das Schreiben des Petrus bei Theodor. IV, 22; auch Basil. Ep. 139 S. 230.

Wohlwollen der Bischöfe großen Wert hatte, von der Bahn der Toleranz wegzudrängen. Doch wie immer auch die letzten Gründe bestimmt werden mögen, schließlich verstanden sich die beiden Kaiser dazu, die früher verheißene Religionsfreiheit einzuschränken. Sie untersagten jegliches Opfer mit Ausnahme der Rauchopfer.[1]) Damit war dem Opfer der öffentliche Pomp genommen; der feierliche Aufzug mit den bekränzten Tieren hörte auf, die Funktion des Opferschlächters hatte ein Ende. Es gab nun keine sakrifizielle Divination mehr, kein fröhliches Opfermahl. Das heidnische Opfer war jetzt nur wenig mehr als was der christliche Priester that, wenn er die Weihrauchkörner auf die glühenden Kohlen des Rauchfasses warf. Der dürftige Rest, der jetzt vom Opfer noch blieb, mußte als ein Almosen erscheinen, das nur noch für einige Zeit gereicht wurde, um dann auch zu verschwinden.

Diese neueste und wichtigste religiöse Verordnung der kaiserlichen Brüder hat selbstverständlich ebensowenig allgemeine Anwendung gefunden wie ähnliche Bestimmungen des Konstantius. Doch war wichtig, daß sie überhaupt vorhanden war, so daß vorkommenden Falls auf sie Bezug genommen werden konnte.

Demnach weist sich die Religionspolitik dieser Herrscher als eine solche aus, welche die Bahn, die Konstantin und seine Söhne bereits durchmessen hatten, wiederum durchläuft, ohne indes bis an denselben Punkt zu kommen. Ihr Ziel ist jedenfalls dasselbe gewesen; aber die Aktion ist matt und nachlässig. Das Heidentum mußte daraus den Eindruck gewinnen, daß es in der Absicht dieser Regierung liege, neben

---

[1]) Liban. I S. 163 in der Rede für die Tempel: (τὸ θύειν) ἐκωλύθη παρὰ τῶν ἀδελφῶν, ἀλλ᾽ οὐ τὸ λιβανωτόν.

der Herrschaft des Christentums und der Kirche dem Götter=
glauben, obschon in beschränktem Umfange, Duldung zu ge=
währen. Diese Auffassung läßt sich in der That nachweisen.

Die Gründe dieser stark zum Indifferentismus neigenden
Religionspolitik sind schwerlich im Heidentum selbst zu suchen.
Vielmehr wird in den unruhigen politischen und kirchlichen
Verhältnissen und in der Überzeugung, daß die alte Religion
von selbst dahinsterbe, die Erklärung dieser Erscheinung
zu suchen sein, die, an der Politik der Konstantiner gemessen,
allerdings sich auffallend ausnimmt.

Zweites Kapitel.

Steigerung des Kampfes durch Gratian und Valentinian II.

In der Unruhe eines Quadenkrieges wurde Valentinian in einer Zornesaufregung am 17. November 375 im Lager zu Bregetio unerwartet hingerafft. Die armselige Erscheinung einer Gesandtschaft der Feinde, mit welcher der stolze Imperator des mächtigen Reiches unterhandeln sollte, brachte ihn in eine leidenschaftliche Bewegung: „wie von einem Blitzstrahl getroffen", sank er zu Boden.

Irgendwelche Besorgnisse hinsichtlich der Nachfolge schienen grundlos, da ein legitimer Thronerbe vorhanden war, der siebzehnjährige Sohn des Kaisers, Gratianus, der längst mit Zustimmung des Heeres den Augustustitel trug. Dennoch erhoben sich in der Armee Bedenken gegen diese Erbfolge; die Stimmung eines großen Teils der Armee war dem Comes Sebastianus zugewandt, und nur die rasche und geschickte Entschlossenheit des Generals Merobaudes verhütete den Ausbruch unberechenbarer Wirren. Da die Umstände eine schnelle Entscheidung forderten, Gratian aber in dem fernen Trier abwesend war, so wurde der leichter zu erreichende jüngere Valentinianus, der erst vierjährige Sohn des Kaisers aus seiner Ehe mit der Arianerin Aviana Justina, nach) Bregetio geführt, den Soldaten vorgestellt und als Augustus ausgerufen. Damit war dem valentinianischen Hause die Erbfolge und dem Reiche die Ruhe gesichert. Gratian fügte sich in die Umstände und nahm den Genossen seines Throns freundlich auf. Thatsächlich blieb in der Folgezeit die Regierung in seiner Hand, obwohl für den Mitaugustus bestimmte Gebiete — Italien, Afrika und Illyrien — abgetrennt worden waren.

Der junge Herrscher war wohl geeignet, die Herzen seiner Unterthanen sich geneigt zu machen. Seine schöne, männliche Erscheinung, sein einnehmendes Wesen und reiche Gaben des Geistes wie des Gemüts gewannen ihm mühelos Zuneigung, ja schwärmerische Begeisterung, und man schlug es gering an, daß die Zerstreuungen der Jagd ihn allzuleicht von ernsten Geschäften abziehen konnten. Das begeisterte Lob seines Lehrers, des Dichters Ausonius, der für die Konsulswürde dankend in dem Kaiser die königliche Würde des Menelaus, die Klugheit des Ulysses und die Alters-erfahrung Nestors in höherem Maße entdeckte[1]), war nicht bloße Rhetorik; auch der Heide Symmachus hat die segens-volle Wirkung dieser Regierung anerkannt[2]), und selbst die strenge Geschichtsschreibung des Ammianus Marcellinus giebt dem jungen Augustus den Ruhm, den besten Fürsten würdig nachgeeifert zu haben.[3]) In Gratian tritt in der Reihe der

---

[1]) Auson. Grat. actio (bei. S. 532. 540. 547 ed. Paris. 1730).

[2]) Symm. Epist. X, 2 (a. 376). Die Citate hier wie im Folg. nach der vorzüglichen Ausgabe von Seeck in d. Monum. Germ. hist. Auctores antiquiss. t. VI, p. 1. Berol. 1883

[3]) Amm. Marcell. XXXI, 10: praeclarae indolis adu-lescens, facundus et moderatus et bellicosus et clemens: ad aemulationem lectorum progrediens principum.

christlichen Herrscher Roms zum erstenmal eine edele christliche Persönlichkeit von tiefer innerlicher Empfindung uns entgegen. In heimlichem Zwiegespräch mit Gott liebte er, seine Entschlüsse vorzubereiten. Die Kirche hatte seine Achtung und Zuneigung, nicht weil sie für das politische Staatswesen eine bedeutsame erhaltende Kraft war, sondern weil er in ihr das Gefäß der himmlischen Gnadengaben und die legitime Inhaberin der göttlichen Gewalt und Majestät auf Erden sah. Aus seiner aufrichtigen Frömmigkeit, die von zuchtloser Schwärmerei ebenso frei war wie von düsterer Askese, entsprang die schöne Harmonie seines Wesens und in ihr eine strenge Sittlichkeit, welche, in jenem Jahrhundert in den Höhen der Gesellschaft selten, von den Zeitgenossen um so rühmender hervorgehoben wurde.[1]) Auch für theologische Fragen hatte er, wie überhaupt für die Wissenschaft, Verständnis und Trieb[2]), ohne des Konstantius fanatisches Dogmatisieren zu teilen. Eine enge Freundschaft verband ihn mit dem auch in weltlichen Dingen erfahrenen Bischof Ambrosius von Mailand. Noch nicht ein Jahr war vergangen, als der Wille des Volkes den Präses von Liguria und Ämilia wider alles Erwarten auf den bischöflichen Stuhl erhob, und schon ragte die Gestalt dieses Mannes unter allen Bischöfen der weiten Kirche hervor. Der junge Herrscher stellte sich zu dem Bischof in das Verhältnis eines Kindes

---

[1]) Aur. Victor: parcus sibi somnique et vini ac libidinis victor.

[2]) Das schöne Schreiben an Ambrosius (Ambr. Op. t. III S. 778) und der Prologus zu de fide (t. III S. 563 f.). Über die Religiosität des Kaisers überhaupt bei. Ennarratio in Ps. LXI t. II S. 306 ff.; de obitu Valentiniani und sonst öfters; ferner Auson. a. a. O.; Rufin. H. E. II, 13. 14; Theodor. V, 2 u. A.

zu seinem Vater, und es ist nicht bekannt, daß Ambrosius seinen irdischen Herrn zu Unbilligem verleitet habe, obwohl die Stunden ihres vertraulichen Verkehrs nicht nur religiöse und theologische Gespräche ausgefüllt haben. Wie ganz anders ist doch dieses Bild als der Anblick des von eifersüchtigen Hoftheologen umworbenen Konstantius.

Es war zu erwarten, daß die Kirche das Wohlwollen Gratians in reichem Maße erfahren werde. In der That ging er ihr wirksam zur Hand im Kampfe gegen die Häretiker und mehrte ihre Privilegien. Besonders darin leistete er ihr einen wichtigen Dienst, daß er ihrem Anspruch auf Ausschließlichkeit und Einzigkeit mit staatlichen Mitteln zu Hilfe kam. So wenig die geläufige Behauptung wahr ist, daß Gratian die orthodoxe Staatskirche den heterodoxen Parteien gegenüber begründet habe, so verdankt die Kirche ihm doch die Möglichkeit, ihre Rechts- und Machtsphäre in kürzerer Zeit, als es ihr etwa unter Jovian und Valentinian verstattet gewesen wäre, von der Häresie abzusondern und damit die Gewalt über diese zu gewinnen. Aus dieser Richtung auf Stärkung der Kirche ergab sich ein entsprechender Gegensatz gegen das Heidentum. Zudem waren die Nachwehen der julianischen Reaktion überwunden und damit gewisse Rücksichten hinfällig geworden, mit denen die beiden Vorgänger Gratians noch zu rechnen hatten. Was Ambrosius einmal in die Worte gefaßt hat: „das Gemeinwohl kann nur dann festen Bestand haben, wenn Jeder den wahren Gott, das ist den Christengott, der die ganze Welt regiert, wahrhaftig verehrt" [1] — bildete auch den Inhalt der Über-

---

[1] Ambros. Ep. I. 17 in einem Schreiben an Valentinian II. t III S. 866.

Steigerung des Kampfes durch Gratian 2c.   213

zeugung und des festen Willens des Kaisers. Sein Handeln beweist es. Allerdings tritt ein eigentlicher Gegensatz zu dem Verfahren seines Vaters nicht hervor, wohl aber nimmt in mehreren Einzelheiten die neue Religionspolitik eine Form an, die eine Steigerung und Verschärfung bedeutete.

Gleich nach seiner Thronbesteigung gab er seiner Stimmung in entschiedener Weise Ausdruck. Als nämlich Abgeordnete des Pontifikalcollegiums vor ihm erschienen, um ihm das Gewand des Pontifex Maximus, die alte Toga prätexta zu überreichen, wies er diese zurück; unziemlich sei eine solche Gewandung für einen Christen. Die Priester mußten unverrichteter Sache heimkehren; mit einer unheilverkündenden Prophezeiung soll der Leiter der Deputation der Stadt und dem kaiserlichen Palaste den Rücken gekehrt haben.[1]) Die Enttäuschung mußte um so größer sein, da auch die christlichen Vorgänger Gratians anstandslos das Pontifikalkleid entgegengenommen hatten. Zugleich verschwindet jetzt der ehrwürdige Titel Pontifex Maximus, der seit Augustus unter den kaiserlichen Titeln voranstand und die Verschmelzung der höchsten sakralen und der höchsten staatlichen Gewalt in der Person des Princeps aussprach.[2]) Freilich liegt in

---

[1]) Zosim. IV, 36: εἰ μὴ βούλεται ποντίφιξ ὁ βασιλεὺς ὀνομάζεσθαι, τάχιστα γενήσεται ποντίφιξ μάξιμος (Anspielung auf den Usurpator Maximus). Ich setze diesen Vorgang in den Anfang der Regierung Gratians; man begreift sonst nicht die Überreichung der Toga prätexta in einer späteren Zeit.

[2]) Da die spanische Inschrift C. J. L. II Anhang p. 44 n. 452 eine Fälschung ist, so bezeichnet nach unserer jetzigen Kenntnis nur einmal eine Inschrift den Kaiser als Pontifex Maximus, nämlich C. J. L. VI n. 1175 v. J. 368 (oder 370?). Doch entfällt diese in die Knabenjahre Gratians und nennt in erster Linie Valentinian I und Valens als Pontifices Maximi. Wenn Ausonius (Gratiar. actio)

jenem Verzicht Gratians auf Titel und Gewandung des Pontifex Maximus keineswegs die Hingabe der Rechte dieser Würde eingeschlossen: diese Rechte waren doch noch zu bedeutungsvoll, als daß sie einem religiösen Sentiment zu Gefallen ohne Schädigung des Staatsinteresses hätten hingegeben werden können.

Es vergeht einige Zeit, bis wir von unmittelbaren Verordnungen Gratians gegen den Hellenismus etwas hören. Ganz andere Fragen standen bedrohlich im Vordergrunde und nahmen die Aufmerksamkeit und Thätigkeit der Regierung in Anspruch. Immer näher rückte im Ostreiche die Gotengefahr. Im Jahre 377 brach in Thrazien der Aufstand in vollen Flammen aus. Erschreckt eilte Valens von Antiochien herbei, und auch Gratian ordnete schleunigt Truppen ab, denn an dem Schicksal des Ostreichs hing die Zukunft des Westreichs. Mit trüben Aussichten begann der Feldzug; Mißerfolge bezeichneten seinen ersten Fortgang. Da, um das Unglück voll zu machen, zwang ein rascher Einfall der lentiensischen Alamannen in das Elsaß den Augustus des Westens, seine Hilfstruppen zurückzurufen. In gefährlicher Schlacht vernichtete er, durch persönliche Tapferkeit Allen voranleuchtend, "sich verlassend auf Christi Macht" bei Argentaria im Mai 378 die Eindringlinge und kehrte dann in Eilmärschen nach dem Osten zurück. Er kam zu spät. Valens hatte, von seiner Eifersucht und seinen Generalen schlecht beraten, voreilig bei Hadrianopel eine große Schlacht gewagt, und Gratian fand bei seiner Ankunft auf dem

---

den Kaiser mehrmals als P. M. bezeichnet, so ist das, wie der Zusammenhang zeigt, rhetorisches Spielen mit den Kaisertiteln überhaupt, wie schon Vosius (bei Grävius, Thes. ant. Rom. V S. 298 f.) richtig erkannte.

Kriegstheater eine furchtbare Niederlage der Römer vor; sein Oheim selbst lag unter den zahllosen Erschlagenen. Das Reich schien am Rande des Verderbens. War die Kraft des zwanzigjährigen Augustus, den dieses zweite Cannä zum Alleinherrscher gemacht hatte, ausreichend, diesen Gefahren zu begegnen? Gratian verneinte selbstlos sich diese Frage und erhob an Stelle des Valens den eben erst aus der Verbannung zurückgerufenen General Theodosius zum Mitaugustus. Zwei Jahre vorher erst war das Haupt seines Vaters, des Comes Theodosius, unmittelbar nach einem glücklichen Kriege auf den ungegründeten Verdacht der Verräterei hin in Karthago gefallen, jetzt wurde der Sohn ohne sein Zuthun das, was der Vater eigenmächtig angeblich werden wollte. Es war ein bedeutungsvoller Moment, als Gratian am 19. Januar 379 zu Sirmium den tapferen Spanier mit dem Purpur bekleidete, denn die nächstfolgende Geschichte beider Reiche hat von diesem Manne ihr eigentümliches Gepräge: er ist wieder der erste wahrhaft große Herrscher seit Konstantin. Was die Kirche und was das Heidentum von ihm zu erhoffen hatten, zeigte sich bald deutlich genug an.

Kaum hatte nämlich Theodosius durch geschickte Verhandlungen die Goten beruhigt und die Sicherheit des Reiches wieder hergestellt, erfolgte am 28. Februar 380, von Thessalonich aus datiert und an die Bevölkerung von Konstantinopel gerichtet, das berühmte Gesetz, welches in einer bisher unerhörten Schärfe das ausschließliche Recht der Kirche nicänischen Bekenntnisses aussprach, allein ihren Gliedern das Recht auf den Namen „katholische Christen" zuerkannte, alle andern aber unter Strafandrohungen als „Thoren und Wahnsinnige" und ihr Dogma als „schändlich" brandmarkte. Die katholische Kirche ist nach dieser kaiserlichen Willensäußerung die wahre Religion, „welche, so ist unser Befehl, alle Völker annehmen sollen, die unser mildes Scepter regiert."[1]) Besondere Ereignisse waren diesem Gesetz vorausgegangen. Kurz vorher nämlich verfiel Theodosius in Thessalonich in eine lebensgefährliche Krankheit. Wie einst sein Vater, ehe er sein Haupt dem Henker darreichte, das heilige Sakrament der Taufe begehrte, um dann „des ewigen Heils gewiß" willig zu sterben[2]), so begehrte jetzt auch der Kaiser in Erwartung seines nahen Endes von dem dortigen Bischofe Ascholios, nachdem er sich der Rechtgläubigkeit desselben vergewissert hatte, das sündentilgende Wasserbad.[3]) Er genas jedoch, und es scheint, daß in diesen Erfahrungen sein streng kirchlicher Sinn, den er bereits als Erbstück seiner Familie besaß, noch mehr erstarkte. Auch sein geistlicher Vater, der mit der Weltflucht eines Asketen den Feuereifer eines streng nicänischen Theologen und die Klugheit eines welterfahrenen Bischofs verband, wird diese Stunden nicht ungenutzt haben vorübergehen lassen.[4]) Nicht zufällig richtete sich die drohende Sprache dieses Erlasses an das Volk zu Konstantinopel.

---

[1]) Cod. Theod. XVI, 1. 2. Der Eingang: Cunctos populos, quos clementiae nostrae regit temperamentum, in tali volumus religione versari, quam divinum Petrum Apostolum tradidisse Romanis religio usque ad nunc ab ipso insinuata declarat, quamque pontificem Damasum sequi claret et Petrum Alexandriae episcopum, virum apostolicae sanctitatis; hoc est, ut secundum apostolicam disciplinam evangelicamque doctrinam patris et filii et spiritus sancti unam deitatem sub parili majestate et sub pia trinitate credamus. Die zweite Hälfte bedroht die Ketzer.

[2]) Oros. VII, 33.

[3]) Sokrat. V, 6; Sozom. VII, 4.

[4]) Über Ascholios vgl. Ambros. Epist. I, 15 u. 16.

Denn hier, in der Hauptstadt des Ostens, hatte sich der Arianismus seit den Tagen des Konstantius eine feste Burg geschaffen, und auch andere Sekten, die in oder außer Zusammenhang mit der großen christologischen Streitfrage sich von der Kirche gelöst hatten, fanden daselbst leichtlich Unterschlupf und Duldung. Noch in demselben Jahre zog Theodosius in Konstantinopel ein. Unter dem jubelnden Volke jubelte ihm am lautesten die kleine nicänische Gemeinde und ihr Bischof Gregor von Nazianz entgegen. Und in der That entschied das Erscheinen des Kaisers über das Geschick des Arianismus in der Hauptstadt. Der arianische Bischof Demophilos wurde vor die Wahl gestellt, die Homousie zu bekennen oder abzudanken. Er wählte letzteres. Dieselbe rücksichtslose Entschlossenheit erfuhr der übrige Klerus. Über Nacht wurde Konstantinopel eine nicänisch-orthodoxe Stadt und der verfolgte, verhöhnte Bischof Gregor ihr geistliches Haupt. Neben der imposanten Figur des Augustus schritt am 26. November der Kappadozier freudig und doch zaghaft zur Hagia Sophia, um vor der Geistlichkeit und dem Volke die neue Würde feierlich zu ergreifen. Bald darauf erfolgte von Thessalonich aus eine dem älteren Edikt entsprechende neue Verordnung des Kaisers[1]), die zum Teil jenes noch an Strenge übertrifft. Der Satz, der hier gleich am Eingange steht: „Der Name des Einen und höchsten Gottes soll überall verehrt werden", erstreckt seine Tragweite auch auf das Heidentum. Wie in der Bekämpfung der Häresie, so begegneten sich in der Niederwerfung des Hellenismus der Wille und die That der beiden Augusti. Ja, es hat den Anschein, daß der kräftigere und entschlossenere Regent des

---

[1]) Cod. Theod. XVI, 5, 6.

Ostens nach der einen und der anderen Seite hin die Politik des milden und rücksichtsvollen Gratian, der außerdem ein viel selbstbewußteres und lebendigeres Heidentum vor sich fand, angeregt und bestimmt habe. Jedenfalls sind die im Namen der drei Augusti erlassenen, auf die Götterverehrung sich beziehenden Gesetze des Codex Theodosianus von Theodosius ausgegangen.

Zunächst freilich ließen es die Herrscher bei den vorhandenen Verordnungen bewenden, sei es, daß die Umstände jetzt noch vor neuen Bahnen warnten, sei es, daß andere Geschäfte drängten. Auch der erste hierher entfallende kaiserliche Erlaß vom Jahre 381 beschränkt sich darauf, das schon längst bestehende Verbot der Tag- und Nachtopfer neu einzuschärfen, und wendet sich im Übrigen gegen die immer noch bedrohliche politische Divination.[1]) Doch schon wenige Monate nachher übermittelte Theodosius von Konstantinopel aus dem Präfektus Prätorio Eutropius einen kaiserlichen Beschluß, laut dessen in Zukunft alle diejenigen Personen christlichen Bekenntnisses, die den Rückfall in das Heidentum vollziehen, des Rechtes verlustig gehen sollen, testamentarisch über ihre Hinterlassenschaft zu verfügen[2]), eine Bestimmung,

---

[1]) Cod. Theod. XVI, 10, 7: Si quis vetitis sacrificiis diurnis nocturnisque velut vesanus ac sacrilegus incertorum consultorum immerserit fanumque sibi aut templum ad hujusce modi sceleris excusationem assumendum crediderit vel putaverit adeundum, proscriptioni se noverit subjugandum, cum nos justa institutione moneamus, castis Deum precibus excolendum, non diris carminibus profanandum.

[2]) Cod. Theod. XVI, 7, 1: Eis, qui ex Christianis pagani facti sunt, eripiatur facultas jusque testandi, et omne defuncti, si quod est, testamentum summota conditione rescindatur.

Steigerung des Kampfes durch Gratian ꝛc.

die später weiter spezialisiert worden ist.¹) Es wird also die Thatsache wiederholter Übertritte von der christlichen zur heidnischen Religion vorausgesetzt. Auch die Kirche beschäftigte sich um diese Zeit damit.²) Möglich, daß nur einige wenige Fälle die Grundlage jener Gesetze abgegeben haben, doch bleibt daneben auch die Vermutung bestehen, daß die Erfahrungen dieser Art umfassender waren. Da die Maßregeln von Konstantinopel ausgingen, so ist anzunehmen, daß auch im Orient die Veranlassung dazu gegeben war. Es läßt sich wohl vorstellen, daß Valens, indem er in seiner erbitterten Bekämpfung der Nicäner gelegentlich heidnische Volksmassen als Bundesgenossen brauchte und dadurch gewisse Verpflichtungen der Rücksicht übernahm, den Anschein erregte, als ob die Regierung den Standpunkt voller Neutralität vertrete. In dieser Voraussetzung aber lag für manchen eine Nötigung, die heuchlerische und lästige Maske eines Scheinchristentums von sich zu werfen. Die Bischöfe des Ostens werden nicht ermangelt haben, diese Apostasieen dem neuen Augustus zur Kenntnis zu bringen und geeignete Schritte des Staates zu veranlassen. Jetzt also erhalten die Verordnungen Konstantins und des Konstantius gegen den Rückfall in das Judentum eine Ergänzung nach dem Heidentum hin.

---

¹) Cod. Theod. XVI, 7, 2 (a. 383), gleichfalls von Konstantinopel aus datiert, und XVI, 7, 3 (a. 383) aus Padua. Der Inhalt mildert und schärft zugleich den Erlaß von 380.

²) Vgl. Basil. Epist. can. III, c. 73 u. die Synode gallischer Bischöfe in Valence 374 (c. 3: circa eorum personas, qui se post unum et sanctum lavacrum vel profanis sacrificiis daemonum vel incesta lavatione polluerint, eam censurae poenam duximus esse servandam, ut u. s. w. Mansi t. III S. 493).

Schwer mochten die Betroffenen unter dem Drucke dieser Bestimmungen leiden, dennoch stehen diese an Wirkung hinter dem heftigen Verstoß zurück, den Gratian gegen das Bollwerk des Heidentums in Rom selbst im Jahre 382 ausführte. Das stolze überlegene Auftreten der Altgläubigen in der Welthauptstadt, ihr Einfluß in den höchsten Gesellschaftskreisen, der volle glänzende Pomp der Kultushandlungen, die sich noch vollzogen, als ob es kein Christentum in der Welt und keine christlichen Augusti im Reiche gäbe, erregten unter der anwachsenden christlichen Bevölkerung und ihrem selbstbewußten Klerus in steigendem Maße Abneigung und Unwillen, und aus dieser Empfindung mußten bald bestimmte Wünsche erwachsen. Seit 366 saß auf dem Stuhle Petri ein in allen Künsten des Intriguenspieles erfahrener Priester, der Spanier Damasus. Sein Weg zu der heiligen Kathedra war über Leichen und durch böse Gerüchte gegangen, und mit kluger Vorsicht, bald gewaltthätig, bald zurückhaltend, verstand er, die Zeitverhältnisse auszukaufen. Durch manche Widerwärtigkeiten hindurch gewann er die Gunst Gratians, dem die Freundschaft des gewandten Bischofs nicht gleichgiltig sein konnte. Der bigotte Kirchenfürst, der die Katakomben zu Ehren der Heiligen ausschmückte und in monotonen Liedern die Märtyrer besang, konnte seiner ganzen Natur nach nichts anders denn ein fanatischer Gegner des Heidentums sein, vielleicht hat Spott seine Gefühle noch mehr aufgestachelt; wenigstens erzählt der ihm eng befreundete Hieronymus[1]), daß der hochangesehene Präfekt Prätextatus, der

---

[1]) Hieron. Contra Joh. Hieros. c. 7 (t. II S. 415): Miserabilis Praetextatus, qui designatus consul est mortuus, homo sacrilegus et idolorum cultor, solebat ludens beato Papae

zu den Führern der heidnischen Partei zählte, scherzend zu sagen pflegte: „macht mich zum Bischof der Stadt Rom und ich werde sogleich Christ." Der Zorn des Hieronymus über den „gottlosen Menschen", den „elenden Prätextatus", der bei dieser Gelegenheit zum Vorschein kommt, mag der Stimmung des Damasus entsprechen. Es ist kaum denkbar, daß der römische Bischof seine guten Beziehungen zu Gratian und Ambrosius nicht benutzt habe, um den Greuel der Abgötterei in seiner Diözese abzuthun und die „tollen Hunde" [1] niederzuzwingen. Gerade damals war das Verhältnis zu Ambrosius ein sehr nahes.

Entschlossenen Mutes unternahm Gratian, was sogar die Leidenschaftlichkeit des Konstantius nicht gewagt hatte: er sistierte die staatlichen Zuschüsse für die kultischen Verrichtungen und überwies sie dem Fiskus oder der Kasse des Präfektus Prätorio, bestimmte die Einkünfte der Vestalischen Jungfrauen sowie der Tempeldiener an die Verwaltung des öffentlichen Verkehrs, zog die den Priesterschaften gehörigen Grundstücke an sich und verkürzte jenen außerdem die Immunitäten.[2] Das war in Wahrheit eine Verstörung alter

---

Damaso dicere: facite me Romanae urbis episcopum et ero protinus Christianus.

[1] Damas. Hymn. XVIII de S. Tarsicio (Migne XIII S. 392).

[2] Symm. Rel. III (S. 281, 30), wo im Gegensatz zu Gratian Konstantius belobt wird: nihil ille decerpsit sacrarum virginum privilegiis, replevit nobilibus sacerdotia, Romanis caerimoniis non negavit impensas. S. 283, 3: honoraverat lex parentum vestales virgines ac ministros deorum victu modico justisque privilegiis. Stetit muneris hujus integritas usque ad degeneres trapezitas, qui ad mercedem vilium bajulorum sacra castitatis alimenta verterunt. S. 282. 27: agros etiam virginibus et ministris

geheiligter Ordnungen. Denn in den fernliegenden Zeiten, als der Staat die Volksreligion an sich band und sie zu einem Stück des Staatswesens machte, übernahm er die finanzielle Fundirung der Kulte und der Priestertümer, so weit diese letztern nicht Ehrenämter waren; vorzüglich die Tempeldienerschaft bezog aus den staatlich verwalteten Tempelkassen ihre Besoldung. Für gewisse Feste und bestimmte sakrale Verrichtungen kam das Ärarium unmittelbar für die Kosten auf. Diese Ordnung, welche zu den Eigentümlichkeiten des römischen Religionswesen im Unterschiede von dem griechischen zählt, sollte nunmehr aufhören. Der Staat zog seine Hand zurück. Die antike Religion sah sich plötzlich in eine Lage geschoben, die um so verdrießlicher war, da sie überraschend und als etwas vollkommen Neues kam, für das jede Gewöhnung fehlte. Eine Fülle schwieriger praktischer Fragen stellte sich mit einmal ein. In den Worten des Symmachus klingt der tiefe Eindruck wieder, den diese Befehle hervorriefen. Ob Opferfreudigkeit genug vorhanden war, diesen großen materiellen Ausfall allerorten zu decken? Wir wissen es nicht, doch ist es wenig wahrscheinlich. Gerade damals ist in Rom über Vernachlässigung der Priester und der Götteraltäre geklagt worden, und der Senat vermochte bei einer bestimmten Veranlassung nicht, für einen sakralen Akt die Geldmittel aufzubringen[1]). Gewiß kann der Druck eine untergehende Religion vorübergehend beleben, indes doch nur

---

deficientium voluntate legatos fiscus retentat. Dazu ergänzend Ambros. Epist. I, 17, 3; 18, 11; 57, 2; 18, 3, 12, 13, 16; weiter Cod. Theod. XVI, 10, 20, wo eine Verordnung vom Jahre 415 auf diese Verfügung Gratians zurückgreift.

[1]) Symmach. Ep. I, 51; vielleicht auch II, 57.

dann, wenn noch wirkliches Leben in ihr vorhanden ist. Wohl war dieses hier noch in Vielen vorhanden, aber nicht in der Masse, und das entscheidet.

Es ist aber echt römisch, wenn diese Schmälerungen geringer veranschlagt wurden als eine bald darauf erfolgende neue Rechtsverletzung, an die ein mehrjähriges leidenschaftliches Petitionieren sich knüpft, die Beseitigung des Altars der Victoria in der römischen Curie. Seit Augustus stand diese Victoria, ein kostbares Beutestück aus der tarentinischen Eroberung, in dem Sitzungssaale des Senats als ein heiliges Symbol der römischen Weltherrschaft.[1]) Vor Beginn der Sitzung pflegten die Versammelten Weihrauchkörner auf die Kohlen des vor der Statue errichteten Altars zu werfen. Den christlichen Senatoren gereichte dieser idololatrische Akt zum Ärgernis; denn nicht nur verletzte derselbe ihr religiöses Gefühl, sondern auch kirchliche Verordnungen, welche die Anwesenheit bei einem heidnischen Opfer strengstens untersagten[2]), standen ihnen drohend entgegen. Daher bewirkten sie bei der Anwesenheit des Konstantius in Rom (S. 91) die Entfernung des Altars und der Statue. Doch unter Julian kamen beide Stücke wieder zurück, und sie verblieben in der Curie auch unter Valentinian I. Es ist nicht bekannt, daß Beschwerden der christlichen Senatoren an ihn gekommen sind. Vielleicht wußte man, daß in dieser Sache von Valentinian nichts zu gewinnen sei, und schwieg.[3]) Dagegen hatten bei Gratian die Bemühungen den gewünschten Erfolg. Das Heiligtum wurde auf kaiserlichem Befehl ent-

---

[1]) Anth. Graeca IV. 20, 2.
[2]) Syn. v. Elvira Kan. 59.
[3]) Abweichende Urteile darüber bei Symmachus S. 283, 20 und Ambrosius Epist. I. 17, 16.

fernt. In Rom herrschte darüber große Aufregung. Die heidnische Bevölkerung fühlte sich nicht minder in ihrem nationalen Stolze als in ihren religiösen Empfindungen verletzt. Doch es schien Hoffnung, den Willen des jungen Herrschers, der dem Senate schon öfters Zeichen seines besondern Wohlwollens gegeben hatte, umzustimmen. Eine Deputation begiebt sich nach Mailand. Ihr Führer war Symmachus.

Zum erstenmal tritt hier diese in ihrer Zeit bedeutsame Persönlichkeit in unserer Geschichte hervor. Einer begüterten Familie entstammend, genährt an der klassischen Literatur, ein glänzender Stilist und Redner, gelangte Aurelius Symmachus schnell dazu, mit der Würde einflußreicher Staatsämter den Ruhm eines gefeierten Literaten zu verbinden.[1] Die Tradition seiner Familie — der Vater hatte angesehene Priestertümer[2] — wies ihn in die Reihen des Heidentums. Wie Libanius im Morgenlande, hat er in Rom und Italien die ganze Gewalt seiner Rhetorik und die Fülle seines Pathos in den Dienst der absterbenden Religion gestellt. Er war keineswegs ein orthodoxer Altgläubiger und verschmähte es nicht, mit Christen ein Verhältnis persönlicher Freundschaft

---

[1] In der Inschrift, mit welcher der Sohn die Statue des Vaters auszeichnete (C. J. L. VI n. 1699): Q. Aur(elio) Symmacho v(iro) c(larissimo), quaest(ori), praet(ori), pontifici majori, correctori Lucaniae et Brittiorum, comiti ordinis tertii, proconsuli Africae, praef(ecto) urb(i), co(n)s(uli) ordinario, oratori disertissimo. Seine Geburt fällt wahrscheinlich in die ersten Jahre nach dem Tode Konstantins, das Proconsulat i. d. J. 373. Die weitern Daten in der vortrefflichen Vita Symmachi von Seeck in den Prolegomena der von ihm besorgten Ausgabe (Monum. Germ. hist. Auctores antiquiss. VI, 1 Berlin 1883).

[2] Vgl. C. J. L. VI n. 1698: Lucio Aur(elio) Avianio Symmacho .... pontifici majori, quindecimviro s(acris) f(aciundis).

und literarischen Verkehrs zu unterhalten; auf seiner Religiosität ruht ein romantischer Schimmer, und sein Glaube erscheint oft in der Gestalt patriotischer Schwärmerei für die große Geschichte des alten Rom. Daher seine Begeisterung für die Sache des Victoriabildnisses, in welchem vaterländische und religiöse Gedanken ineinander schmolzen.

Noch ehe Symmachus und die senatorische Deputation in Mailand anlangten, war eine andere Botschaft dort eingetroffen. Die christlichen Senatoren waren nicht gewillt, unthätig den Verlauf der Sache abzuwarten, um so weniger, da sie in der Curie die Majorität bildeten. Ohne Grund ist diese letztere Thatsache, für welche ein ausdrückliches Zeugnis des Ambrosius vorliegt [1]), bezweifelt worden. Man hat dabei übersehen, daß die Institution des Senats unter Diokletian und Konstantin sich in der Weise weiter entwickelt hat, daß die neugeschaffene Bureaukratie in ihren höheren Abstufungen, ferner die obern Offiziere der kaiserlichen Garden, angesehene Rhetoren und Juristen, die ausgedienten Curialen und noch andere Ämter und Stände Zutritt zu dem Senat gewannen. In welchem Maße diese Verhältnisse ausgenutzt werden konnten, geht aus der einen Mitteilung des Themistius hervor, daß unter seiner Mitwirkung der Senat in Konstantinopel von 300 auf 2000 Mitglieder gebracht sei.[2]) Da nun in der Beamtenschaft jedenfalls das christliche Element überwog[3])

---

[1]) Ambros. Epist. 1, 17, 9, 10: cum majore jam curia christianorum numero sit referta . . . . pauci gentiles communi utuntur nomine: ebendas. a. einer anderen Stelle: christiani senatores . . . et quidem innumeri.

[2]) Themist. Orat. XXXIV (S. 456 ed. Dindorf).

[3]) Es kommen hier vorzüglich die officia palatina und überhaupt die zahlreichen neugeschaffenen Hofämter in Betracht, die selbstverständlich damals vorwiegend mit Christen besetzt waren.

und auch in Rom unter den altaristokratischen Familien die Abkehr von dem Götterglauben mehr und mehr sich vollzog[1]), so wird die Existenz einer christlichen Majorität im Senate zwanzig Jahre nach dem Tode Julians wohl begreiflich. Eine Behauptung des Gegenteils findet sich auch nirgends bei gleichzeitigen Schriftstellern: auch Symmachus redet nicht von einer Überzahl heidnischer Senatoren, obwohl es ihm nahe liegen mußte, sich darauf zu beziehen.

Die christlichen Mitglieder des Senats setzten sich mit dem Bischofe Damasus in Verbindung und dieser, wohl wissend, wie das Ohr des Kaisers am sichersten zu erreichen sei, übermittelte ein von zahlreichen Namen unterzeichnetes Memorandum derselben an Ambrosius. Darin erklärten sie, daß sie an jener Deputation in keiner Weise beteiligt seien und das Unternehmen mißbilligten, und baten den Kaiser, den Wünschen der heidnischen Senatoren nicht statt zu geben: sonst sei es ihnen nicht möglich, an den Sitzungen teil zu nehmen. Ambrosius brachte das Blatt in die Hand Gratians; seine Worte thaten das Übrige. Die feierliche Gesandtschaft der ehrwürdigen Körperschaft wurde nicht einmal zu einer Audienz zugelassen. Voll Unmut über die „argen Menschen", die ihr den Zutritt zum Kaiser verwehrten, kehrte sie unver-

---

[1]) Hieronymus spricht in dieser Zeit vom Übertritt vornehmer Geschlechter (Zöckler, Hieronym. S. 109 ff.).
    Auch Prudent. Contra Symm. (um 404) I. 566 ff.:
Sexcentas numerare domos de sanguine prisco
Nobilium licet ad Christi signacula versas,
Turpis ab idolii vasto emersisse profundo.
Er nennt insbes (v. 544 ff.) die Annii, Probi, Anicii, Olybrii, Paulini, Bassi, die Nachkommen der Gracchen. Diese Notizen sind wichtig.

richteter Sache nach Rom zurück; Symmachus fand keine Gelegenheit, seine glänzende Rednergabe zu zeigen.¹) Die traurige Thatsache blieb bestehen; für das alte Wahrzeichen römischen Glaubens und römischer Größe war in der Curie kein Platz mehr. Werden die Götter auch diesem Unbill unthätig zusehen? So wird Mancher damals gefragt haben, es war eine alte Frage, doch die Antwort hatte stets verzogen. Diesmal schien es anders.

Im Spätsommer nämlich des folgenden Jahres kam die erschütternde Nachricht, daß Gratian in Lyon verräterisch ermordet sei. Ein Offizier der britischen Truppen namens Maximus, ein Spanier von niederer Herkunft, dem brennender Ehrgeiz das langsame Fortkommen in der militärischen Laufbahn unerträglich gemacht hatte, ließ sich, in geschickter Ausnützung einer bereits tief gewurzelten Verbitterung der römischen Legionen gegen den germanenfreundlichen Gratian, zum Imperator ausrufen, landete in der Rhein-

---

¹) Symm. a. a. O. S. 280, 22: senatus .... iterum me quaerellarum suarum jussit esse legatum, cui ideo divi principis denegata est ab improbis audientia, quia non erat justitia defutura. S. 283, 32: praestate etiam divo fratri vestro alieni consilii correctionem, tegite factum, quod senatui displicuisse nescivit, siquidem constat ideo exclusam legationem, ne ad eum judicium publicum perveniret. — Ambros. Epist. I, 17, 10: nam et ante biennium ferme, cum hoc petere temptarent, misit ad me sanctus Damasus, Romanae ecclesiae sacerdos judicio Dei electus, libellum, quem christiani senatores dederunt et quidem innumeri, postulantes, nihil se tale mandasse, non congruere gentilium istiusmodi petitionibus, non praebere consensum: questi etiam publice privatimque, se non conventuros ad curiam, si tale aliquid decerneretur .... Hunc libellum ego fratri clementiae vestrae direxi.

mündung und riß die Truppen in Belgien und Germanien in den Aufstand hinein. Mit überraschender Schnelle vollzogen sich diese Ereignisse. Auf die Kunde davon brach Gratian sofort von Mailand nach Gallien auf und stieß bei Paris auf den Usurpator. Klug wählte dieser den sicherern und ihm vertrauten Weg der Bestechung und der Überredung. Von seiner Armee im Stich gelassen, eilte der Kaiser in atemloser Flucht nach Süden, um in Italien neue Streitkräfte zu sammeln. In der Angst und Aufregung seiner gefahrvollen Lage suchte und fand er Trost in den Trostworten der heiligen Schrift. Der Spruch: „Fürchtet euch nicht vor denen, die den Leib töten und die Seele nicht mögen töten", trat vor seine Seele, und manches Psalmenwort und noch mehr die Gestalt des leidenden und sterbenden Erlösers gaben ihm Mut und Zuversicht. Auch des fernen Ambrosius gedachte er und rief seinen Namen. Doch das Antlitz des väterlichen Freundes sollte er nicht wiedersehen. In Lyon wurde er, trotz eidlicher Zusicherung der Treue, von dem verräterischen Statthalter preisgegeben und nach einer Mahlzeit niedergestoßen; „ohne Helfer, ohne Genosse, ohne Begleiter" kam er um.[1] Ein durch schweren Frevel herbeigeführtes Ende. Die Zeitgenossen gedachten des Wortes Christi an die Seinen nach der Fußwaschung: „der mein Brot isset, der tritt mich mit Füßen."[2] Tief erschüttert wob Ambrosius den blutigen Ausgang dieses edeln Lebens in seine Erklärung des zweiundsechzigsten Psalms. Ja ihm

---

[1] Rufin. II, 14: suorum magis proditione quam vi hostium peremptus est.

[2] Vgl. Ambros. Ps. LXI (t. II S. 306 ff. ed. Venet.); dazu die nicht ganz übereinstimmenden Berichte von Sokrat. V, 11; Sozom. VII, 13.

selbst wurde bald darauf die schwere Pflicht, mit dem Mörder zu unterhandeln. Er fand, daß jener „wie Pilatus seine Hände in Unschuld wusch", aber „schlimmer als Pilatus" die Auslieferung des Leichnams verweigerte.

Man wird an das Ende des Konstans erinnert. Auch damals erwuchs aus einem unscheinbaren Anfang eine gewaltige, drohende Bewegung und wie Magnentius, so war auch Maximus Christ. Er knüpfte sofort Beziehungen zu den gallischen Bischöfen an und vermochte sie, in ihm nicht einen Mörder, den Mörder des frommen, rechtgläubigen Gratian zu sehen, sondern einen rechtlichen, wohlmeinenden Mann, dem eine Militärrevolte den Purpur aufgezwungen habe.[1]) Daher umringte den siegreichen Imperator bald die „schmutzige Schmeichelei" der Bischöfe.[2])

So vorzüglich verstand sich der Tyrann darauf, Personen und Umständen sich anzuschmiegen: in die Tiefe seines Herzens sah Niemand. Er benahm sich als orthodoxen Nicäner und ließ Münzen mit christlichen Zeichen prägen.[3]) In der Kirche hat ihn der Prozeß gegen die Priscillianisten berühmt gemacht; doch darf zur richtigen Würdigung desselben nicht übersehen werden, daß die Verurteilung und Hinrichtung

---

[1]) Die Thatsachen sind bezeichnend. Oros. VII, 34: Maximus, vir quidem strenuus et probus atque Augusto dignus .... in Britannia invitus propemodum ab exercitu imperator creatus u. s. w. Die Versicherung des Tyrannen dem hl. Martin gegenüber: se non sponte sumpsisse imperium, sed impositam sibi a militibus divino nutu regni necessitatem armis defendisse, fand bei diesem und auch sonst Glauben (Sulp. Sev. Vita Mart. c. 20). Ferner Sulp. Sev. Dial. II, 6; III, 11.

[2]) Sulp. Sev. Vita Mart. c. 20: foeda adulatio.

[3]) Cohen, Méd. VI S. 467 n. 13; S. 468 n. 17.

Priscillians und seiner Genossen sich nicht auf die Anklage der Ketzerei, sondern der Zauberei gründete.¹)

Für die Geschichte des Hellenismus hat die Regierungszeit des Usurpators keine Bedeutung. Im Kampfe um andere Dinge fand Maximus nicht Gelegenheit, durch Unterdrückung des Heidentums sich in der Liebe der gallischen Bischöfe noch zu steigern. Zudem ging seine Herrschaft rasch zu Ende. Von Theodosius besiegt und in Aquileja gefangen genommen, wurde er im Sommer 388 von den erbitterten Soldaten umgebracht; sein Feldherr Andragathius, der in Lyon den tötlichen Streich gegen Gratian führte, ertränkte sich, an Allem verzweifelnd, und auch der Sohn des Tyrannen wurde von den Siegern getötet. Das war das Ende der an Unheil reichen Usurpation. Ambrosius gedachte dabei an das Wort des Psalmisten (Pj. 37,35): „ich sah den Gottlosen über= mütig und hochaufgerichtet wie die Cedern des Libanon. Und dann ging ich vorüber, und er war nicht mehr." ²)

Gleichzeitig mit diesen letzten Ereignissen entfaltete in Rom die heidnische Partei eine rührige Thätigkeit, um das unter Gratian verlorene Gebiet wieder zu gewinnen. Der plötzliche Tod des Kaisers galt ihr als ein Gottesgericht³) und erfüllte sie mit neuen Hoffnungen auf die Zukunft. Außerdem brachte dasselbe Schreckensjahr, welches den Tyran=

---

¹) Die Anklage lautete auf maleficium, da Priscillian zugab, magische Bücher, darunter die sog. zoroastrischen Schriften studiert zu haben. Schon Walch (Historie d. Ketz. III S. 479) hat eine Ahnung des wahren Sachverhalts, den klar gelegt zu haben das Verdienst Jacob Bernays' (über d. Chronik d. Sulp. Sev. 1861 S. 12 ff.) ist.

²) Ambros. De obitu Theod. c. 39.

³) Andeutungen bei Symm. Rel. III S. 283, 29: Ambros. Epist. I, 18, 34.

nen heraufführte, Mißernte und Hungersnot in den südlichen Gebieten des Westens, in Italien, Spanien und Afrika. Darin erkannten die Götterfreunde ein zweites warnendes Zeichen der Himmlischen. „Das ist nicht," so urteilte Symmachus im Sinne seiner Partei[1]), „die Schuld des Ackers, und nicht dürfen wir die Ursache dem Südwind zuschreiben; auch der Brand ist dem Getreide nicht schädlich geworden, nein, um des Tempelraubes willen ist alles verdorrt. Es sollte alles, was man der Religion genommen hatte, zu Grunde gehen." Die Zuversicht wuchs, als inmitten dieser schmerzlichen und zugleich hoffnungsreichen Erfahrungen zwei hohe Würden angesehenen Göttergläubigen zufielen: Symmachus wurde Stadtpräfekt und Agorius Prätextatus Präfektus Prätorio. Prätextatus gehörte gleichfalls zu den Häuptern der heidnischen Partei. Julian hatte ihn zum Prokonsul von Achaja gemacht und als solcher erwirkte er, wie früher erwähnt, unter Valentinian die Fortdauer der eleusinischen Mysterien. Später erhielt er die städtische Präfektur. Ein Beamter von altrömischer Tüchtigkeit und Zuverlässigkeit, erinnerte er auch in seiner Religiosität an die Zeiten des bessern Römertums. Mit dichterischer Freiheit führt Macrobius in seinen saturnalicischen Gesprächen seine Persönlichkeit uns vor; er wird hier genannt „Haupt der Frommen" und „Vorsteher aller Sacra[2])." Wie auch Symmachus, hatte er neben seinen Staatsämtern einflußreiche Priestertümer. Wie hoch seine sakralen Verdienste geschätzt wurden, geht daraus

---

[1]) Symm. a. a. O. S. 283, 6. Über die Hungersnot und die daran sich knüpfenden Gedanken auch Ambros.. Epist. I, 18, 19, 20. 21.

[2]) Macrob. Saturnal. I, 11: princeps religiosorum; I, 17: sacrorum omnium praesas: I, 7: sacrorum unice conscius.

hervor, daß die Vestalischen Jungfrauen den in der Geschichte des römischen Religionswesens unerhörten Beschluß faßten, ihm eine Statue zu errichten.[1]) Er starb 387, im Begriff, das Konsulat anzutreten. Hieronymus versäumte nicht, in einem Briefe seine Genugthuung über den Tod des „Götzendieners" zu äußern, und fand seine Freude daran, ihn sich „verlassen und nackt in der tiefsten Finsternis des Tartarus" zu denken.[2])

Die Stimmen dieser beiden kaisertreuen Männer mußten besonders ins Gewicht fallen in einem Augenblick, wo Maximus mit seinen Heeresmassen sich zum Einfall in Italien rüstete, und der Hof in Mailand in wohlgegründeter Besorgnis schwebte. Wie wertvoll war es, in dieser Lage, wo die nächste Stunde Unberechenbares bringen konnte, der Hauptstadt sicher zu sein. Denn Theodosius zögerte noch mit seiner Hilfleistung, und der Tyrann beliebte, mit den Friedensvorschlägen Valentinians II vorläufig zu spielen. Inmitten dieser Umstände that die heidnische Partei in Rom den ersten Schritt zur Wiedergewinnung der verlorenen sakralen Rechte. Prätextatus selbst nahm die Angelegenheit in die Hand und erlangte auch, daß die den öffentlichen Gebäuden in Rom entzogenen Kunst- und Wertgegenstände restituiert wurden.[3]) Die Forderung ist ohne Zweifel in dieser allgemeinen Fassung vorgetragen worden, aber in ihrer Konsequenz liegt doch ebenso die Wiedererstattung der den Tempeln entzogenen Gegenstände, weil dieselben unter den Begriff öffent-

---

[1]) Symm. Ep. II, 36 (a. 385). Symmachus sprach sich gegen die Ausführung dieses Beschlusses aus, ne res justo orta principio brevi ad indignos per ambitum perveniret.

[2]) Hier. Ep. I, 23 (t. I S. 127). Dazu Contra Joh. Hierosol c. 7 (t. II S. 415).

[3]) Seed in d. Proleg.

liche Gebäude fielen. Der Gewinn dürfte übrigens kaum ein großer gewesen sein, da von einer Ausplünderung römischer Heiligtümer nichts bekannt ist und eine solche schwerlich stattgefunden hat; es kann sich höchstens um einige wenig Fälle gehandelt haben.

Dennoch vermochte der kleine Gewinn große Hoffnungen zu erwecken, und aus diesen Hoffnungen erwuchsen kühne Ansprüche. Der Gedanke schien nicht zu gewagt, für den alten Kultus die volle Freiheit zurückzufordern. Außerdem müssen bestimmte Erwägungen dabei mitgewirkt haben. Man kannte in Rom den tiefen Gegensatz, der zwischen der streng arianischen Justina, der Mutter des jugendlichen Augustus, und Ambrosius bestand. Allen Wünschen und Bitten der Arianer hatte sich dieser unbeweglich gezeigt; auch nicht das geringste Zugeständnis war ihm zu entwinden; er kannte nur das eine und ausschließliche Recht des nicänischen Glaubens. In der jüngsten Katastrophe freilich, welche das Westreich erschütterte, stand der Bischof in fester Treue an der Seite des wankenden Thrones und der tief gebeugten kaiserlichen Frau, die selbst ihren Sohn in seine Hände legte[1]), und die Gegensätze entschwanden einen Augenblick vor dem einen Gedanken, Reich und Thron zu retten. Indeß im Frühjahr 384 trat die Gefahr zurück; der Tyrann verstand sich endlich zu einem Frieden, und am Hofe zu Mailand atmete man auf. Sofort aber drängte sich die religiöse Frage wieder hervor, denn Eiferer gab es auf beiden Seiten, und daraus mußten dem Einflusse des Ambrosius auf den von seiner Mutter geleiteten und von Arianern umgebenen Valentinian II

---

[1]) Ambr. De obitu Valent. c. 28: ego te suscepi parvulum — ego Justinae maternis traditum manibus amplexus sum.

Hemmnisse erwachsen. Auch der Bischof Damasus, der sich als ein glühender Feind der Arianer bewiesen hatte, besaß keinen Einfluß am Hofe. Überhaupt mußte die vordringende Macht der Nicäner, die jede Verständigung ausschloß, naturgemäß die schwache arianische Partei dazu drängen, zu dem von jenen gleichfalls bekämpften Heidentum irgendeine Beziehung zu gewinnen, wenn auch nicht in der weitgehenden Weise des Valens. Derselbe Feind zückte auf beide die Waffen. Dennoch konnten alle Erwartungen fehlschlagen. Niemand war in der Lage, mit Bestimmtheit vorauszusagen, daß sich diesmal das heilige Gemach vor einer Deputation des Senats aufthun werde. Man kam nicht darüber hinaus, mit Wahrscheinlichkeiten zu rechnen. Die gewaltige Persönlichkeit des Ambrosius stand drohend da. Und einer zweiten Zurückweisung sich auszusetzen, verbot die Würde des Senats. Daher erhielt der neue Stadtpräfekt Symmachus nur den Auftrag, im Namen des Senats und der alten Religion eine Bittschrift abzufassen und darin die Wünsche der heidnischen Partei niederzulegen. Dieses Schriftstück — die sogenannte dritte Relation [1]) — wurde nach Mailand abgeschickt.

Der Redner versetzt sich vor das Antlitz der Augusti. In zwiefacher Eigenschaft und mit zwiefacher Pflicht rede er: als Stadtpräfekt im Interesse des Staatswesens, und als Gesandter des Senats im besonderen Auftrage dieser Körperschaft. Gleich an den Eingang stellt er warnend den Satz: „Liebe und Achtung zu genießen, ist mehr wert als Herrschermacht", und faßt entschlossen seine Wünsche in die wenigen

---

[1]) Symm. Rel. III (a. a. O. S. 280 ff.). Veröffentlicht von Ambrosius mit der Widerlegung und von Symmachus selbst. Seeck a. a. O. S. XVI f.

Worte zusammen: „Wir begehren den Zustand der Religion zurück, welcher dem Staat so lange zum Segen gereicht hat."

Es ist nicht anzunehmen, daß der Redner diese Forderung in ihrer ganzen Tragweite gedacht hat; denn dann hätte er sich sagen müssen, daß er Unmögliches begehre. Er hätte nicht weniger verlangt als die Aufhebung alles dessen, was seit dem Patent von Mailand von dem Recht und dem thatsächlichen Besitz der alten Religion abgebrochen war. So etwas lag aber nicht mehr im Bereich der Möglichkeit. Auch zeigen die weiteren Worte und besonders der Schluß der Rede, daß Symmachus von solchen Selbsttäuschungen frei war.

Der erste Einzelgegenstand, den die Bittschrift berührt, ist der Altar der Victoria. Die Göttin hat mehr als eine bloß religiöse Bedeutung: sie symbolisiert und versiegelt das Glück und die Größe des römischen Reiches. Das Geschick des Staates, die Siege der Herrscher sind an sie gebunden. Man kann sie ihrer göttlichen Würde entkleiden, dennoch bleibt sie der schützende Genius dieses Reiches. Daher „gestattet, daß wir dasjenige, was wir als Knaben ererbten, als Greise unseren Kindern hinterlassen." Auch der Ernst und die Heiligkeit des Eides heischen die Fortdauer des Bildnisses. Wo sollen die Senatoren in Zukunft den Eid des Gehorsams schwören? „Zwar ist die Gottheit überall, und keine Ruhe noch Sicherheit giebt es für den Meineidigen; aber die sichtbare Gegenwart der Gottheit steigert die Furcht, sich zu versündigen."

Dann folgen einige allgemeine Reflexionen. Es giebt kein ausschließliches Recht einer Religion. Die Verschiedenheit der Kulte ist eine göttliche Veranstaltung. „Wenn es wahr ist, daß die Autorität einer Religion sich nach deren

Alter bestimmt, so laßt uns doch so vielen Jahrhunderten Treue und Glaube bewahren und dem Beispiel unserer Vorfahren folgen, die ihrerseits glücklich dem Beispiel ihrer Vorfahren gefolgt sind."

Diese religionsphilosophische Erörterung leitet schon zu dem Folgenden über, dem ergreifenden Appell der ewigen Roma selbst an die Unterdrücker ihrer Religion. Hier gipfelt die rhetorische Leistung dieses Schriftstückes. Rom tritt vor die Herrscher hin und redet sie an: „Edele Fürsten, Väter des Vaterlandes, habt Ehrfurcht vor meinem Alter, auf dessen Höhe diese heilige Religion mich geführt hat. Laßt mich fürder verharren in meinem väterlichen Glauben, denn ich habe mein Genügen darin. Laßt mich leben nach meiner Weise, denn ich bin eine Freie. Diese Religion hat mir den Erdkreis zu Füßen gelegt, hat den Hannibal von meinen Mauern, die Gallier vom Kapitol zurückgeschlagen. Sollte ich deshalb am Leben erhalten worden sein, um noch im hohen Alter angefochten zu werden? Was immer für ein Begehren ihr an mich stellen werdet, es würde zu spät und würde schimpflich sein, noch an dem Greisenalter Neuerungen zu versuchen."

„Also," so fährt Symmachus, diesen Appell bekräftigend, fort, „bitten wir um Frieden für die väterlichen Götter, um Frieden für die heimischen Götter." Es ist kein Grund vorhanden, sich zu hassen; „zu denselben Sternen blicken wir empor, ein Himmel überspannt uns, eine Erde trägt uns." Andererseits „führt mehr als ein Weg zu dem großen Geheimnis"; das mahnt zur Duldung. Doch „nicht um zu disputieren, sondern um zu bitten, kommen wir."

Mit bewegten Worten wird darauf die Unbill geschildert, welche die Anordnungen Gratians den heiligen Jungfrauen und den Tempeldienern zugefügt haben. Die Hungersnot war die Strafe des Himmels dafür. Noch Schlimmeres kann kommen. Daher müssen jene Gesetze eiligst aufgehoben werden. „Um den Zustand der Religion bitten wir, welcher Eurem abgeschiedenen göttlichen Vater die Herrschaft erhalten und dem glücklichen Fürsten legitime Erben gegeben hat. Es sieht jener göttliche Greis von den himmlischen Höhen die Thränen der Priester und empfindet Kränkung, weil man die Bahn verlassen hat, die er selbst gern innehielt. Macht wieder gut, was Euer göttlicher Bruder verhängt hat; löschet die Thatsache aus, womit er unwissend den Senat verletzte, wenn es wahr ist, daß die Gesandtschaft nicht zu ihm gelassen wurde, damit er die öffentliche Meinung nicht erführe."

Eine glänzende Rede, reich an bewegenden Momenten, demütig und stolz, bittend und fordernd, aber doch mehr auf das Gefühl als auf den Verstand berechnet. Auch entbehrt sie der Einheitlichkeit und der Konsequenz. Denn die Forderung voller Religionsfreiheit verträgt sich nicht mit der andern, die auf Wiederherstellung der Lage unter Valentinian abzielt. Die Religionspolitik dieses Kaisers war weit davon entfernt, allen Kulten dieselbe Freiheit der Bewegung zu geben, nur zeigte sie sich thatsächlich duldsamer. Ja, der Redner erweckt sogar den Anschein, daß seine und seiner Partei Wünsche in Wirklichkeit schon durch die Aufhebung der Verordnungen Gratians befriedigt sein würden. Denn nur auf diese kommt er zu sprechen, wo er concrete Forderungen stellt. Für die geschlossenen oder zerstörten Heiligtümer außerhalb Roms, die gehemmten Gottesdienste und die aufgelösten Priesterschaften im übrigen Abendlande hat er kein Wort übrig; nur was in der Hauptstadt in seiner Nähe und unter seinen Augen geschah, nimmt sein Interesse in

Anspruch und bewegt ihm das Herz. Darnach ist die geschichtliche Bedeutung dieser Bittschrift geringer zu veranschlagen als üblich. Viel höher steht in dieser Beziehung des Libanius Rede für die Tempel. Es war auch mehr die rhetorische Gewalt, welche diese Rede berühmt und bewundert machte, als die überzeugende Kraft der Gründe. Mit Recht erkannte Ambrosius jene an, diese bestritt er.[1])

Mit Behutsamkeit, wie es scheint[2]), wurde das Schriftstück in die Hand des Kaisers gebracht. Dieser selbst, ein dreizehnjähriger Knabe, war natürlich in seiner Entschließung an seine Umgebung gebunden. In dieser herrschten die Arianer vor[3]); auch germanische Generale, die ihren heimischen Glauben oder gar keine bestimmte Religion bekannten, befanden sich darin.[4]). Indes die letzte Entschließung dürfte von der Kaiserin abhängig gewesen sein. Das Consistorium nun, in welchem die Bittschrift zur Verlesung und Besprechung kam, sprach sich einstimmig für dieselbe aus.[5]). Es war eine

---

[1]) Ambros. Epist. I, 18, 2.

[2]) Ich entnehme das aus Ambr. Epist. I, 17, 10: ... nisi incredibile hoc et repentinum ad aures pervenisset hominum, quod tale aliquid esset vel in consistorio suggestum tuo vel a senatu petitum.

[3]) Die mit dem Jahre 385 anhebenden Kämpfe zwischen Ambrosius und dem Hofe zeigen das. Darüber Förster, Ambrosius, Halle 1884 S. 39 ff.

[4]) Ambrosius nennt Epist. I, 57, 3 die beiden Namen Bauto und Rumorid.

[5]) Ambr. Epist. I, 17, 6: deferendum meritis clarorum virorum et ego suadeo, sed Deum certum est omnibus praeferendum. I, 17, 8: quodsi aliqui nomine christiani tale aliquid decernendum putant u. s. w. Dagegen de obitu Valent. c. 19 (cum universi, qui in consistorio aderant, christiani pariter atque gentiles, dicerent esse reddenda, solus (scl. Valentini-

in ihren Wirkungen unberechenbare Entscheidung. Die römische Christengemeinde und mit ihr die ganze Christenheit mußte sich dadurch überrascht und tief verletzt fühlen. Damasus hätte nicht geschwiegen, noch weniger Ambrosius. Ohne Zweifel würden die Bischöfe jenen Beschluß, wenn er die kaiserliche Genehmigung erhalten hätte, zum Gegenstand einer synodalen Verhandlung gemacht haben. Und würde Theodosius unthätig einer Politik zugesehen haben, die im schärfsten Gegensatz zu der seinen stand und im Namen eines unmündigen Knaben dekretirt wurde? Kurzum, die Folgen waren nicht abzusehen.

Es ist unaufgeklärt, wie nicht nur die Kunde von der Existenz der Bittschrift, sondern auch ein Referat ihres Inhaltes in die Hand gerade des Mannes kam, vor dem diese Angelegenheit am ehesten hätte verborgen gehalten werden sollen, des Ambrosius. Möglich, daß der Bischof auf indirektem Wege diese Nachrichten erhielt, jedenfalls privatim und ohne Wissen der Regierung. Sofort richtete er ein Schreiben an den Kaiser.[1]) Der Anfang überrascht. Die Thatsache, welche das Schreiben veranlaßte, bleibt zunächst unerwähnt. Vielmehr stellt der Bischof zuerst in kurzen, scharfen Sätzen die religiöse Pflicht eine christlichen Herrschers fest. Alle Bewohner des römischen Reiches dienen den Kaisern, die Kaiser aber Gott. Dieser Gott ist der Christengott, denn der Heiden Götter sind Dämonen, wie die Schrift sagt (Ps. 96, 5). „Da du nun, allerchristlicher Kaiser, zur Treue gegen Gott verpflichtet bist, wundere ich mich, wie

---

anus) velut Daniel excitato in se Dei spiritu arguebat perfidiae christianos, gentilibus obviabat) bezieht sich erst auf eine spätere Beratung: sonst wäre Epist. I, 17 unverständlich.

[1]) Epist. I, 17.

Etliche auf den Gedanken kommen können, daß es deine Pflicht sei, den heidnischen Göttern die Altäre wiederaufzubauen und zu den Kosten der unheiligen Opfer beizutragen." Wohl sei es billig, daß man auf die Verdienste ansehnlicher Männer Rücksicht nehme, aber Gott und seine Sache muß allem voranstehen. Wenn es sich um eine militärische Frage handelt, darf die Meinung kriegsgeübter Leute nicht umgangen werden, „doch in religiösen Dingen denke an Gott."

In malerischer Schilderung wird darauf die Situation gezeichnet, falls die Wünsche der Heiden Erhörung fänden. Wenn heute ein Heide, was ferne sei, den Götzenbildern einen Altar aufrichtete und die Christen zwänge, sich davor zu versammeln und ihren Atem und ihr Antlitz von der Asche des Altars, den Funken des Götzenopfers und dem Rauch des Holzstoßes beschmutzen zu lassen und an dem Altar zu schwören — der Christ, der solches erlitte, würde das eine Verfolgung nennen. Denn schwören heißt nichts anderes als die göttliche Macht dessen anerkennen, den man als Zeugen seiner Wahrheit anruft. „Von dir aber, o Kaiser, wird gefordert, daß du den Altar aufrichten lassest und zu den abgöttischen Opfern beisteuerst." Doch so etwas kann nur mit Verletzung göttlichen Rechtes geschehen. „Daher bitte ich dich, daß du einen solchen Beschluß nicht fassest noch unterschreibst." Wenn der Kaiser des Bischofs Worte nicht hören wolle, möge er wenigstens die Angelegenheit an Theodosius bringen, mit dem er ja „in fast allen wichtigern Fragen" sich zu beraten pflege. „Nichts aber ist wichtiger als die Religion, nichts erhabener als der Glaube."

Der kluge Kirchenfürst wußte, was die Nennung des Namens Theodosius bedeutete. So lange Maximus noch lebte, hing das Geschick des westlichen Kaisertums an dem Willen des Theodosius. Was wäre damals der abendländische Augustus ohne Theodosius gewesen? Über die streng heidenfeindliche Gesinnung aber dieses Kaisers war man in Mailand wohl unterrichtet.

Gleichsam als ob dieser Name ihm selbst den Mut und die Zuversicht gesteigert habe, wird die Rede des Bischofs kühner. „Man gebe mir," fordert er kurz, „eine Abschrift der Relation, damit ich sie ausführlicher beantworten kann." Er erklärt: wenn etwas im Sinne der Bittschrift beschlossen wird, so können wir Bischöfe es nicht mit Gleichmut hinnehmen. Deutlich ist damit ein gemeinsames Vorgehen des Episkopats in Aussicht gestellt. Der Kaiser selbst darf dann nicht auf Rücksichten hoffen. „Es wird dir frei stehen, dich zur Kirche zu begeben, aber entweder wirst du gar keinen Priester dort finden oder einen, der dir widersteht."

Und nun malt Ambrosius das Bild eines Priesters — es ist sein eigenes Bild —, der vor den Kaiser hingetreten ist und ihn anredet: „Deine Gaben begehrt die Kirche nicht, da du die Tempel der Heiden mit Gaben ausgestattet hast. Der Altar Christi weist von sich deine Geschenke, da du Götzenbildern einen Altar errichtet hast. Denn es ist deine Stimme, deine Hand, deine Unterschrift, dein Werk. Der Herr Jesus verschmäht und verachtet deinen Gehorsam, weil du den Götzen gehorsam gewesen bist; er hat dir doch gesagt: Niemand kann zweien Herren dienen. Die gottgeweihten Jungfrauen haben keine Vorrechte von dir, wohl aber genießen solche die Jungfrauen der Vesta. Warum verlangst du nach den Priestern Gottes, da du das unheilige Begehren der Heiden ihnen vorgezogen hast? Wir können keine Gemeinschaft haben mit dem Fehltritt eines andern."

Es mußte Valentinian oder seiner Umgebung leicht fallen, in diesen Worten die Excommunication, den Ausschluß vom Tisch des Herrn angedroht zu finden. Es würde das erste Beispiel der Anwendung einer kirchlichen Censur auf einen christlichen Kaiser gewesen sein.

„Was wirst du hierauf antworten?" fährt Ambrosius fort. „Vielleicht: ich war ein Knabe, als ich fiel?" Eine nichtige Entschuldigung, denn „jedes Alter ist gereift in Christo." Und „auch Knaben haben wider die Verfolger unerschrocken Zeugnis abgelegt." Mit einem lebhaften, schwungvollen Appell an die verwandtschaftlichen Gefühle des jungen Kaisers gegen seinen Bruder und seinen Vater schließt das Schreiben. Die letzten Worte sind: „Ich bitte dich, so zu handeln, wie du meinst, daß es deinem Heile bei Gott dienlich sein werde."

Das Schriftstück zeugt ebenso von dem stolzen Bewußt= sein wie von der Klugheit seines Verfassers. Es fordert laut und kühn, ohne zu demütigen. In der Sprache zittert innere Erregung nach, und doch fehlt jedes verletzende Wort. Alle wirksamen Momente sind gesammelt und in dem Tone unbeugsamer Festigkeit vor den Kaiser hingestellt. Es ist gleichsam die ganze christliche Kirche, die, in diesem einen Mann verkörpert, ihren Mund aufthut und Protest erhebt gegen einen Schritt, durch welchen dem Götterglauben irgend ein Recht zuerkannt würde. Recht hatte das Heidentum überhaupt nicht in der Kirche und konnte es nicht haben. Erschwerend trat hier hinzu, daß getaufte Leute — die christ= lichen Senatoren — unmittelbar in Mitleidenschaft gezogen worden wären. Die Kirche konnte wohl ertragen, daß das Heidentum vom Staate nicht auf einmal, sondern allmählich rechtlos gemacht wurde, nicht aber, daß ein christlicher

Herrscher sakrale Rechte, nachdem sie aufgehoben waren, zurückgab. Das wäre mehr als Religionsfreiheit gewesen, und nicht einmal mehr Religionsfreiheit wollte die Kirche in jener Zeit. Recht hatte sie nur selbst, sonst keine religiöse Genossenschaft. Man kann diese Anschauung tadeln, aber sie war da, und es gehört mit zu den Ruhmesthaten des Ambrosius, daß er in einem entscheidungsvollen Augenblicke, jeden Kompromiß abweisend, das ganze Gewicht seiner Persönlichkeit furchtlos eingesetzt hat, um seine und der Kirche Anschauung aufrecht zu erhalten. Er hat vielleicht Schlimmeres verhütet.

Der Brief entschied das Schicksal der Relation. Valentinian beugte sich den stärkeren Thatsachen. Ambrosius erhielt die erbetene Abschrift und zugleich den Auftrag, eine ausführlichere Beantwortung abzufassen. Dieselbe war nicht so sehr für Symmachus und seine Mandatare als für die nachgiebigen Ratgeber im Consistorium selbst bestimmt.[1]) Die in Form eines Briefes an den Kaiser gefaßte Widerlegungsschrift[2]) zeigt, daß es sich jetzt nicht mehr darum handelt, eine Entschließung herbeizuführen, sondern eine bereits vorliegende zu rechtfertigen.[3])

---

[1]) Dies ergiebt sich aus dem Inhalte mit voller Deutlichkeit. Ambrosius redet in erster Linie zu Christen, daher die überaus scharfen Urteile über das Heidentum.

[2]) Ambros. Ep. I, 18. Die Beweisführung hat sich hernach im J. 404 Prudentius in seinen „zwei Büchern gegen Symmachus" angeeignet, nur ist alles poetisch gefaßt und reicher umsponnen.

[3]) Gleich die einleitenden Worte (18, 1, 2) verraten dies; auf der einen Seite die Belobung des Kaisers (licet adhuc in minoris aevi tirocinio florentibus novus annis, fidei tamen virtute veteranus) und auf der andern die zuversichtliche Stimmung des Ambrosius (non fidei tuae ambiguus, sed providus cautionis et pii certus examinis hoc sermone relationis adsertioni respondeo); vgl. auch 18, 10.

Daher der sachlich ruhige Eingang. Nicht schönen Wortschmuck, erklärt der Bischof mit abfälligem Seitenblick auf die Relation, werde man bei ihm finden, wohl aber „die Gewalt der Thatsachen". Jener sei nur äußerer Glanz, der die Augen blendet. Die Schale goldschimmernd, der Kern unedeles Metall — das gelte vom Heidentum überhaupt: prächtig und großartig in der Erscheinung, in Wirklichkeit unwahr. „Den Namen Gott führen sie im Munde und Götzenbilder beten sie an." [1])

Ambrosius schickt sich nun an, die drei Gründe, auf welche die Relation sich stützt, zu prüfen und zwar zuerst den Satz, daß Rom durch seine Religion siegreich gewesen und groß geworden sei, wofür sich der heidnische Redner auf Hannibal und die Errettung des Kapitols bezogen hatte. Aber Hannibal, wird ihm erwidert, drang doch der römischen Frömmigkeit zum Trotz bis zu den Mauern der Stadt vor. Und die Gallier? Eine Gans hat sie mit ihrem Angstschrei verraten. „Sehet, was für Patrone die römischen Tempel haben. Wo war denn damals Jupiter? Redete er vielleicht durch die Gans?"

„Weg also mit jener neidischen Klagerede des römischen Volkes. Rom hat dazu keinen Auftrag gegeben." Es redet in ganz anderen Worten, nämlich: „Warum befleckt ihr mich tagtäglich nutzlos mit dem Blute der unschuldigen Herde? Nicht in den zuckenden Fibern der Opfertiere, sondern in der Kraft kriegerischer Männer liegen die Trophäen meiner Siege. Auf andere Weise habe ich den Erdkreis bezwungen. Ein Soldat war Camillus. Seine Tapferkeit warf die Feinde nieder, welche die Religion nicht abzuwehren ver-

---

[1]) Mit Beziehung offenbar auf Symm. Rel. S. 281, 20

mochte. Was soll ich von Attilius (Regulus) sagen, der willig den Soldatentod auf sich nahm? Der Africanus hat nicht zwischen den Altären des Kapitols, sondern in den Schlachtreihen Hannibals seine Triumphe davongetragen." Andererseits ist Rom auch von schweren Niederlagen und Erschütterungen heimgesucht worden, als die alte Religion und der Altar der Victoria noch unberührt standen.

Symmachus hatte Rom das Bekenntnis ablegen lassen, daß es zu alt sei, um noch in Neues sich hineinzufinden. Anders das Rom des Ambrosius. „Ich schäme mich nicht, daß ich in hohem Alter mit dem ganzen Erdkreis mich noch wandeln muß. In keinem Alter ist es zu spät, irgend etwas besser zu lernen. Vor Scham erröten sollte das Alter, welches nicht mehr versteht, sich zu vervollkommenen."

So stellt sich dem alten heidnischen Rom, das sich stolz in sich selbst verschließt und sich selbst genug ist mit seinen großen Erinnerungen, das junge christliche Rom entgegen, offen der neuen Zeit, pietätslos gegen seine Vergangenheit.

„Auf einem einzigen Wege," sagt er (Symmachus), „kann man nicht zu einem so großen Geheimnis gelangen." Diese neuplatonische religiöse Weitherzigkeit konnte dem Bischof nicht behagen. Kurz erwidert er: „Was ihr nicht wißt, haben wir durch Gottes Stimme selbst erfahren. Was ihr mit Mutmaßungen sucht, das haben wir aus der untrüglichen Weisheit Gottes selbst als feste Gewißheit."

Was die Wiederaufrichtung des Altars der Victoria anlangt,[1] „so etwas mögt ihr von einem Genossen eures

---

[1] Übertreibend giebt Ambrosius diese Forderung mit den Worten wieder (18, 10): Sed vetera, inquit, reddenda sunt altaria simulacris, ornamenta delubris.

Götzendienstes fordern: ein christlicher Kaiser hat keinen andern als Christi Altar zu ehren gelernt." So weiß auch „unser Kaiser" nur von Christus zu sagen. „Oder hat irgendwo ein heidnischer Kaiser Christo einen Altar aufgebaut?" Bei dieser Gelegenheit versäumt Ambrosius nicht, dem jungen Herrscher in geschickter Weise zu verstehen zu geben, daß ein entschiedeneres und praktischeres Wohlwollen seinerseits gegen die Kirche erwünscht wäre.[1]

Der zweite Punkt, den die Wiederlegung beleuchten will, ist die Einschränkung der priesterlichen Einkünfte und Immunitäten. Die, welche für die Vestalinnen die Vollzahl der Privilegien zurückfordern, wissen nicht, daß die Keuschheit eine freiwillige sein muß, unabhängig von irdischem Gewinn. Auch kommen ja nur sieben Personen in Frage.[2] „Sehet, das ist die ganze Zahl, welche der heilige Kopfschmuck, die Purpurgewandung, der glänzende Aufzug der von Sklaven umdrängten Sänfte, die großen Privilegien und die reichen Einkünfte „und dazu die zeitlich begrenzte Enthaltsamkeit zusammengebracht haben." Die Kirche hat etwas ganz anderes zu bieten. „Sie mögen nur die Augen ihres Geistes und ihres Leibes aufthun und sehen die keusche Schar, die reine

---

[1] I, 18, 10: dum ea, quae fuerunt, reposcunt, exemplo suo admonent, quantum christiani imperatores religioni, quam sequuntur, debeant deferre reverentiae, quando gentiles superstitionibus suis omnia detulerunt.

[2] Die Zahl der Vestalinnen betrug anfangs 4, später 6. Ein Übergang zur Siebenzahl wird nirgends ausdrücklich erwähnt, sondern erscheint vorausgesetzt. Möglich, daß an Stelle des Pontifex Maximus, welcher Vorsteher dieses Collegiums war, unter den christlichen Kaisern eine siebente Vestalin getreten ist. Schon die Descriptio orbis (a. a. O. S. 525) kennt die Siebenzahl. Damit wird die Vermutung hinfällig, daß Gratian Veranlassung dazu gegeben.

Gemeinschaft, den jungfräulichen Chor." Schmucklos ist hier die äußere Erscheinung, entbehrungsreich die Lebensweise. „Das ist keine Jungfräulichkeit, die erst um Geld erkauft wird."[1]) Wollte man einmal den Jungfrauen einen Anspruch auf staatliche Geldspenden zugestehen, welche Summen müßten dann den christlichen Jungfrauen zufließen! Welcher Staatsschatz würde für solche Ausgaben ausreichen?

Wenn Ambrosius hier den Gedanken religiöser Gleichberechtigung berührt, so war ihm das nur ein advokatisches Spiel, nicht Ernst. Es lag ihm fern, um einen solchen Preis in diesem Punkte inkonsequent zu werden. Ernst aber war ihm der tadelnde Hinweis auf die bevorzugte, glänzende Lage der Vestalinnen, mit der sich die bescheidene Existenz der gottgeweihten Jungfrauen in der Kirche nicht vergleichen lasse. Ein ähnliches Bild ergiebt sich ihm aus einem Vergleich der heidnischen Priesterschaft mit der christlichen Geistlichkeit. Abschätzig wird ein Gesetz Valentinians I erwähnt, welches den Klerikern verbot, sich Vermächtnisse zu verschaffen.[2]) „Für die Tempeldiener dagegen können Testamente geschrieben werden; kein Frevler, kein Armer, kein Schamloser ist ausgenommen, nur dem Kleriker unter Allen wird das gemeine Recht verschlossen." Darin liege eine Verletzung des christlichen Priesterstandes. „Was eine christliche Witwe den Priestern eines Heiligtums vermacht, hat Gültigkeit, was sie den Dienern Gottes testamentarisch hinterläßt, hat keine Gültigkeit." Doch er sagt das nicht, um zu klagen. „Denn

---

[1]) 18, 12: Non est virginitas, quae pretio emitur. Die Vestalinnen erhielten bei ihrem Eintritt vom Staate ein Kapital zugewiesen. Liv. I, 20, 3: Tacit. Ann. IV, 16.

[2]) Cod. Theod. XVI. 2, 20 (a. 370).

ich will lieber, daß wir an Geld als an Gnade arm sind."
Diese Ungleichheit empfängt noch eine besondere Beleuchtung
dadurch, daß die heidnische Priesterschaft von ihren Reich=
tümern keinen würdigen Gebrauch macht. „Die Tempel
mögen einmal aufzählen, wie viele Gefangene sie freigekauft
haben, wie oft sie den Armen Speise und Trank gegeben
und wie vielen Verbannten sie Lebensunterhalt gereicht haben."
Der Bischof hatte ein Recht, diese Frage zu stellen. „Die
heiligen Collegien der Pontifices, der Auguren, der Vesta=
linnen, der Epulonen und wie sie weiter hießen, genossen
in Glanz und Gemächlichkeit die Einkünfte der ungeheuern
Güter, welche ihnen mit der Zeit zugeflossen waren, und er=
freuten sich der reichen Staatsgehalte, welche sie obenein
empfingen. Die Pracht und Auserlesenheit ihrer Tafel war
sprüchwörtlich; nur etwa der Kaiser oder ein großer christ=
licher Metropolit konnte es ihnen darin gleich thun, doch
erreichte er wohl kaum ihre zärtliche Feinschmeckerei. Kurz,
die hauptsächlichste Thätigkeit dieser Götterpriester war, in
einem bequemen Prunk zu leben."[1]) Die Kirche aber konnte
in ihrer Vergangenheit und in ihrer Gegenwart auf eine
private und eine öffentliche Liebesthätigkeit hinweisen, welche,
ungeachtet aller Mängel ihrer Organisation und ihrer Motive,
auch dem Widerstrebenden Anerkennung abzwingen mußte.
Das bischöfliche Wirken des Ambrosius selbst ist durchwoben
von glänzenden Beweisen christlicher erbarmender Liebe. Der
Satz, der bei ihm sich findet: „Die Besitztümer der Kirche
sind das Vermögen der Armen" bezeichnet nicht nur seine,
sondern die allgemeine Auffassung der Christenheit.

---

[1]) Richter, Gesch. d. weström. Reiches u. s. w. S. 547 f.

Wir sahen, daß die Relation die Mißernte des vorhergehenden Jahres in Zusammenhang bringt mit den Verordnungen Gratians. Solche Kombinationen haben öfters die christlichen Apologeten beschäftigt, scheinen aber dennoch immer einen gewissen Erfolg gehabt zu haben. Indem Ambrosius diesen dritten Hauptpunkt bespricht, mischt er häufiger Ironie und Spott in seine Darlegung. Eine seltsame Gerechtigkeit, meint er, die um weniger Priester willen Alle schlägt. Auch sind doch schon vor Jahren die Rechte der Tempel aufgehoben. „Sollte es jetzt erst den Göttern der Heiden in den Sinn gekommen sein, ihre Beleidigung zu rächen?" Auch das ist zu erwägen, daß dieses Jahr ein fruchtbares ist, obwohl die Rechte noch nicht wiederhergestellt sind. „Wer ist überhaupt ein solcher Neuling in den Verhältnissen der Natur, daß ein Wechsel des Jahresertrages ihn in Staunen setzt?"

Damit sind die drei Hauptpunkte, auf die einzugehen Ambrosius sich vorgenommen hatte, erledigt. Jetzt berührt er noch einige Einzelheiten.

Symmachus hatte Schonung und Erhaltung der altväterlichen religiösen Sitte gefordert. Indes alles ist dem Wechsel unterworfen. Aus dem Chaos ist die Erde erwachsen, und immer noch geht in der Natur, am Himmel und auf der Erde, eine beständige Veränderung vor sich. Die Sonne steigt empor und entfaltet sich strahlender, der Mond wandelt seine Gestalt. Rom selbst hat nicht daran gedacht, den Glauben der Vorfahren unberührt zu erhalten; denn zahlreiche fremde Götter hat es aufgenommen. Die Vorstellungen wechseln. Aus der Victoria, die in Wahrheit nur eine Gabe ist, wird eine Göttin. Sie ist nicht ein religiöses Wesen, sondern die Legionen verleihen sie.[1]) Der Altar dieser „großen Göttin" wird für die Curie zurückgefordert. Das ist nichts anderes als eine Beschimpfung des Glaubens. Ein unerträglicher Gedanke, daß ein Heide opfert und ein Christ dabei zuschaut. „Mögen sie," denken jene, „mögen sie immerhin, obwohl widerwillig, mit ihren Augen den Rauch, mit ihren Ohren die heilige Musik, mit ihrer Kehle die Asche, mit ihrer Nase den Weihrauch auffangen und mögen sie von dem Staub des Opferfeuers, obwohl widerstrebend, ihr Gesicht sich beschmutzen lassen." So etwas darf nicht geschehen. Konstantius, trotzdem er noch nicht getauft war, hielt es für einen Schimpf, jenen Altar auch nur anzusehen. „Aber vielleicht fühlt sich Jemand beunruhigt durch den unglücklichen Ausgang des frommen Fürsten (Gratian)." Indes wer auch nur etwas versteht von den Dingen dieser Welt, weiß, wie das Glück bald hierhin, bald dorthin sich neigt. „Der glückliche Pompejus fand ein unrühmliches Ende, Cyrus fiel durch Weiberhände; auch der fromme Hamilkar und der den Göttern ergebene Julianus kamen elend um."

Damit ist die Widerlegung zu Ende. Den Schluß bildet ein kräftiger Appell an die Gewissenhaftigkeit des Kaisers, mit Hinweis wiederum auf das Beispiel des Bruders.

Ruhiger ist der Ton in diesem Schreiben als in dem ersten. Die leidenschaftliche Entrüstung hat einer Beweisführung Platz gemacht, die allerdings zuweilen einer erregten Sprache sich bedient, aber doch auch einen solchen Grad fester Zuversicht voraussetzt, um auch mit dem Gefühle ihrer Ge-

---

[1]) Die schöne Stelle (c. 30) lautet: Donatur, non dominatur, legionum gratia, non religionum potentia.

ringschätzung des Gegners und mit scharfem Hohn nicht zurückzuhalten.

Die Gewandtheit und rhetorische Kunst Tertullians erscheint in diesem Schriftstück mit der Klarheit und Ruhe des Minucius Felix geeint. Mit der Relation des Symmachus verglichen, entbehrt die Widerlegung der romantischen Begeisterung und der tiefen Empfindung, ja man darf auch sagen der idealen Unbefangenheit; es ist doch die Sprache eines, der weiß, daß er die Macht hat, und der gesonnen ist, von dieser Macht rückhaltlos Gebrauch zu machen, weil er diese Macht auf ein göttliches Recht gründet.

Die Zuversicht, welche Ambrosius in seinem zweiten Briefe zur Schau trägt, täuschte nicht: sie hatte guten Grund.[1]) Beide Schreiben wurden in dem Consistorium verlesen. Doch die kaiserlichen Räte beharrten auf ihrer Meinung. Um so fester zeigte sich Valentinian, so daß Ambrosius dadurch an Daniel unter den Löwen erinnert wurde. „Den Geist Gottes auf sich herabrufend," sprach der Bischof in der Leichenrede, die er hernach dem toten Kaiser hielt, „schalt er die Christen wegen ihrer Untreue gegen Gott und trat den Heiden entgegen." Seine Worte waren: „Wie könnt ihr denken, daß ich das zurückerstatte, was mein frommer Bruder genommen hat? Es wäre eine Beleidigung gegen die Religion und meinen Bruder, von dem ich an Frömmigkeit mich nicht übertreffen lassen will." Auch die Berufung auf das Beispiel seines Vaters erzielte keine Wirkung; Valentinian erklärte, hier dem Beispiele des Bruders folgen zu wollen. „Möge

---

[1]) Fein Ennodius carm. 142:
Dicendi palmam Victoria tollit amico.
Transit ad Ambrosium: plus favet ira deae.

meine Mutter Rom," schloß er, „mir andere Wünsche vortragen. Ich schulde ihr als meiner Mutter Liebe, aber zu größerem Gehorsam bin ich dem Urheber meines Heils verpflichtet." [1]) Ambrosius war zufrieden mit der Haltung des jungen Fürsten. „Er hat," so äußerte er später einmal, „nichts anderes gethan, als was die Rücksicht auf unsern Glauben forderte." Es war allerdings nicht sein, sondern des unerschrockenen Kirchenfürsten Verdienst, daß „er sich nicht fürchtete, Menschen zu mißfallen." [2]) Doch darauf kam es nicht an. Die Thatsache, daß die klagende Roma von einem Knaben und dazu noch im Widerspruch mit dem heiligen Consistorium abgewiesen war, stand fest. Ihre Wirkung muß erschütternd gewesen sein. Zum zweitenmal hatte der Senat umsonst sein Ansehn eingesetzt. Jetzt schien keine Hoffnung mehr.

Für das folgende Jahr wurde Prätextatus zum Consul designirt. Offenbar sollte damit der heidnischen Partei eine Genugthuung gegeben werden. Im Übrigen bewahrte die Regierung dieser gegenüber eine feste Haltung, wie aus einem Vorfall hervorgeht, der eine Zeitlang die Führer der heidnischen Partei in ernste Gefahr brachte. An den Kaiser kam nämlich die Denunciation, daß das oben erwähnte Gesetz, betreffend die Ausplünderung öffentlicher Gebäude, in bewußter Schädigung der Christen ausgeführt werde; man habe sich unter dem Vorwande jener Verordnung nicht ge-

---

[1]) Ambros. I, 17, 13: Lecti sunt libelli mei in consistorio ... Valentinianus tunc temporis audivit suggestionem meam nec fecit aliud, nisi quod fidei nostrae ratio poscebat. — De obitu Val. (t. IV S. 247 ff.) c. 19. 20, woselbst über den Inhalt der Erklärungen Valentinians berichtet ist.

[2]) Ambros. De obitu Valent. c. 52.

scheut, Christen aus dem innern Heiligtum der Kirchen herauszureißen und zu verhaften; sogar Bischöfe entfernter Städte seien gefänglich eingezogen worden. Der uns unbekannte Gewährsmann fand Glauben, und es erfolgte ein scharfes kaiserliches Edikt, welches das Verfahren des Stadtpräfekten schonungslos tadelte und die sofortige Freilassung der gefangen gehaltenen Christen befahl. Zugleich wurde die frühere Verordnung widerrufen. Symmachus war über diese Kundgebung, die der Bevölkerung zur öffentlichen Kenntnis gebracht wurde, tief bewegt.[1]) Er verschaffte sich ein Zeugnis des römischen Bischofs Damasus, durch welches alle jene Anklagen für ungegründet erklärt wurden, und sandte dasselbe mit einem Verteidigungsschreiben an Valentinian.[2]) Es gelang ihm, sich vollständig zu rechtfertigen, und er erhielt ein Zeichen des kaiserlichen Wohlwollens.[3]) Doch bald kamen neue schmerzliche Erfahrungen, der plötzliche Tod seines Freundes und Mitkämpfers Prätextatus Ende 384 und mancherlei Verdrießlichkeiten seines Amtes, die zum Teil mit den religiösen Gegensätzen zusammenhingen.[4]) Mißmutig kehrte er daher im Oktober des folgenden Jahres dem öffentlichen Leben den Rücken und zog sich zunächst nach Campanien zurück. So verlor die heidnische Partei in Rom innerhalb eines Jahres ihre beiden bedeutendsten und einflußreichsten Führer.

In Mailand war es unterdes zwischen Ambrosius und dem arianisch gesinnten Hofe zu einem heftigen Zerwürfnis

---

[1]) Rel. 21 (S. 295, 20) wird jener Erlaß bezeichnet als injuria praefecturae et conscientiae meae.
[2]) Rel. 21 (S. 295).
[3]) Cod. Theod. I, 6, 9.
[4]) Vgl. insbesondere Rel. 17; 34; 23.

gekommen. Vielleicht in der Überzeugung, daß der Bischof durch die Entschließung Valentinians dem Hofe, insbesondere der dabei beteiligten Kaiserin zu Danke verpflichtet sei, traten die Arianer kurz vor der Osterzeit 385 mit der Bitte um Überlassung eines Gotteshauses hervor. In weitgehender Weise setzten Valentinian und Justina ihr persönliches Ansehen dafür ein, doch Ambrosius war unbeugsam. Der Konflikt, der mehrmals eine gefährliche Wendung nehmen zu wollen schien, endete mit einem glänzenden Siege des Ambrosius. Die Gemeinde hat sich für die Kirche und gegen das weltliche Imperium entschieden. Es war nicht das erstemal und sollte nicht das letztemal sein. Erfreulicher ist die Wahrnehmung, daß in diesen heftigen Kämpfen bei Justina ebensowenig wie bei dem Kaiser das Vertrauen auf die Ehrlichkeit und den Patriotismus des Ambrosius erschüttert worden ist. Bald nachher nahmen beide wiederum seinen Dienst in Staatssachen in Anspruch.

Je seltener es möglich ist, an bestimmten Fällen die Thatsache oder gar die Art und Weise des Rückganges des Heidentums aufzuzeigen, um so wertvoller ist für diese Zeit eine bei der Aufräumung des Amphitheaters in Kapua entdeckte Inschrift, ein mit ausdrücklicher Genehmigung der Kaiser am 22. November 387, das ist am Tage der Thronbesteigung des abendländischen Augustus, publiziertes heidnisches Festverzeichnis mit Gültigkeit für die Provinz Kampanien.[1]) In diesem Verzeichnis ist kein einziges idololatrisches

---

[1]) C. J. L. X, 1 n. 3792: Administrante Romano jun. sacerdote | feriale domnorum sic | III. nonas Jan. vota | III idus Febr. genialia | Kal. Mais. lustratio ad flumen | Casilino | III idus. Mai rosaria Ampiteatri | VIII. Kal. Aug lustratio ad flumen | ad iter Dianae | VI Kai (sic) Aug. profectio ad

Fest angemerkt. „Entweder sind es Naturfeste — das Saat=
fest am 1., das Rosenfest am 13. Mai, das Erntefest am
25. Juli, das Weinfest am 15. Oktober — oder auf Geburt
und Tod bezügliche — die Genialia am 11. Februar, die
Inferiä am 27. Juli — oder endlich politische, wie Gelübde
für den Kaiser am 3. Januar. Nicht ein einziges darunter
hat einen spezifisch heidnischen Charakter; sie konnten sämt=
lich gefeiert werden, ohne daß man einen Tempel betrat und
einem Gott opferte" [1]) Offenbar konnte nur unter diesen
Bedingungen die staatliche Genehmigung erlangt werden.
Allerdings liegt hier ein gewisses Zugeständnis an das Heiden=
tum vor, denn die in dem Feriale angeführten, in Casilinum
und an der Dianastraße zu vollziehenden Lustrationen sowie
die Feier des Allerseelentages am Avernersee (profectio ad
inferias Averni) sind eigentlich heidnische Akte, wenn auch
ohne Opfer und Tempelkult; daher haben schwerlich „sämt=
liche konfessionel indifferenten Bewohner Kampaniens, sowohl
die zum Heidentum als die zum Christentum sich hielten [2])‚"
gerade an diesen Festen teilgenommen. Die Regierung verfährt
hier übrigens genau nach Maßgabe ihrer bisherigen religions=

iter Averni | Idus Oct vendemia Acerusae | jussione domno-
rum felix votum | sollicite solvit X Kal. Decembr | Valenti-
niano III et Eutropio. Dazu die Erläuterungen von Avellino
(Opuscoli diversi, vol. III Napoli 1836 S. 215 ff.) und besonders
Mommsen (in d. Berichten üb. d. Verhandl. d Königl. sächs. Gesellsch.
d. Wissensch. Philol.=hist. Klasse 2. Bd. 1850 S. 62 ff.).

[1]) Mommsen a. a. O. S. 69.
[2]) Mommsen S. 70; dazu S. 71: „sehr interessant ist das
Bestreben der Staatsregierung, wovon unsere Inschrift Zeugnis ablegt,
außerhalb des konfessionellen Gebiets für die Feste und Ferien des
Staats einen neutralen Boden zu gewinnen, auf dem die Bürger
aller Kulte sich begegnen könnten."

politischen Gesetzgebung, welche zwar das Opferwesen und den Tempelbesuch ausschloß, aber die heidnische Religion als solche noch nicht proscribiert hatte. Vergleicht man dieses Feriale mit andern römischen Kalendarien aus der Zeit der ungebrochenen Herrschaft des Götterglaubens, so tritt der Unterschied scharf hervor. Darin besteht der Wert dieser kapuanischen Inschrift, daß sie zeigt, welche Rücksichten die heidnische Religion in ihren öffentlichen Akten sich auferlegen mußte. Selbstverständlich ist das, was hier geschah, nicht vereinzelt geblieben.

Andererseits ist ihr der Staat mit Forderungen, die in derselben Richtung sich bewegen, entgegengetreten. Nämlich zwei Jahre nachher erfolgte eine Verordnung[1]), die mit den Worten anhob: „wir bestimmen, daß sämtliche Tage Gerichtstage seien." Ausgenommen werden nur das Saatfest und das Fest der Weinlese (zusammen 60 Tage), ferner die Kalenden des Januar, die Gründungstage von Rom und Konstantinopel, die Osterzeit, der Sonntag, die Geburtsfeste der Kaiser. Kein einziges der als feriae publicae bezeichneten Feste trägt einen spezifisch heidnischen Charakter; sie konnten sämtlich auch von Christen begangen werden. Dagegen sind die Götterfeste und andere heidnisch-religiösen Kulttage mit Stillschweigen übergangen. So wenig die Regierung sie gehindert hat, so wenig fühlte sie sich veranlaßt, öffentlich damit zu rechnen. Insofern sind diese beiden Urkunden bezeichnende Zeugnisse für das Bestreben des Staates, die Gesetzgebung mehr und mehr in christliche Bahnen überzuleiten und als Objekt derselben ausschließlich die christliche Bevölkerung zu fassen.

[1]) Cod. Theod. II, 8, 19.

Drittes Kapitel.

Theodosius der Große.

Von den religionspolitischen Kämpfen, die sich im Abendlande abspielten, hielt sich der Augustus des Ostens vorläufig noch zurück. Er hatte um so weniger Ursache, hier mit dem Gewichte seines Ansehns einzutreten, da der Verlauf der Ereignisse seinen Wünschen entsprach. Aber auch in seinen eigenen Ländern beobachtete Theodosius in den ersten Regierungsjahren dem Götterglauben gegenüber eine abwartende Haltung. Zwar das Gesetz hinsichtlich der Apostaten (S. 218) war er der Kirche und die Verordnung gegen die politische Divination dem Staate ohne Aufschub schuldig. Daneben gewann er es doch über sich, die bereits beschlossene Sperrung eines durch seine Kunstwerke berühmten Tempels in der Landschaft Osrhoëne [1]) — wahrscheinlich in Edessa — rückgängig zu machen und das Heiligtum für

---

[1]) Wenn sich darauf Liban. (pro templ. S. 490 ed. Gothofr.) bezieht, wie vielleicht anzunehmen ist, so wurde dieses Heiligtum schon bald darauf dennoch zerstört.

bestimmte Festlichkeiten zur Verfügung zu stellen, vorausgesetzt, daß keine verbotenen Opfer daselbst vollzogen würden.¹) Die Rücksicht auf die starke heidnische Bevölkerung in diesem an der Grenze gelegenen und darum politisch wichtigem Gebiete mag dieses Zugeständnis gewährt haben. Theodosius verfuhr genau so, wie einst Konstantin der Große an die Hispellaten verfügt hatte. Wie weit der Kaiser im übrigen davon entfernt war, die Richtung der von Gratian eingeschlagenen Religionspolitik zu ändern, zeigt ein im Jahre 385 von Konstantinopel aus an den prätorischen Präfekten Cynegius gerichtetes erneuertes scharfes Verbot der politischen Divination²) und eine Verfügung des folgenden Jahres, welche die Christen von dem Vorsitz bei den in irgend einer Weise an die Tempel geknüpften Festlichkeiten und den damit verbundenen Unkosten ablöste, wobei das Christentum nachdrücklich als die wahre Religion bezeichnet wird.³)

---

¹) Cod. Theod. XVI, 10, 8 (a. 382). Die Verordnung ist wegen ihres verderbten Textes zwar nicht in ihren Grundgedanken, wohl aber in manchen Einzelheiten unklar. Vgl. das Nähere bei Gothofr. Ein bestimmter Ort ist nicht genannt, doch weist der Inhalt des Edikts auf eine größere Stadt.

²) Cod. Theod. XVI, 10, 9.

³) Cod. Theod. XII, 1, 112: In consequenda archierosyne ille sit potior, qui patriae plura praestiterit nec tamen a templorum cultu observatione christianitatis abscesserit. Quippe indecorum est, imo ut verius dicamus, illicitum, ad eorum curam templa et templorum solemnia pertinere, quorum conscientiam verae ratio divinae religionis imbuerit et quos ipsos decebat tale munus, etiamsi non prohiberentur, effugere. Zur ἀρχιερωσύνῃ waren u. A. die Curialen verpflichtet, und von da aus wurden auch Christen in dieses kostspielige und nicht ganz von Idololatrie frei zu haltende Munus hineingezogen. Näheres darüber bei Gothofr. de interdicta Christianor. cum gentil. communione (S. 568 ff. der Opera jurid. min.).

Doch dieses bedeutete wenig im Vergleich zu derjenigen Maßregel, welche um dieselbe Zeit, wie es scheint [1]), angeordnet wurde. Der eben genannte Cynegius nämlich erhielt den Befehl, sich nach Ägypten und in die kleinasiatischen Länder zu begeben, um daselbst, neben der Ausführung bestimmter politischer Akte, die sich an die Erhebung des Maximus knüpften, den Hellenismus niederzuwerfen. Schwerlich war es dabei auf gänzliche Ausrottung des Heidentums abgesehn [2]) — eine solche lag überhaupt nicht im Bereich der Möglichkeit — sondern es wird eine in bestimmten Maßnahmen zum Ausdruck gelangende Einschränkung und Einschüchterung des gerade in Ägypten und Syrien festgewurzelten und selbstbewußten Hellenismus beabsichtigt gewesen sein. Was nachher geschah, legt die Vermutung nahe, daß die ägyptischen und syrischen Bischöfe, vor allen der Patriarch Theophilus von Alexandrien, dem Kaiser mit dringenden Vorstellungen nahe getreten sind.[3])

Es war zu erwarten, daß der energische Beamte, der zu der ihm verliehenen Machtvollkommenheit noch eine persönliche scharfe Abneigung gegen die alte Religion mit-

---

[1]) Die genauere Datierung ist schwierig. Zosimus (IV, 37 u. IV, 45) schließt einen inneren Widerspruch in sich. Wenn die Sendung mit dem Vertrag zwischen Theodosius und Maximus zusammenhängt, muß sie 384 stattgefunden haben. Cynegius starb im März 388 in Konstantinopel. Näheres über diese Frage bei Tillemant, Hist. des Emp. in den Notes sur l'Emp. Theod. I n. XV.

[2]) So Zosim. IV. 37.

[3]) Vgl. Sokrat. V, 16. In Alexandrien errichteten die Notabeln, die also wohl in der Mehrzahl Christen gewesen sein müssen, dem Cynegius — omnium virtutum viro et ad insignem laudem gloriamque progenito — eine Statue — loco celeberrimo — (Orelli-Henzen n. 1139).

brachte, rücksichtslos eingreifen werde. Zwar das Urteil, daß er „den Zugang zu den Tempeln im Morgenlande und in ganz Ägypten und sogar in Alexandrien verschloß" [1], entspricht nicht der Wahrheit, dennoch muß sein Auftreten tiefgreifende Folgen gehabt haben. Sein Verfahren im Einzelnen wird leider nur durch einen Fall beleuchtet, sein Benehmen in Apamea. Er erschien in dieser reichen, stark bevölkerten Hauptstadt der Syria Secunda plötzlich in Begleitung zweier Tribunen und einer Anzahl Soldaten und ließ zuerst den prächtigen Jupitertempel zerstören; dann kamen die übrigen Heiligtümer an die Reihe. Der Bischof Marcellus leistete dabei hilfreiche Hand. [2] Besondere Schwierigkeiten scheinen sich nicht ergeben zu haben.

In der Religionspolitik der christlichen Kaiser war es bis dahin beispiellos, daß ein hoher Staatsbeamter in besonderem kaiserlichen Auftrage Provinzen des Reichs durchzieht, um nach seinem persönlichen Ermessen heidnische Heiligtümer abzusperren oder zu beseitigen. In der schroffsten Weise wird damit die Rechtlosigkeit des alten Glaubens aufgezeigt. Auf die christliche Bevölkerung mußte ein solches Vorgehen ermutigend und aufreizend wirken, und ohne Zweifel steht es in einem Zusammenhange mit der Mission des Cynegius, daß bald darauf Kleriker, Mönche und Laien

---

[1] Zosim. a. a. O. Auch Chron. Idat. a. 388: hic (scl. Cynegius) universas provincias longi temporis tabe deceptas in statum pristinum revocavit et usque ad Aegyptum penetravit et simulacra gentium evertit.

[2] Theodor. V, 21. Die Äußerungen des Liban. (pro templ. S. 490 ed. Gothofr.) beziehen sich nicht auf Cynegius, wie vermutet wird; eine solche Sprache konnte der Redner in Beziehung auf einen dem Kaiser nahestehenden angesehenen Beamten unmöglich führen.

selbständig den Kampf gegen den verhaßten Götterglauben und seine Kultstätten in die Hand nahmen.

Besonders in Alexandrien spielten sich aufregende Scenen ab.¹) Seit 385 saß hier auf dem angesehenen Patriarchenstuhle Theophilus, ein Mann, in dessen Brust Fanatismus, Klugheit und Herrschsucht gleicherweise wohnten. Unwillig sah er in der Hauptstadt die Tempel noch aufrecht stehen. Auf seine Bitte gewährte ihm Theodosius die Umwandlung eines wohl vereinsamten Dionysostempels in eine Kirche.²) Nicht zufrieden hiermit, ließ der Bischof die Götterstatuen und andere Gegenstände, die bei der Aufräumung des Abyton zum Vorschein kamen, darunter auch Phalli, öffentlich zum Hohne ausstellen. Jetzt hielt die Erbitterung der Heiden nicht mehr zurück. Bald stand die Stadt in vollem Aufruhr; in wütenden Straßenkämpfen wurde die religiöse Frage ausgefochten. Mitten unter dem Pöbel sah man Rhetoren und Philosophen die Waffen schwingen. Der Lexikograph Helladius, zugleich Zeuspriester, der hernach in Konstantinopel lehrte, rühmte sich, wie sein Hörer, der Kirchengeschichtschreiber Sokrates erzählt, neun Christen mit eigener Hand niedergeschlagen zu haben. Ein gleicher Eifer beseelte seinen Kollegen Ammonius.

Obwohl die Heiden mindere Verluste als die Christen

---

¹) Sozom. VII, 15: Sokrat. V, 16; Rufin. II, 22 ff. Dazu Theodor. V, 22. Das Jahr nach Marcell. Comes 389, dagegen Ammian. Marc., welcher 390 schrieb (XXII, 16, 12): Eminet Serapeum etc. Daher wird 390 oder 391 das richtige Jahr sein.

²) Nach Rufin. II, 22 eine basilica publici operis, die bereits Konstantius den Arianern überwiesen hatte. Die griechischen Historiker verdienen hier größeren Glauben. Rufin schildert die Ereignisse mehr malerisch als genau.

hatten [1]), wurden sie doch von der Übermacht allmählich zurückgedrängt und zogen sich in das Serapeion zurück. Dieses berühmte Bauwerk, an Größe und Pracht allein dem Kapitol nachstehend [2]), lag auf einem erhöhten Terrain im Westen der Stadt und bot einen günstigen Verteidigungspunkt. Die beiden einzigen Zugänge, ein abschüssiger Fahrweg und eine steile Treppe, waren leicht abzusperren, und die weitläufigen Gebäude der großen Bibliothek und des Serapistempels gewährten hinreichend Raum und Schutz für größere Massen. In der That wandelte die aufrührerische Menge den Platz in eine Festung um, und so wenig war ihr der Mut gesunken, daß sie von dem gesicherten Orte aus Ausfälle in die Stadt unternahm und die Christen, die dabei in ihre Gewalt gerieten, zum Opfern zwang oder im Weigerungsfalle grausam mordete.

Es bietet sich hier ein einzigartiges Schauspiel dar. Man mag daran erwägen, zu welchen Erschütterungen es hätte führen können, wenn Konstantin die Religionspolitik Theodosius des Großen vorausgenommen hätte. Sowenig das Heidentum sonst Neigung zum Martyrium offenbart, so zeigt doch dieses eine Vorkommnis, welche Flammen ein bestimmter Gang der Dinge aus der glimmenden Asche hervortreiben konnte.

Der militärische Oberkommandant von Ägypten Romanus und der alexandrinische Präfekt Euagrius versuchten zuerst mit gütlichen Mitteln auf die Empörer zu wirken; indes

---

[1]) Eine naive Erklärung dafür bei Rufin. a. a. O.: nostri numero et potentia multo plures, sed modestia religionis minus feroces erant.

[2]) Amm. Marc. XXII, 16, 12.

stärker als ihre Ermahnungen und Drohungen erwies sich vorläufig noch das Ansehn eines Mannes, des Olympius, der im Philosophengewande unter ihnen hin- und herging und ihnen zuredete, die vaterländische Religion nicht zu verlassen; um ihretwillen auch in den Tod zu gehen, dürfe man nicht scheuen. Niemand möge sich dadurch entmutigen lassen, daß die Bilder der Götter zertrümmert seien, denn nur irdisch sind solche und der Vergänglichkeit unterworfen. Die Kraft aber, die in jenen Bildsäulen wohne, habe sich zum Himmel aufgeschwungen.

Die beiden Beamten, unschlüssig, was zu thun sei, berichteten an den Kaiser. Die Antwort lautete überraschend: es solle den Empörern Verzeihung bewilligt werden, wenn sie die Waffen niederlegten. Der Kaiser hoffe — so wurde dieser Beschluß den ohne Zweifel damit wenig einverstandenen Christen gegenüber begründet — daß jene dadurch um so eher veranlaßt würden, die christliche Religion anzunehmen. Im übrigen sollten alle Tempel als die Ursache dieser Unruhen zerstört werden.

Daß Theodosius die heidnische Bevölkerung zu derselben Zeit in Schutz nimmt, wo er ihre Tempel niederzureißen befiehlt, ist eine Vermittelung, welche offenbar die Verhältnisse erheischten. Die Bewegung muß einen gefährlichen Charakter angenommen haben, der schonendes Vorgehen forderte; andererseits konnte die Zerstörung der Tempel und die gleich Eingangs des kaiserlichen Schreibens gegebene Versicherung, daß die Schuld auf Seiten der Heiden liege, den Christen, die eine Anzahl von Toten beklagten, als Genugthuung dienen.

Die Aufrührer nahmen den kaiserlichen Pardon an und

übergaben das Serapeion.¹) Olympius entwich am Tage
vorher heimlich und bestieg ein nach Italien segelndes Schiff.
Auch andere an der Empörung Beteiligte verließen die Stadt
und suchten in den Provinzen Schutz. Die alten Heiligtümer aber in Alexandrien sanken unter Axt und Brecheisen.
Theophilus setzte seinen Ruhm darin, den Willen des Kaisers
buchstäblich zu vollstrecken. Er stieg selbst zu dem Serapeion
hinauf und trat vor das Bild des Gottes hin, dessen Nähe
für todbringend galt. Darauf ließ er, inmitten einer er-
wartungsvollen Menge, durch einen seiner Leute die Statue
mit einem Beil zerschlagen, wobei aus dem hohlen Innern
viele Mäuse hervorsprangen. Die Stücke wurden verbrannt,
mit Ausnahme des Hauptes, welches öffentlich durch die
Stadt getragen und dann erst im Amphitheater mit Feuer
vernichtet wurde.²) „Das war das Ende des thörichten
Aberglaubens und der Serapislüge." Der Untergang der
Welt in das Chaos und der Einsturz des Himmels, welche
der Volksglaube mit der Zerstörung des Serapistempels ver-
knüpfte, blieben aus. Auch die übrigen Tempel in der Stadt
samt den Götterbildern fielen, wobei nicht versäumt wurde,
die sakralen Kunstgriffe der Priester und manches andere,
was der alten Religion etwa zur Schmähung gereichen könnte,
vor Aller Augen zu stellen. Die wertvollen Statuen kamen
in die Schmelze und der Erlös an die Armen, denn das
hatte der Kaiser angeordnet.³) Nur ein seltsames Anubis-
bild mit affenartigem Antlitz wurde zu höhnender Erinnerung
an die alte Religion aufbewahrt. Der Nilmesser, der bis

---

¹) Was Sozom. a. a. O. von einer Überrumpelung der Heiden
erzählt, ist schwerlich geschichtlich.

²) Theodor. V, 22; Rufin. II, 23.

³) Sokrat. V, 16.

dahin im Serapistempel seinen Ort hatte, fand nun seinen Platz in einer Kirche.

Dieser plötzliche und vollständige Sieg der Götterfeinde konnte nicht verfehlen, eine tiefe Entmutigung unter den Heiden hervorzurufen, vorzüglich die Zerstörung des Serapistempels, „der wie eine Säule den zusammenbrechenden Götzendienst noch stützte".[1]) Die Altäre, die Götterbilder lagen am Boden, und doch war von einer Rache der erzürnten Götter nichts zu verspüren, im Gegenteil, die Nilüberschwemmung gestaltete sich günstiger als je. An den Stätten der Tempel stiegen die Mauern christlicher Gotteshäuser empor; an dem Orte, wo einst das Heiligtum stand, zu dem aus der ganzen Welt die Frommen wallfahrteten, erhob sich eine Kirche, und Hieronymus[2]) konnte spotten: „Der egyptische Serapis ist Christ geworden."

Es wird nicht an Christen gefehlt haben, welche den niederbeugenden Eindruck dieser Wahrnehmungen klug ausnutzten, und so klingt es begreiflich, daß damals viele Heiden in Alexandrien das Taufbad begehrt hätten, darunter zahlreiche Priester, die jetzt auf einmal in einer Hieroglyphe das Kreuz Christi und die Erlösung der Menschheit prophetisch vorausverkündigt fanden.[3])

---

[1]) Prosp. Chron. ad ann. VIII Theod. Auch Ruf. II 24 nennt das Serapeion caput ipsum idololatriae. — Die befremdliche Notiz des Malalas (Chron. XIII S. 349), daß der Kaiser Honorius den Tempel des Serapis-Helios in Alexandrien zerstören ließ, steht ohne Zweifel mit diesem Fall des Serapeions in ursprünglichem Zusammenhange.
[2]) Hieron. Epist. 107, 2.
[3]) So übereinstimmend Sozom., Sokrat., Theodor. a. a. O.; auch Rufin. II, 29, aber in einem andern Zusammenhange. Thatsächliches liegt jedenfalls zu Grunde.

Der Kaiser Theodosius soll bei der Kunde von dem Gelingen des Werkes die Hände gen Himmel erhoben und Christo dafür gedankt haben, daß von dieser Stadt die „alte Lüge" gewichen sei.[1]) In Wahrheit war mit dieser Überwindung des Heidentums in Alexandrien ein bedeutsamer Schritt vorwärts gethan. Nun konnte man doch von den drei größten Städten des Ostens, von Konstantinopel, Antiochien, Alexandrien rühmen, daß daselbst kein Tempel und kein Altar mehr stand. Wie hoch man besonders die Zerstörung des Serapistempels anschlug, geht daraus hervor, daß ein christlicher Gelehrter namens Sophronius eine eigene Schrift darüber abfaßte.[2]) Theophilus aber erhielt den Ruhm, nach welchem er geizte, nämlich als der Befreier der Stadt Alexandrien von dem Trug der Götzenbilder zu gelten.[3]) Sein Vorgänger, der Bischof Georgios war einst an diesem Wagnis zu Grunde gegangen; er stand jetzt im Glanze seines Sieges. So waren Zeiten und Menschen anders geworden.

Doch hat sich Theophilus nicht auf Alexandrien beschränkt. Der Erfolg riß ihn weiter. Zunächst scheint die benachbarte reiche Handels- und Industriestadt Kanopos die Blicke des heidenfeindlichen Mannes auf sich gezogen zu haben. Nicht nur standen dort angesehene Heiligtümer, sondern es blühte auch noch daselbst, berufsmäßig gelehrt, die alte ägyptische Priesterweisheit samt neuerer und älterer Magie.

---

[1]) Rufin. II, 30.
[2]) Hieron. De viris illustr. c. 134.
[3]) Theodor. V, 22. Auch Zosim. V, 23: $\Theta\varepsilon\acute{o}\varphi\iota\lambda o\varsigma$, $\acute{o}$ $\pi\varrho\tilde{\omega}\tau o\varsigma$ $\grave{\alpha}\varrho\xi\acute{\alpha}\mu\varepsilon\nu o\varsigma$ $\tau\tilde{\eta}\varsigma$ $\varkappa\alpha\tau\grave{\alpha}$ $\tau\tilde{\omega}\nu$ $\acute{\iota}\varepsilon\varrho\tilde{\omega}\nu$ $\varkappa\alpha\grave{\iota}$ $\tau\tilde{\omega}\nu$ $\grave{\varepsilon}\xi$ $\alpha\acute{\iota}\tilde{\omega}\varrho o\varsigma$ $\pi\alpha\tau\varrho\acute{\iota}\omega\nu$ $\grave{\varepsilon}\pi\iota\beta o\upsilon\lambda\tilde{\eta}\varsigma$.

über die mancherlei üble Nachrede ging.¹) Vor nicht langer Zeit hatte hier der Philosoph und Mantiker Antonius, eine asketische Erscheinung, vor einer dichtgedrängten Schar von Jünglingen die Geheimnisse des Himmels und der Erde aufgeschlossen, schwerlich mit großer Zuversicht, wenn es wahr ist, daß er seinen vertrauten Genossen einst mitteilte, nach seinem Tode würden keine Göttertempel mehr erstehen; auch die Heiligtümer des Serapis würden der Verwüstung anheimfallen und das Chaos wiederkehren.²)

Dazu kam, daß mehrere an dem Aufruhr beteiligte Philosophen und Priester, aus Alexandrien flüchtig, nach Kanopos sich gewendet hatten. Theophilus gewann hier einen mühelosen Sieg. „Alles wurde verwüstet und dem Boden gleich gemacht," berichtet lakonisch und doch vielsagend ein Schriftsteller, der etwas darüber wissen konnte. Nur ein mächtiger Altar, aus gewaltigen Steinen aufgerichtet, spottete allen Anstrengungen der Zerstörer. Mit den reichen Tempelschätzen wurde übrigens nicht streng nach dem Wunsche des Kaisers verfahren; die Soldaten, die bei der Demolierung mithalfen, brachten manches auf die Seite.³)

Wahrscheinlich waren in Alexandrien und Kanopos dem Theophilus Mönche zur Hand; jedenfalls erscheinen sie sonst um diese Zeit als die allzubereiten Gehilfen der Bischöfe in der Ausrottung des Heidentums. Ihr roher Fanatismus machte sie zum Gegenstand besondern Hasses der Götterfreunde, deren einer über sie urteilt, daß sie wie Menschen

---

¹) Rufin. II, 26: jam vero Canopi quis enumeret superstitiosa flagitia?
²) Eunap. Vita Aedes.
³) Rufin. u. Eunap. a. a. O.

aussehen, aber wie Schweine leben.¹) Und doch bemerkt ebenderselbe, daß Jemand nur ein schwarzes Gewand umzuhängen braucht, um sofort das höchste Ansehen bei der Menge zu gewinnen. In Kanopos richteten sie im Auftrage des Bischofs den neuen Kult ein; sie wandten dabei ihr hauptsächlichstes Augenmerk auf die Errichtung von Kapellen und Altären zu Ehren der Märtyrer, deren Reliquien sie in die Stadt brachten. Die Heiden spotteten darüber, daß „solche Leute, welche die Obrigkeit wegen vieler Vergehen zum Tode geführt habe, öffentlich als Götter ausgegeben würden und man die Kniee vor ihnen beuge," und meinten, auch hier die Erfüllung einer Weissagung des Antonius zu finden, daß nämlich die Tempel in Gräber verwandelt werden würden.²)

Die Vorgänge in Alexandrien und Kanopos blieben keine vereinzelte Erscheinung. Auch anderswo, wie in den arabischen Städten Petra und Areopolis, ferner in den palästinensischen Küstenorten Raphia und Gaza, „der Heidenstadt"³), ebenso in dem phönikischen Heliopolis kam es zu heftigen Kämpfen, aus welchen die beiderseitige Erbitterung neue Nahrung gewann.⁴) Ein Vorfall in Syrien beleuchtet diese Verhältnisse in eigentümlicher Weise. Der obengenannte Bischof Marcellus begann, nachdem er in Apamea selbst die

---

¹) Eunap. a. a. O. Diese Worte gehen nicht etwa auf das sittliche Leben der Mönche, sondern sollen sie nur in ihrer Rohheit und barbarischen Askese charakterisieren. Ähnlich Liban. Pro templ. c. 3 ed. Gothofr. Man wird auch an Namatianus De reditu suo I, 439 ff. erinnert.

²) Eunap. a. a. O. Die Stelle ist für die Geschichte des Märtyrer- und Reliquienkultus lehrreich.

³) So nennt sie Hieron. Vita Hilar. c. 14. Hier war Tempel und Orakel des Marnas berühmt.

⁴) Sozom. VII, 15.

Tempel niedergerissen hatte, auch in der Umgegend das Zerstörungswerk. Besonders reizte ihn ein großer Tempel in dem benachbarten Gebiete von Aulon. In Begleitung von Gladiatoren und Soldaten brach er dahin auf; denn der Umstand, daß zum Schutze der Tempel waghalsige Galiläer und Bauern vom Libanon aufgeboten waren, mahnte zur Vorsicht. Während nun die Leute des Bischofs das von den Heiden tapfer verteidigte Heiligtum stürmten, stand dieser, durch ein gichtisches Fußleiden an der persönlichen Mitwirkung behindert, in einiger Entfernung allein, ganz ohne Schutz. Die Heiden bemerkten es, bemächtigten sich des Bischofs, schleppten ihn fort und verbrannten ihn lebendig. Erst später wurden die Thäter festgestellt, aber als die Söhne des Bischofs dieselben zur Strafe ziehen wollten, verbot es ihnen eine Provinzialsynode, „da es nicht billig sei, einen Totschlag zu rächen, für welchen Gott zu danken sowohl der Tote wie seine Söhne und seine Freunde Ursache hätten." [1]) Man möchte vermuten, daß diese befremdliche Begründung nicht der Synode, sondern der Reflexion des Bericht erstattenden Schriftstellers angehöre, wenn nicht in der That Marcellus im Heiligenkalender der griechischen und der lateinischen Kirche einen Platz gefunden hätte. Wie sich die Vorstellungen änderten! Die Synode zu Elvira hatte einst bestimmt, solche, welche mit Gewalt sich zum Martyrium drängen, als Märtyrer nicht anzuerkennen [2]), und es ist in der ältesten Kirche stets getadelt worden, durch Zerstörung der Götterbilder das Heidentum herauszufordern. Jetzt, wo die Martyrien so gut wie aufgehört hatten, scheint man in der Wahl eines Ersatzes dafür nicht ängstlich gewesen zu sein.

---

[1]) Sozom. a. a. O.
[2]) Kan. 60 (s. oben S. 106 Anm. 3).

Beachtenswert ist, daß auch hier, wie in Ägypten, die Heidenverfolger über Militärmacht verfügen; möglicherweise geht dies auf bestimmte Anordnungen des Cynegius zurück.

Ein wildes, ordnungsloses Zerstörungswerk, wo Willkür und Zufall entschieden, beginnt jetzt, um erst wieder aufzuhören, nachdem der Götterdienst aus der Öffentlichkeit verschwunden war. Allen voran die Mönche. „Sie stürmen," so schildert ein Zeitgenosse ihr Treiben[1]), „zu den Tempeln, mit Holz beladen oder mit Steinen und Schwertern bewaffnet, Einzelne auch ohne diese Dinge, bloß mit Händen und Füßen. Dann, als ob es herrenloses Gut wäre, reißen sie die Dächer nieder, stürzen die Mauern um, zerschlagen die Götterbilder, zertrümmern die Altäre. Den Priestern aber bleibt nur die Wahl zwischen Schweigen und Tod. Ist der erste Tempel zerstört, so eilen sie zu dem zweiten und dem dritten und häufen Trophäen auf Trophäen, dem Gesetz zum Spott. Auch in den Städten wagen sie dies, noch mehr aber auf dem Lande, und viele Feinde hat da jedes Gebiet. Hier sammeln sie sich nach ihren Schandthaten und legen einander Rechenschaft ab; es gilt für schimpflich, nicht möglichst viel Übeles gethan zu haben. Wie Bergströme überschwemmen sie das Land und ruinieren mit den Tempeln das Land."

Gewiß redet in diesen Worten auch der Haß des Christenfeindes, aber ebenso gewiß sind unter den Händen fanatisierter Mönche damals schon zahlreiche Heiligtümer gefallen. Ganz naturgemäß machten diese Zerstörer das platte Land zum Schauplatz ihrer Thätigkeit; dort befanden sich ihre eigenen

---

[1]) Liban. Pro templis c. 8.

Niederlassungen, und sie konnten leicht größere Massen zu=
sammenbringen. Auch waren sie hier nicht unter unmittel=
barer Aufsicht der kaiserlichen Beamten, die im allgemeinen
schwerlich diese blinde Zerstörungswut gebilligt haben
werden.

Daß daneben der Episkopat nicht feierte, zeigt im
Morgenlande das oben erwähnte Verhalten der Bischöfe von
Alexandrien und von Apamea; im Abendlande erscheint um
eben diese Zeit als der rücksichtsloseste Verfolger des Heiden=
tums Martin von Tours. Dieser einstige Soldat, in dessen
Wesen die Kindlichkeit eines Franz von Assisi mit dem Eifer
des Elias sich paart, saß seit 375 auf dem Bischofsstuhle
von Cäsarodunum im Gebiet der gallischen Turonen. Es
charakterisiert seine Stimmung, daß er den Teufel in der
Gestalt Jupiters und Merkurs oder auch der Venus und der
Minerva zu sehen geglaubt hat.[1]) In seiner Diözese riß er
sämtliche Tempel nieder, trotz des heftigen Widerstandes, den
ihm vereinzelt die Bauernschaft entgegensetzte.[2]) Er kannte
keine Schonung. Der Geist des Firmicus Maternus war in
ihm lebendig. „Mit den Füßen zertrat er die Altäre und
die Götterbilder." Wo er nicht selbst eingreifen konnte,
hatten die Priester seinen strengen Befehl, die Heiligtümer
zu vernichten; Mönche standen ihnen als Gehilfen zur Seite.[3])
Sobald die Heidentempel gefallen waren, stiegen an ihrer
Stelle die Mauern von Kirchen und Klöstern empor. Dadurch
eroberte der kluge Bischof das Land so vollständig, daß in
seinem Sprengel fast nur Getaufte zu finden waren. Doch

---

[1]) Sulpic. Sever. De vita Mart. c. 22.
[2]) Sulp. Sev. a. a. O. c. 13. 14. 15; Dial. III, 8. 9.
[3]) Sulp. Sev. Dial. III, 8.

griff er mit seiner Bekehrungsarbeit gelegentlich auch über die Marken der Turonensis hinaus.¹)

Nicht in allen Fällen sind übrigens die Tempel niedergerissen worden; wo es zweckmäßig erschien, begnügte man sich damit, sie in Kirchen umzuwandeln, wie den gewaltigen Baaltempel zu Heliopolis und ein Heiligtum in Damaskus.²) Das war im Grunde kein Akt der Schonung, es bedeutete vielmehr eine noch rücksichtslosere Verletzung der religiösen Gefühle, wenn die christlichen Priester mit Weihwasser und Beschwörungsformeln die heiligen Räume für den neuen Kultus herrichteten, und nun die Götterfeinde dort ein- und ausgingen.

Ein tief mitfühlender Zeuge dieser Ereignisse war der Rhetor Libanius in Antiochien. Von Konstantius an hatte er das Auf- und Abwogen des großen Kampfes zwischen Heidentum und Christentum miterlebt. Mit Christen in freundschaftlichem Verkehr³) und auch von den christlichen Herrschern geehrt und diese Ehren gern entgegennehmend, blieb er doch in allem Wechsel dem idealen Götterglauben treu, den er aus dem Neuplatonismus geschöpft hatte. Begeistert begrüßte er einst die neue Ära, welche Julian einleitete, und der plötzliche Tod des ihm befreundeten Kaisers hat nicht alle Hoffnungen der Zukunft ihm nehmen können. Ja, noch mehr setzte er jetzt seine Aufgabe darin, ein Anwalt des bedrängten, mehr und mehr rechtlos gewordenen Heidentums zu sein. Seine Reden beweisen es, wie ernst

---

¹) Sulp. Sev. De vita M. c. 13; Gregor. Turon. Hist. Franc. X, 31.

²) Chron. Pasch. S. 561.

³) Über seinen Briefwechsel mit christlichen Bischöfen s. Sievers, Leben des Liban. S. 290 f.

er diesen Beruf faßte. Doch betonte er gern seine Loyalität und als Theodosius im Kampfe mit dem Usurpator Maximus lag, begleiteten seine Gebete die Unternehmungen des rechtmäßigen Kaisers.[1]) Aber unter demselben Kaiser begann die Zerstörungswut fanatischer Christen, auf die Tempel sich zu werfen. Da wollte und konnte er, der mehr als Siebenzigjährige, nicht schweigen. In einer „Schutzschrift für die Tempel" wandte er sich an Theodosius.[2]) Manches klingt in dieser Rede an die Bittschrift des Symmachus an, aber es geht ihr die rhetorische Gewalt ab, welche diese auszeichnet und die Darlegung wird nicht von großen geschichtlichen Gesichtspunkten aus, sondern in juristischer Weise geführt.

Ein einleitender kurzer historischer Überblick über die Religionspolitik der Kaiser, wobei Julian besondere Anerkennung erfährt, mündet in eine Klage über die Zerstörung der Tempel in der Gegenwart. Damit wird gegen den Willen des Kaisers gehandelt. „Denn Du hast weder die Tempel schließen lassen, noch den Zutritt zu denselben verhindert, noch hast Du von den Tempeln und den Altären das Feuer, den Weihrauch und andere Gewürzopfer entfernt." Es blieb den im Essen und Trinken maßlosen Mönchen vorbehalten, die Heiligtümer zu zerstören, mit Verachtung des kaiserlichen Gesetzes. Zwar haben die Christen eine Reihe von Gründen,

---

[1]) Liban. Epist. 765.
[2]) Liban. Ὑπὲρ ἱερῶν (Reiske III S. 155 ff.; Gothofredus, Opera juridica minora S. 470 ff.) Die Rede ist abgefaßt zwischen 385 und 391, wahrscheinlich aber erst gegen 390, als die Tempelzerstörung einen größeren Umfang angenommen hatte. (Vgl. Sievers, Das Leben des Libanius, S. 192 Anm. 26.)

mit denen sie ihr Verfahren rechtfertigen, als: mit den Tempeln hören auch die verbotenen Opfer auf, die Zerstörung der Heiligtümer führt viele Heiden zum Christentume, es sei im Interesse der Wohlfahrt des Reiches, wenn die Tempel und damit auch der Götzendienst beseitigt würde; doch Libanius weiß mit Gewandtheit und häufig mit seiner Ironie diese Gründe zu widerlegen. Zum Schlusse apostrophiert er den Kaiser, weist auf dessen freundliche Gesinnung gegen die Götterfreunde in seinem Verkehr mit solchen hin und zieht daraus den Schluß, daß derselbe die Anschauungen, von welchen die Zerstörer der Tempel sich leiten lassen, unmöglich billigen könne.

Die Rede hatte keinen Erfolg. Auch wenn sie glänzender und ergreifender gewesen wäre, hätte sie den Tempeln eine Gnadenfrist nicht erwirkt. Libanius wußte nicht oder wollte nicht wissen, daß keine andere Religionspolitik der christlichen Herrscher mehr möglich war als eine solche, die auf Vernichtung des Heidentums abzielte. Nur über den Modus des Vorgehens, aber nicht mehr über das Endziel konnte eine Verschiedenheit der Auffassung und der Praxis sein. Wie unrichtig Libanius die Sachlage auffaßte, offenbart schon die nächste Folgezeit.

Während der geschilderten Vorgänge im Morgenlande verweilte Theodosius in Italien, wohin ihn der letzte Kampf gegen Maximus gerufen hatte. Der Ausgang des entscheidenden Ringens zwischen dem Usurpator und dem legitimen Herrscher bestätigte dem Augustus des Ostens die thatsächliche Oberhoheit über das Gesamtreich und kräftigte sie zugleich. Zwar begnügte er sich auch weiterhin mit den Gebieten, die ihm einst zugestanden waren, „aber er war durch seine Handlungen Herr und Meister der Situation geworden; er war der große Mann der Epoche."[1]

Im Sommer 389 kam er auch nach Rom, wo seit 384 Siricius, ein kluger und anspruchsvoller Priester, den bischöflichen Stuhl inne hatte. Gewiß ist zwischen beiden auch die Religionsfrage zur Sprache gekommen. Länger verweilte der Kaiser in Mailand und genoß hier eines vertraulichen Verkehrs mit Ambrosius. Der ihm eigene Respekt vor der geistlichen Gewalt mußte in der Nähe dieses Bischofs zu einer Höhe sich steigern, die einen fast unbegrenzten Einfluß bedeutete. Dann aber bleibt es rätselhaft, daß eine neue römische Gesandtschaft, die wiederum im Namen des Senats redete, den Kaiser in Mailand selbst, dem Schauplatze wiederholter Niederlagen, um Wiedergewährung des Victoriaaltars anging. Dennoch scheint Theodosius unter dem Eindruck der bewegten Worte der Bittenden einen Augenblick unschlüssig gewesen zu sein: gegen den Fortbestand der Götterbilder im Tempel zu Edessa ließ sich nicht mehr sagen als gegen den Altar der Victoria in der Kurie, wenn von diesem das Opfer ferngehalten wurde. Denn ohne Zweifel ist bei den Verhandlungen diese letztere Bedingung gestellt und von der Gesandtschaft angenommen worden. Aber auch so war Ambrosius nicht zu gewinnen; er erkannte richtig, daß es sich hier um mehr handele als um einen vom Opfer entblößten Altar, nämlich um eine grundsätzliche Frage, deren Entscheidung von weittragender Kraft war. Der Kaiser mußte harte Worte des Tadels von ihm vernehmen, „aber," bekennt der Bischof, „er nahm mir das nicht übel, da ich nicht einen persönlichen Vorteil damit suchte." Und da der

---

[1] Ranke, Weltgesch. IV, 1 S. 193.

Erfolg nicht sofort eintrat, hielt er sich drei Tage von dem Kaiser fern. Das Ende war die Abweisung der heidnischen Deputation.[1]) Um so fester war jetzt Theodosius in seinem Entschlusse, daß er, als nachher Symmachus einen feierlichen Panegyricus vor dem kaiserlichen Consistorium dazu benutzte, um die Bitte des römischen Senats von neuem zu empfehlen, den angesehenen Mann sofort zwangsweise auf einem gewöhnlichen Wagen aus Mailand entfernen ließ.[2]) Wiederum hatte Ambrosius einen glänzenden Sieg davongetragen.

Man hört auch die Stimme des Ambrosius in den scharfen Ketzerediften, die in Mailand gegeben wurden, noch mehr in der peremptorischen Verfügung, welche am 24. Februar 391 an den prätorischen Präfekten Albinus erging.[3]) In kurzen drohenden Sätzen stellt dieser Erlaß das Gebiet des alten Götterglaubens unter Strafe: „Niemand soll sich mit Opfern beflecken, Niemand ein unschuldiges Opfertier schlachten, Niemand ein Heiligtum betreten, Niemand einen Tempel aufsuchen, Niemand zu einem von Menschenhänden gemachten Götterbilde aufblicken." Die Richter sollen darauf achten, daß Jeder, der irgendwo auf der Reise oder in der Stadt in einen Tempel eingeht, um daselbst zu beten, mit einer Strafe von fünfzehn Pfund Gold beschwert werde; auch die in der Ausführung dieses Mandats etwa säumigen Beamten werden mit Geldstrafen bedroht.

Einige Monate später erhielten die beiden früher genannten kaiserlichen Beamten in Ägypten, der Präfekt

---

[1]) Ambros. Ep. I, 57, 4.
[2]) Prosp. De prom. Dei III, 38: quem (Symm.) statim a suis aspectibus pulsum in centesimo lapide raedae non stratae impositum ea die manere praecepit.
[3]) Cod. Theod. XVI, 10, 10.

Euagrius und der Comes Romanus, von Aquileja aus ein ähnlich lautendes Edikt.[1]) Es muß demnach der Fortgang des Kampfes gegen den Götterdienst in Ägypten nicht in der Weise sich gestaltet haben, wie die Anordnungen des Cynegius und der Eifer des Patriarchen erwarten ließen. Indes bezeichnen nicht diese beiden Gesetze den Höhepunkt der heidenfeindlichen Religionspolitik des Theodosius, sondern ein nach der Rückkehr vom Abendlande in Konstantinopel gegebenes Edikt[2]) vom 10. November 392. Dasselbe bedeutet überhaupt die äußerste Linie, zu welcher die Regierung bis dahin in dieser Richtung vorgeschritten ist.

Niemand, heißt es hier, welchen Standes und welchen Berufes er auch sein mag, darf an irgend einem Orte oder in irgend einer Stadt den sinnlosen Götterbildern ein unschuldiges Opfertier schlachten oder durch geheimeres Vergehen etwa seinen Lar durch ein Feuer, seinen Genius durch Wein, seine Penaten durch Wohlgerüche verehren oder Lichter anzünden, Weihrauch streuen und Kränze aufhängen." Dann folgen ausführlichere Einzelbestimmungen. 1) Wenn Jemand ein Tier opfert oder die dampfenden Eingeweide befragt, soll er wie ein des Majestätsverbrechens Schuldiger angesehen werden, auch wenn seine Zukunftfragen sich nicht auf die Fürsten beziehen. „Denn es genügt zum Vollmaß des Verbrechens, wenn man die Gesetze der Natur selbst zerreißt, Unerlaubtes erforscht, das Verschlossene aufthut, Untersagtes wagt, das Ende eines fremden Lebens sucht und die Hoffnung auf den Untergang eines Andern weckt." 2) Wenn Jemand die von Menschenhand gemachten, vergänglichen Götterbilder mit Weihrauch oder auch einen mit Binden ge-

---

[1]) Cod. Theod. XVI, 10, 11.
[2]) Cod. Theod. XVI, 10, 12.

schmückten Baum oder auch einen aus Rasen gebauten Altar verehrt, der soll „als ein der Religionsverletzung Schuldiger", mit dem Verlust des Hauses oder des Besitztums, in welchem er den Göttern gedient hat, bestraft werden. „Denn alle Orte, welche wirklich von Weihrauch gedampft haben, bestimmen wir, wenn sie Eigentum der Räuchernden sind, als unserm Fiskus verfallen." 3) Wenn aber Jemand in öffentlichen Tempeln und Heiligtümern oder in fremden Häusern und auf fremden Äckern eine solche Art Opfer auszuführen wagen sollte, so verfällt der Besitzer, wenn es ohne sein Wissen geschehen ist, einer Strafe von fünfundzwanzig Pfund Gold; wenn er dagegen Mitwisser des Verbrechens ist, trifft ihn dieselbe Strafe, wie den Opferer."

In einem Schlußabschnitt wird die Erwartung ausgesprochen, daß die Richter und sonstige Beamte auf genaue Durchführung dieser Bestimmungen sehen, widrigenfalls strafällig werden.

Diese Worte bedürfen keiner nähern Erläuterung. Eingehender hat bis dahin kein Edikt dieser Art geredet. Zwar sind die Strafandrohungen nicht so hoch bemessen wie unter Konstantins, indes gerade darum wurden sie ernst genommen und konnten andererseits ohne großes Aufsehen durchgeführt werden. Grundsätzlich Neues liegt nicht in den Bestimmungen, neu ist nur das Eingehen auf Einzelheiten und in gewisser Weise auch die kühle Behandlung, mit welcher der von vornherein als rechtlos vorgestellten heidnischen Religion begegnet wird. Man könnte das unter andern Umständen gering anschlagen, aber in diesem Zusammenhange ruht eine Bedeutung darin, welche, von den Verordnungen Konstantins d. Gr. abgesehen, dieses Gesetz als das einschneidendste aller heidenfeindlichen Gesetze erscheinen läßt. Das Heidentum befand

sich, von allen Seiten eingeengt und bedroht, in einer trost=
losen Lage. Die Tempel umgestürzt oder von den Christen
in Besitz genommen oder verschlossen, die Opfer in ihrem
ganzen Umfange unter Strafe gestellt, die Götter stumm
und thatenlos — der Eindruck muß ein tiefer gewesen sein.
Eine dumpfe Stimmung mag damals über Hunderte, ja
Tausende gekommen sein, die sich in ein Dasein ohne Hoff=
nung hineingestoßen sahen. Sie konnten ihren bittern Tadel
über diese Vergewaltigung an ihrem religiösen Gewissen nicht
zurückhalten, und es mußte wie Hohn klingen, wenn man
ihnen nahelegte, dafür noch dankbar zu sein, weil sie auf
diese Weise zur Erkenntnis des „lebendigen und wahren
Gottes" gelangt seien.[1]) Mancher Tempel zwar hat in der
Einsamkeit noch Besucher gesehen und mancher Altar noch
das Opferfeuer getragen, doch das hatte nur Wert für Wenige.
Denn der durch diese Gesetze angefachte Eifer der Christen,
vorab der Mönche, wird gute Spionierdienste geleistet haben.
Andererseits scheint auch die Regierung mit Nachdruck für
ihre Verordnungen eingetreten zu sein. Auskunft darüber
giebt ein Fall in Ägypten. Als nämlich hier unter dem
allgemeinen Opferverbote auch das Nilopfer aufhörte und
in demselben Jahre die Nilüberschwemmung unzureichend
blieb, nahm das Volk eine drohende Haltung an und forderte
das altübliche Opfer. Der Präfekt berichtete an den Kaiser,
der aber dieses Ansinnen mit Entschiedenheit zurückwies.
Bald darauf trat eine reichliche Überschwemmung ein. Der

---

[1]) August. Epist. 93, 26 (t II S. 183): pagani nos blas-
phemare possunt de legibus, quas contra idolorum cultores
christiani imperatores tulerunt; et tamen ex eis multi correcti
et ad deum vivum verumque conversi sunt et quotidie con-
vertuntur.

Schlußfolgerung, welche die Christen hieran knüpften, entzogen sich die alexandrinischen Heiden mit einem Witzworte.[1]) Daß aber viele dem alten Glauben den Rücken wandten[2]), ist allzubegreiflich.

Überraschende politische Ereignisse riefen den Kaiser bald wieder nach dem Westen.

Bei seiner Abreise aus dem Abendlande hatte nämlich Theodosius den Franken Arbogast, einen in kaiserlichen Diensten bewährten, tüchtigen General, als Helfer und Berater dem jungen Valentinian zugesellt. Dieser, ein Heide und von rücksichtslosem Wesen, glaubte, den Augustus in einer untergeordneten Stellung halten zu sollen. Besonders in dem fernen Vienna, wohin Valentinian sein Hoflager übertragen hatte, geriet derselbe in eine von ihm schwer empfundene Abhängigkeit von dem mächtigen Franken. Dieser Umstand und die Thatsache, daß im Konsistorium zahlreiche Heiden sich befanden, veranlaßten den römischen Senat im Jahre 392 zu einem erneuerten Versuche, die Wiederherstellung des Altars der Victoria zu erlangen. Es war auch diesmal umsonst, „obwohl," fügt Ambrosius dieser Meldung stolz hinzu, „ich nicht anwesend war und ihm auch nicht darüber geschrieben hatte." Aber in Wahrheit war diese Entschließung des jungen Fürsten doch die Frucht der frühern Unterweisungen des Bischofs, und es gereicht jenem zum Ruhme, daß er gegen den Willen des Konsistoriums und des gefürchteten Franken entschied.[3]) Es ist möglich, daß in einem

---

[1]) Sozom. VII, 20.
[2]) Sozom. a. a. O.
[3]) Ambros. Epist. I, 57, 5: iterum Valentiniano, augustae memoriae principi, legatio a senatu missa intra Gallias, nihil

innern Zusammenhang damit das erschütternde Ereignis steht, welches bald darauf, noch in demselben Jahre, das Reich in neue Unruhen stürzte, die Ermordung Valentinians.[1]) Die Lage war für den wie ein Gefangener behandelten Augustus unerträglich geworden; es kam zu aufgeregten Auseinandersetzungen zwischen ihm und Arbogast. Valentinian entbot in einem geheimen Schreiben den Ambrosius, den Mann seines Vertrauens, zu sich nach Vienna, um an ihm einen Halt gegen den fränkischen General zu gewinnen, und rüstete sich, unter dem Vorwande, Italien gegen einen drohenden Einfall der Barbaren zu schützen, zur Abreise nach dem Osten. Da wurde er in der Nähe von Vienna am 15. Mai 392 erhängt gefunden. So hatte Arbogast die Verwickelung gelöst. Allerdings suchten die Mörder den Anschein zu erregen, als ob der Tote selbst Hand an sich gelegt habe, und es hat nicht an solchen gefehlt, die sich dadurch täuschen ließen: doch giebt ihnen, abgesehn von allem andern, das Verhalten Arbogasts nach dieser That Unrecht.[2])

Die Leiche des unglücklichen Fürsten, den das Schicksal seines ältern Bruders erreicht hatte, wurde unter dem Geleite seiner beiden Schwestern nach Mailand geführt. Theo=

---

extorquere potuit; et certe aberam nec aliquid tunc ad eum scripseram.

[1]) Schon Baronius vermutete dies, neuestens Ranke S. 197 mit Berufung auf Ambros. De obitu Valent. c. 52: — qui ante diem mortis templorum privilegia denegavit, his urgentibus, quos revereri posset. Adstabat virorum caterva gentilium, supplicabat senatus: non metuebat hominibus displicere, ut tibi soli placeret in Christo.

[2]) Am bezeichnendsten Rufin. II, 31. Die öffentliche Meinung bezeichnete Arbogast als Mörder. Die Quellen zusammengestellt bei Gothofred. in der Abhandlung De Valentiniani junioris caede (in der Ausgabe des Philostorg).

dosius wünschte, daß der Tote, falls er ungetauft gestorben
sei, in Mailand, nicht in Konstantinopel beigesetzt werde,
was auch geschah. Er fand seine Ruhestätte neben Gratian.
Ambrosius hielt ihm die Leichenrede[1]).

Nicht Einzelne, so führt er aus, betrauern den Toten,
der mit jungen Jahren das reife Alter verband; auch die
Kirche weint um den, „der durch seinen Glauben und seine
Frömmigkeit ihren Glanz herrlicher gemacht hat." Neben
den bürgerlichen Tugenden, die den Menschen und Regenten
zierten, steht als wertvollerer Schmuck seine Frömmigkeit und
sein Gebetsleben. „Der Herr Jesus pflegte zu beten; auch
Valentinianus, ihm nachahmend, liebte das Gebet." Wohl
war es ihm nicht vergönnt, die Taufe zu empfangen. Doch
darüber möge sich Niemand betrüben. Er hatte die Sehn=
sucht darnach und was er sehnsüchtig begehrte, hat er, wenn
auch in anderer Weise, gewiß empfangen, und es gilt von
ihm das Wort heiliger Schrift: „welcher Tod auch den Ge=
rechten dahinrafft, seine Seele wird in Frieden ruhen." Gott
möge ihm das geben, wonach er verlangte. „Gewähre das
Geschenk Deines Sakraments Deinem Diener, der an der
Schwelle seines Todes die für die Tempel erbetenen Vor=
rechte weigerte, denen trotzend, auf die er hätte Rücksicht
nehmen sollen. Da stand die Schaar heidnischer Männer,
der Senat flehte, aber er fürchtete sich nicht, Menschen zu
mißfallen, um Dir allein in Christo zu gefallen!" Sein
Leben und Glauben schließt ihn mit dem Bruder und dem
Vater zusammen; an ihrer Seite ist sein Platz. „Gieb dem
Vater den Sohn, dem Bruder den Bruder", wendet sich
Ambrosius im Gebet zu Gott. Denn ihnen gehört er zu.

---

[1]) Ambros. De obitu Valentiniani (t. IV S. 247 ff.).

„Was dem Vater noch fehlte, hat er voll gemacht, was der Bruder anordnete, hat er aufrecht erhalten."

Die Erwähnung Gratians erinnert den Bischof an die Ähnlichkeit des Geschickes beider. „Wie sind beide an jenem Babelflusse dahingesunken. Wie war doch der Lauf ihres Lebens schneller als die Wasser des Rhodanus. O, Gratian und Valentinian, mir lieb und gar teuer, wie habt ihr in kurzer Spanne euer Leben beschlossen. Wie nahe zusammen waren eure Todesstätten, wie nahe sind eure Gräber. Im Leben ungetrennt, seid ihr auch im Tode nicht getrennt!"

In ergreifender Weise, in den Tönen tiefster Wehmut schließt die Rede. „Ich traure über dich, mein Sohn Gratian, mein Herzgeliebter. Viele Beweise deiner Frömmigkeit hast du mir gegeben. Mitten in deinen Gefahren verlangtest du nach mir, in deiner letzten Not riefest du meinen Namen, mein Leid um dich betrübte dich. Auch über dich traure ich, mein Sohn Valentinian, mir gar sehr teuer. Deine Liebe ruhte in mir wie ein Unterpfand der Liebe. Du meintest, durch mich der Gefahr entrissen zu werden, du liebtest mich nicht nur wie einen Vater, sondern hofftest auch auf mich als deinen Erretter und Befreier. Wehe mir, welche Kinder habe ich verloren! Wie sind die Helden gefallen und die Streitbaren umgekommen." (2. Sam. 1,27.)

Die Trauer des Bischofs ist verständlich. In den Fragen, welche für ihn allen andern voranstanden, der Freiheit der Kirche und der Niederwerfung des Heidentums war sein Wille auch der Wille dieser beiden jungen Fürsten gewesen. An die Stelle des klugen, berechnenden Verhältnisses, in welches Konstantin d. Gr. zu den Bischöfen sich stellte, war hier eine aufrichtige persönliche Hingabe der Herrscher an den Mann getreten, dessen Einfluß auch stärkere Naturen sich nicht ent=

ziehen konnten. Mit einem Worte, der Geist des Christentums und der Kirche gewann Gewalt über das Imperium in einem Grade, wie bis dahin noch nicht der Fall gewesen war. Darin liegt die Bedeutung der Regierung Gratians und Valentinians.

Inzwischen that Arbogast den entschlossenen Schritt, welchen die Ermordung Valentinians vorbereiten sollte. In richtiger Erkenntnis der Lage selbst das Diadem verschmähend, erhob er einen seit längerm ihm nahe stehenden kaiserlichen Beamten römischer Abkunft Eugenius auf den Thron. Der gelehrte, literarisch interessierte und unbescholtene Mann hatte Bedenken; sein Geschichtswissen sagte ihm, daß alle sogenannten Tyrannen ein gewaltsames Ende genommen, und er hatte das richtige Urteil über sich, ein Usurpator zu sein. Doch es gelang Arbogast, der einen willenlosen Augustus wollte und in dieser Hinsicht mit Eugenius richtig gefahren zu sein glaubte[1]), diese und andere Bedenken zu zerstreuen. So wurde dieser Humanist Kaiser des Westens und stellte sich als solcher dem Theodosius vor, nicht als Bittender, sondern mit der Forderung der Anerkennung. Die Divination versprach dem Staatsstreich den besten Erfolg.[2])

Eugenius war Christ[3]) und ließ Münzen mit dem Kreuz

---

[1]) Oros. VII, 35: Arbog. Eugenium tyrannum mox creare ausus est legitque hominem, cui titulum Imperatoris imponeret, ipse acturus imperium.

[2]) Sozom. VII, 22.

[3]) Das Schreiben des Ambrosius an ihn (Epist. I, 57) läßt darüber keinen Zweifel aufkommen; auch Sozomenos (VII, 22 das bezeichnende Urteil: οὐχ ὑγιῶς διακείμενος ἐπὶ τὸ δόγμα τῶν Χριστιανῶν) u. A. setzen dies voraus, wogegen das gegenteilige Zeugnis des Philostorgius (XI, 2) nicht aufkommen kann.

und dem Monogramm Christi prägen; aber seit langer Zeit in freundschaftlichem Umgang mit Heiden und in Abhängigkeit von einer heidnischer Umgebung, schlug er eine Religionspolitik der Mitte ein und suchte die Heiden zu gewinnen, ohne sich die Christen zu entfremden.[1]) Er vergaß, daß eine solche Vermittelung etwas längst Veraltetes war, das in die neue Zeit nicht mehr hineinpaßte.

Dennoch atmete das Heidentum auf; auch die geringste Hoffnung gestaltete sich ihm sofort riesengroß. Aber war hier die Hoffnung auf ein günstigeres Loos wirklich nur gering? Symmachus war dem neuen Herrscher eng befreundet; noch ein Jahr vorher hatte er ihn als seinen „Bruder" bezeichnet.[2]) Auch der Landsmann Arbogasts, der General Richomer, der gemeinschaftliche Freund des Symmachus und des Libanius, ein bewußter Anhänger des Götterglaubens[3]) und Verehrer hellenischer Bildung, stand dem Usurpator nahe; er soll zuerst die Aufmerksamkeit Arbogasts auf Eugenius gelenkt haben.[4]) Doch wird er, da er grade damals mit Theodosius im Orient weilte, für die heidnische Partei schwerlich etwas haben thun können. Von weit größerer Bedeutung war das Ansehn eines Mannes, der jetzt zuerst in diesem Kampfe öffentlich hervortritt, des prätorischen Präfekten Virius Nicomachus Flavianus.

---

[1]) Es ist eine ansprechende Vermutung Ranke's (S. 200), daß „der Ursprung dieser ganzen Kombination (d. h. die Ermordung Valentinians und die Erhebung des Eugenius) in Rom zu suchen sei," genauer innerhalb der heidnischen Partei daselbst. Doch läßt sich darüber leider nichts Genaueres feststellen.

[2]) Symm. Epist. III, 61.

[3]) Liban. I S. 136: Ῥιχομήρις ... στρατηγός, ἱεροῖς τε καὶ θεοῖς προσκείμενος ἄνθρωπος.

[4]) Zosim. IV, 54.

In seiner Familie war die feste Treue zu dem Götter=
glauben ein Erbstück. Der Vater galt als ein entschiedener
Anhänger der alten Religion und hat wahrscheinlich diesem
Umstande die lange Verzögerung seiner Laufbahn unter
Konstantius zu verdanken.[1]) Es scheint, daß dem Sohne
dieselben Hindernisse im Wege standen; denn erst im
dreißigsten Jahre erlangte er eine Magistratur, die Ver=
waltung Siziliens, und erst zehn Jahre nachher, nämlich
376 erstieg er eine höhere Stufe, indem er Vicarius in
Nordafrika wurde. Seine Erbitterung gegen die Großkirche
verleitete ihn hier zur Begünstigung der Donatisten, so daß
Augustinus ihn einen Parteigänger der Donatisten nennt.
Später gelang es ihm, bei Theodosius in Gunst zu kommen,
der ihn im Jahre 383 zum prätorischen Präfekten machte,
eine Würde, die er zwar schon in demselben Jahre wieder
niederlegte, aber 389 durch Theodosius, als dieser nach der
Besiegung des Maximus in Italien weilte, von neuem er=
hielt.[2]) Er war ein erfahrener, thatkräftiger und auch
wissenschaftlich tüchtiger Mann von einnehmendem Wesen.
Symmachus stand ihm nahe. Innerhalb der heidnischen
Partei in Rom besaß er eine gewichtige Stimme. Vielleicht
steht es in Zusammenhang mit seiner Zugehörigkeit zum
Pontifikalkollegium, daß er in der Opferschau sich bewandert
zeigte und großen Wert darauf legte.[3])

Es war begreiflich, daß diese Männer und die Partei,
die hinter ihnen stand, den rechten Augenblick für gekommen

---

[1]) Seeck in d. Proleg. zu s. Ausgabe d. Symm. S. CXIV.

[2]) Ich folge hier den vortrefflichen, gründlichen Auseinander=
setzungen von Seeck a. a. O., woselbst noch manche Einzelheiten.

[3]) Rufin. II, 33; Sozom. VII, 22. Neben Prätextatus hat
auch Flavianus in den Saturnalien des Macrobius eine Rolle.

hielten, um dem neuen Herrscher Zugeständnisse abzuzwingen. Sie hatten allerdings Ursache, auf die Dankbarkeit des Usurpators zu rechnen, bedachten aber nicht, daß sie denselben damit vor eine gefährliche Entscheidung stellten. Eine Gesandtschaft ging nach Gallien ab. Sie trug dieselben Wünsche mit sich, die einst dem Kaiser Gratian unterbreitet waren; es war also nicht nur die Wiederherstellung des Altars der Victoria ins Auge gefaßt, sondern auch die Restitution der Rechte und Emolumente, die Gratian der Priesterschaft und dem Kultus in Rom entzogen hatte.

Merkwürdig genug, Eugenius widerstand; die Deputation erreichte nichts. Der Tyrann wollte offenbar auch den Schein vermeiden, als ob er der Kirche feindlich gesinnt sei. Denn es mußte ihm einleuchten, daß ein Widerstand der gallischen Bischöfe das neue Imperium auf die Dauer unmöglich machen würde. Davon mag sich auch Arbogast überzeugt haben, der außerdem etwas von dem Einflusse des Ambrosius wußte.[1]

Auch ein zweiter Versuch von Rom aus, der in derselben Richtung ging, mißlang. Um so überraschender ist, daß eine dritte Gesandtschaft endlich zum Ziele kam.[2] Was gewährt wurde, bezog sich allerdings nur auf die Stadt Rom, dennoch bedeutete dieser Gewinn einen großen Sieg des Heidentums, das sich damit weitere Aussichten erschloß. Eugenius hat sich das schwerlich verhehlt. Aber entweder sind seine Bedenken durch stärkere politische Bedenken ent-

---

[1] Die Erzählung bei Paulin. Mediol: Vita Ambrosii 30.
[2] Ambros. Epist. I, 57, 6: te imperante petierunt legati, ut templis redderes. non fecisti. Iterum alteri postulaverunt, renisus es: et postea ipsis, qui petierunt, donandum putasti.

gegensetzter Art überwunden worden oder der Wille Arbogasts gab schließlich den Ausschlag.

Jedenfalls entschied sich Eugenius nur ungern zu jenem Schritte, der die Möglichkeit einer Verständigung mit der Kirche zerschnitt. Denn noch ehe die Entscheidung gefallen war, schrieb er in der Sache an Ambrosius.[1]) Dieser, der in dem Briefe mißfällig die Unsicherheit des Usurpators bemerkte und mit seinem scharfen Blick voraussah, was das Ende sein werde, hielt es nicht der Mühe wert, darauf zu antworten. Auch ein zweites dringenderes Schreiben hatte keinen bessern Erfolg, vielmehr bestärkte dasselbe den Bischof in seiner Meinung, wie er seiner Umgebung gegenüber offen aussprach.[2])

Die Nachgiebigkeit des Usurpators wirkte weiter, als dieser ahnen mochte. Seine heidnischen Ratgeber konnten freilich nicht daran denken, ihn auf die Bahn der julianischen Religionspolitik zurückzuführen, wohl aber versuchten sie, sei es mit, sei es ohne Wissen des Augustus, das Heidentum, wo dieses überhaupt Neigung dazu hatte, wiedererstehen zu lassen. Das alte heidnische Rom lebte vor den Augen der erstaunten Christen wieder auf und geberdete sich, als ob seine Religion heute noch, wie vordem, die alleinherrschende sei.[3]) Eine thätige Agitation, deren Fäden in der Hand

---

[1]) Ambros. Epist. I, 57, 11.

[2]) Ambros. a. a. O.: denique reposcenti litteras, cum ipse non rescriberem, dixi: haec causa est, quod extorquendum ei arbitror.

[3]) Ein anschauliches Bild dieser Zustände giebt, trotz mancher Dunkelheiten, ein wahrscheinlich 394 oder kurz nachher verfaßtes lateinisches Gedicht eines unbekannten christlichen Autors in einem Pariser Codex, welches sich in heftiger Sprache gegen diese Restauration des Heidentums in der Hauptstadt wendet und vorzüglich mit Flavianus

Flavians zusammenliefen, fachte die erloschenen Opferfeuer an und erneuerte die verfallenen Kulte. Die kahlgeschorenen ägyptischen Priester erschienen wieder, um den beliebten Dienst der Nilgottheiten zu verrichten. Durch die Straßen zog die Prozession der Kybeleglänbigen, darunter auch Senatoren, den Wagen und das Bildnis der Göttin begleitend. Sogar die sabinische Flora mit ihren unzüchtigen Spielen kehrte zurück, und Symmachus — der Vater oder der Sohn — errichtete ihr einen Tempel.¹) Ja, selbst das Amburbium, der feierliche Sühnopfergang, den seit Aurelian Rom nicht mehr gesehen hatte, bewegte sich in der vorgeschriebenen Weise durch die Stadt und ihre Pomeria, wahrscheinlich um das Gebiet gegen die von Theodosius drohende Gefahr zu feien.²) Schärfer konnte das Selbstgefühl und das Herrschaftsbewußt= sein der alten Religion nicht zum Ausdruck kommen. Flavianus war unermüdlich: er vollzog selbst das wahnwitzige Tauro= bolium.³)

Auch die Christen bemühte sich diese Restauration in ihre Kreise zu ziehen. Flavianus versuchte „tausend Künste". Würden und Geschenke sollten Konvertiten machen.⁴) Manche fielen. Ein gewisser Hierius stieg mit Flavianus in die

---

sich beschäftigt. Die neueste kritische Ausgabe von Mommsen in Hermes IV S. 350 ff. Dazu die ausführlichen Erklärungen von Morel (Revue archéologique 1868 S. 23) und de Rossi (Bull. di archeol. crist. 1868 S. 49 ff.; 61 ff.). Im Folgenden ist der von Mommsen hergestellte Text zu Grunde gelegt.

¹) Carm. cod. Paris. v. v. 95; 98 ff.; 65 f.; 103 ff.; 112 ff. u. s.
²) V. v. 28 ff.
³) V. v. 57 ff.
⁴) V. v. 78 ff.: Christicolas multos voluit sic perdere demens — Qui vellent sine lege mori, donaret honores — Oblitosque sui caperet quos daemonis arte — Muneribus

Mithrashöhle hinab, um dort die heiligen Weihen zu empfangen[1]); zwei andere Christen, Leucadius und Marcianus erhielten um den Preis ihres Abfalles ansehnliche Magistraturen.[2]) Auch ein Senator, der erst vor wenigen Jahren den alten Glauben verlassen hatte, wandte sich nun dahin zurück. „Göttin," so sprach er zur Isis, „ich habe gesündigt. Vergieb, ich kehre zurück." Gerade diese Konversion scheint in christlichen Kreisen Aufsehen gemacht zu haben. Ein dem Senator nahe stehender Mann richtete ein tadelndes Gedicht an ihn.[3]) Mit Spott malt er den Aufzug und das Treiben der Kybele= priester und den Konvertiten selbst, wie er als Isisdiener in feierlicher Prozession durch die Stadt zieht und in seinem Hause, das Sistrum in der Hand, sich malen läßt. Besser, er wäre immer Heide geblieben. „Denn nichts verehrst du, während du alles verehrst." Doch hat der Dichter Hoffnung, daß das „reife Greisenalter" den Abgefallenen wieder zur Besinnung bringe, und daher schließt er mit einer in dieser Richtung gehenden Ermahnung.

Diese und ähnliche Vorkommnisse ließen die neue Regierung als christenfeindlich erscheinen. Als daher im

---

cupiens quorundam frangere mentes — Aut alios facere parva mercede profanos — Mittereque inferias miseros sub Tartara secum.

[1]) V. v. 47 ff. Ich fasse Hierius als Eigennamen; möglicher= weise ist diese Person identisch mit dem von Augustin Conf. IV, 14 erwähnten gleichnamigen Rhetor (vgl. darüber de Rossi a. a. O. S. 57).

[2]) V. v. 85 ff.

[3]) Ad senatorem ex christiana religione ad idolorum servitutem conversum (in den Opp. Cypriani ed. Hartel. Appen= dix S. 302 ff.). Ich weiß für dieses aus 85 Hexametern bestehende, nicht unwitzige Gedicht keinen andern Platz als hier. Es erinnert viel= fach an das S. 288 Anm. 3 genannte Carm. Cod. Paris.

Sommer des Jahres 393 Eugenius nach Italien vorrückte und in Mailand sein Standquartier nahm, war die christliche Bevölkerung dieser Stadt in einiger Besorgnis. Ambrosius selbst entwich vor dem Tyrannen nach dem mittlern Italien. Doch hielt er es für nötig, ein Schreiben an Eugenius zu richten, um seine Abreise zu rechtfertigen und um Schonung für seine Gemeinde zu bitten.[1]) Er weigert in diesem Schreiben dem Usurpator den Kaisertitel nicht und redet zu ihm in dem Tone des Respekts, auf welchen der Träger des Imperiums Anspruch hat. Aber er hält auch nicht mit ernstem Tadel zurück. Er erinnert daran, wie Valentinian und Theodosius die wiederholten Bemühungen des Heidentums um Wiedergewinnung seiner Rechte abwiesen; so habe auch Eugenius einmal und zweimal gehandelt und doch zuletzt nachgegeben. „War es nicht, wie sehr auch jene dich anhaltend bestürmten, deine Pflicht, zur Ehre des höchsten und wahren und lebendigen Gottes um so anhaltender zu widerstehen und das zu versagen, was eine Beleidigung unserer heiligen Religion ist?" Wohl könne ein Herrscher mit seiner Gunst und seinen Gnadenerweisungen frei schalten, aber mehr als jeder Andere schuldet ein Kaiser Gott Gehorsam.

Übrigens war Theodosius mit diesem Rückzuge seines bischöflichen Freundes nicht einverstanden; er deutete ihn sich, als ob Ambrosius zu der Überzeugung gelangt wäre, daß seine, des Theodosius Sache von Gott verlassen sei. Als Ambrosius nachträglich Kenntnis davon erhielt, zerstreute er die Bedenken des Kaisers; er habe nie an dem Siege der gerechten Sache gezweifelt und nur darum Mailand ver-

---

[1]) Ambros. Epist. I, 57.

lassen, weil er eine Begegnung mit dem „sacrilegischen Menschen" vermeiden wollte.¹)

Inzwischen rüstete sich Theodosius langsam, wie es seine Art war, zum Kriege gegen den Usurpator, der vergeblich sich bemüht hatte, als Augustus des Westens anerkannt zu werden; auch die christlichen Priester, welche den Mut hatten, vor dem Kaiser die Schuldlosigkeit Arbogasts an dem Morde Valentinians zu beteuern²), erreichten nichts.

Glücklich passierte Theodosius die gefährlichen Pässe der julischen Alpen: die hier aufgestellten Zeusbilder erwiesen sich mit ihren Blitzen unkräftig³), die wenigen Truppen, die den Weg versperrten, wurden geworfen. Flavian, der kurz vorher aus der Hand des Usurpators die Consulatswürde erhalten hatte, verlor dabei das Leben. Als er sah, daß der Zusammenstoß einen unglücklichen Ausgang nahm, warf er sich, an Allem verzweifelnd, den Tod suchend in die Reihen der Feinde.⁴) „Da liegst du nun, Bejammernswerter," verhöhnte man den Toten⁵), „mit einem dürftigen Grabe beschenkt."

Am 5. September 394 kam es in der Nähe von Aquileja am Flusse Frigidus zum Entscheidungskampfe. Wie einst,

---

¹) Ambros. Epist. I, 61.
²) Rufin. II, 31.
³) Augustin. De civit. Dei V, 26. Dazu Carm. cod. Paris. v. 25 f. Wahrscheinlich hat dort auf einem hohen Punkte ein Zeustempel gestanden, wie auch sonst auf Bergeshöhen (vgl. C. J. L. 1 S. 267).
⁴) Rufin. II, 33: Flavianus, plus pudoris, quam sceleris reus, cum potuisset evadere eruditus admodum vir, mereri se mortem pro errore justius, quam pro crimine judicavit.
⁵) Carmen cod. Paris. v. 111.

als Konstantius bei Mursa gegen Magnentius stritt, wirkte auch hier durch den politischen Gegensatz ein religiöser durch. In den Reihen des Eugenius sah man Fahnenzeichen mit dem Bilde des Herkules, die Scharen des Theodosius kämpften unter dem Kreuze.[1]) Ja, schon in den Vorbereitungen zum Kriege trat dieser Unterschied hervor; während die Heiden durch Opfer und Divination sich die Zukunft zu sichern suchten, flehte Theodosius mit Fasten und Beten die Hülfe des Himmels auf sein Unternehmen herab.[2]) Als Arbogast und Eugenius Mailand verließen, drohten sie, sie würden bei ihrer Rückkehr die Kirche — gemeint ist wohl die Hauptkirche — in einen Stall umwandeln und die Geistlichen für die Armee ausmustern.[3])

Der erste Schlachttag war dem Eugenius günstig; das strategische Talent Arbogasts zeigte sich in glänzender Weise, aber der zweite Tag entschied durch eine gefährliche Krisis hindurch den Sieg des Theodosius. Es war ein Sieg „nicht durch menschliche Klugheit, sondern durch göttliche Gnade", bemerkt Ambrosius und fühlt sich an die wunderbaren Siege der Helden des Alten Testaments erinnert.[4]) Das Schreiben, in welchem ihm Theodosius das Geschehene meldete und zugleich eine kirchliche Danksagung forderte, hielt der Bischof bei der Abendmahlsfeier am Altar in seiner Hand, „damit dein Glaube in meiner Stimme redete."[5])

Eugenius wurde während der Schlacht gefangen, mit gebundenen Händen vor Theodosius geführt und darauf von

---

[1]) Theodor. V, 24.
[2]) Rufin. II, 33.
[3]) Paulin. Mediol. Vita Ambr. c. 31.
[4]) Ambros. Epist. I, 62.
[5]) Ambros. Epist. I, 61, 4 f.

den Soldaten getötet. Arbogast entleibte sich auf der Flucht. Damit war das neue Kaisertum abgethan; die Milde des Siegers that das Übrige; er gab den Reuigen bereitwillig Verzeihung. Eine Anzahl Flüchtiger hatte sich nach Aquileja geworfen und daselbst das Asylrecht der Kirche in Anspruch genommen; um ihre Begnadigung bemühte sich besonders Ambrosius.[1]

Der Ausgang des Kampfes entschied zugleich über die von Flavianus in Rom durchgeführte Restauration des Götterdienstes. Was in drei Monaten in geschickter und rühriger Ausnützung der günstigen Umstände zu Stande gebracht war, ging infolge dieses einen Sieges vollständig wieder verloren. „Sagt doch, was hat euer Präfekt der Stadt genützt?" Diese Frage eines Christen[2] noch im Jahre 394 selbst oder bald nachher zeigt, wie schnell alles vorübergegangen ist, was Flavianus mit Ernst und Eifer geschaffen hatte. Nur das ist auffallend, daß noch am 17. September auf einer christlichen Inschrift Flavianus als Consul bezeichnet wurde, statt Arcadius und Honorius. Ohne Zweifel beruht dies indes nicht auf bestimmter Absicht, sondern auf Nachlässigkeit.[3]

Wahrscheinlich ordnete Theodosius die Verhältnisse persönlich bei seinem Aufenthalte in Rom.[4] Er soll hier die

---

[1] Ambros., Epist. I, 62.
[2] Carm. cod. Par. v. 25.
[3] Bull. di archeol. crist. 1868 S. 65: ... DP · XV · KaL OCTOB · NICOMACHO · FLABIANO · CONSS · (= CONS) De Rossi meint, daß damals die Siegesnachrichten in Rom noch nicht eingetroffen waren; doch liegen zwischen der Inschrift und der Schlacht am Frigidus mehr als zehn Tage.
[4] Ich kann mich nicht entschließen, mit Tillemont, Sievers (Studien z. Gesch. d. röm. Kaiser S. 331) und Güldenpennig u. Ifland

heidnischen Senatoren in einer öffentlichen Rede zur Annahme des Christentums aufgefordert haben; da diese sich weigerten von der Religion zu lassen, unter welcher so viele Jahrhunderte hindurch die Stadt glücklich gewesen sei, habe er erklärt, daß die Beiträge für den öffentlichen Kultus die Staatskasse übermäßig in Anspruch nehmen und daher zurückgehalten werden sollten; er brauche Geld für die Armee.[1]) Ob diese Einziehung nur eine Wiederholung der Maßregel Gratians war oder weiter griff, läßt sich nicht erkennen. Theodosius hat zwar damit nicht einen Standpunkt eingenommen, der grundsätzlich von der Religionspolitik Gratians und Valentinians II sich unterschied, doch ist sein Verfahren insofern bedeutungsvoll, als es den Moment bezeichnet, „in welchem das Imperium sich definitiv von den alten religiösen Ideen, auf denen das Reich beruhte, losriß und den christlichen die Oberherrschaft beschaffte." Seitdem ist dem Heidentum nicht mehr gegeben, sondern nur genommen worden.

Dieses Vorgehen gegen die alte Religion trug dem Kaiser seitens der Bekenner derselben harten Tadel ein. Doch er fand einen Verteidiger in dem Bischof Paulinus von Nola. Dieser frühere Staatsbeamte, der noch nicht lange vorher plötzlich zu der Erkenntnis gekommen war, daß

(der Kaiser Theod. d. Gr. S. 230 u. Anm. 41) die Reise des Theodosius nach Rom, über welche wir sehr bestimmte Berichte bei Zosimus und Prudentius (auch Theodoret V, 23) haben, für ungeschichtlich zu halten. Die auf dem Trajansforum ausgegrabene bekannte Aufschrift (C. J. L. VI n. 1783; dazu de Rossi in Annali dell' Inst. archeol. 1849 S. 283 ff.), insbesondere die Worte quae verba ejus aput vos fuisse plerique meministis setzen ganz bestimmt einen Aufenthalt des Kaisers in Rom voraus.

[1]) Zosim. IV, 59. Dazu die poetische Ausmalung bei Prudent. Contra Symm. I, 410 ff., die sich nicht auf Konstantin, sondern auf Theodosius bezieht.

er unter „Feinden" alt geworden sei und inmitten seiner Reichtümer und seines Wohllebens sich vorkam wie Einer, der in einem zerbrochenen Nachen sitzt, schrieb an dem Orte seiner Zurückgezogenheit, am Grabe des hl. Felix bei Nola einen glänzenden Panegyrikus, um deßwillen Hieronymus den Theodosius glücklich preisen zu dürfen gemeint hat.[1]

Bald nachher, in der Nacht des 17. Januars 395 entschlief der große Kaiser in Mailand. In den Erdbeben, welche um diese Zeit einen großen Teil Europas erschütterten, glaubte man die Vorzeichen dieses Ereignisses zu erkennen.

An den Namen des Theodosius ist ein bedeutungsvolles Stück römischer Geschichte geknüpft. Noch einmal stellte sich in ihm die Alleinherrschaft der alten Reichsordnung dar. Auf politischem Gebiete hat vielleicht die Pacifizierung der Goten als sein vornehmstes Werk zu gelten. Mehr als der Staat hat die Kirche ihm zu verdanken: noch auf dem Sterbebette „dachte er mehr an das Wohl der Kirche als an seine Krankheit".[2] Die Kirche schuldet ihm die endgültige Überwindung des Arianismus und anderer Sekten, also die Herstellung der dogmatischen Einheit; andererseits gab er ihr durch Niederwerfung des Heidentums einen freien Spielraum und mehrte ihre Machtsphäre und die Zahl ihrer Glieder. Denn der Abnahme des Heidentums entsprach das Wachstum des Christentums.[3] „Ein zweiter Jakob" hat

---

[1] Hieron. Epist. LVIII. Die Rede selbst ist verloren gegangen.

[2] Ambros. De obitu Theod. c. 35: dilexi virum, qui cum jam corpore solveretur, magis de statu ecclesiarum quam de suis periculis angebatur.

[3] Am bezeichnendsten ist in dieser Hinsicht das Urteil Rufin. II, 19.

er die Götterbilder in die Verborgenheit gestellt und den Götterkult ausgelöscht¹): den „verruchten Irrwahn" that er ab. Sein Eifer war wie der des frommen Josias.²) Als Zerstörer der Häresie und des Götterglaubens hat er in den Annalen der christlichen Geschichtschreibung einen ruhmvollen Platz gefunden. Sein Vorgänger Valens erwies sich der Orthodoxie feindlich und dem Heidentum nicht hart genug; so mußte die entgegengesetzte Politik seines Nachfolgers in ein um so helleres Licht treten. Aber auch abgesehen davon, kein Herrscher hat vor Theodosius in gleicher Weise den Götterglauben von allen Seiten eingeengt, in allen seinen Erscheinungen unter Strafe gestellt. Von ihm sind die widerheidnischen Einzelgesetze früherer Kaiser gleichsam summiert und dadurch in ihrer Wirkung gesteigert worden. Auch waren sie selbst nicht mehr vorwiegend Drohworte, die nur ausnahmsweise zur That wurden, sondern die Regierung bewies jetzt in zahlreichen Fällen ihren festen Willen, diese Gesetze auch anzuwenden, und sie schloß zu diesem Zwecke einen engen Bund mit den kirchlichen Organen. Gewisse Einschränkungen haben freilich nicht gefehlt; es gab immer noch genug Situationen, vor denen die Regierung Halt zu machen vorzog. Indes das Programm war gegeben, die Ziele klar vorgezeichnet.

---

[1] Ambros. a. a. O. c. 4: qui imitatus Jacob supplantavit perfidiam tyrannorum, qui abscondit simulacra gentium; omnes enim cultus idolorum fides ejus abscondit. omnes eorum caeremonias obliteravit.

[2] Ambros. a. a. O. c. 38: qui sacrilegos removit errores, clausit templa, simulacra destruxit? In hoc Josias rex superioribus antelatus est.

Viertes Kapitel.
Die Kirche und das Heidentum.

Vergleicht man das, was unter Konstantins vom Heidentum noch sichtbar ist, mit den analogen Verhältnissen in den neunziger Jahren, so tritt ein auffälliger Unterschied hervor. Die kompakten Gebiete des alten Götterglaubens sind zerstückt, in Teile zerschlagen, und diese Teile stellen sich wie Inseln im Meere dar. Die Lage, in der sich etwa um die Mitte des dritten Jahrhunderts das Christentum fand, ist dem Heidentum zugefallen; es ist im Zustande der Diaspora. Über größere geschlossene Massen verfügt es nur noch in den von Verkehr und römischer Kultur wenig oder gar nicht berührten Landschaften und Provinzen. Doch auch hier wurde ihm in dem Maße Boden abgenommen als das Mönchtum in die Einöden und die Abgeschiedenheit vordrang, also hauptsächlich in Ägypten, Cölesyrien und Mesopotamien. Auch im Abendlande, besonders in Gallien und auf den zahlreichen kleinen Inseln an der Westküste Italiens erstanden Klöster. Allerdings hat dieses älteste Mönchtum die Heidenmission nicht zu seinen Aufgaben gezählt, doch es verstand sich ganz von selbst, daß die Klöster und Einsiedeleien Zwingburgen wurden, von denen aus man das Heidentum bedrängte und verdrängte.¹) Die Herbergen für Fremde, die nicht selten mit dem Kloster verbunden waren, und die Kindererziehung, welche einzelne Statuten fordern, gaben ungesucht Gelegenheit, religiöse Anknüpfungspunkte zu gewinnen. Andererseits zeigen die Mönchshaufen, welche die Tempel im Orient stürmten, was für eine Stimmung in den „heiligen Hütten" sich barg. Auch war es ganz natürlich, daß der Kirche, indem sie wuchs und innerlich wie äußerlich erstarkte, das Verlangen sich steigerte, das feindliche Gebiet ganz zu besitzen. Seit der Thronbesteigung Gratians im Westen und seit dem Untergange des Arianers Valens im Osten scheinen die Anstrengungen der Kirche zur Überwindung des Heidentums kräftiger und zielbewußter geworden zu sein.

Das Urteil über das absterbende, ungefährlich gewordene Heidentum hat nichts von seiner frühern Schärfe verloren. Die Ironie des Apostels Paulus über die Weisheit der Welt, die vor Gott eine Thorheit ist, klingt überall durch. „Die Fischer, die Zöllner, die Zeltmacher haben den Philosophen den Mund gestopft und die Zunge der Rhetoren stumm gemacht."²) Man glaubte jetzt, in den Heiden die Natur der Weiber „mit ihren unsteten Meinungen und thörichten Reden" zu entdecken³) — eine eigentümliche

---

¹) Die ältern Mönchsgeschichten bei Rufinus und Palladius geben eine Reihe von Beispielen. Ich verweise hier nur auf Rufin. Historia Monach. c. 7 (de Apollonio); die legendarische Ausschmückung hebt die Thatsächlichkeit des dort Erzählten nicht auf.

²) Chrysost. Exposit. in Ps. CIX (t. V S. 258).

³) Hieron. Comm. in Jesai. V, 19 (t. IV S. 206): de nostris temporibus nemo dubitat, quod comparatione Christianorum omnes Ethnici quasi mulieres sint, infirmas habentes sententias et quidquid dixerint verti in stultitiam.

Weise des Spottes, wenn man bedenkt, daß die Leute, die davon Gebrauch machten, selbst an der antiken Weisheit sich geschult und nicht nur die Form ihres theologischen Denkens, sondern auch manche Stücke des Inhaltes desselben von dorther hatten. Auch dachte man in wissenschaftlichen Kreisen nicht daran, auf das wertvolle Erbe zu verzichten. Hieronymus ist trotz übeler Erfahrungen und wider ein heiliges Gelöbnis[1]) zu der klassischen Litteratur zurückgekehrt, und Basilius von Cäsarea hielt es für angemessen, einen Traktat über den richtigen Gebrauch heidnischer Schriften abzufassen.[2]) Er warnt davor, ohne Wahl sich ihnen hinzugeben, sondern die Jünglinge sollen, „annehmend das, was in jenen von Nutzen ist, zugleich erkennen, was in ihnen zu verwerfen ist." Nichts ist gut, was nur für diese Welt Wert hat; denn wir leben in der Hoffnung auf das Jenseits. Darnach bemißt sich auch die Bedeutung der klassischen Litteratur. Zum ewigen Leben führt allein das Wort Gottes; aber so lange wie noch nicht in die Tiefen desselben eindringen können, ist es erlaubt, „in anderen nicht geradezu widersprechenden Schriften", als dem „Schatten und Spiegel" des Höhern uns zu üben. „Nachdem wir uns so zuerst daran gewöhnt haben, die Sonne gleichsam im Wasserspiegel zu sehen, erheben wir unsere Augen zu dem Lichte selbst." So hat auch Moses die Weisheit der Ägypter und die Weisheit der Chaldäer vorher sich zu eigen gemacht. Nur

---

[1]) Ich meine die bekannte Erzählung von dem Traumgesicht im Briefe an Eustochium (Epist. XXII c. 30). Darüber und über die klassische Bildung des Hieronymus überhaupt z. vgl. Zöckler, Hieronymus S. 45 ff.; 323 ff.

[2]) Basilii Magni opera ed. Maur. Paris. 1721 t. II S. 173 ff.

muß stets als feste Regel gelten, daß, wo die Schriftsteller von guten Thaten und guten Menschen erzählen, wir diese nachahmen; wo von bösen und schlechten Dingen, das Ohr verschließen, wie Orpheus vor den Sirenen. Wie die Bienen nicht zu allen Blumen fliegen und sie nirgends ganz aussaugen, so sollen auch die Jünglinge zu den Schriften der Alten sich verhalten. Wenn weiterhin Chrysostomus einmal als seine Meinung ausspricht, daß man die Kinder nicht mit den „griechischen Mythen" bekannt mache, sondern ihnen sogleich zum Bewußtsein bringe, „daß es ein Endgericht giebt"[1]), so lag darin kein Widerspruch gegen Basilius; seine Forderung richtete sich nur auf einen einzelnen Punkt, in dessen Abschätzung Basilius ihm durchaus beistimmen mußte. Wohl aber fordert eine Synode, daß ein Bischof heidnische Schriften gar nicht lese[2]); Folge ist indes dieser Anordnung nicht gegeben worden. Tritt hier noch ein hoher Grad von Besonnenheit hervor, so war in der Abschätzung der alten Religion kein Maß und keine Gerechtigkeit. „Überall," so lautet eine Aussage über den Götterdienst[3]), „Ausschweifung, überall Sinnenlust, überall Abbilder gottloser Umarmung und toller Liebe." Und doch konnte man wissen und mußte wissen, daß die Entartungen und Einzelerscheinungen nicht das Ganze des Götterglaubens ausmachten. Aber noch nie ist eine Religion im Kampfe gegen eine andere dieser gerecht geworden. Das Heidentum erfuhr jetzt an sich die gleiche

---

[1]) Chrysost. In II Epist. ad Thess. hom. II, 4 (t. XI S. 521).

[2]) Sog. IV. karth. Synode c. 16 (Mansi III S. 952): ut episcopus gentilium libros non legat, haereticorum autem pro necessitate et tempore.

[3]) Chrysost. In Ps. CXIII (t. V S. 298).

Methode des Urteils, die es vordem selbst am Christentum geübt hatte. Vor allem warf sich die Entrüstung immer wieder auf die Ungereimtheit einer Verehrung der Gottheit im Bilde. „Was ist das für eine Thorheit," ruft ein abendländischer Prediger aus[1]), „ein Opfer darzubringen denen, die nichts davon wissen, ein Licht den Blinden hinzustellen, Weihrauch anzuzünden denen, die nicht riechen können, Bitten an Taube zu richten, Hilfe zu suchen bei denen, welche ein Dieb zu stehlen sich nicht fürchtet." Und doch hub gerade damals in der Kirche selbst eine Entwickelung an, die an demselben Punkte hernach mündete.

Dennoch ist zu keiner Zeit der Gedanke einer völligen Scheidung der Christen von den Heiden ausgesprochen worden; er wäre auch nicht ausführbar gewesen. Ambrosius bemerkt lobend, daß das Verhältnis des Grußes zwischen beiden bestehe, und will, daß man sich auch vom Gastmahl der Heiden nicht fernhalte, da auch der Herr mit den Sündern aß.[2]) Er selbst hat öfters in Gesellschaft des Heiden Arbogast gespeist. Freilich war bei ihm und wo sonst diese Meinung sich äußert, der letzte Beweggrund nicht die Duldung, sondern die Hoffnung,

---

[1]) Zeno, Sermo de Ps. XLIX (opera ed. Veron. 1710 S. 69). Ich finde keine Veranlassung, diese Schriften in das 3. Jahrh. zurück zu datieren, wie neuerdings versucht worden ist (vgl. Vogel in Herzog-Plitt Realencykl. Art. Zeno). Dagegen spricht z. B. schon Sermo de S. Arcadio Martyre. Ich sehe in dem Verfasser den Bischof Zeno von Verona, der gegen Ende des 4. Jahrh. starb.

[2]) Ambros. Expos. Ev. sec. Luc. VII, 62; V, 18: Dominus cum peccatoribus manducando etiam cum gentilibus non prohibet nos inire convivium; Chrysost. In Gen. hom. XLI, 4 (t. IV S. 410); vgl. auch August. In Ps. c (c. IV, 1088): die Christen mögen lieber mit Heiden zusammenessen, als mit solchen Christen, die sich schlecht führen.

[3]) Paulin. Vita Ambr. 30.

in diesem Verkehr die Möglichkeit einer religiösen Einwirkung zu gewinnen.[1]) Daß es aber auch fanatische Gemüter gab, die den Andersgläubigen den Gruß weigerten, kann nicht auffallen. Gregor von Nazianz erzählt von seiner eigenen Mutter Nonna, daß sie nie einer heidnischen Frau, auch wenn diese aus einem vornehmen Stande oder ihr nahe verwandt war, die Lippen oder die Hand zum Gruße bot. An einem Tempel ging sie nie vorüber, ja sie vermied es, einen solchen auch nur zu sehen. Heidnischen Erzählungen und Gesängen verschloß sie das Ohr.[2])

Wenn solche Erscheinungen vereinzelt waren, so ist andererseits doch selbstverständlich, daß die Kirche in diesem Verkehr und der sozialen Gemeinschaft bestimmte Grenzen zog. Ihre Abneigung gegen die Mischehe dauert fort, ja sie steigerte sich in dem Grade, als das Heidentum verächtlicher und bedeutungsloser wurde. In lebendiger Schilderung malt der Bischof Zeno von Verona, offenbar in Anknüpfung an einen in der Gemeinde vorgekommenen Fall, die Unzuträglichkeiten der Ehe einer Christin mit einem Heiden.[3]) „Nicht ohne großen Schmerz und Seufzen" kann er davon reden, daß sich „die Tempel Gottes den Heiden aufschließen." Mancherlei Schwierigkeiten und Nöte ergeben sich daraus. Es kann der Fall eintreten, daß ein Tag für beide Religionen ein Festtag ist. Die Christin geht zur Kirche, der

---

[1]) Chrysost. a. a. O. Ambros. Hexaëmeron II, 14 (t. I S. 63): wir sollen den Umgang mit Heiden nicht fliehen eo quod et gentilis qui fuerit acquisitus quo gravior fuerit assertor erroris, eo vehementior possit fidei defensor existere.

[2]) Gregor Naz. Orat. XIX (t. I S. 292).

[3]) Zeno: Sermo de continentia (Op. S. 259 ff.). Die Homilie bietet manches kulturgeschichtlich Wertvolle.

Mann zum Tempel. Aber da sie aus demselben Hause ausgehen und in dasselbe Haus zurückkehren, so machen sie sich beide eines Sacrilegs schuldig. Es ist überhaupt ein „elendes Dasein", wenn das Weib nicht thun darf, was der Mann thun darf. Leistet sie Widerstand, so „tönt das ganze Haus vom Streite wieder." Dagegen wenn sie sich fügt, „so ist es noch schlimmer." „Denn ohne Götzendienst kann man einem Götzendiener nicht zu Willen sein." Der Bischof führt dann noch eine Reihe von Konfliktsmöglichkeiten auf und schließt mit den energischen Worten: „Werde keine Götzendienerin, werde keine Verräterin am Gesetz. Warum willst du einen Heiden heiraten, wenn du einen Christen heiraten kannst?"

Ein bestimmtes allgemeines Verbot der Mischehe ist übrigens nirgends ausgesprochen; es hätte sich auch nur mit großen Verlusten durchführen lassen, während andererseits der Kirche aus der Mischehe doch immer ein Gewinn zufloß. Außerdem stand einem solchen Verbote ein klarer Ausspruch des Apostels Paulus (1. Kor. 7, 12 ff.) entgegen, der sich nicht ohne Weiteres bei Seite setzen ließ. Nur den Söhnen der Geistlichen legte eine Synode zu Hippo im Jahre 393 das Gebot auf, mit Heidinnen sich nicht zu verheiraten.[1]

Überhaupt geht durch die Kanones der nordafrikanischen Kirche ein scharfer antiheidnischer Zug. So verpflichtete eine karthagische Synode im Jahre 401 die Bischöfe unter Androhung des Anathems, keinen Heiden als Erben einzusetzen; es soll vielmehr bei Zeiten Vorsorge getroffen werden,

---

[1] Mansi III S. 921 c. 12: Ut gentilibus vel etiam haereticis et schismaticis filii episcoporum vel quorumlibet clericorum matrimonio non conjungantur. Über die Synode und ihre Kanones vgl. Hefele, Konziliengesch. 2. Aufl. II S. 53 ff.

daß auch nicht ab intestato ein Andersgläubiger die Hinterlassenschaft antrete.[1]

Umfassender sind die Vorschriften der Kirche, welche sich auf mittelbar oder unmittelbar heidnisch-religiöse Akte und Verhältnisse beziehen, darum weil dieses Gebiet ein umfassenderes war. Edele und unedele Motive liegen im äußern Wachstum der Kirche des vierten Jahrhunderts nebeneinander. Ein wirklich religiöser Drang und ein tiefer Zug des Herzens hat die Einen zum Christentum geführt, weltliche Rücksichten, Zufälligkeit und irdische Notlage die Andern. Die Beweise für letzteres sind ebensowohl aus der Fortdauer heidnischer Gebräuche wie aus dem Vorhandensein eines Scheinchristentums zu erheben. Volkstümliche Unbefangenheit, Unklarheit, Unsicherheit und berechnende Täuschung kommen hier wechselnd zum Vorschein. Viele tragen die Maske des christlichen Bekenntnisses nur, um irgend einen Vorteil davon zu haben, etwa um eine Tochter christlicher Eltern zur Gattin zu gewinnen. Sie kommen in das Gotteshaus, beugen die Kniee, werfen sich auf den Boden nieder und „wer sie sieht, hält sie für Christen, aber Gott hört, wie sie im Herzen ihn verneinen."[2] Sie beten das „heilbringende Zeichen" an und doch machen sie sich nicht vom „Dienst der Dämonen" frei.[3] Sie sind die zahlreichste Gattung. Ihr Dämonendienst ist mannigfaltig. Voran steht die Zukunftserforschung. Die alte Religion hatte die Gläubigen in dem Grade daran gewöhnt, daß der neue Glaube

---

[1] Mansi III S. 782 c. 15.

[2] Ambros. Expos. in Ps. CXVIII n. 48. 49.

[3] Zeno, Sermo in Ps. C (Op. S. 78): signum salutare venerantur et tamen a ministeriis daemonum non recedunt. — Orant, quia timent; peccant, quia volunt.

hier den größten Hindernissen begegnete. Bei wichtigen Unternehmungen, bei außerordentlichen Vorgängen wird die eine oder die andere Art der Divination zu Rate gezogen. Um einen Dieb festzustellen, nimmt man die Hilfe des Sehers in Anspruch.[1]) Sogar gebildete und angesehene Leute konnten sich von diesem Banne nicht los machen.[2]) Die Kirche bedrohte die Schuldigen. Wer einen Wahrsager befragt, verordnete Basilius d. Gr., tritt in eine sechsjährige Pönitenz.[3]) Ein kirchlicher Kanon setzte Excommunication auf dieses Vergehen.[4]) Trotzdem war dieses und verwandte Übel nicht auszurotten. In der morgenländischen und in der abendländischen Christenheit wird darüber geklagt.[5])

Nahe an dieses Gebiet grenzt die Tagewählerei, weiterhin die Summe von zauberischen Verrichtungen und Gegenständen. Wenn ein Kirchenschriftsteller bei einer Gelegenheit rühmend hervorhebt: „schon hat alle Beschwörung aufgehört, alle Zauberei ist vernichtet und als Thorheit erwiesen"[6]),

---

[1]) Quaest. ad Antiochum principem 126, eine pseudo-athanasianische Schrift (Op. t. II), wohl aus dem Ende des 4. Jahrh.

[2]) Basil. M. Comm. in Jesai. II, 77 (t. I S. 433 f.; nicht von Basilius, aber nur wenig später).

[3]) Basil. M. Epist. 199 (canonica III) c. 83.

[4]) Sog. vierte karth. Synode (Mansi III S. 945 ff.) c. 89: Auguriis vel incantationibus servientem a conventu ecclesiae separandum.

[5]) Z. B. Chrysost. In Epist. ad Cor. hom. IV n. 6 (t. X S. 32); In Epist. ad Gal. comm. n. 7 (t. X. S. 669); Ephraem. Syr. Op. gr. et lat. Romae 1746 t. III S. 106. 113. 215 u. sonst; Hieron. Epist. LXXV, 3 (t. I S. 453); ferner die in den vorhergehenden Anmerkungen angeführten Stellen u. s. w. Das Material ist ziemlich umfangreich.

[6]) De passione et cruce Domini c. 30 (unter den Schriften d. Athanasius t. II).

so entspricht diesen Worten die Wirklichkeit keineswegs. Denn fortwährend kämpft die Kirche gegen diese Dinge an, ein Beweis, daß sie noch etwas bedeuteten. In Antiochien z. B. pflegten „Viele" in Krankheitsfällen mit Zaubersprüchen und Amuletten gegen das Übel anzukämpfen.[1]) Oder man ließ um teures Geld den Beschwörer kommen, und es waren nicht immer heidnische Beschwörer, auch christliche Weiber trieben das einträgliche Gewerbe und gebrauchten dabei den Namen Gottes.[2]) Bei der Geburt werden die Kinder unter abergläubischen Riten gefeit.[3])

In einem unter dem Namen des hl. Ephräm überlieferten orientalischen Abrenuntiationsformular[4]) werden ausdrücklich aufgeführt: Zauberei, Mantik, Beschwörung, dämonische Gesänge, Vogelschau, beschriebene Amulette, Opferfleisch. „Ich entsage," heißt es dann weiter, „allem Götzendienst, der sich auf Sonne, Mond und Sterne bezieht, und allem, was an Quellen, Bäumen, Kreuzwegen gethan wird, und allen Zaubertränken, sowie den vielen andern thörichten Dingen, die zu nennen schändlich ist."

Weit bedenklicher war es, daß getaufte Christen an heidnischen Festlichkeiten teilnahmen, an heidnischen Feiertagen Öl zu den Tempeln trugen oder gar mit fremden Kulthandlungen sich befleckten.[5]) Diese letzte Thatsache zeigt

---

[1]) Chrysost. In 1 Epist. ad Thess. hom. III, 5 (t. XI S. 447).

[2]) Pseudo-Basil. In Jesai. c. 8 (t. I S. 544) mit der Begründung: οὐδεὶς μάντις ἀθανασίαν χαρίζεται (vgl. Basil. Epist. can. III c. 65); Chrysost. Ad illum. cat. II, 5.

[3]) Chrysost. In Epist. ad Gal. comm. n. 7 (t. X S. 669).

[4]) Ephraem. Syr. Op. gr. et lat. Rom. t. III S. 215.

[5]) Synode v. Laod. c. 39; Can. apost. c. 71 (70); die karth.

deutlich, welche zauberhafte Wirkung der alten Religion noch innewohnte. Man hatte sich äußerlich, nicht innerlich von ihr gelöst. Chrysostomus nennt mehrere Örtlichkeiten, wo Christen und Heiden gemeinsam vor den alten, ehrwürdigen Göttern sich beugten.¹) Nicht immer freilich beurteilen die altchristlichen Theologen dies mit Recht als ein Hinken nach dem Heidentume; oft war es ein bewußter Synkretismus, der in armseliger Nachahmung des Gnosticismus oder Neuplatonismus Heidentum und Christentum zusammenzufassen suchte.

Die Kirche ging gegen diese bedenklichen Erscheinungen mit entschlossenen Maßregeln vor. Der römische Bischof Siricius bestimmte auf die Klage seines Kollegen Himerius in Tarraco darüber, daß einige Christen „mit dem Kult der Idole und der Befleckung durch Opfer sich profaniert hätten", solche „von dem Leibe und Blute Christi abzuscheiden."²) Desgleichen setzt eine gallische Synode zu Valence im Jahr 374 auf dieses Vergehen die Excommunication.³)

In sehr bezeichnender Weise tritt dieses Ineinandergreifen von heidnischen und christlichen Vorstellungen in den

---

Junisynode v. 401 c. 4 (Mansi III 766 f.): Pseudo-Athan. Syntagma doctr. ad Mon. c. 2 (Athan. op. t. II).

¹) Chrysost. In Epist. ad Tit. hom. III, 2 (XI 747): — τὸν ἐν Δάφνῃ λέγω, τὸ τῆς Ματρώνης λεγόμενον σπήλαιον, τὸν ἐν Κιλικίᾳ τόπον τὸν τοῦ Κρόνου λεγόμενον. Dazu t. VI, 373. Die Bezeichnung Matrona ist schwer zu erklären; sie scheint einer jüdisch-heidnischen religiösen Mischbildung anzugehören.

²) Epist. I Siricii Papae ad Him. Tarr. (Mansi III, 655).

³) Mansi III 491 c. 3. Vgl. auch das Verfahren Basilius d. Gr. gegen solche Christen, die bei Einfällen der Barbaren, z. T. gezwungen, Opferfleisch gegessen, heidnische Eide geschworen und andere idololatrische Handlungen begangen hatten, in Epist. can. III c. 81.

mancherlei Amuletten hervor. In der heidnischen Volkssitte nahm das Amulet eine bedeutende Stellung ein und richtete sich in erster Linie gegen den bösen Blick. Die Wirksamkeit hängt entweder an der Form und dem Material oder an der Inschrift; in jedem Falle aber scheint eine Weihung vorausgegangen zu sein. Auch in den christlichen Gemeinden fand oder behielt vielmehr dieses populäre Schutzmittel seine Stätte, obwohl die Kirche mit großer Entschiedenheit und Ausdauer den Kampf dagegen führte. Schließlich mußte sie sich dazu bequemen, die Ersetzung der heidnischen Amulette durch christliche Medaillen, Stücke von Evangelienschriften, Kreuze mit Reliquien u. s. w. zu empfehlen. Daraus und aus anderen Gründen entstand eine Art von Amuletten, welche Heidnisches und Christliches, zum Teil auch Jüdisches in seltsamer Vermischung zeigen.[1]) Besonderes Interesse nehmen in dieser Hinsicht die Medaillen in Anspruch, welche auf der einen Seite das Bild Alexanders d. Gr., auf der andern eine christliche Inschrift tragen.[2]) Chrysostomus erwähnt einmal gelegentlich das Vorhandensein solcher Amulette.[3])

Auch auf die Fortdauer heidnischer Vorstellungen und Ausdrücke in den altchristlichen Inschriften ist hinzuweisen. Auf Grabinschriften begegnet uns die echt antike Tröstung „Niemand ist unsterblich"; der Tod heißt „ewiger Schlaf", das Jenseits „elysischer Hain"; es ist die Rede vom „wütenden Tartarus" und der „unerbittlichen Lachesis". Einmal wird die Möglichkeit der Auferstehung von dem unverletzten

---

[1]) M. Katakomben S. 218 ff., wo ausführlicher darüber gehandelt ist.
[2]) A. a. O. S. 223 u. Kraus, Das Spottcrucifix vom Palatin S. 23 u. Taf. n. 3.
[3]) Chrysost. Ad illum. cat. II (II, 287).

Zustande des Grabes abhängig gemacht.¹) Überhaupt ist die altchriftliche volkstümliche Wertschätzung des Begräbnisses ein antikes Erbe; von antiker Anschauung ist auch der Grundgedanke des altchristlichen Gräberschmuckes ausgegangen, ferner die Ausstattung des Grabes mit verschiedenen Gegenständen. Ja, mehrere mythologische Figuren, wie die Sirenen, Eros und Psyche, Oceanus, Juno Pronuba, Gorgoneion, haben in dem Bilderkreise der Katakomben Aufnahme gefunden.²) Auch die heidnischen sepulkralen Festfeiern und Riten sind von Einfluß gewesen.³)

So trägt die Christenheit in reicher Fülle die Merkmale ihrer natürlichen Herkunft an sich.

Zu dem Kampfe gegen diese Schäden und Mißbildungen, welchen Synoden, Bischöfe und theologische Schriftsteller gemeinsam führten, kam noch die Abwehr literarischer Angriffe auf das Christentum. In Julian hatte das Heidentum zum letztenmal seinen Mund zur Bestreitung und Verhöhnung des Christentums aufgethan. Der jähe Untergang des Götterfreundes ließ vorerst diese Streitschrift vergessen. Gregor von Nazianz und Ephräm der Syrer haben wohl den Toten und sein Werk verunglimpft, nicht aber seiner Polemik Aufmerksamkeit geschenkt. Auch in der nächsten Folgezeit nahm die Kirche keine Veranlassung, gegen das feindliche Buch irgendwelche Maßregeln selbst zu treffen oder zu veranlassen; nur bei-

---

¹) Die Beispiele in meinen Kat. S. 249 ff.; S. 15 Anm. 6.

²) Ebendas. S. 1 ff.; S. 114 ff.; S. 201 ff.; S. 98 ff.; meine Archäol. Studien (Wien 1880) S. 99. 112. Sonst noch z. vgl. m. Kat. S. 209. 100. Besonders verweise ich auf die synkretistischen Bildwerke bei S. Pretestato an der Via Appia S. 42 Anm. 17.

³) M. Kat. S. 50; Hasenclever, Der altchristl. Gräberschmuck (Braunschweig 1886) S. 171 (doch öfters zu weitgehend).

läufig und flüchtig wird auf das Buch und seine Einzel=
heiten abwehrend Bezug genommen. Um so mehr hütete
das Heidentum diesen Schatz; heimlich wurde es abgeschrieben
und gelesen und von Hand zu Hand weiter gegeben. Je
fühlbarer und drückender die Herrschaft des Christentums
und der Kirche wurde, desto größern Trost gab es den be=
kümmerten Altgläubigen. Noch am Anfange des fünften
Jahrhunderts war es weit verbreitet und hatte solchen Ein=
fluß, daß der Patriarch Cyrill von Alexandrien die Gelegen=
heit benutzte, um neben seinen vielfachen andern Geschäften
auch noch das Amt eines Apologeten des Christentums gegen
den kaiserlichen Sophisten zu übernehmen.[1]) Viele, so
äußert er sich in dem an Theodosius II gerichteten Vorwort,
haben sich, vom Teufel verführt, gegen Gott erhoben, darunter
auch Julian, der nicht erkannte, „daß Christus der
Geber der königlichen Würde und Gewalt sei." Darum
ist er „unreiner Dämonen Diener" geworden. Doch hat
sein Buch viele Schwache erschüttert, so daß sie den Dämonen
als „süße Beute" zufielen, ja auch solche, die bis dahin im
Glauben nicht wankten, werden irre, indem sie glauben, daß
jener die heiligen Schriften gründlich kenne. Andererseits
berufen sich die Heiden auf jene Streitschrift: eine solche
Gewalt der Beredsamkeit wohne ihr inne, daß Keiner der
Christen dagegen aufkommen und sie widerlegen könne. Diese
Erfahrungen und das „Zureden Vieler" veranlaßten den
streitbaren Patriarchen zur Abfassung seiner in zehn Bücher
geordneten Widerlegung, die den Gegenstand mit Gründlich=
keit und im allgemeinen mit Geschick behandelt.

Widerwärtiger als Julians Polemik erschien den Theo=

---

[1]) In der Ausgabe d. Werke Julians von Spanh. Lips. 1696.

logen die rücksichtslosere und scharfsinnige Streitschrift des Neuplatonikers Porphyrius, des „Vaters alles frechen Geredes wider die Christen".[1] Aus ihr schöpfte mit Vorliebe die antichristliche Streit- und Pamphletliteratur. Hierokles, der unter Diokletian mit Schrift und That gegen die Christen vorging, und Julian haben sie benutzt. In heidnischen Kreisen muß sie weit verbreitet gewesen sein und einen großen Einfluß gehabt haben. Daher wandte sich schon Eusebius von Cäsarea gegen Porphyrius, ebenso Methodius von Tyrus und der bedeutende Apollinarius der Jüngere. Firmicus Maternus schalt ihn einen „Feind Gottes" und einen „Meister verruchter Künste".[2] Auch der arianische Kirchenhistoriker Philostorgius glaubte sein Talent hier nicht zurückhalten zu sollen. Um dieselbe Zeit endlich, also um die Wende des vierten und fünften Jahrhunderts bekämpfte in einer erst neuerdings bekannt gewordenen Schrift ein gewisser Makarius — wahrscheinlich Bischof von Magnesia — den verhaßten Neuplatoniker.[3] Erwähnt und getadelt wird die Streitschrift gelegentlich auch sonst damals und noch später. Spuren irgendwelcher anderer Streitschriften werden nicht bemerkbar, obwohl anzunehmen ist, daß sie nicht ganz gefehlt haben. Jedenfalls muß ihre Bedeutung gering gewesen sein,

---

[1] Cyrill. Alex. Adv. Jul. I S. 28. Porphyrius aus Tyrus, dessen Lebensausgang ungefähr mit dem Ende Diokletians zusammenfällt, schrieb in 15 Büchern Κατὰ Χριστιανῶν λόγοι, von denen uns nur Fragmente erhalten sind. Über seine Bedeutung und Stellung innerhalb des Neuplatonismus s. Zeller, Phil. d. Gr. 3. Aufl. III, 2 S. 636 ff.

[2] Firm. Mat. XIII, 4.

[3] Μακαρίου Μάγνητος Ἀποκριτικός (Ἀποκριτικά), ed. Blondel, Paris 1876. Dazu Wagenmann in d. Jahrb. f. deutsche Theol. 1878 S. 138 ff. u. S. 269 ff.

da sie der Mühe einer Widerlegung nicht wert geachtet wurden. Bestimmt aber wissen wir, daß die Erbitterung des Heidentums sich in harten Äußerungen oder in scharfem Spott Luft machte. Über „Verlästerung Christi" wird öfters geklagt.[1])

Größern Wert und Erfolg als diese abwehrende, allerdings notwendige Arbeit der Kirche hatte ihre auf Gewinnung der Andersgläubigen durch das Mittel der Predigt und der religiösen Unterweisung gerichtete Thätigkeit. Jetzt, in der zweiten Hälfte des vierten Jahrhunderes tritt zuerst wieder in deutlichen Umrissen eine Mission hervor, die an die apostolische Zeit erinnert. Es ist dies um so höher anzuschlagen, als Niemandem die Einsicht verschlossen sein konnte, daß das Heidentum im Prozeß der Auflösung begriffen sei und über kurz oder lang von selbst dem Christentume zufallen werde.

Als ein „zweiter Paulus" wirkte in diesem Sinne Philaster, ein Mann wahrscheinlich italischer Abkunft. Er durchzog die Länder des römischen Reichs und predigte, „des heiligen Geistes voll", das Evangelium den Heiden und den Juden. Auch in Rom lebte er längere Zeit und gewann in privater wie öffentlicher Disputation Viele. Doch nicht nur die Städte, auch die Dörfer und die Kastelle suchte er auf seinen Reisen auf. Nach mannigfachen Wanderungen kam er nach Brixia, das damals noch fast ganz heidnisch war, aber „nach Unterweisung begehrte". Er wurde Bischof der Stadt und „pflanzte einen Weinberg, dessen Frucht ihn erfreute". Gleicherweise lichtete er außerhalb Brixia in seinem

---

[1]) Z. B. Zeno, Sermo pro fidei veritate (a. a. O. S. 209); Pseudo-Athan. (a. a. O) De passione et cruce Domini c. 30; Basil. Ep. 45 ad Monachum lapsum (S. 134).

Sprengel „den dichten Wald des Irrtums".¹) Nach bewegtem Leben und Kämpfen starb er um das Jahr 387.

Im Morgenlande ist um dieselbe Zeit Chrysostomus der eifrigste Förderer der Mission. Er besaß in Beziehung auf diese Aufgabe nicht nur ein tiefes Pflichtgefühl, sondern auch ein richtiges Verständnis für die Art ihrer Durchführung. Als er an die Abfassung einer für Heiden und Juden bestimmten Schrift zum Beweise der Gottheit Christi ging, erklärte er, er wolle kurz und einfach reden, daß auch Sklaven, Mägde, Fischer und Bauern ihn verstehen könnten.²)

In Freundlichkeit ferner solle sich die Rede bewegen, wie Eltern zu ihren Kindern reden. „Denn die Hellenen sind alle Kinder." Daher muß man es ihnen zu Gute halten, daß sie lachen, wenn man ihnen von unserem Glauben erzählt.³) Was den Inhalt der Missionsunterredung anbetrifft, so ist seine Meinung, daß man darin den Heiden die Thorheit ihres Glaubens und die Größe der Krankheit aufzeige, an der sie leiden.⁴) Aber das wirksamste Missionsmittel ist und bleibt ihm doch ein vorbildlicher guter Wandel der

---

¹) Diese Angaben über Philaster entstammen einer Gedächtnisrede seines Nachfolgers Gaudentius: Sermo XXI de vita et obitu Philastrii (Migne I, 20 S. 997 ff.). Darin: — circumiens universum pene ambitum Romani orbis, Domini cum praedicavit verbum, Pauli apostoli idoneus imitator existens. Erhalten ist von ihm liber de haeresibus, worüber z. vgl. Lipsius, Zur Quellenkritik des Epiphanios, Wien 1865; Ders., Die Quellen der ältesten Ketzergeschichte, neu untersucht, Lpz. 1875.

²) Chrysost. Contra Jud. et Gent. quod Christus sit Deus (I, 558 ff.), geschrieben 387, als Chrysostomus noch Presbyter in Antiochien war.

³) Chrysost. In Epist. ad Cor. hom. IV, 6 (X, 32).

⁴) In Genes. hom. VII c. 7 (IV, 56).

Christen. „Es gäbe keinen Heiden mehr, wenn wir wahrhafte Christen wären." Der eine Paulus habe so viele gewonnen. „Wenn wir alle so wären, welche Welten hätten wir an uns gerissen." Denn es giebt mehr Christen als Heiden. Wenn diese aber sehen, wie wir Unrecht thun, wie können sie sich für das Christentum begeistern? Wie soll man nun die Heiden bekehren? „Durch Hinweis auf die Wunder? Die geschehen nicht mehr. Durch das Vorbild unseres Wandels? Der ist durch und durch verderbt. Durch Liebe? Davon ist nirgends eine Spur zu entdecken." „Aber es haben doch unter uns große Männer gelebt." „Wie soll ich das glauben?" wird der Heide antworten, „da ich nicht sehe, daß ihr so seid wie jene. Wenn man auf solche Dinge sich berufen will, so haben auch wir große Philosophen, deren Leben bewundernswert war. Aber du zeige mir einen zweiten Paulus und einen zweiten Johannes. Du wirst es nicht können."[1]

Es entging der Erkenntnis des Bischofs nicht, daß die christlichen Besitzer von Latifundien in der Lage seien, an der Ausrottung des Götzendienstes und der Bekehrung der Heiden erfolgreich mitzuwirken. Aber sie vernachlässigten diese Aufgabe. Bäder anzulegen und Wirtschaftsgebäude aufzuführen und die Lasten zu mehren, sind sie bereit, aber das Seelenheil anderer kümmert sie wenig. Wohl haben sie Acht, die Dornen auf dem Acker auszuroden, aber an die

---

[1] In I Epist. ad Timoth. hom. X, 3 (XI, 602). Vgl. Ephraem. Syr. a. a. O. t. III S. 105; Augustin. In Ps. XXVI (IV, 116), wo der Heide dem ihm zuredenden Christen antwortet: quid mihi persuades, ut Christianus sim? Ego fraudem a Christiano passus sum et nunquam feci. Falsum mihi juravit Christianus et ego nunquam.

Dornen, die in den Herzen ihrer Dienstleute und Kolonen aufwachsen, denken sie nicht. Sie werden einst dem obersten Hausherrn Rechenschaft darüber ablegen müssen. Das begehrte Chrysostomus von ihnen, daß sie Kirchen bauen und Geistliche beschaffen. Jeder Grundbesitzer soll ein Gotteshaus haben; die Ausrede, daß in der Nachbarschaft ein solches sei, oder daß die Mittel zu einem solchen Bau fehlen, ist grundlos. Es braucht nur ein kleines Haus zu sein; der Nachfolger mag es vergrößern und allmählich ausschmücken. Erst wenn neben den Behältern für Korn und Stroh auch Behälter da sind, wo die Früchte der Seele eingeheimst werden können, dann wird das Land in noch höherem Maße haben, was es jetzt schon vor der Stadt voraus hat, Ruhe und Friede. Das Land mit einer Kirche ist wie das Paradies Gottes.[1]

Die Umsicht und der praktische Blick des Bischofs treten hier leuchtend hervor. Denn die Überwindung des Heidentums auf dem Lande bot und bietet immer viel größere Schwierigkeit als die Mission in den Städten. Der alte Glaube wurzelt dort tiefer und fester in den Gemütern und der Zugang zu den Herzen ist schwieriger. Der konservative Zug, welcher die Landbevölkerung auszeichnet, die Pietät gegen das Übertommene tritt hinzu. Daher ist es nicht zufällig, daß im vierten Jahrhundert die Bezeichnung Pagani, d. h. Landbewohner, für die Heiden aufkommt.[2]

---

[1] Chrysost. Hom. XVIII in Act. (IX, 149 f.).
[2] Bereits im 2. Jahrh. erscheint paganus im Gegensatz zu miles als Bezeichnung für Bürger, Civilist, woraus sich weiterhin der Unterschied von jus militum und jus paganorum entwickelte. Das jus paganorum ist hier identisch mit dem alten Römerrechte, dem Privatrechte. Kuntze (Exkurse über röm. Recht 2. Aufl. Leipz. 1880 S. 664 f.)

Die Kirche und das Heidentum. 317

Am Anfange des 5. Jahrhunderts finden wir in Phönizien eine organisierte Missionsarbeit, die von Mönchen und Geistlichen betrieben wurde. Sie unterwiesen die Heiden im Evangelium und erbauten Kirchen; auswärtige Gemeinden versorgten sie mit Kleidungsstücken und Lebensmitteln. Das Werk war im besten Fortgange, da trat, wie es scheint nicht ohne Schuld der Christen, plötzlich eine heftige Reaktion ein. Die Heiden erhoben sich in Wut gegen die Missionare und töteten und verwundeten mehrere derselben. Diese wurden

meint, der Ausdruck sei so entstanden, daß die Soldaten ihre befestigten Heerlager (castra), die zu wichtigen Sammelpunkten, Schutzstätten und Burgen, ja zu bevorzugten Städten wurden, als die erhabenen Orte im Reiche betrachteten und auf alles, was außerhalb lag, auf das „platte Land", geringschätzig herabblickten. „Pagani waren ihnen also die Bewohner des Reiches außerhalb der castra, und dieser Ausdruck war gerade in den Provinzen treffend, wo noch viele Reste der nationalen Gauverbände waren, das Volk vielfach als Landvolk zerstreut umherwohnte und die castra oft als die einzigen geschlossenen Wohngemeinschaften erschienen." Im 4. Jahrh., wo überhaupt vielfach eine Umprägung der Ausdrücke stattfand (Kuntze a. a. O. S. 693) wurde in der kirchlichen und in der juristischen Sprache pagani gleichwertig mit gentiles, und für pagani im Gegensatz zu milites kehrt die Bezeichnung privati wieder. Wie überhaupt im römischen Reiche nur die Städte etwas bedeuteten und in den Städten das Christentum das Übergewicht gewann, während das platte Land fester und länger in dem alten Glauben verharrte, so begreift sich leicht die Bezeichnung pagani für die Heiden. In der Gesetzessprache findet sie sich zuerst Cod. Theod. XVI, 2, 18 (a. 368?): weiterhin XVI, 10, 13; 19—25 u. sonst. Um dieselbe Zeit taucht das Wort in der kirchlichen Literatur auf und wird in der Christenheit rasch populär. Im 5. Jahrh. war es der gebräuchlichste Ausdruck. Daher in einem Gesetz von 409 (Cod. Theod. XVI, 5, 46): gentiles, quos vulgo paganos appellant: dazu August. Retract. II, 43: quos usitato nomine paganos vocamus. Auf dem Grabsteine einer Christin des 4. Jahrh. (jetzt im Louvre zu Paris) heißt es bezeichnend: pagana nata... fidelis facta (de Rossi, Bullettino di archeol. crist. 1868 S. 75).

mutlos; sie beschlossen, das Terrain aufzugeben. Doch Chrysostomus, damals als Verbannter in Kukusus in Kleinarmenien weilend, trat ihnen mit ernster Warnung entgegen. Er schrieb ihnen, sie möchten vor dem stürmenden Meere nicht erschrecken. Je größer die Gefahr, desto größer solle sich ihr Mut zeigen. Kein Arzt läßt seinen Kranken im Stich. Das Werk sei glücklich angefangen und dürfte jetzt um keinen Preis wieder aufgegeben werden. Auch an den Presbyter Rufinus, einen erfahrenen und besonnenen Mann, wandte er sich mit der Aufforderung, sich nach Phönizien zu begeben und durch Milde und Klugheit die Verhältnisse wieder in Ordnung zu bringen.[1]

Es entspricht genau der in diesen Bemühungen sich äußernden Stimmung, daß Chrysostomus das kirchliche Asylrecht auch Heiden gewährt wissen wollte, ja sogar solchen, die als heftige Christenfeinde bekannt waren. Dafür hat ihn freilich die ihm feindliche Synode „An der Eiche" im Jahre 403 zur Rechenschaft gezogen.[2]

In einem eigentümlichen Widerspruch hierzu steht freilich, daß derselbe Chrysostomus kein Bedenken getragen hat, die gewaltsame Zerstörung heidnischer Tempel anzuordnen. Wie viele seiner Zeitgenossen scheint er ein solches Vorgehen ganz außer Zusammenhang mit dem von ihm sonst empfohlenen und beobachteten Verfahren in der Heidenmission betrachtet zu haben.[3]

Ein ganz anderes Missionsbild gewährt die Wirksamkeit des Asketen Abraames, der von dem Drange, die Heiden zu

---

[1] Über dieses interessante Stück Missionsgeschichte geben Epist. LI (III, 621); CXXIII; CXXXVI des Chrysostomus Auskunft.

[2] Mansi III, 1146 c. 10.

[3] Theodor. V, 25.

bekehren, ergriffen, in der Verkleidung eines Kaufmannes ein heidnisches Dorf am Libanon betrat und daselbst ein Haus erwarb. Als er aber mit der Predigt des Evangeliums beginnt, erhebt sich unter den Bewohnern ein heftiger Widerstand, den aber der gewandte Mönch in geschickter Ausnutzung einer Steuerkalamität so zu überwinden weiß, daß die Dorfschaft eine Kirche erbaut und ihn selbst als ihren Geistlichen begehrt. Drei Jahre wirkt er erfolgreich, bestellt sich dann einen Nachfolger und setzt an einem andern Orte mit derselben Klugheit und demselben Eifer seine Bekehrungsarbeit fort.[1]) Natürlich ist dieser mönchische Missionar keine einzelstehende Erscheinung.

Nur geringe Kunde ist auf uns gekommen von dem, was sonst auf dem Wege friedlicher, ernster Mission versucht und erreicht worden ist. Darf man daraus schließen, daß rohe Gewalt und blinde Zerstörungswut die beliebtere Weise gewesen sei, um den Götterglauben aus der Welt zu schaffen? Nichts berechtigt dazu. Die Sinnesart der Bischöfe gab diesem oder jenem Verfahren den Vorzug. Die Kirche selbst hat durch den Mund ihrer Organe d. h. der Synoden wohl sich selbst und ihr Gebiet geschützt, aber in keinem einzigen Falle zu gewaltsamer Verwüstung des Heidentums Anweisung gegeben. Die karthagische Innisynode vom Jahre 401, die in dieser Richtung am weitesten geht, hat sich doch nur darauf beschränkt, die weltliche Regierung um Beseitigung der auf dem Lande „in ganz Afrika" noch zahlreich vorhandenen Tempel und Kapellen zu ersuchen.[2]) Dieselbe Versammlung hat aber auch darum petitioniert, daß an

---

[1]) Theodor. Hist. rel. XVII.
[2]) Mansi III, 766 c. 2.

Sonn- und Feiertagen keine Schauspiele und öffentlichen Aufführungen gestattet würden.[1])

Ein fruchtbares Mittel, auf die Heiden Einfluß zu gewinnen, lag ferner in den Arbeiten und Instituten der Kirche auf sozialem Gebiete. Schon in apostolischer Zeit finden wir eine ausgedehnte freiwillige oder geordnete Armenpflege. Für die Gemeinde bestimmt, griff sie doch über diesen Umfang in besonderen Fällen hinaus. In engem Zusammenhange damit steht die Fürsorge für Kranke, Altersschwache, Waisen und Hilflose jeder Art. Es kommt hier nicht in Betracht, daß diese Bemühungen schon früh nicht mehr aus der rechten evangelischen Gesinnung hervorwuchsen; sie waren da und in einem Umfang und in einer Intensivität, daß sie das Bild einer bewundernswerten, weitverzweigten Organisation darstellten. Ihre Centren wurden im vierten Jahrhundert mehr und mehr die an Zahl wachsenden Anstalten verschiedener Bestimmung, die Fremdenherbergen, Hospitäler, Waisen- Witwen- und Armenhäuser. In regelmäßiger Weise fungierte in diesen Instituten die christliche Liebesthätigkeit. In einer Zeit, wo der materielle Ruin immer weiter um sich griff und das soziale Elend sich steigerte, mußten die durch solche Anstalten gebotenen Vergünstigungen auf die unteren Volksschichten eine starke Anziehungskraft ausüben. Wir erfahren allerdings nirgends etwas darüber, ob und in welchem Maße die christliche Liebesthätigkeit Gläubige gewonnen hat, aber der Schluß liegt so nahe, daß man sich wundern müßte, wenn es nicht der Fall gewesen wäre. Dagegen wissen wir bestimmt, daß die Kirche in großer Zahl ausgesetzte heidnische Kinder aufgenommen und

---

[1]) Mansi III, 767 c. 5.

im christlichen Bekenntnisse erzogen hat. Die Sitte der Alten, sich derjenigen Kinder, die als eine Last befunden wurden, durch Aussetzung zu entledigen, ist zwar unter den christlichen Kaisern eingeschränkt, aber nicht beseitigt worden: noch im 6. Jahrhundert beschäftigt sich die kaiserliche Gesetzgebung damit. Die Kirche griff hier energisch ein. Mit dem Protest gegen diesen „Menschenmord" verband sie praktische Maßregeln, um die verderblichen Folgen jener legalisierten Herzlosigkeit zu hindern; sie nahm die ausgesetzten Kinder auf und rettete sie dadurch vor leiblichem und moralischem Untergange.¹) Viele Tausende mögen auf diese Weise dem Christentum zugeführt sein; die Grabinschriften reden öfters von solchen Findlingen. Sie wurden in der Gemeinde oder in den der christlichen Liebesthätigkeit dienenden Anstalten erzogen.²)

Abgesehen von diesen Mitteln und Wegen hat noch manches Andere dazu dienen müssen, dem siegreichen Christentum Taufwillige zuzuführen. Einen eigenartigen Beleg dafür bietet ein bukolisches Gedicht, welches der Rhetor Endelechius, ein Freund des Bischofs Paulinus von Nola, ohne Zweifel zu dem Zwecke anfertigte, damit auf die ländliche Bevölkerung missionierend zu wirken.³) Der Dichter

---

¹) Tertull. Apol. c. 9; Syn. v. Arles c. 9 u. 10.

²) Becker, Behandlung verlassener Kinder im Altert. Frankf. 1871; Allard, Les esclaves chrét. Paris 1876. S. 353; Uhlhorn a. a. O. S. 379 ff.

³) (Severi Sancti) Endelechii Carmen bucolicum de mortibus boum, bestehend aus 33 asklepiadischen Strophen. Ausg. von F. Piper, Gött. 1835; Riese, Anthologia Latina I, 2 n. 893. Dazu Ebert, Gesch. d. christlich-lat. Lit. I S. 303 f. Das Gedicht ist am Ende des 4. oder am Anfange des 5. Jahrh. entstanden. Der Verf. stammte aus Gallien und lebte in Rom als Lehrer der Rhetorik.

führt zunächst zwei Hirten, Agon und Bucolus ein. Bucolus zeigt sich niedergeschlagen. Von seinem Genossen um die Ursache befragt, erzählt er, daß eine verderbliche Seuche in die Herde gekommen und alle Hilfe umsonst gewesen sei. In bewegten Worten schildert er den schweren Unglücksfall. In dem Augenblick als Agon teilnehmend auf die Worte antwortet und hierbei bemerkt, daß des Tityrus Herde ganz verschont geblieben sei, kommt dieser selbst mit seinem Vieh herangezogen. Sie fragen ihn sofort, welcher Gott ihn vor der Seuche bewahrt habe, die doch alle Nachbarn betroffen hat. Er antwortet: das Kreuzeszeichen, das er jedem Stück der Herde auf die Stirn gezeichnet, habe jene geschützt, und beeilt sich, den Genossen sofort den Weg zu dieser Hilfe zu zeigen. „Wenn du diesen Gott anrufen willst, bedarf es nur des Glaubens." Es bedarf keines von Blut triefenden Altars und keines Opfers, sondern „ein reines Herz gewinnt und genießt dieses Gut." Darauf erwidert Bucolus: „Wenn das wahr ist, zögere ich keinen Augenblick, mich der wahren Religion zuzugesellen" und den „alten Irrtum" zu meiden: „denn trügerisch ist er und thöricht." Worauf Tityrus bemerkt, er sei gerade im Begriff, den Tempel des „höchsten Gottes" aufzusuchen. „Wohlan, Bucolus, laß uns den nicht weiten Weg gemeinsam gehen und den Gott Christus kennen lernen." Als Agon dies hört, bittet er um die Erlaubnis, sich anzuschließen.

Damit bricht das gewandt geschriebene Gedicht ab. Es hat schwerlich bloß als ein Spiel dichterischer Phantasie zu gelten, sondern trägt eine bestimmte Tendenz in sich, nämlich die kräftige Wirkung des heiligen Kreuzeszeichens in solchen und ähnlichen Fällen empfehlend vor Augen zu stellen und damit zur Annahme der neuen Religion einzuladen.

Auch die Bekenntnisse einflußreicher Männer, die vom Heidentum sich zum Christentum wandten, mußten, neben der Thatsache des Übertritts selbst, von nicht geringer Wirkung sein. So rechtfertigte Paulinus von Nola in einem Gedichte[1]) seine Bekehrung, die selbst schon unter Heiden wie Christen das größte Aufsehen machte. Er bekämpft darin Judentum, Heidentum und die falsche Philosophie, allerdings mehr mit Eleganz als mit Kraft, und bekennt, daß er, nachdem er alle Religionen und Meinungen geprüft, „nichts besseres gefunden habe, als an Christum glauben."[2])

Mit Recht kann man diese Dinge hoch anschlagen: dennoch steht ihr thatsächlicher Wert in dem vorausgesetzten Zusammenhange hinter der Bedeutung zurück, welche die Kirche als Ganzes und in ihrer Gesamterscheinung dem Heidentum bot. Immer machtvoller und einflußreicher war sie seit Konstantin hervorgetreten. Der Staat ehrte sie und rechnete mit ihr. Die festgeschlossene Hierarchie, die deutliche Ordnung des kirchlichen und gottesdienstlichen Lebens, der internationale Charakter, die auch in den dogmatischen Kämpfen nicht zerbrochene Einheitlichkeit ließen diese Kirche als das weltlich-geistliche Abbild des römischen Staatstums erscheinen. In derselben Höhe aber als das Religiöse das Bürgerliche überragte, mußte dieser kirchliche Organismus als der wertvollere und innerlich stärkere sich den Menschen auf-

---

[1]) Das sog. Poema ultimum, das bald nach der Bekehrung, also nach c. 390 geschrieben ist und sich an einen gewissen Antonius wendet. Der Text nach Bursian in d. Sitzungsber. d. K. bayr. Akad. d. Wissensch. 1880 S. 3 ff.

[2]) Discussi, fateor, sectas, Antonius, omnes:
Plurima quaesivi, per singula quaeque cucurri:
Sed nihil inveni melius quam credere Christo.

drängen. Ein Vergleich beider Erscheinungen konnte nur zu Gunsten der Kirche ausfallen. Ihre Herrschaft war fester als die des Staates, ihre Disciplin vorzüglicher, ihr äußeres Auftreten humaner. Das Verhältnis des Staatsoberhauptes zu seinen Unterthanen war das des Herrn zu den Knechten, die Kirche aber gebärdete sich wie eine Mutter zu den Kindern, wenigstens wollte sie so sein, und ist es auch in weitem Umfange gewesen. Stark und milde zugleich — das war ihr Ideal. Ihre hervorragendsten Persönlichkeiten in dieser Zeit, wie Ambrosius im Abendlande und Basilius im Orient, haben es verwirklicht. Darum sind auch solche Männer von so tiefgreifendem Einfluß gewesen; man beugte sich ihnen aus Furcht und aus Liebe. Der Niedere hatte Vertrauen, der Hohe Achtung oder Furcht vor ihnen. Je seltener aber in einem Jahrhundert bedeutende Persönlichkeiten sind und je größer andererseits Servilität, Kleinmut, Hilflosigkeit, desto mächtiger ist die Anziehungs= und Überwindungskraft kräftiger Charaktere. Und diese waren damals mehr in der Kirche als im Reiche zu finden.

So kann man wohl verstehen, daß die Kirche des vierten Jahrhunderts, bei allen Schäden und Übeln, doch dem Heidentume Achtung abzwang. Sie war nicht nur eine weltliche, sondern auch eine moralische Macht. Der eine suchte jenes, der andere dieses: sie konnte Beiden genügen.

Diesen realen Kräften standen gegenüber die Hoffnungslosigkeit und das Gefühl der Ohnmacht, welche die Gemüter der Göttergläubigen mit zunehmender Schwere belasteten. Ein Volk kann nicht ohne Religion sein. Verzweifelt es an der ererbten Religion, so fällt es der zu, die am eindringlichsten sich ihm anbietet. Das war in diesem Falle das Christentum. Auf Seite dieser Religion und gegen die alte

Religion stand auch das Imperium. Unter Gratian und Theodosius war der Bund zwischen Kirche und Kaisertum so fest und augenfällig geworden, daß keine Täuschung darüber mehr möglich war. Die Fortdauer gewisser Akte im Ceremoniell der Staatsbeamtenschaft, welche von empfindlichen Christen als götzendienerisch abgeschätzt wurden, wie das Tripudium bei Übernahme des Konsulats[1]), verloren sich doch zu sehr in der ganz anders gestalteten Umgebung, als daß ihnen eine ernsthafte Bedeutung zugemessen werden konnte. Dazu redeten die scharfen Dekrete gegen den Götterglauben auch zu der Menge unmißverständlich von der neuen Gestaltung der Dinge. In der Kirche selbst ist anerkannt worden, daß die Verfügungen der Kaiser dem Christentume viele Heiden zugeführt haben.[2])

Dieses Fortschreiten der Kirche von Sieg zu Sieg in einer Zeit, wo sie mit dogmatischen Kämpfen sich selbst schwächte, fand in der Christenheit einen überschwenglichen Wiederhall. Vor allem klingt bei dem gefühlvollen und rhetorisch angelegten Chrysostomus diese freudige Empfindung

---

[1]) Noch im 5. Jahrh. redet Salvianus (de gubern. Dei VI, 2) davon: numquid non consulibus et pulli adhuc gentilium sacrilegiorum more pascuntur et volantis pinnae auguria quaeruntur ac paene omnia fiunt, quae etiam quondam pagani veteres frivula atque inridenda duxerunt? Bei der bekannten Sucht Salvians, zu übertreiben, ist es leider nicht möglich, diese merkwürdige Notiz als zuverlässig zu verwerten. Das paene omnia steht warnend da. Indes die Thatsache, daß bei der Übernahme des Konsulats noch gewisse alte heilige Formen bewahrt wurden, wird nicht zu bezweifeln sein, aber gewiß in sehr reduzierter Gestalt und schwerlich als allgemeine Sitte. Jedenfalls ist nicht anzunehmen, daß Konstantius, Gratian oder Theodosius mit heidnisch-sakralen Akten das Konsulat antraten.

[2]) August. Epist. 93 (II, 242).

durch. In einer an die Heiden und die Juden gerichteten Flugschrift weist er rühmend darauf hin, wie Christus in kurzer Zeit den „ganzen Erdkreis" erobert habe. Römer und Barbaren dienen ihm. In den Städten und in der Wüste, in den Dörfern, Inseln und Häfen herrscht jetzt das Kreuz. Konsuln und Kaiser, Freie und Sklaven, Weise und Unweise haben sich dem Joche Christi gebeugt. „In dem königlichen Rom eilen, alles Andere bei Seite setzend, die Kaiser, die Konsuln, die Heerführer zu dem Grabe des Fischers (Petrus) und des Zeltmachers (Paulus); in Konstantinopel aber begehrten die, welche mit dem Diadem geschmückt sind, nicht bei den Aposteln, sondern draußen an ihren Schwellen begraben zu werden, und so sind die Kaiser Thürhüter der Fischer geworden."[1]) Die Kirche, einst unfruchtbar, ist jetzt die Mutter zahlloser Kinder.[2]) Die Tyrannei der Dämonen hat aufgehört. Mit den Altären, Tempeln und Götterfesten ist es zu Ende gegangen. Die gottlosen Opfer sind unterdrückt, die Seher, die Auguren sind geflohen.[3])

Den gleichen Eindruck spiegeln zahlreiche andere Aussagen im Orient wie im Occident wieder.[4])

---

[1]) Chrysost. Contra Jud. et Gent. c. 1. 2. 9 (I, 558 ff.).
[2]) Chrysost. In Ps. XLIV. n. 12 (V, 181).
[3]) Chrysost. In Ps. CIX. n. 5 (V, 258).
[4]) Pseudo-Basil. In Jes. c. II n. 96 (I, 446): Die Dämonen haben ihre Werkstätte verlassen; es giebt kein Delphi mehr, die Seherin schweigt. Wohl wird noch aus der Kastalia getrunken, aber das Wasser verzückt nicht mehr. Geflohen ist Amphiaraos (sein Tempel mit einem berühmten Traumorakel und seine Quelle waren bei Oropos) und Amphilochos ist nirgends mehr. — Ambros. De virginib. VIII, 47: ex omnibus partibus mundi odor sacratae religionis inolevit (al. adolevit); Pseudo-Athan. De pass.

Mit besonderem Wohlgefallen machte man diese Beobachtung in Beziehung auf Ägypten, welches den Christen immer als das klassische Land des Götzendienstes gegolten hat. Wenn man jetzt, so hören wir um das Jahr 389, nach Ägypten kommt, so findet man die „Tyrannei des Teufels ganz vernichtet." Das ist nicht nur in den Städten der Fall, sondern noch viel mehr in der Einöde. „Nicht so glänzend ist der Himmel mit seiner reichen Sternenpracht als die Einöde Ägyptens mit ihren Hütten der Mönche überall." Zwar sind noch Denkmäler des Götzendienstes dort vorhanden, aber sie haben keine andere Bedeutung, als Zeugnisse alter Thorheit zu sein, und die, welche sich einst dazu bekannten, lachen selbst darüber.[1)]

In einem im Jahre 403 geschriebenen Briefe entwirft Hieronymus in kurzen Zügen ein glänzendes Bild der damaligen Lage des Christentums. „In der Stadt Rom," sagt er, „erleidet die Heidenschaft Verödung. Die, welche die Götter der Völker waren, haben jetzt mit Eulen und Käuzchen einen Unterschlupf auf den Dächern gesucht." Das Kreuz glänzt jetzt auf den kostbaren Steinen königlicher Diademe. Der ägyptische Serapis hat sich zum Christentume bekehrt. In Gaza trauert der eingeschlossene Gott Marnas und bangt um die Zerstörung seines Tempels. Von Indien, Persien,

---

et cruce Dom. c. 30 (op. t. II): August. Epist. 36, 4 (II, 52 a. 397): — ecclesiam toto terrarum orbe diffusam, exceptis Romanis et adhuc paucis orientalibus.

[1)] Chrysost. In Matth. hom. VIII, n. 4 (VII, 120). Dazu Hieron. In Jes. V, 19 (IV, 204): was c. 19 geweissagt sei, habe sich erfüllt. Hoc opere videmus exemplum, quod Ecclesiarum trophaea consurgunt et in omni Aegypto idola corruerunt.

Äthiopien kommen täglich Scharen von Mönchen zu uns. Armenien hat seinen Köcher niedergelegt. Die Hunnen lernen den Psalter; Glaubensglut schmilzt die Kälte Scythiens. Das rotblonde Heer der Goten umschwärmt die Zelte der Kirche.¹) Auch eine Stimme aus der syrischen Kirche dieser Zeit rühmt laut: „Siehe, die Ungläubigen haben den Götzenbildern entsagt und die Götzenpriester das Heidentum von sich gestoßen. Siehe, in Persien ist Deine (angeredet ist Christus) Lehre ausgebreitet und in Assyrien hat sich Dein Evangelium vermehrt und vervielfältigt."²) Und der hl. Ephräm, der selbst eifrig an der Bekehrung der Heiden arbeitete, glaubt sagen zu können, das Kreuz habe nun die Oberherrschaft; alle Nationen, Völker, Stämme und Sprachen verehren es. Den Irrtum der Götzenbilder hat es vernichtet und die ganze Welt erleuchtet. „Vom Niedergang und Norden, vom Meer und Morgen versammelte es die Völker." Keine Zunge vermag, die siegreiche Waffe des Königs Christus würdig zu preisen."³)

Wenn aber damals gesagt worden ist, „der Irrtum ist von selbst erloschen und in sich selbst zusammengefallen", wie ein hinsiechender Leib zusammenbricht, ohne daß Jemand ihn zerstört⁴), so war dies doch nur halb wahr, nämlich nur so weit, daß der Übertritt zum Christentum nicht in der Weise erzwungen wurde, wie in den Christenverfolgungen

---

¹) Hieron. Epist. CVII (I, 679).

²) Cyrillonas (wahrscheinlich aus Edessa), Bittgesang für das Allerheiligenfest 396, deutsch von Bickell in der Kemptener „Bibliothek der Kirchenväter" n. 41 S. 25.

³) Ephräm: Rede auf das Osterfest zum Lobe des hl. Kreuzes, deutsch von Bickell a. a. O. Bd. I, 372.

⁴) Chrysost. De S. Babyla (II, 540): ähnlich de S. Droside (II, 691).

heidnische Magistrate die Opfer und den Schwur beim Genius des Kaisers erzwangen. Aber auch nur darin liegt das Bessere dieser Religionspolitik.

Indes trotz aller Erfolge war die Entwickelung doch noch nicht so weit geführt, daß der Staat auch nur in seinen höhern Ämtern auf die Mitarbeit seiner heidnischen Bürger hätte verzichten können. Gratian sowohl wie Theodosius hatten in ihrem Konsistorium Männer heidnischer Religion, Göttergläubige bekleideten einflußreiche Verwaltungs- und Regierungsämter; in dem Konsulat und in der Präfektur begegnen sie uns zahlreich. Im Occident sind Prätextatus und Flavianus die bezeichnendsten Beispiele dafür. Ähnliches gilt von der Armee. Von den germanischen Generalen, die seit Konstantin dem Großen in der römischen Geschichte immer mehr in den Vordergrund treten, hat, wie es scheint, nur ein kleiner Bruchteil sich der Christenheit eingegliedert, die Mehrzahl, darunter die beiden bedeutenden Heerführer Arbogast und Richomer, ist im Heidentum verblieben. In dem stark mit Germanen durchsetzten Heere muß das Bekenntnis ein sehr gemischtes gewesen sein. Hier konnte ein gewisser Spielraum gestattet werden, denn zu keiner Zeit ist in der römischen Geschichte in dem Verhältnis des Herrschers zu den Legionen das religiöse Moment maßgebend gewesen, obwohl in entscheidenden Augenblicken für gut befunden worden ist, an das religiöse Gefühl der Soldaten zu appellieren, wie z. B. auf den Schlachtfeldern von Mursa und am Frigidus geschah. Zweifelhaft ist freilich, ob schon zur Zeit des Theodosius der Militäreid ein christlicher war.[1] Jedenfalls waren die

---

[1] Vegetius, De re militari II, 5 (jurant autem per Deum et Christum et sanctum Spiritum et per majestatem Imperatoris, quae secundum Deum generi humano diligenda est et

Fahnenzeichen christliche; die Legionen kämpften unter dem Labarum.[1]) Die nichtchristlichen Glieder des Heeres mögen indifferent genug gewesen sein, hieran keinen Anstoß zu nehmen, oder haben darin unvermeidliche Äußerlichkeiten gesehen. Andrerseits ist anzunehmen, daß, wo irgend unter den heidnischen Soldaten eine religiöse Empfindlichkeit sich regte, Nachsicht geübt wurde. Denn die Armee garantierte Thron und Reich und forderte daher Rücksichten. Doch wird ein solcher Anlaß selten eingetreten sein. Denn auch da, wo in und außerhalb des Heeres die heidnische Religion noch mit einem bestimmten Bewußtsein festgehalten wurde, fehlte ihr fast immer die Schärfe und Entschiedenheit, die auch einen offenen Widerspruch nicht scheut. Das findet seine Erklärung darin, daß hier die Treue zu dem alten Glauben viel weniger eine klare religiöse Überzeugung war als Anhänglichkeit an die Vergangenheit überhaupt. Die Göttergläubigen der höhern Stände sind die Altkonservativen, die laudatores temporis acti. Bei Symmachus und Libanius tritt dies deutlich hervor. Das Entscheidende bei ihnen ist nicht die Religion, sondern ein romantischer Enthusiasmus für die klassische Welt und ihre alten Ordnungen. Man ist sehr versucht, auch in den nicht ruhenden Forderungen des Senats um Wiederherstellung des Altars der Victoria nicht nur religiöse, sondern auch vaterländische und politische Motive vorauszusetzen. Religiöser Fanatismus war fast nur

---

colenda) kann nicht mehr als Beweis dafür gelten, da nach dem gründlichen Nachweise von O. Seeck (Die Zeit des Vegetius, Hermes 1876 Bd. XI S. 61 ff.) der Autor nicht unter Theodosius d. Gr. schrieb, wie bisher angenommen wurde, sondern unter Valentinian III.

[1]) Hieron. Ep. 107, 2: Vexilla militum crucis insignia sunt; Prudent. Contra Symm. II, 713 ff.

in den untern Volksklassen vorhanden, aber latent. Es hatte sich demnach das Augenmerk der Regierung nur darauf zu richten, diese glimmenden Funken nicht unvorsichtig anzufachen, sondern langsam ersterben zu lassen.

Was der Staat dem Heidentum noch gelassen hat, sind zunächst diejenigen Feste, die keine Opfer oder sonstige als idololatrisch beurteilten Handlungen erheischten; das oben erwähnte kapuanische Festverzeichnis vom Jahre 387 illustriert hinreichend die Art derselben. Die Priestertümer bestanden noch fort, indes mit scharfer Einschränkung ihrer Funktionen, da die Gesetzgebung alle Opfer ausschloß. Was übrig blieb, waren farblose religiöse Verrichtungen, ferner die Besorgung von Festfeiern und öffentlichen Spielen, endlich eine Reihe bürgerlicher Obliegenheiten. Mit der antiken Religion in dieser Gestaltung rechnet auch die kaiserliche Gesetzgebung.[1]) Der eigentliche Kultus mit seinen Opferzügen, die Divination mit ihren mannigfaltigen Formen, die glänzende Außenseite und damit das eigentliche Wesen der alten Religion haben offiziell überall und thatsächlich in weitem Umfang aufgehört. „Das Kapitol liegt wüst, die Tempel Jupiters und die Cärimonien haben ein Ende genommen", so konnte im Jahre 393 Hieronymus schreiben[2]); es liegt Übertreibung in diesen Worten, aber noch viel mehr Wahrheit.

Selbstverständlich hat indes neben dem farblosen, neutralisierten Heidentum an vielen Orten der Götterkult in

---

[1]) Z. B. Cod. Theod. XII, 1, 11. Hier ist in einem Erlaß von 386 die Rede von templorum cultus, von templa und templorum solennia, aber alles dies nur im Sinne der vorliegenden religionspolitischen Gesetzgebung.

[2]) Hieron. Adv. Jovin. II. 38. Ähnlich übrigens auch Zosim. V, 38.

alter Weise fortgebauert, nämlich da, wo die Umstände es gestatteten. Die Isispriester waren noch nicht ganz verschwunden; auch die phrygischen Sacra und der ausgelassene Dionysosdienst behaupteten an einzelnen Punkten noch ihre Existenz.¹) Die Dämonen umflattern noch die Altäre, nach den Opfern begierig, von denen sie sich nähren.²) Von der Verehrung der Laren redend, bekennt Hieronymus, daß an dieser „übeln Gewohnheit" in vielen Provinzen die Städte leiden und vor allen Rom, indem man vor das Bild der Hausgötter brennende Kerzen und Lampen aufstelle, so daß auf diese Weise die Eintretenden und Ausgehenden immer wieder an die „haften gebliebene Lüge" erinnert würden.³) Doch diese Einzelerscheinungen hatten keine große Bedeutung. Auch das ändert das Gesamtbild nicht, daß an einzelnen Orten die fanatisierte heidnische Bevölkerung auf dem Lande sich zu blutiger Gewaltthat gegen die Christen erhob, wie in Anaunia in den rhätischen Alpen, wo im Jahre 397 die erbitterte Bauernschaft drei Geistliche ermordete und verbrannte.⁴) Die angebahnte Entwicklung ging unaufhaltsam weiter. Es giebt kein deutlicheres Zeugnis der ge-

---

¹) Ambros. Epist. I, 58, 3; de officiis I, 4, 16.

²) Pseudo-Basil. In Jes. c. 1 S. 398 f. Daselbst noch weitere Einzelheiten.

³) Hieron. In Jes. XVI, 57 (IV, 672).

⁴) Ausführlich darüber Maximus von Turin in Sermo 87 (Migne t. 57, 695 f.). Die drei Kleriker hatten in der Landschaft, wo das Christentum noch ganz unbekannt war, eine Kirche zu bauen angefangen. Bei einem heidnischen religiösen Feste reizten sie die Menge durch ihre missionierende Ansprache, wurden ergriffen, getötet und mit der Kirche verbrannt. Maximus feiert die Märtyrer in überschwenglicher Weise; man möchte sagen, daß er es mit Freude begrüßt, daß in einer Zeit, cum nullus rex persecutor urgeret, nullus sacrilegus tyrannus insisteret, dennoch Martyrien nicht fehlen.

änderten Lage, als die Thatsache, daß der Kampf der Kirche gegen das Heidentum zwar an einzelnen Punkten heftiger und rücksichtsloser geworden ist, aber in seinem Umfange sich bedeutend ermäßigt hat. Die apologetische und polemische Literatur ist fast auf Nichts zusammengeschrumpft, und die synodalen Bestimmungen, die sich gegen den Götzendienst richten, sind an Zahl ganz geringfügig. Der Gegner war so matt geworden und in seiner geistigen und religiösen Widerstandskraft in einem Grade erlahmt, daß die Fortführung des Kampfes in der Hauptsache in die Hand des Staates gelegt werden konnte. Irgendwelche Besorgnisse waren nicht mehr vorhanden.

Die weitere Entwickelung hat diese Annahme gerechtfertigt. Es fehlt in der Folgezeit zwar nicht an Bemühungen heidnischer Kreise, aber gerade die Art und der Verlauf dieser Unternehmungen zeigt auf das klarste, daß es zu solchen Plänen und Handlungen zu spät war.

Fünftes Kapitel.

Vollendung der Theodosianischen Religionspolitik.

Theodosius war der letzte römische Kaiser, dessen Name und Autorität etwas bedeutete im Reiche. Ihm folgten im Imperium seine beiden Söhne, deren einer ein Knabe, der andere noch in dem ersten Jünglingsalter war [1]), unter Leitung zweier einflußreicher Männer aus der Umgebung des Theodosius: dem Augustus des Ostens, Arkadius, trat der gewandte Gallier Rufinus als allmächtiger Minister zur Seite, der jüngere Honorius kam unter den Schutz eines erprobten Generals, des Vandalen Stilicho. Es war dabei nicht auf eine Teilung des Reichs oder der Herrschaft abgesehen, sondern auf gemeinschaftliche Regierung des Reichsganzen.[2])

Stilicho zählte zu den Vertrauenspersonen des toten Kaisers, der ihm seine eigene Nichte Serena, eine Tochter seines Bruders Honorius, als Gattin gegeben hatte. Schon daraus läßt sich entnehmen, daß Stilicho sich zum Christentum bekannte: denn sonst würde schwerlich Theodosius den

---

[1]) Ambros. De ob. Theod. 15: Arcadius imperator jam validus juventa, Honorius continuo pulsat adolescentiae fores.
[2]) Gut Oros. VII, 36, 1: (Arcadius et Honorius) commune imperium divisis tantum sedibus tenere coeperunt.

Vollendung der Theodosianischen Religionspolitik.

wenn auch noch so verdienstvollen Barbaren in eine so nahe Verwandtschaft zu sich herangezogen haben. Serena selbst war eine fanatische Götterfeindin: der Erinnerung des Heidentums hat sich fest eingeprägt, daß sie einst in Rom in einem Tempel der Magna Mater dem Götterbilde den kostbaren Halsschmuck entriß und ihn sich umhängte.[1]) Auch über profane Akte Stilichos hatte das Heidentum zu klagen; in Rom ließ er die goldenen Verzierungen an den Thüren des kapitolinischen Jupitertempels abreißen [2]), und die uralten heiligen sibyllinischen Bücher übergab er den Flammen, eine schwerere Schuld damit auf sich ladend als Nero, der wenigstens nur eine Sterbliche verletzte.[3]) Andererseits stand derselbe in Beziehungen zu Ambrosius und ist von Prudentius als Streiter Gottes und Christi besungen worden.[4]) Ein heidnischer

---

[1]) Zosim. V, 38. Daselbst auch in Verbindung hiermit der Fluch der von Serena beleidigten alten Vestalin.

[2]) Zosim. V, 38. Dabei soll die ominöse Inschrift zum Vorschein gekommen sein misero regi servantur. Diesem Orakel habe denn auch der Ausgang des Stilicho entsprochen.

[3]) Rutil. Namat. De red. suo II, 52 (geschrieben 416). Ganz mit Unrecht beruft sich Birt (De moribus christ. quantum Stil. aetate in aula imper. occident. valuerint. Marburger Universitätsprogramm 1885 p. XIII u. XXIII n. 1) für den Fortgebrauch der sibyllinischen Bücher bis zum Jahre 402 auf Claudian. In Eutrop. I, 11: es ist hier alles dichterische Einkleidung. Die Nichtbeachtung dieses Umstandes hat schließlich den Verf. zu dem durchaus ungeschichtlichen Urteil über die Lage des Heidentums unter Stilicho p. XXIII geführt. Man muß den Dichter als Dichter nehmen. Oder hat wirklich z. B. Theodosius d. Gr. den Jupiter von Dodona und das delphische und das Ammonsorakel sowie die Sibylle befragt und sich bei chaldäischen Magiern Rats erholt, wie Claudian (de III cons. v. 117: de IV cons. v. 143. 148. 145) angiebt?

[4]) Paulin. Vita Ambr. 45 (vgl. auch 34 u. 43): Prudent. Contra Symm. II, 709 ff.

Mann in solcher Stellung wäre damals überhaupt unmöglich gewesen. Freilich lag in dieser Zugehörigkeit Stilichos zur Kirche durchaus noch keine Gewähr für eine Fortsetzung der Religionspolitik des Theodosius; denn Stilicho war von dem bewußten Christentum dieses Kaisers jedenfalls weit entfernt und außerdem von ganz andern Sorgen und Interessen als religiösen Fragen bewegt. Die Entscheidung hing vielmehr davon ab, ob in der Umgebung des kaiserlichen Knaben die Traditionen der vorhergehenden Regierung sich behaupten würden. Das ließ sich aber von vornherein annehmen. Denn unter Theodosius war der Einfluß der Kirche am Hofe mächtig gewachsen; bestimmte Ursachen aber, dem wertlos gewordenen Heidentume mit Zugeständnissen entgegen zu kommen, waren nicht da. Doch auch wenn sie dagewesen wären, mußte es angemessen erscheinen, jenen Weg zu betreten, so lange Ambrosius lebte. In der That bewegt sich die Religionspolitik der abendländischen Regierung in den Bahnen, die Theodosius ihr gewiesen hat. Gleich nach dem Tode des Theodosius wurden der katholischen Kirche ihre Privilegien neu bestätigt und die Verordnungen gegen die Ketzer erneuert.[1]

Das gilt auch vom Morgenlande. Sowenig der Charakter des Rufinus irgendwelche feste Garantieen bot, so lag doch im Orient ein Abweichen von dem bisher eingeschlagenen Wege noch ferner. Das Heidentum bedeutete dort noch viel weniger. Außerdem befleißigte sich Rufinus einer eifrigen Kirchlichkeit[2] und legte Wert auf gute Beziehungen zu den höhern geistlichen Würdenträgern. Übrigens wurde

---

[1] Cod. Theod. XVI, 2, 30; 36; XVI, 5, 3 ff. u. sonst.
[2] In den Invectiven Claudians (z. B. In Rufin. I, 98) wird dieselbe, was nicht überraschen kann, als Heuchelei gestempelt.

Vollendung der Theodosianischen Religionspolitik. 337

er bereits im Winter 395 auf dem Paradefelde in Konstantinopel von den unzufriedenen Truppen ermordet. Die beiden Herrscher sollen darin eine besondere Gnadenerweisung Gottes erkannt und ihre Dankbarkeit in reichen kirchlichen Privilegien zum Ausdruck gebracht haben.[1]) An die Stelle des Rufinus trat der Präpositus sancti Cubiculi, der Eunuch Eutropius, den schon Theodosius geehrt und mit einer religiösen Mission an den Asketen Johannes in der Thebais beauftragt hatte.[2]) Wie der verschlagene Asiate überhaupt in seiner Amtsverwaltung und seinem Intriguenspiel seinem Vorgänger ähnelte, so auch in seiner kirchlichen Haltung. Wenn er sich veranlaßt sah, das Asylrecht der Kirche einzuschränken[3]), so trieb ihn dazu die gefahrvolle Stellung seinen zahlreichen Gegnern gegenüber. Auch seine sonstigen Eingriffe in kirchliche Angelegenheiten wollen nicht vom Standpunkte seines persönlichen Christentums beurteilt sein. Er hat sich jedenfalls nicht für einen schlechteren Christen gehalten als Andere.

Die Person des Augustus steht überall im Hintergrunde. Mit den Söhnen des Theodosius kommt auf dem römischen Kaiserthrone die ungewöhnliche Gepflogenheit auf, die Schwäche des Principats und die Unbedeutendheit seiner Träger hinter einer steifen Etikette und einer geheimnisvollen

---

[1]) Sozom. VIII, 1.
[2]) Vor Beginn des Krieges mit Eugenius, um von dem Heiligen ein Orakel über den Ausgang des Feldzuges zu haben (Sozom. VI, 28; VII, 22; Rufin. II, 19. 32 u. A.).
[3]) Sokrat. VI, 5; Sozom VIII, 7. Daß Eutropius das Asylrecht der Kirche gänzlich aufgehoben habe, wie beide Schriftsteller melden, ist nicht glaublich; er wird nur bestimmte Fälle davon ausgenommen haben.

Schultze, Gesch. d. Unterg. d. griech.-römisch. Heidentums. I.

Unnahbarkeit zu verbergen. Der schwächliche, in seiner äußern Erscheinung von der Natur vernachlässigte, aber gutmütige Arkadius¹) zog es vor, im heiligen Gemache des Palastes sich in der Kunst der Kalligraphie zu üben, statt die Last der Staatsgeschäfte zu tragen, Paraden abzuhalten oder gar Kriege zu führen. Diese Dinge überließ er neidlos seinen Ministern. Seine Frömmigkeit wird gerühmt²); ja er ist noch wenige Tage vor seinem Tode in den Geruch eines halben Heiligen gekommen.³) Unter ihm zuerst beginnt die Sitte, daß der Hof und die oberste Beamtenschaft in Konstantinopel an öffentlichen kirchlichen Akten in hervortretender Weise teil nehmen. Als zum Beispiel im Jahre 406 die Reliquien des hl. Samuel in die Stadt geführt wurden, schritt der Kaiser samt dem Präfektus Prätorio Anthemius und dem Stadtpräfekten Ämilianus und zugleich mit dem ganzen Senate dem Zuge voran.⁴) Auch als einige Zeit später andere Reliquien eingebracht wurden, geleitete der Stadtpräfekt Ursus und der ganze Senat die Prozession.⁵) Beide Brüder haben in der Weise ihrer Zeit die Gottesfurcht besessen, welche der sterbende Vater ihnen als die Macht empfohlen hatte, die den Frieden nährt und den Krieg verzehrt."⁶)

Die feste Entschlossenheit der oströmischen Regierung

---

¹) Sokrates (VI, 23) nennt ihn bezeichnend ἀνὴρ πρᾶος καὶ ἡσύχιος.

²) Sokrat. VI, 23; Sozom. IX, 1; Hieron. Epist. ad Ageruch. 17 (t. I S. 914), woselbst beide Herrscher religiosissimi genannt werden.

³) Sokrat. VI, 23.

⁴) Chron. Pasch. a. 406 (S. 569).

⁵) Chron. Pasch. a. 415 (S. 572 f.).

⁶) Theodor. V, 25.

Vollendung der Theodosianischen Religionspolitik.

spiegelt sich wieder in einem noch im Todesjahre des Theodosius von Konstantinopel aus erlassenen Gesetze, welches zugleich mit den Häretikern das Heidentum bedroht. Niemand soll aus irgend einem Grunde einen Tempel oder sonst ein Heiligtum betreten, oder an einem andern Orte zu irgend welcher Zeit „verabscheunungswürdige Opfer" darbringen. Alle früheren Bestimmungen darüber werden mit dem Bemerken in Erinnerung gebracht, daß auf die Durchführung schärfer als bisher geachtet werden solle.[1]

Damit machte also die neue Regierung den Standpunkt der vorigen zu ihrem eigenen. Das scheint überhaupt der Zweck dieses Erlasses gewesen zu sein, der Religionspolitik des Theodosius eine ausdrückliche Billigung zu geben. Aber es lag in der Art dieser Religionspolitik, daß sie weiter und weiter drängte. Das zeigt sich auch hier. Bereits im folgenden Jahre ging der Staat über die vorgefundene und von ihm anerkannte rechtliche Situation hinaus und mit raschem Schritt der völligen Vernichtung des Heidentums entgegen.

Noch hatten nämlich die Priestertümer und Priester zahlreiche Privilegien, die ihr Ansehen und ihren Einfluß im Volke aufrecht erhielten, der Ehrensitz bei bestimmten öffentlichen Feierlichkeiten, die auszeichnende Gewandung, eine ganze Reihe von Immunitäten, Einkünfte städtischer oder staatlicher Herkunft, dazu gewisse bürgerliche Rechte — kurzum eine Summe von Vorrechten, wie sie aus der engen

---

[1] Cod. Theod. XVI, 10, 13: Statuimus, nullum ad fanum vel quodlibet templum habere quempiam licentiam accedendi vel abominanda sacrificia celebrandi quolibet loco vel tempore u. s. w. Dat. VII Id. Aug. Constantinopoli, Olybrio et Probino coss.

Verbindung staatlicher und religiöser Ordnungen in der Vorzeit sich als selbstverständlich ergaben. Die Verluste unter Konstantin und Konstantius glich Julian wieder aus, während die nachfolgenden christlichen Herrscher wiederum naturgemäß den Umfang einschränkten. Leider läßt sich nicht erkennen, was in den Jahren von Jovian bis zum Tode des Theodosius im Einzelnen diesen Genossenschaften an Rechten verloren gegangen ist. Wie groß oder wie klein indes der Rest gewesen sein mag, Arkadius beseitigte ihn vollständig. Sämtliche Priester höheren und niederen Ranges, die Opfervorsteher wie die Diener des Tempels samt den Leitern der Mysterien werden aller ihrer Privilegien für verlustig erklärt. Sie haben kein Recht mehr, sich auf irgend eine ihnen in früherer Zeit gestattete Vergünstigung zu berufen.[1])

Im Grunde liegt diese Maßregel durchaus in der Konsequenz der bisherigen Religionspolitik; denn ist der Götterdienst ungesetzlich, so tritt damit auch die Priesterschaft außerhalb des Gesetzes; sie existiert nicht mehr für den Staat, also auch ihre Privilegien nicht. Richtig wird dieser logische Zusammenhang in dem Gesetz auch hervorgehoben.

Die Wirkung des Edikts mußte eine außerordentliche sein. Gerade in einer Zeit, wo der Kampf gegen die alte Religion die Priesterschaft mehr und mehr schwächte, war der Besitz der alten Privilegien, wenn auch in beschränktem

---

[1]) Cod. Theod. XVI, 10, 14: Privilegia, si qua concessa sunt antiquo jure sacerdotibus, ministris, praefectis, hierophantis agrorum sive quolibet alio nomine nuncupantur, penitus aboleantur nec gratulentur, se privilegio esse munitos, quorum professio per legem cognoscitur esse damnata (Dat. VI Id. Dec. Constantinopoli).

Umfange, doppelt wertvoll. Die Priester waren nun auf die freiwilligen Gaben der Gläubigen angewiesen; für den Staat waren sie keine religiöse Körperschaft mehr.

Im Abendlande hören wir zunächst nichts von solchen Maßregeln, wohl aber von wiederholten Gnadenerweisungen des Kaisers an die Kirche. Die gleich bei Beginn seiner Regierung von Honorius den Parteigängern des Eugenius gewährte Amnestie[1]) war nur die Verwirklichung eines Wunsches des Theodosius[2]), welcher bereits den Sohn Flavians seine Gnade reichlich hatte erfahren lassen.[3]) Zunächst macht sich ebensowenig eine Begünstigung wie eine Bekämpfung des Heidentums bemerklich. Politische Bedrängnisse, Verhandlungen mit den Barbaren und die längst verdächtig gewordene Haltung des in einflußreicher militärischer Charge befindlichen Mauren Gildo, eines Parteigängers des Eugenius, nahmen zunächst die Thätigkeit der Regierung voll und ganz in Anspruch. Im Sommer 397 endlich ging der verwegene, ehrgeizige Afrikaner zu offener Feindseligkeit über.

Unter seiner Schreckensherrschaft litt schwer auch die afrikanische Kirche, die zu schonen Gildo um so weniger Ursache zu haben glaubte, da er ein Gegner des Christentums war. Er zog die Kirchengüter für seine verschwenderische

---

[1]) Cod. Theod. XV, 14, 9: valeat omnis emancipatio tyrannicis facta temporibus, valeat a dominis concessa libertas u. s. w. Funestorum tantum consulum nomina jubemus aboleri u. s. w. (a. 395).

[2]) Cod. Theod. XV, 14, 11: Fas est, sequi nos paternae dispositionis arbitrium u. s. w. (a. 395).

[3]) Im Jahre 399 wurde er Präfektus Urbi. Vgl. das Dankesschreiben des Symmachus an Stilicho Epist. IV, 4 (S. 98 ed. Seeck).

Hofhaltung und die Kriegsführung ein und bedrückte die Christen. Stilicho trat der drohenden Gefahr rasch und entschlossen entgegen. Noch im Winter desselben Jahres lief unter Führung des Mauren Mascezel, eines Bruders Gildos, die Flotte von Pisa aus. Mascezel bekannte sich zum Christentum. Als er an der Insel Capraria vorbeifuhr, nahm er eine Anzahl Mönche an Bord, um durch ihre Gebete sich den Sieg zu sichern. Auch sonst trat in diesem Feldzuge das religiöse Element hervor.[1])

Der Sieg über den von weitfliegenden Plänen beherrschten Usurpator wurde mit verhältnismäßig geringer Anstrengung gewonnen, womit auch die afrikanische Kirche wieder in den Besitz ihres Eigentums und ihrer Rechte kam. Diese kurze Episode einer verunglückten Rebellion berührte die große religiöse Frage der Zeit direkt nicht, wohl aber läßt sich annehmen, daß sie im Falle des Gelingens ihre Wirkung auch auf die allgemeine religionspolitische Lage des Westreichs übertragen haben würde; in christlichen Kreisen hat man damals wenigstens in dieser Erwartung gestanden.[2])

Beachtenswert ist auch, daß der Leiter der kaiserlichen Expedition sich und seine Truppen unter den Schutz des Christengottes und der Gebete mönchischer Männer stellt. Hernach freilich soll seine Gesinnung umgeschlagen sein und

---

[1]) Oros. VII, 36, 5, 12; Paulin. Vita Ambr. 51. Bemerkenswert ist die Erzählung des Orosius (VII, 36, 7), daß Mascezel unmittelbar vor dem Feinde eine nächtliche Erscheinung des Ambrosius hatte, die ihn, mit einem Stab auf die Erde zeigend, anredete: hic, hic, hic. Mascezel verstand das Zeichen und machte an jenem Orte Halt.

[2]) Oros. VII, 36, 3: (Gildo) gentilis magis licentia contentus quam ambitu regiae affectationis inflatus.

Vollendung der Theodosianischen Religionspolitik. 343

er sich dazu haben hinreißen lassen, das Asylrecht der Kirche zu verletzen.[1])

Sonst verharrt die Regierung noch auf dem Standpunkte der vorgefundenen Politik; mit neuen Gesetzen tritt sie zunächst nicht hervor, im Gegenteil, sie hält es für angemessen, der allzueilfertigen Zerstörung von Götterbildern und sonstigen mythologischen Kunstdarstellungen Schranken zu ziehen. Aus Spanien und aus gallischen Provinzen muß Klage an den kaiserlichen Hof gekommen sein, daß der Fanatismus der Christen auch gegen die an oder in öffentlichen Gebäuden befindlichen Statuen und sonstigen Kunstwerke in Relief oder Farben sich richte, ohne Zweifel wegen des mythologischen Inhaltes derselben. Dadurch wurden diese Bauten wie auch die öffentlichen Plätze ihres Kunstschmuckes beraubt. Es scheint hier eine Gesinnung zur Herrschaft gekommen zu sein, wie sie etwa in den Schriften Tertullians sich breit macht. Der Erfolg erklärt sich vielleicht daraus, daß in diesen, von der römischen Civilisation wohl erreichten, aber doch nicht ganz durchgebildeten Gebieten der Respekt vor der Kunst als solcher ein weit geringerer war als in den alten Kulturländern. Rom und Konstantinopel z. B. haben noch Jahrhunderte hindurch ihre Götterstatuen und mythologischen Reliefs gehabt. Die abendländische Regierung war verständig genug, hier Einhalt zu gebieten. „Zwar die Opfer sind verboten," erklärte sie am 29. Januar 399, „doch ist unser Wille, daß den öffentlichen Bauten der Kunstschmuck bleibe." Daher möge Niemand sich anmaßen, solche zu zerstören. Glaubt Jemand, ein Recht dazu zu haben und eine

---

[1]) Oros. VII, 36, 13.

schriftliche Ermächtigung zu besitzen, so soll er das nach=
weisen. ¹)

Der Wortlaut bezieht sich, wie der Eingang zeigt, ins=
besondere auf Götterbilder, Statuen heidnischer Gottheiten, aber
der vorliegende Fall hatte eine größere Tragweite. Indes
blieben die Tempelgebäude selbst hier ganz außer Frage.
Sonst hätten nicht schon wenige Wochen später die beiden
Comites Gaudentius und Jovius in Karthago die heidnischen
Heiligtümer niederreißen können. ²) Schon längst war hier
der Ruf eifriger Christen gehört: „Wie es in Rom ist, soll
es auch in Karthago sein! Wenn das Haupt in der Heiden=
frage vorwärts schreitet, sollen dann die Glieder nicht folgen?" ³)
Der Bischof Augustinus konnte ihnen seine Beistimmung

---

¹) Cod. Theod. XVI, 10, 15: Sicut sacrificia prohibemus, ita volumus publicorum operum ornamenta servari. Ac ne sibi aliqua auctoritate blandiantur, qui ea conantur evertere, si quod rescriptum, si qua lex forte praetenditur, erutae hujus modi chartae ex eorum manibus ad nostram scientiam si illicitis evectiones aut suo aut alieno nomine potuerint demonstrare, quas oblatas ad nos mitti decernimus u. s. w. Das Edikt ist nach Spanien und an die beiden Aquitanica und die drei Lugdunenses gerichtet, wie Gothofr. z. d. St. wahrscheinlich gemacht hat. Die Überschrift lautet allgemein: Macrobio PPO Hispaniarum et Procliano vicario quinque Provinciarum. Ganz mit Unrecht hat Birt p. IX aus diesem Erlaß einen Schluß auf die nachgiebige Ge=
sinnung Stilichos dem Heidentum gegenüber gezogen und dafür sich auch auf Cod. Theod. XVI, 10, 17; 18 (darüber weiter unten) be=
rufen. Dazu geben die Edikte selbst kein Recht; sie ruhen auf ganz andern als religiösen Rücksichten.

²) August. De civit. XVIII, 54; Pseudo-Prosp. De prom. et praed. III, 38, 2 verallgemeinernd und übertreibend.

³) August. Sermo XXIV, 6, 7 de Ps. 82 (t. V S. 132).

nicht versagen. „Wenn die römischen Götter," äußerte er sich, „Rom im Stich gelassen haben, warum sind sie bei uns noch zurück? Der einst so genannte Gott Herkules ist nicht mehr in Rom. Hier aber hat es ihm gefallen, mit vergoldetem Barte zu sein." Man erkennt hieraus, welche Ungeduld an einzelnen Orten die christliche Bevölkerung in Rücksicht auf die Todesstunde des Heidentums bewegte.

Überhaupt bot im Westen Afrika die größten Schwierigkeiten; es bildet in dieser Hinsicht ein Analogon zu Phönikien im Osten. Obwohl in den Städten fast ausnahmslos das Christentum die Herrschaft oder wenigstens eine achtunggebietende Stellung hatte, so hielt sich in den vom Verkehr abgelegenen, schwer zugänglichen ländlichen Distrikten der alte Glaube um so zäher. Noch zahlreich standen dort Wald- und Feldheiligtümer, und die religiösen Volksfeste spielten sich ab wie zuvor. Möglicherweise ist hier in einzelnen Gegenden eine bestimmte Gegenwirkung gegen die Ausbreitung des Christentums organisiert und der religiöse Gegensatz künstlich gestärkt worden, und man kann vielleicht die Ausgangs- und Mittelpunkte in den Landgütern finden, welche der römische Adel in Nordafrika zahlreich besaß. Möglich ist freilich auch, daß christliche Großgrundbesitzer, wie auch sonst, es hier über sich gewannen, den dort auf ihrem Grund und Boden befindlichen heidnischen Heiligtümern Schutz zu gewähren, um dadurch eine Steuer zu erpressen oder überhaupt an den sakralen Einkünften ihren Anteil zu haben.[1]

Aber auch in den Städten schuf das Vordringen des

---

[1] Bezeugt wird solche Praxis durch Zeno v. Verona Serm. XV und Chrysostomus Hom. XVIII in Acta (IX, 149 f.).

christlichen Bekenntnisses einen düstern Fanatismus des Heidentums, der bei dem erregbaren Naturell des Nordafrikaners nur allzuleicht mit Ungestüm hervorbrach. Als in der römischen Kolonie Suffecta übereifrige Christen eine Herkulesstatue zerschlugen, kam es zu einem blutigen Handgemenge zwischen ihnen und den Heiden, wobei sechzig Christen tot auf dem Platze blieben. Mit Entsetzen vernahm man in der nordafrikanischen Christenheit von diesem Geschehnis. Augustinus richtete ein Schreiben an den Magistrat. Das „berüchtigte Verbrechen", das in der Stadt begangen wurde, habe die Welt erschüttert und den Himmel bewegt. Die römischen Gesetze seien bei ihnen „vergraben"; es sei keine Ehrfurcht mehr vor den Kaisern da. Die Christen, so fährt er dann ironisch fort, seien gern bereit, ihnen einen andern Gott zu besorgen; es gebe ja Metall und Marmor und Künstler genug. Die Statue solle auch mit Sorgfalt gearbeitet und schön bemalt werden. Aber gebt uns dann auch die Seelen wieder, die eure Hand gemordet hat.[1])

Entrüstung und Hohn wechseln in diesem merkwürdigen Schreiben ab. Ob auch Heiden in dem Kampfe umgekommen, ob die Christen nicht die Schuld der Aufreizung trifft, davon redet der Bischof nicht. Der Götterglaube ist ihm in dem Maße Unrecht, daß auch alles, was davon ausgeht oder damit in Zusammenhang steht, ihm von vornherein Unrecht ist. Er hat völlig die Fähigkeit verloren, das Gebahren des Gegners zu verstehen. Eine solche Sprache in einem an den Magistrat gerichteten Briefe erklärt sich nur aus der Empfindung tiefsten Hasses gegen das Heidentum.

---

[1]) August. Epist. 50 (II, 116) c. a. 399. Die Adresse: Auctoribus ac principibus vel senioribus Coloniae Suffectanae.

Vollendung der Theodosianischen Religionspolitik.

Einen besonders schwierigen Punkt in der Organisation der religiösen Verhältnisse bildeten die öffentlichen Festlichkeiten. Die deutlich götzendienerischen Feste waren allerdings beseitigt und die Regierung zeigte, wie die früher mitgeteilten Kalendarien ausweisen, das Bestreben, das Heidentum auf einen neutralen Festzyklus einzuschränken, doch begegnete dieses Bestreben großen Hindernissen. Denn fast sämtliche volkstümliche Festlichkeiten hingen irgendwie mit der antiken Religion zusammen, wie lose auch vereinzelt diese Zusammenhänge im Laufe der Zeit geworden sein mochten. Die Aufgabe der Regierung mußte sich demnach darauf richten, diese heidnischen Zusammenhänge oder heidnischen Elemente zu beseitigen. Aber gerade diesem Bestreben gegenüber mußte die heidnische Bevölkerung einen um so größern Trieb haben, den ererbten Besitz zu behaupten. Ja, es ist dazu gekommen, daß diese noch frei gegebenen Festlichkeiten dazu benutzt wurden, um das wieder aufzunehmen, was in anderer Umgebung und auf anderm Boden strafbar geworden war. Opfer, wenn auch nur in der Form des Rauchopfers oder der Libation, heidnische Gebete und Hymnen, die draußen unter Strafe standen, kamen hier wieder zum Vorschein.[1] Man darf sich nicht wundern, wenn von diesen Erfahrungen die Kirche Veranlassung nahm, mit allen ihr zu Gebote stehenden Mitteln diese Festlichkeiten zu hindern oder wenigstens einzuschränken. Besonders in Afrika scheint dies der Fall gewesen zu sein. Die von dieser Reaktion Betroffenen wandten sich direkt oder durch willige Mittelspersonen, die nicht Heiden gewesen zu sein brauchen, Beschwerde führend an den Kaiser.

---

[1] Vgl. Cod. Theod. XVI, 10, 17, wo Ähnliches die Voraussetzung bildet.

Darauf erfolgte von Padua aus am 20. August 399 der Befehl an den Prokonsul, daß die „festlichen Zusammenkünfte" nicht zu hindern seien; nur die profanen Riten habe das „heilsame Gesetz" beseitigt. Dem Volke sollen seine Vergnügungen „nach alter Ordnung" bleiben, vorausgesetzt, daß keine Opfer oder irgend ein anderer verdammlicher Aberglaube damit sich verbindet. Vorzüglich sollen die Vota publica ungehindert vor sich gehen.[1])

Diese Entscheidung der Regierung ruht auf durchaus richtiger Erkenntnis; der Vorbehalt, in einzelnen Fällen Prohibitivmaßregeln anzuordnen, blieb ihr selbstverständlich gewahrt. Noch in demselben Jahre machte sie Gebrauch davon. Aus dem Osten nämlich hatte Afrika das mit unanständigen Aufführungen verbundene Majuma-Fest, ursprünglich ein syrisches Naturfest, überkommen. Unter den christlichen Kaisern wurde es verboten, aber auf eine Petition hin im Jahre 396 der Provinz Afrika zurückgegeben, indes unter der Bedingung, daß dabei „Anstand und Zucht beobachtet werde".[2]) Diese Bedingung wurde aber nicht inne gehalten, daher erfolgte im Oktober 399 mit scharfem Tadel die Aufhebung des „schmutzigen und unziemlichen Spiels".[3]) Gewiß hat hier der Staat dem Drängen der Kirche nachgegeben. Denn wie sehr dieselbe auch diesen Dingen ihre Aufmerksamkeit

---

[1]) Cod. Theod. XVI, 10, 17: ut profanos ritus jam salubri lege summovimus, ita festos conventus civium et communem omnium laetitiam non patimur summoveri. Unde absque ullo sacrificio atque ulla superstitione damnabili exhibere populo voluptates secundum veterem consuetudinem, inire etiam festa convivia, si quando exigunt publica vota, decernimus.

[2]) Cod. Theod. XV, 6, 1.

[3]) Cod. Theod. XV, 6, 2.

Vollendung der Theodosianischen Religionspolitik. 349

schenkte, zeigt eine Äußerung der karthagischen Junisynode vom Jahre 401, welche darüber klagt, daß noch an vielen Orten Gastmähler heidnischer Art stattfinden, an welchen auch Christen teilzunehmen gezwungen würden. Bei solchen Festlichkeiten werden unreine Tänze aufgeführt; auch andere Unanständigkeiten kommen vor. Die Unzuträglichkeit wird dadurch noch erhöht, daß diese Feierlichkeiten öfters an den Tagen der Märtyrer stattfinden. Die Synode äußert sich, daß Solches in Zukunft nicht mehr zu dulden sei.[1] Die Vermutung liegt nahe, daß diese öffentlichen Erklärungen sich indirekt gegen das erwähnte kaiserliche Edikt wenden, mit dessen allgemeiner Fassung die Kirche wenig zufrieden sein mußte.

Nochweniger konnte freilich ihren Wünschen eine weitere Verfügung der Regierung aus demselben Jahre entsprechen, die sich auf die Tempel bezog. Den heidnischen Heiligtümern war freilich ihre Bedeutung als Kultstätten staatlicherseits genommen; ein Teil ist sofort oder später zerstört, andere sind in Kirchen umgewandelt oder sonst verwertet worden. Daneben aber blieb eine Anzahl noch völlig unberührt, nachdem die Götterbilder und die Altäre entfernt waren. Der Anblick dieser außer Gebrauch gesetzten Tempel scheint in manchen Christen unangenehme Empfindungen wachgerufen zu haben; sie sahen darin Monumente des Götterglaubens. Dazu kam, daß, vor allem auf dem Lande, die geleerten Heiligtümer doch noch ihre Besucher hatten, die heimlich kamen und ihre Opfer brachten. Das Wichtigste endlich war, daß, in Widerspruch mit den kaiserlichen Verordnungen, in vielen Tempeln und Kapellen Nordafrikas der

---

[1] Mansi III, 766 f. c. 4; vgl. Hefele 2. Aufl. II, 80 ff.

alte Kultus ungestört weiter fungierte. In der Christenheit aber hätte sich schon seit längerer Zeit die Praxis eingebürgert, die Missionsarbeit mit der Zerstörung der Heiligtümer zu beginnen, wo irgend die Verhältnisse es erlaubten. Gerade damals nun begann in Afrika ein energischer Vernichtungskampf der Kirche gegen die noch vorhandenen Tempel. Die Regierung war damit nicht einverstanden; sie fürchtete offenbar Unruhen in der ohnehin unruhigen Provinz. Daher bestimmte sie, daß Niemand die von „unerlaubten Dingen leeren Heiligtümer" im Vertrauen auf die kaiserliche Sanktion zu zerstören wage. Vielmehr sollen die Gebäude unversehrt bleiben. Dagegen bleibt es dabei, daß die Opfer strafbar und die Götterbilder zu vernichten sind. Wo ein wirklicher Götzendienst nachgewiesen wird, soll eine Untersuchung stattfinden, wie ein solcher Kult des „thörichten Aberglaubens" überhaupt noch möglich war.[1])

Also den berechtigten Ansprüchen der Kirche kommt dieses Edikt durchaus entgegen: die Opfer sind wie vorher verboten, kein Tempel darf zu heidnischen Kultusakten mißbraucht werden. Der Kirche fiel die Aufgabe zu, die unter Verbot gesetzten Fälle im Einzelnen festzustellen und zur Kenntnis der Regierung zu bringen. Indes konnten die Bischöfe mit Recht darüber klagen, daß diese allgemeine Regelung der Angelegenheit unzureichend war. Denn es ergab sich als unmöglich, durch eine bloße Reinigung und

---

[1]) Cod. Theod. XVI, 10, 18: Aedes illicitis rebus vacuas nostrarum beneficio sanctionum ne quis conetur evertere. Decernimus enim, ut aedificiorum quidem sit integer status: si quis vero sacrificio fuerit deprehensus, in eum legibus vindicetur, depositis sub officio idolis, disceptatione habita, quibus etiam nunc posuerit cultum vanae superstitionis impendi (Dat. XIII Kal. Sept. Patavio).

Schließung der zahlreichen Kapellen auf dem flachen Lande und den Privatbesitzungen hier und dort den heidnischen Kultus abzudämmen: eine Kontrolle war hier in vielen Fällen gar nicht möglich. Daher gingen im Jahre 401 die afrikanischen Bischöfe die Regierung an, diese Heiligtümer zu zerstören. Ihr Gesuch bezog sich nur auf diejenigen Tempel, die fortdauernd dem Götterglauben dienten; ausgenommen wurden ausdrücklich solche, die irgend einen Kunstwert darstellten[1]), womit also das Edikt vom Januar 399 durchaus respektiert wird.

Das Präsidium jener Synode führte der Bischof Aurelius von Karthago, welcher die Stellung eines Primas der nordafrikanischen Kirche einnahm. Er war ein rühriger, tüchtiger Kirchenfürst, der unter den schwierigsten Verhältnissen sich geschickt zu benehmen wußte. Seine Energie fühlten die Heiden nicht minder wie die schismatischen Donatisten. Unter ihm wurde Karthago der Schauplatz eines bemerkenswerten Vorgangs, über welchen ein Augenzeuge uns berichtet. Schon seit längerer Zeit nämlich war der ausgedehnte, aus kostbarem Material hergestellte Gebäudekomplex, welcher den Tempel der Dea Cälestis in Karthago vorstellte, durch staatliche Anordnung unzugänglich gemacht. Aurelius wollte mehr als dieses. Ihm schien der Triumph des Christentums über den Wahnglauben erst dann recht zum Ausdruck zu kommen, wenn dieses weitberühmte Heiligtum in eine Kirche verwandelt würde. Daher ließ er am Osterfest den Tempel aufschließen, seine bischöfliche Cathedra dort aufstellen und begab sich dann in feierlichem Zuge, von zahlreichen Priestern und einer großen Menschenmenge be-

---

[1]) Mansi III, 766.

gleitet, in das Innere und nahm von dem Bischofsstuhle Besitz, hiermit die Besitzergreifung des Heiligtums andeutend.[1]) So wiederholte sich in Karthago, was vordem in Ägypten geschehen war. Die pomphafte Weise, in welcher der Akt sich vollzog, ist ein Zeugnis des Selbstbewußtseins oder, wenn man lieber will, der Rücksichtslosigkeit der karthagischen Kirche. Ja es scheint fast, daß das Ganze als ein momentanes Schaustück veranstaltet wurde; man versteht sonst nicht, daß dieser Tempel später mit andern auf Anordnung des Tribunen Ursus[2]) niedergerissen werden konnte. Doch ist auch möglich, daß Verwickelungen eingetreten waren, welche eine solche Maßregel notwendig machten.

Bezeichnend für die Situation in Afrika ist, daß auch ein heidenfeindlicher angesehener Bischof nicht umhin konnte, das, was die Heiden durch die kaiserlichen Gesetze erleiden, eine „Verfolgung" zu nennen; doch geschieht dies nicht etwa mit einem Gefühle des Bedauerns, sondern vielmehr in lebhafter freudiger Genugthuung darüber, daß nunmehr — das heißt um das Jahr 400 — „im ganzen Reiche die Tempel zerstört, die Idole zerbrochen, die Opfer aufgehoben und die, welche die Götter ehren, im Betretungsfalle zur Strafe gezogen werden."[3]) Was des Näheren Afrika anbetrifft, so begegneten sich hier Katholiken und Donatisten, wie haßerfüllt sie auch sonst einander gegenüberstanden, in dem Eifer der

---

[1]) Pseudo-Prosper, De prom. et praedic. III, 38, 5 (geschrieben um 440). Aurelius war Bischof seit 391. Die hier geschilderten Vorgänge lassen sich chronologisch nicht genauer fixieren, doch dürften sie, meine ich, an den Anfang des 5. Jahrhunderts zu setzen sein.

[2]) Ps.-Prosper a. a. O. III, 38, 5.

[3]) August. Contra Epist. Parmen. I, 9, 15 (t. IX ed. Bened.).

Tempelzerstörung. Die revolutionären Circumcellionenbanden, welche raubend das Land durchzogen, rissen alle Heiligtümer nieder, über die sie Gewalt bekamen und „zerbrachen die Flöten und Taktsohlen der Götzenmusiker."[1]

In ganz anderer Weise löste in demselben Jahre die östliche Regierung die Frage der Tempel. Der Präfektus Orientis erhielt den summarischen Befehl, alle ländlichen Tempel, wenn solche etwa noch vorhanden sein sollten, „ohne Aufsehen und Tumult" zu beseitigen.[2] Hieran ist ersichtlich, daß im Ostreich die Consequenzen der Theodosianischen Religionspolitik schneller gezogen wurden als im Abendlande, ohne Zweifel, weil das Wagnis geringer war. Das Heidentum bedeutete dort nichts mehr; es lag längst am Boden. Die Regierung hatte keinerlei Ursache mehr, irgendwie Schonung zu üben. Schon vorher sind auch mit ihrem Wissen Tempel niedergerissen worden; nämlich bereits am 1. November 397 erging an den Comes Orientis Asterius in Antiochien die Anweisung, aus dem Material der zerstörten Tempel die fiskalischen Straßen, Brücken, Wasserleitungen und Mauern ausbessern zu lassen.[3]

Die Kirche beeilte sich, die Freiheit, welche das kaiserliche Gesetz zum Verderben der heidnischen Tempel gab, auszunutzen. Selbst der milde Johannes Chrysostomus, obwohl erst kurz vorher auf den Patriarchenstuhl in Konstantinopel

---

[1] August. a. a. O. I, 9, 16; Contra Gaudent. II, 38, 51 (t. IX).

[2] Cod. Theod. XVI, 10, 16: Siqua in agris templa sunt, sine turba ac tumultu diruantur. His enim dejectis atque sublatis, omnis superstitionis materia consumetur. (Dat. III Id. Jul. a. 399.)

[3] Cod. Theod. XV, 1, 36.

erhoben und in mancherlei widrige Umstände hineingezogen, besann sich darauf, daß in Phönikien der Götterdienst noch üppig wuchere, und beorderte eine Schar Mönche dorthin, die unter dem Schutze des kaiserlichen Willens ihr Zerstörungswerk begannen. Fromme Frauen fanden sich bereit, die dazu nötigen Geldmittel aufzubringen, nachdem der Bischof ihnen das Segensreiche des gottgefälligen Werkes klar gemacht hatte.[1]) Der Erfolg soll ein vollständiger gewesen sein; aber eine gewaltige Reaktion ist auch nicht ausgeblieben.[2])

Das Edikt redet von den Heiligtümern auf dem Lande, hat also keine Beziehung auf die städtischen Tempel. Über diese ist keine generelle Maßregel verfügt worden. Man zog es vor, hier von Fall zu Fall zu entscheiden. Die Vorgänge in dem phönikischen Gaza zeichnen die Situation um diese Zeit vortrefflich. Die angesehene, mit einem befahrenen Hafen versehene Stadt galt als eine der stärksten Vesten des Heidentums. Als solche hatte sie Konstantin zurückgesetzt, Julian sie bevorzugt. Sie besaß nicht weniger als acht Tempel, darunter das berühmte Heiligtum des Gottes Marnas mit einem vielbefragten Orakel. Die wenigen Christen spielten keine Rolle. Die Bemühungen der Bischöfe erwiesen sich lange erfolglos, bis zur Stuhlbesteigung des Thessalonichers Porphyrius, welchem der Ruf einer kraftvollen Persönlichkeit und eines Heiligen vorausging. Die übermütige Haltung der Heiden reizte ihn. Daher sandte er seinen Vertrauensmann, den Diakonen Marcus nach Konstantinopel, um von

---

[1]) Theodor. V 29. Ich glaube, daß diese Ereignisse hier einzufügen sind.

[2]) Siehe oben S. 317.

dem Herrscher ein Edikt gegen die Tempel zu erlangen. Marcus wurde von ihm zunächst an Chrysostomus gewiesen, der für die Angelegenheit Interesse gewann und von Eutropius eine günstige Zusage erwirkte. Bald nachher traf ein kaiserlicher Beamter namens Hilarius in Gaza ein, ein Ereignis, welches den am Fieber darniederliegenden Bischof Porphyrius so freudig berührte, daß er sogleich gesund wurde. Auf Anordnung des Hilarius, der sich mit einer Anzahl Polizisten umgeben hatte, wurden nun sämtliche Tempel geschlossen und die Götterbilder zerstört; nur ließ der unzuverlässige, durch Bestechung gewonnene Beamte das Marnasorakel heimlich weiter bestehen. Nun entschloß sich Porphyrius selbst im März 401 an den Hof zu reisen und überredete den Bischof Johannes im palästinensischen Cäsarea, ihn zu begleiten. Die Kaiserin Eudoxia erwies sich in einer Audienz gnädig; die Petition, welche dem gerade von der Taufe zurückgebrachten neugeborenen Prinzen Theodosius[1]) übermittelt wurde, fand Erhörung und wurde als „erster Befehl" des Kindes mit besonderer Feierlichkeit behandelt. So erlangten die Bischöfe ein Reskript, welches die Zerstörung sämtlicher Tempel in Gaza anordnete. Nachdem sie noch den Wunsch geäußert, daß mit der Ausführung ein ehrlicher, aufrichtig christlicher Beamter beauftragt werde, reisten sie ab. Bald nachher traf Cynegius aus dem kaiserlichen Konsistorium samt einem Konsular und einem Dux mit starker bürgerlicher und militärischer Mannschaft in der Stadt ein. Den Bürgern ward der kaiserliche Befehl öffentlich bekannt gemacht; sie nahmen ihn mit lautem Geschrei entgegen, worauf die

---

[1]) Geboren wurde Theodosius am 10. April 401 und wenige Tage nachher getauft.

Mannschaft auf sie losschlug. Darauf begann das Zerstörungswerk; die Christen von Gaza leisteten dabei hilfreiche Hand. Innerhalb zehn Tagen waren sieben Tempel niedergerissen; dagegen trotzte das Marneion, dessen Zugang die Priester mit schweren Steinen blockiert hatten, allen Angriffen. Schließlich kam man dem gefeierten Heiligtum mit Feuer bei. Die Götterbilder wurden vernichtet, die Tempelschätze konfisziert. Porphyrius bedrohte jeden seiner Gemeinde, der sich mit diesem profanen Gut heimlich bereichere, mit dem Banne. Auch die Privathäuser wurden untersucht, wobei viele Götterbilder entdeckt wurden, die man gleichfalls zerschlug oder in den Kot warf; ebenso götzendienerische Bücher und Beschwörungsformeln.

So war mit einem Schlage der heidnische Kultus aus der Öffentlichkeit entfernt und aufgelöst. Viele Heiden — ihre Zahl belief sich im ersten Jahre auf etwa 300 — bekehrten sich zum Christentum, zum Teil aus Furcht, wie ein Augenzeuge berichtet, zum Teil in richtiger Erkenntnis. Es ist begreiflich, daß Porphyrius die günstige Gelegenheit benutzte, um auch in der Umgegend auf dem flachen Lande mit den Tempeln aufzuräumen, obwohl nicht anzunehmen ist, daß die kaiserliche Vollmacht so weit reichte.[1])

Die völlige Rechtlosigkeit des Heidentums, bezw. seiner Tempel wird hier in eigentümlicher Weise offenbar. Wo die Christen in hinreichend starker Anzahl waren, haben sie schwerlich erst die kaiserliche Erlaubnis zur Tempelzerstörung

---

[1]) Vgl. den auch in mancher anderer Hinsicht anziehenden Bericht des oben genannten Diakonen Marcus in seinem „Leben des Porphyrius" (lat. abgedruckt in den Acta Sanctorum Febr. t. III S. 645ff., griech. von Haupt in d. Abhandl. d. Königl. Akad. d. Wissensch. 1874 S. 171ff.).

Vollendung der Theodosianischen Religionspolitik. 357

eingeholt; wo sie einer starken Übermacht gegenüberstanden, gab es Mittel und Wege, die staatliche Gewalt zu diesem Zweck in Bewegung zu setzen. Was in Gaza geschah, mag an vielen Orten geschehen sein. Das Heidentum war vollkommen auf das Unsichere gestellt.

Dasselbe Jahr, in welchem das obige Gesetz erlassen wurde, brachte den Untergang des Eunuchen Eutropius. Eine Zeitlang stand Konstantinopel unter dem Terrorismus des Goten Gainas, der den Versuch machte, dem Arianismus in der Hauptstadt wieder aufzuhelfen. Auch als dieser im Jahre 401 umgekommen war, dauerten im Ostreich die innern und äußern Unruhen fort, während die Kaiserin Eudoxia selbst die Zügel der Regierung führte. Am 1. Mai 408 starb Arkadius unter erschreckenden Vorzeichen in der Natur, wie einst der große Theodosius.

Noch schwerern Gefahren war währenddem das Westreich ausgesetzt. Dem Einbruche Alarichs 401 folgte drei Jahre später ein furchtbarer Verheerungszug germanischer Scharen unter Radagais. Dieser ostgotische Häuptling war ein Heide und das Gerücht ging ihm voraus, daß er das Blut des ganzen römischen Volks seinen Göttern als Opfer gelobt habe.[1]) Als er gegen Rom heranzog, lief die heidnische Bevölkerung zusammen und rief, der Feind sei darum so stark, weil er auf die Götter sich stelle, und Rom werde untergehen, weil es die Götter und ihren Kultus weggewiesen habe. Man begann sogar über Wiederaufnahme der Sacra sich zu besprechen; Lästerungen Christi wurden laut.[2]) Diese Stimmung fand ihren Wiederhall auch in entfernten Provinzen; in

---

[1]) Oros. VII, 37, 5.
[2]) Oros. VII, 37, 6 ff.

Karthago hörte man die Heiden rühmen, daß jener Radagais, der den Göttern fleißig opfere, nicht von denen besiegt werden könne, „die den römischen Göttern solche Opfer nicht bringen und auch von Andern sie nicht bringen lassen."[1])

Also das Heidentum gewann in seiner verzweifelten Lage es über sich, von dem verhaßten und verachteten Barbaren Hülfe für sich und seine Götter zu erhoffen. Der scharfe Widerwille, der damals die griechisch-römische Nationalität von der germanischen schied und öfters in blutigen Zusammenstößen zum Ausdruck kam, fand hier seine Grenze. Der Patriotismus beugte sich vor der Religion. Das stolze Rom richtete seine Blicke sehnsuchtsvoll auf einen Barbarenfürsten. Es war ein kritischer Augenblick und die Befürchtung begründet, daß „die Lüge von neuem und schlimmer als vordem emporkommen werde."[2]) Doch auch diese Hoffnung erwies sich als trügerisch. Bei Fäsulä vernichtete Stilicho den gefährlichen Feind und zwar mit solchem Geschick und solchem Erfolge, daß Christen ein Wunder zu erleben glaubten. Man sah in diesem Siege einen Sieg des Christentums über das Heidentum. „Wunderbar und barmherzig" hat Gott geholfen, sprach sich Augustinus aus, und sein getreuer Jünger Orosius erkent darin die Absicht der Vorsehung, die heidnischen und gottlästernden Römer zu strafen.[3])

Diese Erfahrungen erinnerten die Christenheit wiederum daran, daß es in Rom noch eine starke heidnische Partei gab, die noch Hoffnungen für sich und ihre Religion hatte. Warum hätte sie auch im Angesicht der bedrohlichen Lage des Reiches, die jeden Augenblick in den Untergang desselben

---

[1]) August. De civit. V, 23.
[2]) Oros. VII, 37, 10.
[3]) August. a. a. O.: Oros. VII, 37, 11.

Vollendung der Theodosianischen Religionspolitik. 359

umschlagen konnte, nicht alles hoffen sollen? Jeder Tag konnte Überraschungen bringen, von denen der vorhergehende nichts ahnen ließ. An diesen Hoffnungen nährte sich der Paganismus in Rom. Aber gerade die Fortdauer des Heidentums in Rom war der Kirche lästig und bedenklich. Mit Recht, denn Rom allein hätte einem etwa neu sich sammelnden Heidentum Organisation und Ansehn geben können.

So kann es nicht überraschen, daß in derselben Stadt, in welcher Symmachus seine glänzende Rede zur Verteidigung des Götterglaubens schrieb, ein christlicher Dichter zum Angriffe gegen das Heidentum aufstand, Aurelius Prudentius. Der einstige Advokat und kaiserliche Beamte war aus zügellosem Weltleben zur Einkehr in sich selbst gelangt. Auf die Frage, was er wirklich Nützliches in seiner bewegten und ruhmvollen weltlichen Laufbahn gethan habe, wußte er keine Antwort oder nur die Antwort, daß er der Welt entsagte und in gottgefälligen Liedern seinen himmlischen Herrn und sein Reich zu verherrlichen sich anschickte. Am Anfange des fünften Jahrhunderts kam er nach Rom.[1]) Die Stadt stand unter dem Eindruck der gewaltigen Schlacht zwischen Stilicho und Alarich bei Pollentia am Ostersonntag des Jahres 402. Wie hernach bei dem Einbruch des Radagais, so mag auch damals das römische Heidentum dem Heranfluten der Scharen Alarichs mit Erwartungen ähnlicher Art entgegengesehen haben und hierin könnte die besondere Veranlassung des Kampfgedichtes des Prudentius „Gegen Symmachus" liegen. Daß der Dichter gerade gegen Symmachus sich wendet, findet seine natürliche Erklärung darin, daß die Schutzrede desselben

---

[1]) Ich stimme hier den Ausführungen von Rösler (Der kathol. Dichter Aur. Prud. Cl. Freiburg 1886 S. 8ff.) bei.

in Rom und auch sonst noch viele Leser hatte und überhaupt als Bekenntnisschrift des Heidentums galt.

Das erste Streitgedicht beginnt mit einer Vorrede, die einen weithergeholten Vergleich auszuführen bestimmt ist und in die Klage mündet, daß das Heidentum wiederum mit seinem Gifte die Christenheit bedrohe. Diese Klage bildet auch den Eingang des Gedichtes selbst. Sie muß also dem Dichter sehr am Herzen gelegen haben; doch schweigt er über die genauern Umstände, welche jene bei ihm voraussetzen. Da in diesem Zusammenhange die Gestalt des Theodosius deutlich hervortritt und auch auf Symmachus gewiesen zu sein scheint[1]), so darf man an die Usurpation des Eugenius und die Stellung des heidnischen Roms zu derselben denken. Neben der Ermahnung, den guten Absichten des Theodosius zu entsprechen, stellt der Dichter darauf ein düsteres Bild des heidnischen Götzendienstes nach der üblichen Weise der ältern Apologeten. Jetzt ist das alles vorüber. Rom hat die Bahn Christi betreten und seine Hoffnung wendet sich auf die Ewigkeit. Es schämt sich, das Blut der Gerechten vergossen zu haben. Noch mehr: die alten stolzen Senatorengeschlechter bekennen sich zum Christentum. Die „Leuchten der Welt" haben die Pontifikalinsignien abgelegt, um das schneeige Gewand der Frömmigkeit anzuziehen. Nur wenige unter den Vornehmen verharren jetzt noch in der „Finsternis" und wollen am hellen Tage die Sonne nicht sehen. Ähnlich verhält es sich mit dem Volke. In Scharen eilt der Pöbel zu dem vatikanischen Grabe und der Laterankirche. Wer kann da noch zweifeln, daß Rom sich Christo geweiht und seine Lehre angenommen habe?

---

[1]) V. 1 ff

Im zweiten Buche führt Prudentius seine eigentliche Aufgabe aus, indem er mit starker Benutzung des Ambrosius die Verteidigungsschrift des Symmachus im Einzelnen widerlegt. Dem trauernden, durch Kummer gebeugten Rom des Symmachus stellt er das freudig triumphierende christliche Rom gegenüber, das sich anschickt, die Söhne des siegreichen Theodosius zu begrüßen.

Es fehlt diesem Streitgedichte nicht an kraftvollen, echt dichterischen Stücken. Mehrmals reißt die Begeisterung den Verfasser zu hohem Schwunge hin. Die Bestreitung ist lebendig und geschickt, obwohl entlehnt. Aber nicht in diesen Dingen liegt die geschichtliche Bedeutung dieser beiden Gedichte, sondern darin, daß hier zum erstenmal in glänzenden Farben und plastischer Schilderung und zugleich auf der Basis einer unerschütterlichen Überzeugung ein christliches Rom den Zeitgenossen vor Augen gestellt wird. Das heidnische Rom gehört der Vergangenheit an, es war: jetzt giebt es nur noch ein christliches Rom, in das die ganze Summe der großen ruhmvollen geschichtlichen Erinnerungen gelegt ist. Prudentius hat die Aussöhnung des römischen Patriotismus mit dem christlichen Bekenntnisse vollzogen. Seitdem glaubte man in der Christenheit an ein christliches Rom.

Ob Symmachus diesen Angriff noch erlebt hat? Im Februar des Jahres 402 führte er noch eine Gesandtschaft nach Mailand, kehrte aber krank heim[1]; seitdem verschwindet seine Spur. Doch hat es fast den Anschein, als ob Prudentius ihn als lebend voraussetze. Jedenfalls hat er geschwiegen.

Am Schlusse seines Gedichtes legt Prudentius dem

---

[1] Seeck a. a. O. S. LXXII.

Kaiser nahe, daß ihm noch eins zu thun übrig bleibe, was der Vater unterlassen habe: dieser verbot, die Stadt mit dem Blut der Tiere zu besprengen, dir kommt zu hindern zu, daß das Leben elender Menschen hingeopfert werde. Er meint damit die Gladiatorenspiele. Hat diese Bitte Erfolg gehabt? In dieser Gestalt nicht, wenn Theodoret Recht hat, der vielmehr folgende Erzählung über die Aufhebung der blutigen Fechterspiele hat.[1]) Ein orientalischer Asket Telemachos hörte von der Fortdauer dieser den Christen verabscheuungswürdigen Sitte und beschließt, selbst nach Rom zu gehen, um womöglich eine Änderung herbeizuführen. Er begiebt sich zur Schaustellung und stürzt sich, als das Spiel begonnen hat, mitten unter die Gladiatoren, um sie zu trennen. Da erhebt sich stürmisch die zuschauende Menge und steinigt den übereifrigen Mönch zu Tode. Der Kaiser erfuhr davon, erklärte voll Bewunderung den Telemachos würdig, in den Reigen der Märtyrer aufgenommen zu werden, und ordnete die Aufhebung des grausamen Spieles an. Diese Geschichte klingt wenig glaublich. Man weiß auch nicht, ihre Wahrheit vorausgesetzt, wie sie zeitlich zu fixieren ist. Andererseits fehlen schon seit 399 in den kaiserlichen Spielen die Gladiatorenkämpfe. Der Ausgleich dieser scheinbar sich widersprechenden Dinge wird so zu finden sein, daß zwar die kaiserlichen Gladiatorenschulen, also auch die Spiele seit jenem Jahre aufgegeben waren, aber die privaten noch fortdauerten, demnach die Bitte des Prudentius auf diese letzteren sich bezieht.[2])

---

[1]) Theodor. V, 26.
[2]) Vgl. die chronistische Beischrift zu einer Beneventaner Ostertafel, mitgeteilt von Usener im Rhein. Muj. XXXVII S. 479: templa idolorum demolita sunt et gladiatorum ludi tulti mallio et

Vollendung der Theodosianischen Religionspolitik.

Kaum war die Gefahr des Barbareneinfalls beseitigt, da brachen germanische Stämme in Gallien ein, und in Britannien gaben die Legionen einem obscuren Soldaten namens Konstantinus[1]), der sich zum Christentum bekannte, — er ließ sich nach dem unglücklichen Ausgange seines Kaisertums zum Priester weihen[2]) — den Purpur. Dieser gewann in Gallien die Oberhand und ließ durch seinen zum Cäsar erhobenen Sohn Konstans, einen frühern Mönch, seine Herrschaft auch in Spanien herstellen.

In dieser gefahrvollen Lage traf in Ravenna die Nachricht vom Tode des Arkadius ein; sie wurde das Signal zur Vernichtung Stilichos. Denn das in der Umgebung des Augustus ausgesprengte Gerücht, der Vandale habe den erledigten Thron für seinen heidnischen Sohn Eucherius ins Auge gefaßt, trieb eine schon längst intriguierende Hofpartei zu einem entscheidenden Schritte. In Ravenna wurde der Verhaßte, nicht ohne offenbare Rechtsverletzung, im August 408 getötet. Wenn damals hinter der angeblich geplanten Erhebung des mit dem Vater gemordeten Eucherius eine Restauration des Heidentums gesehen worden ist, so bezeugt das entweder die noch vorhandene Angst vor einer solchen oder diese ganze Geschichte ist nur als Agitationsmittel er-

---

theodor cons (= Manlio Theodoro), also i. J. 399. Die wichtigen ergänzenden Zeugnisse Claudians zu dieser Frage hat Birt a. a. O. p. 14 zusammengestellt. Über ludi und munera vgl. auch Hirschfeld, Unters. zur römischen Verfassungsgeschichte. 1876. S. 175 ff. („Die kaiserlichen Spiele").

[1]) Oros VII, 40, 4: ex infima militia propter solam spem nominis (d. i. die Erinnerung an Konstantin d. Gr.) sine merito virtutis eligitur.

[2]) Sozom. IX, 15.

funden, um von dem frommen Honorius eine energische Maßregel zu erzwingen.¹)

Das Haupt der Verschwörung, Olympos, von Herkunft ein Asiate, trat an den leer gewordenen Platz. Er war ein Mann von ausgesprochener kirchlicher Gesinnung. Honorius versprach sich viel von seinen Gebeten; es gehörte zu seinen Gewohnheiten, die kranken Soldaten zu besuchen. Der Heide Zosimus nennt ihn einen Heuchler. Dagegen ist Augustin seines Lobes voll; sofort als die Nachricht, noch als unverbürgtes Gerücht, nach Afrika kam, beglückwünschte er den Emporkömmling; ein zweiter Brief folgte, als die offizielle Mitteilung eintraf. Er sei „nach Verdienst" zu so hoher Stellung erhoben, schreibt der Bischof, um daran sogleich die Bitte zu knüpfen, es möge von Olympos Ernst gemacht werden mit der Ausführung der heidenfeindlichen Gesetze; sie sind bisher nicht genügend zur Wirkung gekommen, weil die Heiden zu sagen wagten, sie wären ohne Wissen oder gar gegen den Willen des Kaisers gegeben worden. Es sei Zeit, den Feinden der Kirche zu zeigen, was diese Gesetze in Wahrheit bedeuten.²) Man ersieht hieraus, was man in der Kirche von dem neuen Minister erwartete.

Es ist übrigens sehr wahrscheinlich, daß der bei Honorius

---

¹) Oros. VII, 38, 2 charakterisiert den Eucherius näher jam inde Christianorum persecutionem a puero privatoque meditantem und berichtet VII, 38, 6, daß Eucherius der heidnischen Partei die Wiederherstellung der Tempel und die Zerstörung der Kirchen versprochen habe. Dieser Bericht ist zu ungeheuerlich, als daß man ihn ernsthaft nehmen dürfte. Die sich auch sonst findenden wenig glaubhaften und sich widersprechenden Nachrichten über Eucherius (z. B. Philost. XII, 2, 3; Zosim. V, 32, 34, 35, 37) zeigen weiterhin, daß man über ihn und seine Ziele Genaueres nicht wußte.

²) August. Epist. 96. 97 (II, 260ff.); Zosim V, 32 (wo-

Vollendung der Theodosianischen Religionspolitik. 365

angesehene Mann schon vorher die Religionspolitik, für welche Stilicho kaum Interesse hatte, beeinflußte. Bereits im Jahre 405 war nämlich von Ravenna aus eine Erklärung erfolgt, welche den „katholischen Glauben" für den allein zulässigen erklärte.[1]) Jedenfalls deckt sich dieselbe mit dem, was sonst über Olympos bekannt ist.

Offener trat er jetzt hervor. Eine Verordnung im November des Jahres 408 schloß alle „Feinde der katholischen Religion" vom Palastdienste aus, „auf daß Niemand auf irgend eine Weise uns verbunden sei, der einen andern Glauben und eine andere Religion hat."[2]) Betroffen wurden davon allerdings nur die Leibcorps und die Palastdienerschaft, wo die Christen schon seit längerer Zeit die Mehrheit bildeten. An sich hatte also diese Verfügung nicht viel zu bedeuten, sie hat Wert nur, insofern sie ein Vorspiel der später erfolgenden allgemeinen Ausscheidung des Heidentums aus Heer und Beamtenschaft ist. Möglicherweise wurde sie auch nur gegeben, um bestimmte mißliebige Persönlichkeiten zu beseitigen; jedenfalls dachte die Regierung nicht daran, sie streng durchzuführen. Das zeigt ein Vorfall in Rom. Dort bekleidete der verdiente germanische Heerführer Generid eine angesehene militärische Stellung. Verstimmt durch das kaiserliche Edikt, legte er den Militärgürtel ab.

---

selbst das Urteil: ἐν τῇ φαινομένῃ τῶν Χριστιανῶν εὐλαβείᾳ πολλὴν ἀποκρύπτων ἐν ἑαυτῷ πονηρίαν);

[1]) Cod. Theod. XVI, 5, 38.

[2]) Cod. Theod. XVI, 5, 42: Eos qui catholicae sectae sunt inimici, intra palatium militare prohibemus, ut nullus nobis sit aliqua ratione conjunctus, qui a nobis fide et religione discordat (Dat. XVIII Kal. Dec. Ravenna a. 408). Die Adresse: Olympio Magistro officiorum et Valenti Comiti domesticorum.

Als nachher im Palastdienste die Reihe an ihn kam, wies er auf jenen Erlaß der Regierung hin, der ihm als einem Heiden nicht gestatte, in seiner militärischen Würde am Hofe zu erscheinen. Honorius ließ ihm darauf mitteilen, daß jene Verfügung auf einen so verdienten Mann keinen Bezug habe, worauf der General erwiderte, er könne da nicht eine ehrenvolle Ausnahme in Anspruch nehmen, wo zu gleicher Zeit so viele durch Entziehung ihrer militärischen Würde beleidigt würden. Daher habe, berichtet Zosimus, der Kaiser, in Beschämung und der Notlage weichend, jenes Edikt wieder beseitigt.[1]) Die Thatsache steht allerdings fest, daß Generid nachher noch in kaiserlichem Dienste stand, doch ist nicht wahrscheinlich, daß Honorius seine Verfügung in vollem Umfange zurückgenommen habe; sie mag schonender durchgeführt worden sein.

Bald darauf erfolgte plötzlich ein heftiger Vorstoß gegen das Heidentum, das erste entschiedene Edikt der abendländischen Regierung seit dem Tode des Theodosius. Die Erfahrungen und Erwägungen, die ihm vorausgingen, verschließen sich leider, wie auch sonst in ähnlichen Fällen, unserem Wissen; gewiß waren sie ernster Art. Eine Äußerung in dem Edikt selbst legt die Vermutung nahe, daß Reklamationen der Bischöfe stattgefunden haben.

Denn wie sehr der Episkopat die Vorgänge auf diesem Gebiete im Auge hatte, zeigt ein Vorfall in der Stadt Calama in Numidien. Hier war es im Juni 408 bei Gelegenheit eines ausgelassenen heidnischen Volksfestes vor der Kirche zu einem Konflikte gekommen, der in wiederholte Gewaltthätigkeiten der Heiden gegen die Christen ausartete.

---

[1]) Zosim. V, 46.

Vergeblich erhob der Bischof des Ortes bei der städtischen Behörde Beschwerde; unmittelbar darauf erfolgte ein Angriff des Pöbels auf die Kirche, die mit Steinen beworfen und dann in Brand gesteckt wurde. Ein Christ verlor dabei das Leben; auch der Bischof kam in Gefahr und mußte ein Versteck aufsuchen. Die Behörde und die Primaten der Stadt blieben unthätig. Als Augustinus von diesen Ereignissen erfuhr, begab er sich in höchster Erregung von Hippo Regius nach Calama, um die Sache zu untersuchen.[1])

Man ersieht hieraus, wie die Bischöfe bei solcher Gelegenheit sich als solidarisch verbunden ansahen und bereit waren, einer dem andern nach Kräften Unterstützung zu leihen.

Das oben erwähnte, im November 408 in Rom publizierte Edikt[2]) entzieht zunächst den Tempeln sämtliche Einkünfte, um sie dem allgemeinen Unterstützungsfond, insbesondere den „getreuen" Soldaten zuzuweisen. Damit wird also der ganze Rest der Bezüge mannigfacher Art, welche die Tempel auch nach den Säkularisationsedikten des Gratianus und Theodosius noch besaßen, eingezogen, und, was die Hauptsache ist, sämtliche Tempeleinkünfte des weströmischen Reichs werden von dieser Bestimmung betroffen, während die frühern Verordnungen sich lokal beschränkten.

---

[1]) August. Epist. 91 (II, 223 ff.).
[2]) Cod. Theod. XVI, 10, 19 mit dem Datum XVIII Kal. Dec. Romae (a. 408); dagegen in einem umfassendern, auch die Häretiker berücksichtigenden Edikt der Const. Sirm. XII (Novellae Constit. ed. Hänel S. 466) mit der Schlußnote Dat. VIII Kal. Decembr. Romae (a. 407). Proposita Karthagine in foro sub programmate Porphyrii Proconsulis Non. Jun. (a. 408). Demnach wird das Edikt aus dem größern Zusammenhange herausgeschält und erneuert worden sein.

Nunmehr sah sich die alte Religion allein auf die frei=
willigen Beiträge ihrer Gläubigen angewiesen, wenn sie ihre
Priester erhalten wollte. Denn eine Erhaltung der Sacra
kam überhaupt nicht mehr in Frage: die ganze Summe der=
selben stand längst unter Strafe. Es konnte sich nur darum
handeln, den Inhabern der Priestertümer, die auf die Tempel=
einkünfte angewiesen waren, die Existenz zu sichern.

Weiterhin wird in Beziehung auf die Götterbilder
angeordnet, daß, wenn solche „jetzt noch" in den Tempeln
und Heiligtümern vorhanden sind, entfernt werden, „da
dieses, wie wir wissen, schon zu wiederholtenmalen durch
kaiserlichen Befehl angeordnet ist." In der That bietet diese
Verfügung nichts neues, ebensowenig die anschließende, welche
sämtliche Tempelgebäude für Staatseigentum erklärt und
dem öffentlichen Gebrauch überweist: Voraussetzung ist aber,
daß wie die Götterbilder, so auch die Altäre vorher zerstört
werden. Dagegen sollen Privatbesitzer von Kapellen ge=
zwungen werden, diese zu zerstören.

Hier kommt also der Staat den Wünschen der kartha=
gischen Junisynode bereitwillig entgegen, nicht minder die
Anordnung über die öffentlichen Volksfeste. Alle Festmahl=
zeiten, die von dem „sakrilegischen Ritus" etwas an sich
tragen, müssen aufhören. Also auch hier ein bereitwilliges
Eingehen auf die Wünsche der Kirche. Man wird an die
Vorgänge in Calama erinnert. Denn sollte Augustinus ge=
schwiegen haben? Er war doch sonst bereit, dem Minister
Olympos derartige Beschwerden vorzutragen.

Doch seine eigentliche Kraft erhält das Edikt erst durch
den Schlußsatz, welcher den Bischöfen das Recht giebt, in Gemäß=
heit der in ihren Händen ruhenden kirchlichen Gewalt solche
Dinge d. h. die in dem Gesetz unter Strafe gestellten Hand

Vollendung der Theodosianischen Religionspolitik.

lungen zu hindern. Andererseits werden die säumigen Richter mit Strafe bedroht.[1]) Beide Bestimmungen ergänzen sich. Offenbar konnte der Staat in der Durchführung der heidenfeindlichen Gesetze in vielen Fällen auf seine eigenen Organe sich nicht verlassen, eine Thatsache, die auch von christlicher Seite berührt wird.[2]) Die Bischöfe sollten nun dieses Manco ausfüllen. Der Staat erwählt also die schlimmsten Feinde der alten Religion als Mithelfer mit weitgehenden, ja überhaupt nicht zu definierenden Vollmachten. Denn die „kirchliche Gewalt", in Gemäßheit deren die Bischöfe verfahren dürfen, läßt sich nach dieser Seite hin überhaupt nicht bestimmt begrenzen.

So bedeutet dieses Edikt einen glänzenden Sieg der Kirche. Was sie seit Jahren ersehnt und gefordert hatte,

---

[1]) Cod. Theod. XVI, 10, 19: Templorum detrahantur annonae et rem annonariam juvent, expensis devotissimorum militum profuturae. § 1. Simulacra, si qua etiam nunc in templis fanisque consistunt et quae alicubi ritum vel acceperunt vel accipiunt paganorum, suis sedibus evellantur, cum hoc repetita sciamus saepius sanctione decretum. § 2. Aedificia ipsa templorum, quae in civitatibus vel oppidis vel extra oppida sunt ad usum publicum vindicentur, arae locis omnibus destruantur omniaque templa in possessionibus nostris ad usus accomodos transferantur; domini destruere cogantur. § 3. Non liceat omnino in honorem sacrilegi ritus funestioribus locis exercere convivia vel quicquam solemnitatis agitare. Episcopis quoque locorum haec ipsa prohibenda ecclesiasticae manus tribuimus facultatem; judices autem viginti librarum auri poena constringimus et pari forma officia eorum, si haec eorum fuerint dissimulatione neglecta.

[2]) Vgl. August. Ep. 97 und die oben erwähnte Vita Porphyrii des Marcus. Die Constit. Sirm. XII klagt gleichfalls über mala desidia judicum und conniventia officiorum.

wird ihr in einer Form gewährt, die den weitgehendsten Erwartungen Genüge leistete. Gerade darum ist vorauszusetzen, daß die Bischöfe mit großem Eifer von dieser Befugnis Gebrauch machten, während die weltlichen Organe zu gewissenhafter Amtsverrichtung von neuem ermahnt werden mußten.[1]) Doch noch ehe diese Gesetze verfügt waren, wurde das Abendland von einem erschütternden Ereignis in Aufregung versetzt.

Der gefürchtete Alarich, herbeigelockt durch den Tod Stilichos, erschien mit ungeheuern Barbarenschwärmen in Oberitalien, um seinen Weg gerade auf Rom zu nehmen. Im Spätherbst 408 stand er vor den Mauern der ewigen Stadt und umschloß sie mit eiserner Blockade. Die Not stieg auf das höchste. Die Bevölkerung kam dem Hungertode nahe. Der Christengott schien gegen die flehenden Gebete und die feierlichen Bittgänge seiner Gläubigen gleichgültig zu sein. Was lag näher, als daß die heimlichen Götterfreunde zu den alten Riten zurückgriffen. Um so mehr, da das Gerücht ging, Athen sei durch den Schutz der Minerva Promachos, die samt Achillens vor den Mauern der Stadt dem Gotenkönige sich zeigte, gerettet worden.[2]) Etruskische Leute, welche damals nach Rom geflüchtet waren und die Erzählung mitbrachten, daß die Stadt Narnia in Etrurien durch Wiederherstellung des alten Kultus und Anrufung der Götter vor den Barbaren sich gerettet habe, wußten die Aufmerksamkeit auf sich zu ziehen. Der Stadtpräfekt Pompejanus unterredete sich mit ihnen; die Fulguratoren machten die wirksame Hilfe von einem öffent-

---

[1]) Cod. Theod. XVI, 5, 46.
[2]) Zosim. V, 6.

lichen Opfer des Senats auf dem Kapitol und den öffentlichen Plätzen der Stadt abhängig. Aber Niemand getraute sich, an diesem Opfer teilzunehmen, vielmehr wurden die Etrurier entlassen und Verhandlungen mit dem Feinde angeknüpft.

Diese Erzählung des Zosimus klingt ganz glaublich. Das Übermaß der Not macht den Versuch begreiflich, die Mittel der alten Religion aufzubieten; sie braucht dabei gar nicht mehr den Wert einer Religion, sondern nur die Bedeutung einer superstitiösen Technik gehabt zu haben, so daß also auch Christen auf diese Experimente sich einlassen konnten. Wird aber gar hinzugefügt, daß der römische Bischof Innocenz, mit welchem der Stadtpräfekt sich besprach, in Beziehung auf die Etrurier, „seine Privatmeinung dem Wohle der Stadt unterordnend", geäußert habe, obwohl heimlich, „sie möchten thun, was sie wüßten", so ist das ein schlecht erfundenes Märchen, oder eine ironische Antwort des Bischofs hat diese falsche Deutung erfunden.[1]) Als das Bedeutsamste an diesem Vorgange darf gelten, daß Keiner den Mut hatte, an den feierlichen Opferakten sich zu beteiligen.

In anderer Weise sollte dennoch die alte Religion zur Befreiung der Stadt beitragen. Der Gotenkönig ließ sich nämlich schließlich durch eine hohe Kontribution befriedigen; um dieselbe aufzubringen, wurde, da die Mittel sonst nicht zu beschaffen waren, den noch vorhandenen Götterbildern ihr reicher Schmuck genommen, ja mehrere Statuen aus edelem

---

[1]) Zosim. V, 41; im Einzelnen abweichend Sozom. IX, 6; darnach ging die Initiative von den heidnischen Senatoren aus, der Präfekt ließ die Etrusker kommen, und diese versprachen, mit Blitzen den Feind von der Stadt zu vertreiben.

Metall kamen in die Schmelze, darunter auch eine Figur der römischen Virtus, deren Untergang die Götterfreunde mit trüben Voraussagungen beklagten.¹)

Indes nur für eine kurze Zeit gab Alarich die Stadt frei, weil Honorius, schlecht beraten, seinen weitern Forderungen nicht Folge geben wollte. Da griff der Gote, vielleicht in Erinnerung an das, was einst Arbogast Valentinian gegenüber zu thun für gut befunden hatte, zu dem Mittel einer Usurpation: er erhob im Jahre 409 den Präfektus urbis Attalus zum Imperator.

Flavius Priscus Attalus stammte aus Jonien und hatte sich erst unlängst in Rom durch den gotischen arianischen Bischof Sigesarius taufen lassen.²) Religiöse Motive wirkten dabei schwerlich mit: er war hernach ebenso bereit, den Heiden wie den Arianern gefällig zu sein, die also auch hier wieder im Bunde gegen das orthodoxe Kaisertum erscheinen. Die Thatsache, daß Attalus Münzen mit dem Labarum prägen³), aber zugleich von Sehern sich beraten ließ⁴), erweckt den Gedanken, daß er zum Christentum übertrat, weil ein heidnischer Augustus überhaupt unmöglich war. Oder ist er einem Wunsche Alarichs gefolgt? Anfangs hatte es den Anschein, als ob seine Erhebung in der That eine Restauration des Heidentums bedeute. Ein eifriger Heide, Lampadius, wurde prätorischer Präfekt, und Tertullus, gleichfalls ein Anhänger der alten Religion, Konsul. Dieser begann die feierliche Rede im Senat am 1. Januar mit den Worten: „Ich rede, versammelte Väter, zu Euch als Konsul

---

¹) Zosim. V. 41.
²) Sozom. IX. 9.
³) Cohen VI, S. 498 u. 6.
⁴) Sozom. IX. 8.

Vollendung der Theodosianischen Religionspolitik. 373

und als Pontifex. Die eine dieser Würden besitze ich, die andere erhoffe ich."¹) Darin lag ein ganzes Programm. Aber es waren nur Hoffnungen, und abgesehen von einzelnen Ausnahmen, sind die Erwartungen des Heidentums über diese Linie nicht hinausgekommen. Das neue Kaisertum lebte nicht lange genug, um die religiöse Frage mit Ernst in Erwägung zu ziehen: es gab den Altgläubigen nur Stücke, nichts Ganzes. Dennoch war es ein seltsames Schauspiel: „in Ravenna ein christlicher Kaiser und ein christlicher Hof, in Rom ein heidnischer Kaiser und ein heidnischer Hof, aber auf beiden Seiten die Unmöglichkeit, sich zu schaden, denn das Schwert Alarichs trennte beide Parteien und hielt sie in Respekt."²) Doch die tiefgewurzelte Rivalität zwischen Römertum und Barbarentum zerriß den Bund. Alarich entkleidete 410 feierlich im Lager zu Ariminum den von ihm erhobenen Herrscher des Purpurs und sandte diesen an Honorius. Damit war die frühere Lage wiederhergestellt. Das Schattenkaisertum hatte ein Ende.

Alarich besetzte darauf, am 24. August 410, Rom, ein an sich unbedeutendes Ereignis, das aber dennoch die ganze römische Welt, Christen und Heiden, in Aufregung versetzte und zu übertreibenden Gerüchten Veranlassung gab. Ohne Gewaltthätigkeiten ist es dabei nicht abgegangen, aber die Kirche hat auch glänzende Triumphe gefeiert. Schon nach drei Tagen zog der Sieger nach dem Süden weiter.³)

Die Erhebung des Attalus ist der letzte Versuch des Heidentums, im Staate zur Geltung zu kommen. Sie ist

---

¹) Oros. VII. 42, 8.
²) Beugnot II S. 63.
³) Vgl. darüber Ranke IV, 1 S. 246f.

mit großen Hoffnungen begrüßt worden und hat kläglich geendet. Die unwürdige Art, mit welcher der Gote das heidnisch-römische Kaisertum wieder abthat, entspricht der elenden, aussichtslosen Lage des Heidentums im damaligen Staate. Seitdem fehlt ihm der Mut, sich nochmals aufzuraffen, langsam stirbt es dahin.

Die staatliche Religionspolitik wurde von diesen Ereignissen in keiner Weise beeinflußt; sie ging in derselben Linie weiter. Immer williger zeigte sich die Regierung den von christlicher Seite an sie gestellten Anforderungen. Im Jahre 415 erging von Ravenna aus eine schwerwiegende Verordnung nach Afrika.[1]) In diesem Lande waren die Priestertümer noch mächtig. Ihre gegenwärtigen oder früheren Inhaber besaßen in Karthago und in anderen größern Städten noch einen gewichtigen Einfluß. Die Leitung der öffentlichen Spiele unter anderem lag, wie auch sonst im griechisch-römischen Reich[2]), noch in ihrer Hand. Es scheint, daß sie diese Gelegenheit benutzten, an den Orten, wo diese Spiele gegeben wurden, länger zu verweilen, und der christlichen Propaganda Schwierigkeiten bereiteten; hier und dort mag es bei dieser Gelegenheit zu offenen Konflikten gekommen sein. Um diesen Unzuträglichkeiten zu begegnen, wird nun den Sacerdotalen, die übrigens nicht ausschließlich Priester waren, der Befehl erteilt, innerhalb einer bestimmten Frist in ihre Heimatsorte zurückzukehren.[3]) Auf eine Begründung dieser Maßregel

---

[1]) Cod. Theod. XVI. 10. 20. (Dat. III Kal. Sept. Ravennae a. 415.)

[2]) Ich verweise nur auf ein Gesetz v. J. 409 Cod. Theod. XV, 9, 2.

[3]) A. a. O.: Sacerdotales paganae superstitionis competenti coercitioni subjacere praecipimus, nisi intra diem

geht das Edikt nicht ein: aber der ganze Inhalt desselben läßt keinen Zweifel darüber, daß die Frage eine religionspolitische ist.

Wenn diese Verordnung sich allein auf Afrika bezieht, so wird die Gültigkeit der nächstfolgenden für „alle Provinzen innerhalb unseres Reichs" ausgesprochen. Durch dieselbe zieht der Staat sämtliche Liegenschaften der Tempel ein, „in Gemäßheit des Dekrets des göttlichen Gratianus". Die, welche unrechtmäßig diese Grundstücke in Besitz genommen haben, sind gehalten, den Ertrag derselben an den Fiskus abzuführen und zwar von dem Tage an gerechnet, wo der Staat dem „verruchten Aberglauben" die Zuschüsse entzog d. h. also vom November 407 an. Ausgenommen sind diejenigen Objekte, welche von früheren Fürsten oder dem regierenden Augustus Privatpersonen oder der „ehrwürdigen Kirche" überwiesen wurden. Alle Einkünfte also, welche ehemals dem „mit Recht verdammten Aberglauben" zugesprochen sind, und alle Grundstücke, welche die Frebianer, Dendrophoren[1]) und andere heidnische Genossenschaften bisher besaßen, sollen „unserm Hause" zufallen. Hiermit erhält also die schon unter den Konstantinern begonnene Säkularisation des sakralen Vermögens ihren Abschluß.

Unordnungen bei der Aufhebung von Kultstätten und der Einziehung von Göttereigentum, indem Private un-

---

Kalendarum Novembrium de Karthagine decedentes ad civitates redierint genitales: ita ut simili quaque censura per totam Africam sacerdotales obnoxii teneantur, nisi de metropolitanis urbibus discesserint et remearint ad proprias civitates.

[1]) Über diese Genossenschaften vgl. Gothofr. z. d. St., wo jedoch die Erklärung von Fredeni mißlungen ist.

berechtigterweise sich dies und das aneigneten, mögen diese Entscheidung beschleunigt haben.[1])

Die heiligen Bilder ferner, fährt das Edikt fort, welche bei den Opfern die Menschen täuschen helfen, sollen aus den Bädern und überhaupt von dem öffentlichen Anblick entfernt werden, damit sie den Irrenden nicht zur Verlockung werden.[2])

Dieser Satz scheint sich auf solche Statuen zu beziehen, die früher in Tempeln standen, oder sonstwo Gegenstand religiöser Verehrung waren, hernach aber, da sie einen Kunstwert hatten, nicht zerstört, sondern an oder in Bädern und an andern öffentlichen Orten aufgestellt wurden. Die religiöse Verehrung aber muß ihnen nachgefolgt sein, was billigerweise in der Kirche Anstoß erregte und auch den bestehenden Gesetzen zuwiderlief.

Daß es sich dabei um wirkliche Kunstwerke handelte, dürfte daraus zu erschließen sein, daß nicht die Zerstörung, sondern nur die Entfernung dieser Bildwerke aus der Öffentlichkeit anbefohlen wird.

Endlich untersagt noch das Edikt gewisse Organisationen innerhalb des Volkes, die den Zwecken des Heidentums

---

[1]) Ich verweise auf August. Epist. 48 (II, 111), wo es für zulässig erklärt wird, Tempel, Idole, heilige Haine u. A. zu zerstören; aber nicht darf der Christ etwas davon für sich nehmen; das konfiscierte Gut soll nur aufgewendet werden in usus communes vel in honorem Dei (d. h. für kirchliche Zwecke).

[2]) Der Text ist hier corrumpiert: Goth., Hän. u. A: Sane quae quondam sacratae (= sacratae imagines) sacrificiis etc. ... ab usibus lavacrorum vel publicis affectibus separentur. Lasaulx (S. 127 Anm. 353) emendiert: Lances, quae quondam etc. d. h. „die heiligen Schalen, welche ehemals u. s. w., sollen dem öffentlichen Anblick entzogen und nicht bei Taufhandlungen gebraucht werden." Ich kann dieser Emendation nicht zustimmen.

Vollendung der Theodosianischen Religionspolitik. 377

dienten und bei Revolutionen gefährlich werden konnten. Genannt werden namentlich die Chiliarchen und die Centonarier, die Führer solcher Gruppen von tausend bzw. hundert Personen.

Jeder, der ein solches Amt mit oder gegen seinen Willen übernimmt, verfällt der Todesstrafe — eine scharfe Verfügung, welche jene Erscheinungen als sehr bedenklich erkennen läßt. Möglicherweise sind diese wohl nach militärischer Art formierten und ausgebildeten Volkskorps entstanden, als man das Bedürfnis fühlte, den tumultuarischen Angriffen der Christen auf die Tempel entgegenzutreten. Die Geschichte der Tempelzerstörungen weist mehrere Fälle einer erfolgreichen, wohlgeordneten Verteidigung seitens der Heiden auf [1].

Man erkennt an dieser Verfügung, daß die Regierung keinerlei Rücksichten mehr zu nehmen hat. Ihre Arbeit ist darauf gerichtet, nicht nur die Rechte und die Organisation des Heidentums zu zerstören, sondern dasselbe überhaupt aus der Öffentlichkeit verschwinden zu lassen.

Im Ostreich läßt sich dasselbe Bestreben deutlich wahrnehmen. Hier war auf Arkadius sein erst siebenjähriger Sohn Theodosius gefolgt. Die Regierung führte der schon seit längerer Zeit an den Staatsgeschäften in hervorragender Weise beteiligte Präfekt Anthemius, ein Mann von bedeutenden Anlagen und achtenswertem Charakter.[2] Nach einer

---

[1] A. a. O. § 4: Chiliarchas insuper et centonarios vel qui sibi plebis distributionem usurpare dicuntur, censuimus removendos, ita ut capitalem sententiam non evadat, si qui aut volens ad hujus modi nomen accesserit aut passus fuerit vel invitum se hujus modi praesumptioni atque invidiae deputari.

[2] Sein Lob bei Sokrat. VII. 1.

sechsjährigen ruhmvollen Amtsthätigkeit trat er indes, von einer Hofpartei und der nach der Alleinherrschaft begierigen Tochter des Arkadius, Pulcheria, verdrängt, zurück, und Pulcheria selbst, diese merkwürdige Erscheinung, in welcher Gedanken der Weltflucht und der Weltbeherrschung seltsam sich ineinanderflochten, nahm als „Augusta" das Staatssteuer in ihre Hand. Die Kirche hatte an ihr eine zuverlässige Gönnerin; sie besaß die höchste Achtung vor den Bischöfen und den Mönchen, deren Wort sie gern an sich kommen ließ.

Unter ihr wurde Alexandrien wiederum der Schauplatz blutiger, aus Intoleranz herausgeborener Kämpfe.[1]) Eine doppelte Gegnerschaft stand hier dem Christentum gegenüber, das Judentum und das Heidentum. Die Tempelverwüstung unter Theophilus hatte allerdings die Macht des letztern gebrochen, nicht aber den Haß gegen seine Bedränger. Dagegen erfreute sich das Judentum noch seiner durch alte Vorrechte geschützten einflußreichen Stellung. Es machte einen starken Bruchtheil der Bevölkerung aus, war an Handel und Wandel in hervorragender Weise beteiligt und genoß auf der Unterlage seines Reichtums und seiner geschäftlichen Gewandtheit ein bedeutendes Ansehen.

Zwischen dem Judentum und der Kirche bestand schon seit apostolischer Zeit eine Spannung, die in der Folgezeit zunahm. Denn fast überall machte die Christenheit die Erfahrung, daß die Juden auf der Seite des verfolgenden Heidentums standen und mit Schrift, Wort und That das Evangelium und seine Bekenner bekämpften. Daher die

---

[1]) Die Quellen zu dem Folgenden: Sokrat. VII, 13 ff.; Suidas s. v. *Ὑπατία*; Hesychius, *Περὶ σοφῶν* s. v. *Ὑπ.* Dazu Philost. VIII, 9; Theoph. I S. 128 u. A.

Sympathieen Julians für das Judentum. Als nun die Kirche seit Konstantin mehr und mehr in die Lage kam, ihre Wünsche im Staate mit Erfolg geltend machen zu können, wurde auch das Judentum von der Konsequenz betroffen. Die Kirche grenzt dasselbe als eine unreine Genossenschaft von sich ab und veranlaßt auch den Staat, die bisherigen Rechte der Juden einzuschränken. Konstantin erneuerte das Gebot Hadrians, daß kein Jude in Jerusalem wohnen dürfe, und untersagte den Juden, ihre Sklaven zu beschneiden, offenbar in der Absicht, ihrem Proselyteneifer eine Schranke zu ziehen. Noch schärfer ging Konstantius gegen die Juden vor. Auf die Ehe eines Juden mit einer Christin setzte er die Todesstrafe, ebenso auf die Beschneidung der Sklaven seitens der Juden; in Palästina wurden die Juden stark bedrückt und der Versuch eines Aufstandes mit blutiger Strenge niedergeschlagen. Unter Valens und Valentinian I wurde die Lage wiederum günstiger, dagegen kehrte Theodosius zu dem frühern strengen Verfahren zurück, welches sein Enkel Theodosius II dann noch bedeutend verschärfte. Derselbe untersagte die Erbauung neuer Synagogen, beseitigte die jüdischen Richter und hob das Patriarchat auf, obwohl dessen letzter Inhaber, der Rabbi Gamaliel sich lange Zeit hoher Gunst am Hofe erfreute. Trotz dieser und anderer Einschränkungen und Rechtsverkürzungen hat der christliche Staat dem Judentum doch ein großes Maß Freiheit gewahrt und bei gelegentlichen Exzessen dasselbe in Schutz genommen.[1])

---

[1]) Vgl. hierüber Cod. Theod. XVI, 8, 1 ff.; 9, 1 ff. u. s. und die weiteren Quellen in der allerdings gehässigen und parteiischen Darstellung von Grätz, Geschichte der Juden. 2. Aufl. 4. Bd. S. 332 ff., 384 ff.

Diese Erfahrungen steigerten selbstverständlich die Erbitterung des Judentums gegen die Kirche, und es war ganz natürlich, daß zwischen ihm und dem Heidentum eine verabredete oder stillschweigende Bundesgenossenschaft sich bildete. In Alexandrien trat damals diese Bundesgenossenschaft zu Tage. Seit dem Jahre 412 saß dort auf dem bischöflichen Stuhle Cyrillus, ein geborener Alexandriner, der Neffe seines Vorgängers und Erziehers Theophilus. Vordem hatte er einige Zeit als Asket unter den Mönchen der nitrischen Wüste gelebt, aber was er von der Welt und ihrer Klugheit und Leidenschaft mit sich trug in die Einsamkeit, das brachte er zurück auf den ehrwürdigen Stuhl des Markus. Ohne die pöbelhafte Rücksichtslosigkeit seines Vorgängers und andererseits von weit tüchtigerer theologischer Bildung als jener, kann er als der Typus einer Gruppe von Kirchenfürsten jener Zeit gelten, welche die Orthodoxie als Machtfrage faßten und ihre persönliche Gunst oder Ungunst und die ganze Summe ihrer selbstischen Bestrebungen mit dem Eifer um die Rechtgläubigkeit geschickt zu verdecken verstanden.

Zwischen Cyrill und dem Augustalpräfekten Orestes war es, unbekannt aus welchen Gründen, zu einer heftigen Verfeindung gekommen, die sich gegenseitig fühlbar zu machen beide Theile beflissen waren. Orestes galt für einen Scheinchristen und hatte einen starken Anhalt an dem Judentum, vielleicht darum, weil der Bischof ein Gegner desselben war. Eine offenbare Vergewaltigung des Präfekten an einem judenfeindlichen Anhänger Cyrills führte den Konflikt herbei. Der Bischof, in der wohl richtigen Meinung, daß Orestes bei jenem Akte nicht nur seiner eigenen Gesinnung, sondern auch den Wünschen der Juden Rechnung getragen hatte, läßt

Vollendung der Theodosianischen Religionspolitik. 381

die Vorsteher der Judenschaft vor sich fordern und bedroht sie mit Repressalien. Die übermütige und leidenschaftlich erregte Judenschaft rächt sich durch einen blutigen Gewaltakt; es wird in der Nacht das falsche Gerücht verbreitet, die Alexanderkirche brenne, die Christen eilen zur Rettung herbei, und diese Gelegenheit benutzen die Juden, um viele derselben zu töten. Der Zorn Cyrills kannte jetzt keine Grenzen mehr. Begleitet von aufgeregten Scharen seiner Gemeindeglieder, schließt er die Synagogen der Juden, weist sie selbst aus der Stadt und giebt ihre Besitztümer der Menge preis. Es war eine That von weittragender Bedeutung, wenn man ermißt, was die Juden in dieser Stadt waren; die Verantwortung lag auf dem Bischofe, und da sich Orestes beeilte, einen Bericht an den Kaiser zu schicken, so zögerte auch Cyrill nicht mit seiner ganz anders lautenden Berichterstattung. Noch schärfer standen sich jetzt beide Männer gegenüber. Zwar wurde eine Vermittelung versucht, und Cyrill bot dem Präfekten, das Evangelienbuch in der Hand, Versöhnung an, indes dieser zeigte sich unzugänglich.

Die Kunde von diesen Vorgängen kam rasch zu den Mönchen der Nitria, deren handfeste Hilfe schon dem Theophilus dienlich gewesen. In einer Schar von gegen fünfhundert erschienen sie plötzlich in der Stadt, um dem gefährdet geglaubten Patriarchen Beistand zu leisten. Unglücklicherweise begegnet ihnen der Präfekt in seinem Wagen. Mit lautem Geschrei stürzen sie auf ihn los, schelten ihn „Opferer" und „Hellene" und überschütten ihn mit Beleidigungen. Vergebens ruft ihnen Orestes zurück, daß er Christ sei und Atticus in Konstantinopel ihn getauft habe; einer der Mönche namens Ammonius schleudert einen Stein gegen ihn, der ihm eine blutige Kopfwunde verursacht. Dadurch zur Besinnung gebracht, fliehen die Mönche hierhin und dorthin auseinander; nur wenige halten aus. Gegen diese wendet sich das inzwischen herbeigeströmte Volk, und es gelingt ihm, den Ammonius zu ergreifen. Er erfuhr die volle Rache des erzürnten Präfekten und wurde zu Tode gefoltert. Aber Cyrill verschaffte sich den Leichnam, brachte ihn in die Kirche und feierte in glänzender Weise den Toten als einen Märtyrer, welcher der Folter erlegen sei, weil er sich weigerte, Christum zu verleugnen. Denn so war dem Bischof berichtet worden; erst nachher erfuhr er den wahren Grund und begrub daher die ganze Angelegenheit in Stillschweigen.

Doch noch ein Menschenleben sollte der Feindschaft dieser beiden Männer zum Opfer fallen. Der Philosophenkreis, der in Alexandrien, sei es um eine staatliche Anstalt, sei es in der Form privater Schulen sich gesammelt hatte, verehrte damals als seine höchste Zierde ein in den philosophischen Disciplinen wohlerfahrenes, und durch Anmut und feine Sitte ausgezeichnetes junges Weib, Hypatia, die Tochter des Philosophen Theon. Ihre Freunde und Schüler trugen ihr eine schwärmerische Verehrung entgegen; die Briefe des Philosophen und späteren Bischofs Synesius von Kyrene geben eine Probe davon. Auch als Christ hat dieser ihr das Prädikat einer „gottgeliebten Philosophin" nicht verweigert und diejenigen glücklich gepriesen „welche ihrer Stimme sich erfreuen."[1]) Zu ihren näheren Freunden gehörte auch der Präfekt Orestes. Obwohl nun nirgends Spuren einer feindseligen Gesinnung der

---

[1]) Vgl. Hoche, Hypatia, die Tochter Theons (Philologus 1860 S. 435 ff.); Wolf, Hypatia, Wien 1879.

Vollendung der Theodosianischen Religionspolitik. 383

heidnischen Philosophin gegen das Christentum hervortraten und zu ihren Schülern auch Christen gehörten, so ist damit nicht ausgeschlossen, daß ihr die Person des heidenfeindlichen Cyrill widerwärtig war. Ja, dies ergiebt sich als selbstverständlich aus der Thatsache ihres häufigen Verkehrs mit Orestes. Jedenfalls hat der christliche Pöbel in ihr das Haupthindernis einer Aussöhnung beider Männer gesehen. Eine Anzahl leidenschaftlicher Menschen thut sich unter Führung eines Lektors Petrus zu dem Zwecke zusammen, die gefeierte und verhaßte Heidin zu ermorden. Sie lauern ihr auf, als sie nach ihrem Hause zurückkehrt, reißen sie vom Wagen herunter, schleppen sie in die Kirche Kaisarion, entkleiden sie und töten sie mit Scherben. Doch die Blutgier der Mörder war damit noch nicht befriedigt; sie reißen den Leichnam in Stücke, schleppen diese zu dem sogenannten Kinaron und verbrennen sie dort. Das geschah im März des Jahres 415.[1]) Ähnlich hatte der heidnische Pöbel an dem Bischof Georgios seine Wut ausgelassen.

Der Kirchenschriftsteller Sokrates, der über diese in seine Zeit entfallenden Vorgänge am ausführlichsten berichtet, fügt am Schlusse seiner Erzählung hinzu: „Dieses Ereignis trug dem Cyrill und der alexandrinischen Kirche nicht geringen Tadel ein; denn durchaus fern ist denen, die gesinnt sind wie Christus, Mord und Kampf und dem Ähnliches."

---

[1]) Sokrat. VII, 15 verlegt das Ereignis in den März des vierten Jahres des Episkopats Cyrills, also März 415, nicht 416, da Theophilus am 15. Oktober 412 starb (VII, 7); denn, wie auch sonst bei der Zählung der Magistratsjahre, ist das Jahr 412 als das erste zu rechnen. Dann stimmt auch die weitere chronologische Fixierung ἐν ὑπατείᾳ Ὁνωρίου τὸ δέκατον καὶ Θεοδοσίου τὸ ἕκτον. Denn diese beiden Konsulate entfallen in das Jahr 415.

Während hier Cyrill in keinen unmittelbaren Zusammenhang mit dem Morde gebracht ist, läßt der neuplatonische Philosoph Damascius[1]) ihn geradezu den Befehl zu der Blutthat geben, bemerkt indes dabei, daß nach der Meinung Anderer die Alexandriner gemäß der ihnen eigenen Verwogenheit und Aufruhrlust die That vollführten. Erweisen läßt sich eine Schuld Cyrills in keiner Weise. Andererseits ist das, was über seine Persönlichkeit bekannt ist, doch nicht derartig, daß man ihn einer solchen That für fähig halten könnte. Dagegen tritt in den an jene Vorgänge anschließenden Verhandlungen und Verordnungen eine waghalsige und unbotmäßige städtische Korporation, die Parabolani, in einer Weise hervor, daß dort die Urheberschaft des Mordes zu suchen sein dürfte.[2]) Wäre der Bischof irgendwie an dieser That beteiligt gewesen, so hätte er sich auch schwerlich in so hohem Maße in der Folgezeit der Gunst des Herrschers erfreut. Daß die heidnische Partei in ihm den Schuldigen fand, ist allzubegreiflich.[3]) Hypatia ist ein Opfer des wilden Hasses zwischen der heidnisch-jüdischen und der christlichen Bevölkerung in Alexandrien geworden, eines Hasses, der in der Feindschaft des Bischofs und des Präfekten seine hervorragendste Ausprägung fand.

Diese erschütternden Ereignisse haben in keiner Weise, so weit sich erkennen läßt, den Gang der Religionspolitik

---

[1]) Bei Suidas a. a. O. Die ganze Erzählung ist unwahrscheinlich.
[2]) Cod. Theod. XVI, 2, 42 u. 43. Über die Parabolani Augusti, Denkwürdigkeiten XI, 240 f.
[3]) Die Verteidigung Cyrills hat zuletzt geführt Kopallik, Cyrillus v. Alexandrien, Mainz 1881 S. 26 ff. Die hier aufgeführten Momente sind nicht alle beweiskräftig, doch hat, scheint mir, der Verfasser seinen Satz hinreichend begründet.

Vollendung der Theodosianischen Religionspolitik.

in Konstantinopel beeinflußt. Sie bewegt sich in gerader Linie ihrem letzten Ziele entgegen. Von Schwankungen ist nichts zu bemerken. Wie schon vorher, unterscheiden sich auch jetzt die einzelnen Verfügungen von denjenigen der abendländischen Regierung durch größere Schärfe. Während in Ravenna im Jahre 408 ein erster vorsichtiger Versuch gemacht wurde, gewisse militärische Posten den Heiden zu entnehmen, ohne daß diesem Versuch hernach eine größere Ausdehnung gegeben worden wäre, wird unter Theodosius II im Jahre 416 ein allgemeiner Ausschluß der heidnischen Personen vom Militärdienst, sowie von richterlichen und Verwaltungsämtern angeordnet.[1]) Die Verfügung fordert nicht die Entlassung der bereits im kaiserlichen Dienste befindlichen Heiden, sondern dämmt nur den weitern Zuzug derselben ab. Trotzdem ist kaum anzunehmen, daß sie in allen Fällen Anwendung gefunden habe. Weder die weströmische, noch die oströmische Regierung war damals bereits in der Lage, den Altgläubigen den Staatsdienst durchaus zu verschließen. Doch das hatte wenig zu bedeuten: die Wirkung dieses Edikts mußte doch eine kräftige sein, insofern der Staat klar und bestimmt sich als christlich ausgiebt und durch die Absonderung des Heidentums diesem den Makel

---

[1]) Cod. Theod. XVI, 10, 21: qui profano pagani ritus errore seu crimine polluuntur, hoc est gentiles, nec ad militiam admittantur nec administratoris vel judicis honore decorentur (Dat. VII Id. Dec. a. 416). Es findet sich Cod. Just. I, 4, 5 ein Gesetz des Arkadius v. J. 396, welches bestimmte Ämter in Alexandrien ausschließlich den Christen zuweist. Aber der Zusatz non nisi Christiani fehlt demselben Gesetze Cod. Theod. XIV, 27, 1, und es braucht nicht ausdrücklich bemerkt zu werden, daß hier die ursprüngliche Fassung vorliegt.

der Infamie anhängt. Einen großen Gewinn hat ohne Zweifel die christliche Mission aus dieser neuen Verordnung gezogen, denn wenn das Bekenntnis zum Christentum als Bedingung der Staatslaufbahn wie der militärischen Carrière galt, so wurde damit mancher vor die entscheidende Frage gestellt, die er unter anderen Verhältnissen hätte umgehen können. Die Entscheidung aber mußte naturgemäß in den meisten Fällen zu Gunsten der herrschenden Religion ausfallen. Aus zahlreichen Parallelen der Geschichte läßt sich von diesen Vorgängen ein gutes Bild gewinnen. Damals mag auch der christliche Diensteid in der Armee eingeführt sein.

Diese und andere Bemühungen der Regierung und der Kirche im Orient hatten einen solchen Erfolg, daß in einer Verfügung vom Jahre 423 die Heiden mit dem Bemerken erwähnt werden konnten: „obwohl wir glauben, daß es deren keine mehr giebt."[1]) Dem entspricht vollkommen die Thatsache, daß in demselben Jahre die auf die Opfer gesetzte Todesstrafe in Güterkonfiskation und Verbannung umgewandelt wird.[2]) Der Staat glaubte, jetzt, wo das Heidentum nur noch in ganz dürftigen Resten vorhanden war, von der früheren Strenge ablassen zu müssen; die Heiden haben für ihn nur noch die Bedeutung von bedauernswerten Unglücklichen. Offenbar aus derselben Erwägung heraus bedrohte die Regierung diejenigen Christen, die sich zu Gewaltthätigkeiten gegen die Heiden hinreißen ließen. Denn es kam vor, daß Fanatiker wehrlose

---

[1]) Cod. Theod. XVI, 10, 22: Paganos, qui supersunt, quamquam jam nullos esse credamus, promulgatarum legum jamdudum praescripta compescant etc. (Dat. V Id. April. Constantinopoli a. 423).

[2]) Cod. Theod. XVI, 10, 23. Bezeichnend auch hier der Eingang: Paganos, qui supersunt etc.

Vollendung der Theodosianischen Religionspolitik. 387

Heiden mißhandelten oder ausraubten.¹) Schon Augustinus hielt es für nötig, Christen dies als ein Unrecht zu erweisen.²)

Bis zu dem Punkte war also die Entwickelung gelangt, daß der Staat, der vor hundert Jahren in seinem eigenen wie im Interesse der heidnischen Religion einen großen Vernichtungskampf gegen die Christenheit entfesselte, seine Hand dazu bietet, um den bedeutungslosen Ueberbleibseln dieser Religion wenigstens die Freiheit eines ruhigen Hinsterbens zu gewähren.

Im Abendlande, wo der Götterglaube fester wurzelte, ist der Prozeß langsamer vor sich gegangen. Zum Teil sind aber auch die politischen Erschütterungen Schuld daran. Nur vereinzelt kommt aus den letzten sturmvollen Regierungsjahren des Honorius eine Kunde von einer Maßregel gegen das Heidentum. So berichtet Olympiodorus, daß ein asiatischer Zauberer namens Libanius nach Ravenna kam und dem bedrängten Honorius und seinem Mitregenten Konstantius magische Hilfe gegen die Barbaren anbot: er gab auch Proben seiner Kunst, wurde aber dann auf Veranlassung der Placidia, die ihren Gatten Konstantius mit der Drohung der Ehescheidung dazu vermochte, als „Zauberer und Heide" getötet. Um dieselbe Zeit zerstörte bei Rhegium ein gewisser Askulapius, der die sizilischen Güter des Konstantius und der Placidia verwaltete, eine Statue, welcher geheimnisvolle Kräfte gegen das Feuer des Ätna und den Ansturm der Barbaren innewohnten.³) Am 15. August 423 starb Hono-

---

¹) Cod. Theod. XVI, 10, 24 (Dat. VI Id. Jun. Constant. a. 423).

²) August. Sermo CLXXIX de verb. Ap. Jac. 1. t. V S. 851.

³) Olympiod. b. Müller, Script. graec. IV, 66. Die Ver-

rius. „Er lebte in den beiden Ideen, denen er seine Thronbesteigung verdankte: der erblichen Legitimität und der unverbrüchlichen Anhänglichkeit an die christliche Kirche." ¹) Nach dem kurzen Zwischenspiel einer Usurpation folgte ihm, von Byzanz anerkannt, Valentinian III, der Sohn seiner Schwester Placidia. Unter ihm findet in staatlichen Erlassen das Heidentum kaum noch Erwähnung. Es wird gelegentlich zusammengeschlossen mit Häretikern und Schismatikern²), oder es ist die Rede von Scheinchristen, welche heimlich noch Opfer bringen. ³) Man empfängt den Eindruck, daß der Staat nicht mehr ernstlich mit ihm rechnet. Unter ihm sollen nach einer vereinzelten Mitteilung die Tempelgüter der Kirche überwiesen worden sein. ⁴) Wenn das wirklich unter ihm geschehen ist und nicht schon früher, was wahrscheinlicher, so kann dies selbstverständlich nur von einem Teil jener Liegenschaften gelten. Die letzte Verordnung der Theodosianischen Gesetzsammlung, die sich auf das Heidentum bezieht, ein Edikt des oströmischen Augustus, wiederholt das allgemeine Opferverbot und die Forderung der Tempelzerstörung und setzt auf die Verachtung dieser Bestimmungen den Tod.⁵) Ein bezeichnender Schluß.

mählung der Placidia mit Konstantius fand am 1. Jan. 417 statt (Olymp. fragm. 37): am 8. Febr. 421 wurde Konstantius zum Augustus erhoben und starb im September desselben Jahres. Diese beiden Ereignisse müssen daher in die Zeit von 417—421 entfallen.

¹) Ranke IV. 1 S. 273.
²) Z. B. Cod. Theod. XVI, 5, 63 (a. 425).
³) Z. B. Cod. Theod. XVI, 7, 7 (a. 426).
⁴) Pseudo-Prosp. De prom. et praed. III, 38, 2. Die Angaben der Kirchenschriftsteller über Einzelheiten der Religionspolitik sind überhaupt mit Vorsicht zu benutzen. Die Verwirrung ist bei ihnen oft groß.
⁵) Cod. Theod. XVI, 10, 25 (Dat. XVIII Kal. Dec. a. 435). Auf den Ruinen der zerstörten Heiligtümer soll sich als Sühne das Kreuz erheben.

Es ist eine verlockende Vermutung, daß die Erhebung der heidnischen Philosophentochter Athenais auf den Kaiserthron von Byzanz zur Seite des Theodosius unter den Göttergläubigen neue Hoffnungen erweckt habe, obschon Athenais sich willig dem Unterricht des Bischofs Attikus und der Taufe unterzog und eine eifrige Religiosität zeigte.¹) Sollte es geschehen sein, so war es jedenfalls eine Täuschung. Denn es wäre kühn, die vorhin erwähnten Schutzedikte vom Jahre 423 in irgend einer Beziehung zu der kaiserlichen Frau, der einstigen Heidin, sich vorzustellen, die damals noch wie ihr Gemahl unter dem Einflusse der Pulcheria stand. Im ganzen hat doch die Regierung des jüngeren Theodosius den Eindruck hinterlassen, daß sie einen vernichtenden Kampf gegen die Tempel geführt habe, wofür Gott ihre Unternehmungen mit reichem Erfolge segnete.²)

Nachdem im Westen die Gesetzgebung bis zu dem Punkte völliger Rechtlosigkeit des Heidentums vorgeschritten war, scheint sie auf weitere Maßnahmen verzichtet zu haben. An ihre Stelle tritt die Arbeit der Kirche, die nun das Heidentum rechtlos und wehrlos zu ihren Füßen sah. Sie setzte den Kampf da fort, wo der Staat Halt gemacht hatte. Zwar haben Stockungen und Störungen in der Folge nicht gefehlt, aber darin lag keine Gefahr, kein ernstliches Hemmnis mehr. Die Entwickelung drängte mit unwiderstehlicher Ge-

---

¹) Sokrat. VII, 47; Evagr. I, 19, 22. Vgl. Güldpenning Gesch. d. oström. Reiches unter den Kaisern Arkadius und Theod. II S. 318 ff. Über ihre geistlichen Poesien vgl. Ludwig im Rhein. Museum XXXVII S. 208 ff.

²) Theodor. V, 37.

walt der völligen Vernichtung der alten Religion zu. Nirgends hat diese noch den Versuch gewagt, aus den wechselnden politischen Verhältnissen einen Gewinn, sei es auch der geringsten Art, für sich zu ziehen. Wohl war in heidnischen Kreisen des Ostens im sechsten Jahrhundert die Meinung verbreitet und fand Glauben, daß der Patricius Anthemius, welchen der griechische Kaiser Leo im Jahre 467 zum Imperator des Westens ernannte, ein Heide gewesen sei und sich heimlich mit Plänen zur Wiederherstellung des Götterglaubens getragen habe [1]), doch das war Täuschung. Anthemius bekannte sich auf seinen Münzen als Christen [2]), der Bischof Epiphanius von Ticinum, der zwischen ihm und Ricimer vermittelte, verkehrte mit ihm als einem Genossen seines Glaubens [3]), die christlichen Schriftsteller kennen ihn als Christen [4]), endlich verdankt er seine Krone einem Manne, dessen Legitimität die Kirche durch Weihe und Ueberreichung des Diadems erst besiegelt hatte, und der selbst gegen das Heidentum mit Strafverfügungen vorging. [5]) Seit Julian hat auf dem Throne der Cäsaren kein Götterfreund

---

[1]) Damascius in seiner Biographie des Isidoros bei Photius. Bibl. c. 242. Es wäre wertvoll, den Ursprung dieser Dichtung zu wissen. Photius erklärt, keine Lust zu haben, auf diese Dinge einzugehen. In geschickter, aber doch fruchtloser Weise hat Beugnot (II, 247 ff.) die Wahrheit der Notiz des Damascius aufrechtzuerhalten versucht.

[2]) Cohen, VI S. 521 ff. z. B. n. 1. 3. 5. 11. 13. 14 u. s. w.

[3]) Siehe den ausführlichen Bericht über die Audienz bei Ennod. Vita Epiphanii S. 346 (ed. Hartel).

[4]) Theophanes (Chronogr. a. 457 S. 177 nennt ihn ἄνδρα χριστιανικώτατον καὶ εὐσεβῶς τὴν βασιλείαν ἰθύνοντα. Chron. Pasch. (S. 591) erwähnt einen Kirchenbau des Anthemius.

[5]) Zonar XIII, 24. — Cod. Just. I, 11, 8.

mehr gesessen, und Julians Imperium war eine Überraschung.

Westrom erlag endlich dem Ansturm der Germanen. Odoaker beseitigte die schattenhafte Gewalt des Orestes und seines unmündigen Sohnes, um dann selbst durch Theodorich zu Falle zu kommen. Unter diesem spricht nochmals der antike Staat — denn als Fortsetzer desselben betrachtete sich Theodorich — in harter, scharfer Sprache zu dem Heidentume: wer Opfer darbringt oder Wahrsagekunst und Totenbeschwörung übt, verfällt der Todesstrafe:[1]) das ist die letzte Stimme dieser Art, die wir vernehmen.

Es könnte befremden, daß im Abendlande die Regierung, soweit wir wissen, seit Valentinian III so gut wie gar keine Anstrengungen mehr macht, die Auflösung des Heidentums zu beschleunigen. Doch liegt eine genügende Erklärung dafür in den schweren politischen Erschütterungen des weströmischen Kaisertums. Das Reich wurde zerschlagen, zerkleinert, und in den noch gesicherten Ländergebieten folgte sich die Reihe der Imperatoren so schnell, daß ein festes, geordnetes Regiment überhaupt nicht zu stande kommen konnte. Diese Kaiser sind sämtlich in dem Augenblick ihrer Erhebung vor den Kampf um ihre Existenz gestellt worden, um bald darauf in diesem Kampfe unterzugehen. Es blieb ihnen keine Zeit, in der neuen Stellung heimisch zu werden.

---

[1]) Theodorici regis edictum c. 108 (Corpus juris germanici antiqui ed. Walter I. 1 S. 409): si quis pagano ritu sacrificare fuerit deprehensus, arioli etiam atque umbrarii si reperti fuerint, sub justa aestimatione convicti, capite puniantur; malarum artium conscii, id est malefici, nudatis rebus omnibus quas habere possunt, honesti perpetuo damnantur exilio, humiliores capite puniendi sunt.

Vor allen mußte die Religionspolitik, die damals keine neuen Mittel und Wege mehr brauchte, ihnen fern liegen. Zu anderen Zeiten und in anderen Verhältnissen freilich hätten solche Zustände gefährlich werden können, nämlich im Angesicht eines mächtigen Heidentums und noch ungebrochener Häresieen. Aber jenes wie diese lagen am Boden. Die früheren Herrscher hatten darin das Ihrige gethan.

Anders im Morgenlande, obwohl hier der Hellenismus weit weniger bedeutete. Die relative Kontinuität der Regierung und die gesicherte Lage des Reiches ermöglichten eine umfassende und sorgfältige Politik auch den Resten des Götterglaubens gegenüber. Daher bricht die Reihe der gegen das Heidentum gerichteten Edikte jetzt noch nicht ab.

So erfolgte Anfang 438 eine feierliche, von pathetischen Reflexionen durchzogene Verordnung Theodosius' II, die mit der Erklärung beginnt, daß das Gedeihen der menschlichen Unternehmungen von der Ausübung der wahren Religion abhänge, deren Pflege auch der kaiserlichen Majestät obliege. Der Hauptinhalt beschäftigt sich mit den Juden und den Häretikern; eingeflochten ist eine zornige Bedrohung der Heiden, welche „sich nicht entblöden", an abgeschiedenen Orten die „schändlichen Opferriten und die Lügen des unheilvollen Aberglaubens" zu üben. Ihre „Frechheit" ist gewachsen. Daher bedroht der Kaiser, obwohl die Thorheit der Heiden das höchste Strafmaß fordere, in der „ihm angeborenen Milde" jeden Opferer mit Strafe an Gut und Leib. Denn die Fortdauer des Götzendienstes ist die Ursache, daß der Frühling seine gewohnte Lieblichkeit verleugnet und die Ernte den Landmann getäuscht hat.[1]

---

[1] Novell. Constit. II, 3 (Dat. prid. Kal. Febr. a. 438).

Vollendung der Theodosianischen Religionspolitik. 393

Also hatte man inzwischen in der Christenheit gelernt, die Anklagen des Heidentums, welche die Verschlimmerung der Zeiten auf das Aufkommen der götterfeindlichen Religion zurückführten, sich anzueignen und zurückzugeben. Von hier aus läßt sich vielleicht ein Schluß auf den Ursprung des Edikts machen, soweit dieses auf die Heiden sich bezieht. Unwetter, Erdbeben, Mißernten, Kometen, die in den letzten Jahren die Bevölkerung des östlichen Reiches erschreckten,[1]) mögen hier und da jene alten Vorwürfe wieder haben aufleben lassen und die Opferfeuer zur Versöhnung der Götter angezündet haben. Indem auf diese Weise plötzlich wiederum scharf in die Erscheinung trat, was man längst entschwunden glaubte, mußte die Überraschung und der Zorn darüber um so größer sein.

An demselben Tage erließ die Regierung auch eine Strafverfügung gegen diejenigen, die einen Sklaven oder einen Freigeborenen mit oder wider seinen Willen zum Abfall vom Christentum bringen.[2]) Wie das eben erwähnte Gesetz, so faßt auch dieses nicht die Heiden ausschließlich ins Auge, sondern daneben die Juden, Samaritaner und Häretiker, obschon dies nicht ausdrücklich ausgesprochen ist.

Dennoch erfüllten diese Strafbestimmungen ihren Zweck nicht in der Weise, wie man wohl erwartet hatte. Mit

---

[1]) 3. B Chron. Pasch. S. 573. 580. 582 u. sonst.
[2]) Cod. Justin. I, 17, 5: Eum, quicunque servum seu ingenuum, invitum vel suasione plectenda, ex cultu christianae religionis in nefandam sectam ritumve transduxerit, cum dispendio fortunarum capite puniendum censemus (Dat. prid. Kal. Febr. a. 438). Der Text hier und sonst nach der Ausgabe von P. Krüger, Berlin 1877. (Gegen die Apostaten war auch von Ravenna aus 426 ein Gesetz erlassen (Cod. Theod. XVI, 7, 7), das sich frühern Bestimmungen darüber anschließt.

Überraschung vernahm man, daß die verschlossenen Tempel wieder aufgethan, die Eingänge mit Guirlanden geschmückt und Rauch- und Thieropfer auf den Altären dargebracht würden. Was die Zeit als „Sacrilegium" anzusehen schon lange gewohnt war, machte sich breit unter dem Namen „Religion". Die Beamtenschaft, sogar die höchsten Offizialen, verhielten sich zu dieser offenbaren Verletzung der Gesetze nachlässig.[1])

Die dogmatischen Controversen, welche damals die Kirche und die Theologen in Aufregung hielten, wurden öffentlich Gegenstand des Spottes bei den Heiden.[2])

In Konstantinopel spielte sich bald darauf ein Vorgang ab, den wir zwar nur in seinen Umrissen kennen, aber doch hinreichend, um daraus einen Einblick in eigentümliche Verhältnisse zu gewinnen. Der Ägypter Kyros, der sich durch staatsmännische Gewandtheit und servile Gedichte bei Theodosius Gunst und angesehene Ämter verschafft hatte, fiel plötzlich in Ungnade. Ob seine Beliebtheit bei dem Volke oder bei der Kaiserin die größere Schuld daran haben, bleibt zweifelhaft; mitgewirkt hat jedenfalls beides. Der gestürzte Minister wurde als „Hellene" in den Anklagezustand versetzt und seiner Würden sowie seines Vermögens beraubt. Doch scheint der Prozeß durch das Bekenntnis oder den faktischen Übertritt des Kyros zum Christentum abgeschnitten worden zu sein. Theodosius aber,

---

[1]) Cod. Just. I, 11, 7.
[2]) Evagr. I, 11. Dazu Cod. Just. I, 1, 4 (a. 452), wo eine öffentliche turbulente Besprechung christlicher Streitsätze untersagt wird unter anderem mit der Begründung: (quia) Judaeis et paganis ex hujusmodi certamine profanant (scl. contemptores) veneranda mysteria (vgl. Conc. Chalc. bei Mansi VII S. 475).

offenbar um diesen Mann für immer unschädlich zu machen, ließ ihn zum Kleriker weihen und zwang ihm das Bistum von Kotyaion in Phrygia Salutaris auf, ein gefährlicher Posten, auf dem bereits vier Bischöfe ein gewaltsames Ende gefunden hatten. Doch gelang es dem gewandten Ägypter, zu seinen Diözesanen, die ihn mit Befremden als „Hellenen" empfingen, in ein gutes Vernehmen zu treten.[1]) Dunkel bleibt, ob Kyros sich als Hellenen bekannt hat oder sich mit einem Scheinverhältnis zur Kirche deckte. Letzteres ist wahrscheinlich, da sich kaum annehmen läßt, daß eine so einflußreiche Stellung am Hofe und in der Regierung für einen offenbaren Heiden überhaupt noch möglich war. Das Gesetz vom Jahre 416, welches alle Nichtkatholiken vom Staatsdienste ausschloß, kommt hier nicht minder in Betracht, als der kirchliche Sinn des Theodosius und seiner Umgebung. Sonach haben wir wohl in Kyros den Repräsentanten einer gewiß zahlreichen Klasse von höheren Beamten zu sehen, welche den Hellenismus heimlich festhielten, im Übrigen aber den Thatsachen Rechnung zu tragen verstanden, sogar bis zu dem Punkte, daß ihnen die Taufe nicht beschwerlich wurde. Die häufige Bedrohung nachlässiger Richter in den religionspolitischen Erlassen dieser Zeit möchte hierdurch die richtige Beleuchtung erhalten.

Die letzte bekannte Maaßregel des Kaisers gegen das Heidentum war der im Jahre 448 gegebene Befehl, daß „alles, was Porphyrius, von Raserei getrieben, oder irgend ein Anderer gegen die heilige christliche Religion geschrieben hat", den

---

[1]) Chron. Pasch. S. 588 f. wo unrichtig Smyrna statt Kotyaion genannt ist: Malal. Chron. XIV (S. 361 f. ed. Bonn.); Theoph. Chronogr. a. 437 (S. 148 f.).

Flammen übergeben werde. „Denn wir wollen nicht, daß
Schriften, die geeignet sind, den Zorn Gottes hervorzurufen
und die Seelen zu schädigen, zu den Ohren der Leute kom=
men." In unmittelbarem Anschluß daran werden dann auch
die Parteigänger des Nestorius und die diesem Kreise ange=
hörenden Schriften verdammt.¹) Also wiederum eine Zu=
sammenstellung der Heiden und der Häretiker. Das Verbot
beweist übrigens, daß der alte heidnische Polemiker noch seine
Gemeinde hatte. Daß nur er und nicht auch Julian genannt
wird, ist vielleicht fürstliche Rücksicht. Denn daß auch dessen
Streitschrift damals noch etwas bedeutete, geht aus der
Widerlegung Cyrills hervor, die Theodosius II gewidmet ist.

Theodosius II kam nicht mehr dazu, diese Mißstände abzu=
thun. Infolge eines Sturzes auf der Jagd starb im Jahre 450
der zwar schwache und unbedeutende, aber fromme und wohl=
meinende Herrscher, der letzte männliche Sproß aus dem
Hause des großen Theodosius. Die Kirche hat sein Wohl=
wollen in reichem Maße erfahren: so hat er ihr zahlreiche
Gotteshäuser gebaut²) und auch in der Öffentlichkeit in jeder
Weise seine Achtung vor der katholischen Kirche bezeugt. Als
Konstantinopel einst von einem furchtbaren Erdbeben heim=
gesucht wurde, sah man in der feierlichen Prozession der
Kleriker, Senatoren und des Volkes den Kaiser barfuß ein=

---

¹) Cod. Just. I, 1, 3: Θεσπίζομεν πάντα, ὅσα Πορ-
φύριος, ὑπὸ τῆς ἑαυτοῦ μανίας ἐλαυνόμενος ἢ ἕτερός τις
κατὰ τῆς εὐσεβοῦς τῶν Χριστιανῶν θρησκείας συνέγραψε
u. s. w. (Dat. XIV Kal. Mart. Constant. a. 448). Mit einigen
Änderungen — z. B. fehlen die Worte ἢ ἕτερός τις — in den Akten
der Synode von Ephesus Mansi V, 417. Über den Untergang der
heidnischen Streitschriften vgl. Keim, Celsus' Wahres Wort S. 171 ff.

²) Z. B. Malal. XIV S. 359 (Alexandrien); S. 360 (An=
tiochien); S. 363 (Nikomedien).

Vollendung der Theodosianischen Religionspolitik.

herschreiten¹); das Heidentum war ihm ein Greuel. In diesem Sinne hat ein Bischof das Psalmwort auf ihn angewandt: „Ich hasse, Herr, die dich hassen."²) Noch kurz vor seinem Tode gelang es Pulcheria, ihn zu bestimmen, den tapfern und beliebten Senator Marcianus zu seinem Nachfolger zu ernennen, dem dann Pulcheria zu einer jungfräulichen Ehe ihre Hand reichte. Die gerade Soldatennatur des Thraziers und die gewandte Art der mönchischen Kaisertochter begegneten sich in dem ernsten kirchlichen Sinne beider.³) Marcian sprach als seinen festen Willen aus, alle in dem Glauben an den Einen Gott zu vereinigen, Ketzer wie Heiden.⁴) Daher setzte er sich bald nach seiner Erhebung mit den oben erwähnten Zuständen auseinander, indem er sie unter strenge Bestrafung stellte. Verlust des Vermögens und Todesstrafe trifft den Schuldigen. Die Mitwisser und Mithelfer beim Opfer erliegen demselben Urteil. Wenn die zuständigen Beamten etwa nach Abschluß des Prozeßverfahrens die Ausführung der Strafe unterschlagen sollten, so wird ein solches Vergehen mit Geldstrafe geahndet.⁵)

Doch allen diesen Anstrengungen zum Trotz wußte das Heidentum für seinen Kultus auf Privatgrundstücken oder in Privathäusern dennoch Unterschlupf zu finden. Es war hier nur schwer zu erreichen.

---

¹) Malal. XIV S. 363f.

²) Cyrill Al. Contra Jul. Prooem.

³) Prosp. Aquit. Chron.: vir gravissimus et non solum reipublicae, sed etiam ecclesiae pernecessarius.

⁴) Evagr. II, 1.

⁵) Cod. Just. I, 11, 7 (Dat. prid. Id. Nov. a. 451).

Daher griff die Regierung unter Leo mit einer entschiedenen Verordnung ein; sie bestimmte, daß sämtliche Grundstücke und Häuser, die mit „solchen Verbrechen" befleckt würden, dem Fiskus anheimfallen sollten, vorausgesetzt, daß die Besitzer Mitwisser waren. Diese selbst werden in diesem Falle, wenn sie Personen von Rang und Amt sind, mit Degradation und Vermögensverlust bestraft; sind sie dagegen lediglich Privatpersonen oder Plebejer, so sollen sie körperlich gezüchtigt und für immer zu den Bergwerken verurteilt werden.¹) Schon vorher hatte derselbe Herrscher, an eine ältere Bestimmung anknüpfend, von den richterlichen Ämtern Jeden ausgeschlossen, der nicht in die „heiligen Mysterien der katholischen Religion" aufgenommen sei.²) Wenn bei dieser Gelegenheit auf Solche Bezug genommen wird in diesem Erlaß, die dieses dennoch heimlich versuchen sollten, so läßt sich daran erkennen, daß die Notlage das Heidentum auf die Bahn der Heuchelei trieb. Möglicherweise hat der Prozeß des Quästors Jsokasios den Anlaß zu diesem Edikt gegeben. Dieser wurde nämlich im Jahre 467 als Bekenner des Heidentums angeklagt und nach Chalcedon geschickt, um dort von dem Bithynischen Statthalter Theophilus verhört zu werden. Doch gelang es der Fürsprache

---

¹) Cod. Just. I, 11, 8, gegeben von Leo und Anthemius, also jedenfalls vor 472, denn in diesem Jahre kam Anthemius um, und nach 467, wo Leo dem Anthemius das abendländische Imperium gab. Bemerkenswert der Eingang: Nemo ea, quae saepius paganae superstitionis hominibus interdicta sunt, audeat pertemptare, sciens, quod crimen publicum committit, qui haec ausus fuerit perpetrare.

²) Cod. Just. I, 4, 15 (Dat. Kal. April. Constantinopoli a. 468). Übrigens richtet sich das Edikt nicht gegen die Heiden allein, sondern überhaupt gegen Nichtkatholiken.

Vollendung der Theodosianischen Religionspolitik.

des bei dem Kaiser angesehenen Hofarztes Jakob, daß dieser Befehl zurückgenommen und die Sache in die Hand des Präfektus Prätorio Pusäus in Konstantinopel gelegt wurde. Die edele Haltung des Isokasios bei dem Verhör riß die umstehende Menge zur Begeisterung hin; sie bemächtigte sich unter Hochrufen auf den Kaiser des Angeklagten und führte ihn zur Hauptkirche, die ihm zunächst wohl als Asyl dienen sollte. Doch zeigte er sich bereit, christlichen Unterricht zu empfangen, und unterzog sich schließlich auch der Taufe. Daraufhin wurde er in seine Heimat entlassen.[1]

Auch hier überrascht, wie in dem oben erwähnten ähnlichen Vorgange unter Theodosius II, die große Bereitwilligkeit, das Gelöbnis christlicher Lehre und christlichen Wandels, wie es von den Katechumenen gefordert wurde, zu übernehmen.

Dagegen gelang es dem genannten Hofarzte, der dem Kaiser in einer gefährlichen Krankheit glücklichen Beistand geleistet hatte, sein heidnisches Bekenntnis sich zu erhalten, und dieser Umstand konnte seiner Beliebtheit in der Hauptstadt keinen Eintrag thun.[2] Man wird dabei an die jüdischen Ärzte der Päpste erinnert.

---

[1] Chron. Pasch. S. 595 f., Malal. Chron. XIV (S. 369 ff.): ebenso Cedren., Zonar. u. A.

[2] Näheres über diesen berühmten Hydropathen bei Hertzberg, Geschichte Griechenlands unter d. Herrschaft d. Römer III S. 473 f.

Vierte Abteilung.

Der Ausgang des Kampfes.

Erstes Kapitel.

Die Kirche.

Das persönliche Verhalten des Christen zu dem Heidentum und den Heiden hatte die Kirche schon längst in seinen Grundzügen und in manchen Einzelheiten geregelt. Man war damit vertraut, und so hörte die Notwendigkeit auf, öfters daran zu erinnern oder überhaupt daran zu erinnern. Da außerdem die alte Religion seit dem Ausgange des vierten Jahrhunderts in schnellem Rückschritt immer mehr auf engere Kreise sich zurückzog, so kann nicht auffallen, daß die Kirche ihr gegenüber nachlässiger wurde. Sie überließ jetzt den Kampf fast ganz dem Staate. Auf den zahlreichen Synoden des fünften und sechsten Jahrhunderts geschieht nur selten des Götterglaubens Erwähnung. Doch ist deshalb die Kirche nicht duldsamer geworden; sie bewahrt in diesem Punkte ihre frühere Empfindlichkeit durchaus. Eine Verdächtigung in Beziehung auf das Heidentum blieb auch in der Folgezeit eines der wirksamsten Mittel unter den kämpfenden Parteien.

So wurde in der Anklageschrift, die auf der Synode zu Berytos im Jahre 448 (oder 449) gegen Ibas von Edessa verlesen wurde, diesem ein schwerer Vorwurf daraus gemacht, daß er der Stadt Karrä, wo die Zahl der Heiden noch groß war, seinen unerfahrenen und ausschweifenden Neffen Daniel zum Bischof gesetzt habe, und dieser gestatte gegen eine bestimmte Geldzahlung den Heiden, ihren Göttern Opfer zu bringen. Auch das glaubte die Anklage bekannt geben zu müssen, daß Ibas den Diakonen Abraham, der vordem zu einem Zauberer in nahen Beziehungen stand, zum Bischof von Bathene habe erheben wollen; von jenem Goeten besitze Ibas selbst noch zauberische Formeln.[1] Ja noch fast ein Jahrhundert nachher erhob der Klerus von Antiochien gegen den Bischof Severus die furchtbare Anklage, daß er den Dämonen gottlose Opfer dargebracht habe.[2]

Von Verordnungen gegen den Hellenismus hören wir innerhalb der klassischen Kulturländer nur Weniges und Bedeutungsloses. Denn wenn das Konzil zu Chalcedon im Jahre 451 denjenigen Lektoren und Kantoren, welchen die Ehe gestattet ist, verbietet, ihre Kinder mit Häretikern, Juden oder Heiden zu verheiraten[3], so liegt darin nichts Außergewöhnliches. Es scheint in der That, daß auf klassischem Boden die alte Religion für die Kirche fast alle Bedeutung verloren hatte: man hielt es für überflüssig, mit ihr weiterhin zu rechnen. Dagegen in denjenigen Gebieten, welche

---

[1] Mansi VII S. 224 ff.
[2] Auf der Synode zu Konstantinopel i. J. 536.
[3] Hefele II S. 518 f.

durch die Völkerwanderung den Barbaren anheimgefallen waren, wie Gallien und Spanien, wurden die kirchlichen Synoden noch öfters zu Maßnahmen gegen das Heidentum herausgefordert. Denn die barbarische Invasion brachte nicht nur neuen Götzendienst in das Land, sondern belebte und stärkte auch die noch vorhandenen Reste desselben. Dadurch sah sich z. B. die gallische Kirche zu einer erneuerten Verordnung gegen die Apostaten veranlaßt.¹) Ferner wies sie die Bischöfe an, zu verhindern, daß in ihren Diözesen von den Ungläubigen Fackeln angezündet oder Bäume, Quellen und Steine verehrt würden. Auch die Gutsherrn sollen darauf achten; zeigen sie sich abgeneigt, so trifft sie nach vorhergegangener Ermahnung die Exkommunikation.²) Bis in das sechste Jahrhundert hinein zog sich der Kampf. Noch im Jahre 533 bezieht sich eine Synode in Orleans auf solche, die zu dem Götzendienst zurückkehren.³) Die Divination fand unter Geistlichen und Mönchen nicht minder wie unter Laien ihre Jünger und Gläubigen. Die heiligen Bäume und Quellen behaupteten hartnäckig ihre geheimnisvolle Anziehungskraft, bei ihnen brachte man Opfer dar und übernahm oder löste Gelübde.⁴) Dazu gesellten sich mancherlei Volksgebräuche heidnischen Ursprungs mit oder ohne religiöse Färbung, die Feier der Kalenden des Januar oder des Donnerstags, die Mahlzeiten an den Gräbern, die Weihung

---

¹) Synode von Arles i. J. 443 oder 452 Kan. 10 u. 11 (Mansi VII, 879).
²) Syn. v. Arles Kan. 23.
³) Mansi VIII, 838.
⁴) Syn. v. Orleans i. J. 511 Kan. 30 (Mansi VIII, 356); Tours i. J. 567 Kan. 22; Auxerre i. J. 585 (oder 578) Kan. 3 (Mansi IX, 911).

der Trinkhörner mit Zaubersprüchen, der Schwur auf das Haupt eines Tieres.[1]

Diese und ähnliche Dinge müssen im Volksleben noch tief gewurzelt haben. Die Kirche hatte ein wohlgegründetes Mißtrauen dagegen und faßte die Summe dieser Erscheinungen unter den Begriff Götzendienst zusammen. Und so ist zu verstehen, daß eine Synode zu Toledo im Jahre 589 das Geständnis ablegt, daß „fast durch ganz Spanien und Gallien hindurch das Sakrileg der Idololatrie eingewachsen sei." Daher sollen Priester und weltliche Richter sich die Hand reichen, um das Übel auszurotten.[2] Kein Zweifel übrigens, daß hier in erster Linie der germanische Glaube und Aberglaube ins Auge gefaßt ist.

Schon vorher, im Jahre 572, hatte eine Synode zu Bracara in Spanien verordnet, daß die Bischöfe die versammelte Gemeinde an einem bestimmten Tage ermahnen sollten, „den Trug der Idole zu meiden."[3]

Ein Teilnehmer der Synode, der Bischof Polemius von Asturica erachtete es in Rücksicht auf diese Bestimmung für

---

[1] Syn. v. Tours Kan. 22: Auxerre Kan. 1; Narbonne i. J. 589 Kan. 15; Elusa i. J. 551 Kan. 3: de incantatoribus valens, qui instinctu diaboli cornua praecantare dicuntur (vgl. Friedrich, drei unedierte Konzilien d. Merovingerzeit 1867); Orleans i. J. 533 Kan. 16.

[2] Mansi IX, 996 f.: quoniam pene per omnem Hispaniam sive Galliam idololatriae sacrilegium inolevit.... sancta synodus ordinavit, ut omnis sacerdos in loco suo una cum judice territorii sacrilegium memoratum studiose perquirat et exterminare inventum non differat.... Si qui vero domini extirpare hoc malum a possessione neglexerint vel familiae suae prohibere noluerint, ab episcopo et ipsi a communione pellantur.

[3] Mansi IX, 838 Kan. 1.

nützlich, einen kurzen Abriß „über den Ursprung der Götzen und ihre Schändlichkeiten" zu haben, und wandte sich dieserhalb an den hochangesehenen und gelehrten Bischof Martin von Bracara. Dieser entsprach dem ihm kundgegebenen Wunsche und verfaßte eine Bauernpredigt, welche die Bischöfe ihrer Ansprache und ihren Maßnahmen bei der Kirchenvisitation zu Grunde legen könnten.[1])

Martin hat seine Aufgabe mit Geschick gelöst. Den götzendienerischen Aberglauben in seinen mancherlei Erscheinungsformen zeigt er auf in seinem Gegensatz zu der in der hl. Schrift und in der kirchlichen Glaubensregel ausgesprochenen und gewährleisteten Wahrheit und ergeht sich in Darlegungen des lächerlichen Ursprungs und des verächtlichen Wesens des Dämonendienstes.

Was er tadelt, gehört fast ausnahmslos dem Gebiete des klassischen Heidentums an[2]), und doch war damals Galläcien schon länger als anderthalb Jahrhunderte im Besitz der Sueven, und diese selbst bekannten sich über mehr als hundertundzwanzig Jahre zum Christentum. Es ist daher

---

[1]) Martin v. Bracara. De correctione rusticorum (in der mit vorzüglichem gelehrten Apparat ausgestatteten Ausgabe von Caspari, Christiania 1883).

[2]) Nämlich: Kalendas Januarias putant anni esse initium (10) — dies tinearum et murium observant (11) — auguria (12) — ad petras et ad arbores et ad fontes et per trivia cereolos incendere — Vulcanalia et Kalendas observare, mensas ornare, lauros ponere, pedem observare, effundere (in foco) super truncum frugem et vinum et panem in fontem mittere — mulieres in tela sua Minervam nominare et Veneris diem in nuptias observare et, quo die in via exeatur adtendere — incantare herbas ad maleficia et invocare nomina daemonum incantando (16). Im Einzelnen ist auf die eingehenden Erläuterungen von Caspari zu verweisen.

anzunehmen, daß der romanische, von auswärts eingewanderte Bischof in vielen, wenn nicht in den meisten Fällen den von ihm ins Auge gefaßten volkstümlichen germanischen Aberglauben in die ihm geläufigeren Formen und Vorstellungen des klassischen Heidentums übertragen habe.[1]

Die angeführten Synodalbeschlüsse sind geringfügig im Vergleich mit den Maßnahmen, welche am Anfange und um die Mitte des vierten Jahrhunderts die Kirche zu verfügen für nötig hielt. Man kann sagen, daß die gallische und die spanische Kirche jetzt viel mehr mit der Abwehr des Judentums als des Heidentums beschäftigt sind. Natürlich erschöpft sich in jenen Kanones nicht das, was die Kirche und ihre Organe im fünften und sechsten Jahrhundert gegen die alte Religion angeordnet haben. Die wichtigste Aufgabe auf diesem Gebiete lag nicht in den Synoden, sondern in der Hand der Bischöfe. Die Stellung derselben innerhalb der Kirche und angesichts des Staates war aber damals eine solche, daß daraus leicht das Selbstbewußtsein und der Eifer erwachsen mußten, welcher weder Häretiker noch Ungläubige in der Diözese duldete. Sie waren außerdem die gegebenen Auktoritäten, bei denen in zweifelhaften Fällen gültige Auskunft zu erholen war. Augustinus scheint öfters Anfragen dieser Art erhalten zu haben. So wandte sich ein gewisser Publicola mit der Bitte um Auskunft an ihn: ob man einen Eid als gültig annehmen dürfe, der bei den Götzen geschworen sei: ob ein Christ sündigt, wenn er erlaubt, daß von seiner Tenne oder seiner Kelter etwas zum Opfer

---

[1] Anders Caspari a. a. O. S. XCIf.: die Sueven seien damals schon stark romanisiert gewesen und hätten von ihren romanischen Landsleuten vieles der noch vorhandenen Reste des romanischen (römischen und keltischen) Heidentums angenommen.

verwendet werde; ob man Götzenopferfleisch essen dürfe; ob ein christlicher Wanderer, der in Gefahr des Hungertodes gekommen war, recht that, wenn er Opferfleisch genoß.¹)

Daneben gab es noch zahlreiche Einwürfe der Gegner zu beantworten, durch welche schwächere Christen häufig in Bedrängnis kamen. So war gesagt worden, daß eine Staatsordnung nicht bestehen könne bei einer Religion, welche Böses mit Gutem zu vergelten fordere. „Wer möchte es sich gefallen lassen, daß ein Kriegsfeind ihn ausplündere oder daß dem Eroberer einer römischen Provinz nicht nach Kriegsrecht Böses für Böses gegeben werde?"²) Es gingen unter den Heiden griechische Orakelverse, als deren Urheber Petrus bezeichnet wurde und die den Untergang des Christentums auf 365 Jahre nach Christus berechneten; die Zahl hatte getäuscht, aber der Glaube daran erhielt sich.³)

Doch alle diese und ähnliche Fragen und Bedenken waren von geringem Gewichte gegenüber der großen zeitgeschichtlichen Frage, die das absterbende Heidentum aus den erschütternden Ereignissen der Gegenwart nahm und vor die Christenheit stellte: kann die Religion die wahre sein, deren Wachstum und Sieg in der Begleitschaft eines allgemeinen Ruins der politischen und sozialen Ordnungen sich vollzieht? Schon Tertullian fand sich in der Lage, eine volkstümliche Vorstellung zu bekämpfen, welche die öffentlichen Unglücksfälle der Zeit mit dem Aufkommen des Christentums in Zusammenhang brachte. Jetzt aber handelte

---

¹) August. Epist. 47 a. e. 398 (II. 110 ff.). Vgl. auch Epist. 135—138.

²) August. Epist. 136.

³) August. De civit. XVIII. 53.

es sich nicht mehr um Einzelheiten, sondern die ganze Erscheinung des zerrütteten, zerspaltenen, geängsteten Reichs wurde zum Richterspruch aufgerufen wider das Christentum. In der That redete die jüngste Geschichte eine Sprache von niederdrückender Gewalt. Blühende Provinzen waren von dem Reichskörper abgerissen, in kostspieligen Friedensverträgen mit den Grenzvölkern schleppte der Staat müde seine Existenz hin, der Römername galt nichts mehr, das Barbarentum machte sich in der Armee breit, Handel und Wandel stockte, und nun noch zuletzt, was den Höhepunkt aller trüben Erfahrungen bezeichnete, Rom war gefallen.[1]) Festgewurzelt stand bis dahin in heidnischen Kreisen die Idee der Roma aeterna; auch die Masse der Christen teilte den Glauben daran, und selbst Lactantius hatte einst doch nur mit Zagen geurteilt: „der römische Name, der jetzt den Erdkreis beherrscht, wird einst" — meine Seele schaudert, es zu sagen, aber ich will es sagen, weil es geschehen wird — von der Erde genommen werden."[2])

In dem unerhörten Ereignis sah das Heidentum eine feierliche Manifestation der Götter gegen den Christenglauben; nicht das heidnische, seiner Götter sich erfreuende Rom, sondern das christliche Rom war dem Verderben anheimgefallen. „Sehet," so lautete die Rede, „in christlicher Zeit ist Rom untergegangen."[3]) „So lange wir unsern Göttern die Opfer darbrachten, stand Rom, blühte Rom; aber da

---

[1]) August. In Ps. 80 (IV, 857).
[2]) Lactant. Div. Instit. VII, 15, 11. Unter den Heiden ist vielleicht Rutilius Namatianus (I, 137) der erste, welcher die „Ewigkeit" Roms in Zweifel zieht.
[3]) August. Sermo 81 de ev. Matth. (V, 437 f.): ecce temporibus Christianis tantae pressurae, vastatur mundus — Ecce Christianis temporibus Roma perit — Quare inter sacri-

aufkam und die Oberhand gewann das Opfer eures Gottes, und die Opfer unserer Götter gehindert und verboten sind, sehet, was nun Rom leidet." Man ging von hieraus zu dem weitern Schlusse über, daß überhaupt der Niedergang des römischen Reichs mit der Herrschaft der christlichen Kaiser anfange.¹) Aber auch Christen fragten beunruhigt: „warum ist Rom gerade in christlicher Zeit geschlagen worden?" Wo diese wirklich in der Antwort Beruhigung fanden oder finden mußten, die ihnen Augustin einmal gab: „weil Gott es so gewollt hat," so stieg doch in ihnen sofort die andere Frage auf: „indes, was soll ich dem Heiden antworten, der mich verhöhnt?" Es ließen sich verschiedene Antworten geben und sind auch gegeben worden, wie: auch die Mutter Roms, das heidnische Troja ist in Flammen aufgegangen; oder: schon unter den Galliern und dann unter Nero hat Rom gebrannt: jetzt brennt es zum drittenmale.²)

Das waren wohl Antworten, die einen urteilslosen Frager abfertigen konnten, aber sie berührten doch nicht den Kern der Sache. Es giebt keinen besseren Beweis für die Wichtigkeit, welche man dieser Frage in der Christenheit beilegte, als die Thatsache, daß derjenige Mann, der als der Erste in der Kirche seiner Zeit stand, Augustinus die Aufgabe übernehmen zu müssen glaubte, in dem Rahmen einer großen spekulativ-geschichtlichen Exposition die Meinungen und die Thatsachen hier wie dort abzuwägen und das Unrecht des Heidentums zu erweisen. „In brennendem

---

ficia Christianorum arsit Roma? — Sermo 80 (IV, 857): abundare pressuras temporibus Christianis; ebendas. das Sprüchwort: non pluit Deus, duc ad Christianos.
¹) August. Epist. 136 (geschrieben Anfang 412).
²) August. Sermo 296 in Natali Apost. (V. 12).

Eifer für das Haus des Herrn," so bekennt er in späterer Zeit, sei er damals darangegangen, die Lästerungen und die Selbsttäuschungen der Ungläubigen zu widerlegen.[1]) So entstand sein Buch „Vom Gottesstaate" Im Jahre 412 begann er es, kam aber, da mancherlei Störungen dazwischen traten, erst nach vierzehn Jahren zum Abschluß. Doch wurden einzelne Stücke vorher veröffentlicht.[2]

Gleich am Eingange spricht Augustinus seine Verwunderung darüber aus, daß die Heiden wegen der Verwüstung Roms das Christentum schmähen, da sie doch in den Schrecken der Eroberung in den christlichen Kirchen Schutz suchten und fanden, also Ursache hätten, dankbar zu sein. Solche Schonung haben die Heiden nie gegen die in die Tempel Geflüchteten geübt. Wenn höhnisch darauf hingewiesen wird, daß damals auch Christen und Christinnen mancherlei Drangsale, Beraubung, Marter, Gefangennahme, Schändung haben erdulden müssen, ohne daß ihr Gott für sie eintrat, so kann das kein Zeugnis gegen die Wahrheit der christlichen Religion sein. Gott hat solches aus weisen Ursachen zugelassen und ein wahrer Diener Gottes weiß, daß alle Prüfungen ihm zum Besten dienen. Fragen die Heiden: „wo ist euer Gott?" so mögen die Christen ihnen diese Frage zurückgeben: „wo sind eure Götter, da sie euch solches leiden lassen?"

Es ist ungereimt, dem Christentume die Schuld an den traurigen Verhältnissen der Gegenwart zuzumessen. In vorchristlicher Zeit stand es in jeder Hinsicht noch schlimmer.

---

[1]) August. Retract. 43 (I, 56).
[2] August. De civit. Dei V, 26: quorum (scl. librorum) tres priores cum edidissem et in multorum manibus esse coeperunt, audivi etc.

Eine wüste Sittenlosigkeit herrschte, wie die alten Schriftsteller selbst bezeugen, und durch die Geschichte ziehen sich die schlimmsten Greuelthaten von dem Brudermorde des Romulus an bis zu den Bürgerkriegen des Marius und Sulla. Was sind die Verwüstungen der Goten gegen die Schandthaten dieser beiden letztern? Auf diesem dunkeln Hintergrunde glänzt um so heller der Segen und das Glück, den das Christentum in die Welt gebracht hat und den Seinen immer neu giebt. Also: „sie mögen ihre Götter anklagen um so vieler Übel willen, jene, die unserm Christus für so viele Güter undankbar sind."

Es ist ein Grundirrtum, daß das Wachstum und die äußere Macht des römischen Reichs auf der Gunst und Hilfe der Götter ruhe; das Gegenteil ergiebt sich klar aus der Geschichte dieses Reiches und aus der Natur seiner Götter. Gott, „der die Glückseligkeit im Himmel nur den Frommen giebt, aber die irdische Herrschaft den Frommen und den Unfrommen, wie es ihm gefällt", hat ihm diese Größe und Dauer verschafft, indem er die selbstsüchtigen Triebe der Römer in seinen weisen Weltplan hineinnahm und zum Besten kehrte.

Wenn sich Augustin bis dahin vorwiegend abwehrend verhält, so geht er im sechsten Buche zum Angriff gegen den Götterglauben in seiner volkstümlichen wie in seiner philosophischen Ausprägung über. Schon erhebt sich aus der Darlegung, obwohl noch in unbestimmten Umrissen der Gegensatz der „Weltstadt" und der „Gottesstadt". Diesem Gegensatz ist der zweite Hauptteil des Werkes gewidmet. Das besondere Motiv, welches diese Schrift ins Leben rief, und die engere Beziehung auf das griechisch-römische Heidentum treten zurück oder gehen unter in der großen Welt- und religionsgeschichtlichen Entwickelung, deren Ausgang, Lauf und Ende Augustin nunmehr zu zeichnen sich anschickt. Der Blick erhebt sich von dem Einzelnen zu dem Ganzen und wendet sich in die fernste Vergangenheit zurück, wo die Anfänge der Gottesstadt und der Weltstadt liegen. Nur selten klingt noch ein Ton durch, der an das erinnert, was damals zwischen Heiden und Christen die Frage war. Von dem großen Publikum hat sich Augustin zu der kleinern Schar der philosophisch Gebildeten zurückgezogen und diese zu seiner Zuhörerschaft gemacht. Die Apologie wird zur Geschichtsphilosophie, wenigstens zur apologetischen Geschichtsphilosophie.

Dieses geistvolle, lebendig geschriebene Buch ist ohne Zweifel zu den hervorragendsten Erzeugnissen der altkirchlichen Literatur zu zählen. Daher läßt sich annehmen, daß da, wo die geistige Fähigkeit, es zu verstehen, vorhanden war, der Eindruck ein tiefer gewesen sein muß.

Indes der Zweck, dem es ursprünglich dienen sollte, kam doch nur unvollständig zu seinem Rechte. Augustin selbst täuschte sich darüber nicht, und das große Interesse, welches er an der Religionsfrage seiner Zeit nahm[1]), mußte ihn das doppelt schwer empfinden lassen. Als daher im Jahre 415, gerade als er die Ausarbeitung des zweiten Teils seines Werkes in Angriff genommen hatte, der spanische Presbyter Orosius bei ihm weilte, gab er diesem den Auftrag, jenem Zwecke in umständlicherer Weise, in einem eigenen Buche zu dienen; er möge „aus allen Geschichtswerken und Jahr-

---

[1]) Beweis dafür ist, abgesehen von seinen Schriften, die Thatsache, daß er auf die Kunde, Paulinus habe ein Buch adversus daemonicolas verfaßt, zweimal brieflich bei demselben ungeduldig darnach sich erkundigte (Epist. 42 u. 45 t. II. 88. 107).

büchern, deren er habhaft werden könne", alles Unheil von
Krieg, Krankheit, Hungersnot, Erdbeben, Überschwemmung,
bösen Wettern, Mord- und Schandthaten in einem kleinen
Büchlein zusammenordnen, um daran zu zeigen, „daß der
nach Blut gierige Tod geherrscht habe, so lange man die
wahre Religion nicht kannte."[1] Auch der Bischof Julianus
von Karthago gab einem solchen Wunsche Ausdruck, so daß
Orosius sofort an das Werk ging und bereits im Jahre
418 die „Sieben Bücher Geschichte wider die Heiden" erscheinen lassen konnte, allerdings mit dem Geständnis, etwas
eilfertig geschrieben zu haben.[2]

Der durch eine volkstümliche Klage des Heidentums
herausgeforderte, in der christlichen Apologetik längst ein-
gebürgerte Satz, daß in der Welt vor Erscheinung des
Christentums Unheil und Elend eine größere Ausdehnung
und Gewalt hatten als in christlicher Zeit, bildet den Grundgedanken dieses tendenziösen Geschichtswerkes, welches mit
dem Sündenfall anhebt und mit dem Jahre 410 schließt.[3]
Aus antiken Autoren hat Orosius eine lange Reihe düsterer
Ereignisse und Erscheinungen ausgewählt, wirkungsvoll gestaltet und damit die vorchristliche Zeit illustriert. Seine
ganze Geschichtsbetrachtung und Geschichtsdarstellung ordnet

---

[1] Oros. Adv. pagan. I Prol. 10.
[2] A. a. O. Prol. 13.
[3] Gennadius (Catal. viror. illust. cap. 40) charakterisiert es
gut mit den Worten: Orosius... scripsit adversus quaerulos
Christiani nominis, qui dicunt defectum Romanae reipublicae
Christi doctrina invectum libros VII, in quibus paene totius
mundi calamitates et miserias ac bellorum inquietudines repli-
cans ostendit magis christianae observantiae esse, quod contra
meritum suum res Romana adhunc duraret et pace culturae
Dei pacatum retineret imperium.

sich jenem apologetischen Gesichtspunkte unter, den er öfters in scharfer Form hervortreten zu lassen liebt. Er spart dabei weder Spott noch Übertreibung und gerät nicht selten in heftige Ausfälle gegen die, „welche thöricht über die christ=
lichen Zeiten murren." Er hat seine Aufgabe, wenn auch ohne Verständnis der Geschichte, mit Geschick gelöst. Was man zu dem bestimmten Zwecke brauchte, hat er geliefert. Wäre das Werk nicht so ausführlich, so möchte man es eine Flugschrift nennen: denn es trägt sonst alle Kennzeichen einer solchen.

Wir vermögen nicht zu sagen, ob das Buch den Erfolg gehabt hat, welchen der Verfasser und Augustin sich davon versprachen. Doch ist es schwerlich in die Kreise gedrungen, auf die es in erster Linie ankam. Andererseits wissen wir, daß nach mehr als einem Jahrhundert die Zweifel noch nicht stumm geworden waren, gegen welche Orosius an=
kämpfte. Zeuge dafür ist der Gallier Salvianus. Dieser mönchische Geistliche, der eine Heidin als Eheweib nahm, aber hernach ihr, der Getauften, und sich das Gelübde der Enthalt=
samkeit auferlegte, kommt in dem dunkeln Gemälde, das er unter dem Titel „Von dem drohenden Endgericht" um die Mitte des fünften Jahrhunderts in verdüsterter Stimmung von seiner Zeit entwirft[1]), auch auf diejenigen zu sprechen, welche die göttliche Weltregierung leugnen, „weil die Römer,

---

[1]) Salvian. De praesenti judicio, bekannter unter dem Paralleltitel de gubernatione Dei. Das letzte, achte Buch ist un=
vollendet. Ausgabe von Pauly im Wiener Corpus script. eccl. lat. 1883. Zur Charakteristik Salvians vgl. Hauck, Kirchengeschichte Teutschlands, Leipzig 1886 Bd. I S. 62 ff. (wo indes den starken Über=
treibungen Salvians nicht hinreichend Rechnung getragen ist); auch Ebert a. a. O. I, 437 ff.

während sie einst als Heiden siegten und herrschten, jetzt als Christen besiegt werden und dienen."[1] Er kann die Thatsache nicht in Abrede stellen; auch seine Meinung ist, daß „fast im ganzen römischen Reiche Friede und Sicherheit nicht zu finden sind", und er möchte mit einer Stimme, die über den Erdkreis schalle, rufen: „schämt euch, ihr Römer allerorten, schämt euch eures Lebenswandels." Er stellt fest, daß in Afrika vornehme und angesehene Leute noch mit dem Heidentum verknüpft sind, obwohl sie Christen heißen.[2] Aus der Anerkennung dieser traurigen Weltlage folgt indes nicht obiger Schluß. Zur Widerlegung der Zweifler genügt, daß uns mit Recht größere Strafe trifft, als die Heiden. Denn diejenigen, welche wissentlich das Gesetz Gottes übertreten, sündigen mehr, als die, welche es unwissentlich thun. Aber leider zeigt die Strafe keinen Erfolg. „Heilen will uns Gott durch seine Züchtigungen, doch Heilung erzielen die Arzneimittel nicht."

Die Zweifel und Bedenken, welche Salvianus in seiner Weise bekämpft, gehörten Christen an, waren aber Erbstücke aus dem Heidentume. Sie haben die Zeit ihres leidenschaftlichen Bekämpfers überdauert. Gegen Ende des fünften

---

[1] VII, 1.
[2] VIII, 2. Salvian drückt sich hier sehr allgemein aus, so daß diese Notiz für uns nur von geringem Wert ist. Es scheint aber, daß er nicht religiöse, sondern sittliche Verirrungen im Auge hat. Sein Eifer reißt ihn zu dem Ausrufe hin: ecce quae Afrorum et maxime nobilissimorum fides, quae religio, quae christianitas fuit! Dicebantur Christiani ad contumeliam Christi. Unbestimmt ist auch, was er VI, 11 äußert: colitur et honoratur Minerva in gymnasiis, Venus in theatris, Neptunus in circis, Mars in arenis, Mercurius in palaestris u. s. w. Es ist aber jedenfalls ausgeschlossen, daß hier ein götzendienerischer Kultus anzunehmen sei.

Jahrhunderts werden sie in Rom wiederum laut und zwar in Verknüpfung mit Umständen, welche in der ausgehenden Geschichte des occidentalischen Heidentums die letzte anziehende Episode darstellen.

Zu Rom nämlich zählten seit ältester Zeit zu den beliebtesten religiösen Volksfesten die dem Faunus (Lupercus) geweihten Luperkalien, deren Feier am 15. April beim Herannahen des Frühlings zur Sühnung und Segnung von Stadt und Volk begangen wurde. Eine uralte Grotte am palatinischen Hügel, das Lupercal, bildete den Ausgangs- und Mittelpunkt dieses in Opfern und ausgelassenen Lustbarkeiten bestehenden Naturfestes. Das siegreiche Christentum vermochte lange Zeit nicht, es zu beseitigen. Noch unter dem Kaiser Anthemius (467—472) wurde es gefeiert[1], natürlich mit Abzug alles unmittelbar Idololatrischen[2], ja, sehr wahrscheinlich hat es sich bis in die achtziger Jahre hinein erhalten: dann wurde es aufgehoben, möglicherweise auf Dringen des römischen Bischofs.[3] Als nun bald darauf eine heftige Pestilenz die Stadt Rom verheerte, fehlte es nicht an Solchen, welche in der Beseitigung der Luperkalien die eigentliche Ursache der Heimsuchung entdeckt zu haben glaubten und diese daher zurückforderten.[4] Es mögen Leute aus den untern Volkskreisen gewesen sein, aber, was bezeichnend ist,

---

[1] Gelasii papae tract. VI, 5: quando Anthemius imperator Romam venit, Lupercalia utique gerebantur et tamen u. s. w.

[2] Gelas. a. a. O. n. 11.

[3] Dahin scheinen mir die Worte a. a. O. n. 13 zu weisen, wo dem Einwurfe, daß die Luperkalien auch in christlicher Zeit noch fortgedauert hätten, begegnet wird: multa sunt, quae a singulis pontificibus diverso tempore sublata sunt noxia vel abjecta u. s. w.

[4] Gelasius a. a. O. n. 5. 6 u. sonst.

einflußreiche Personen, darunter der Senator Andromachus, ließen sich für diese Wünsche gewinnen und setzten die Wiedereinführung des alten Sühnefestes durch. Freilich in den höhern Ständen bezeigte Niemand Lust, an dem Umlauf der Luperci durch die Stadt teilzunehmen, und so kam das Fest ganz in die Hand des niedern Volkes.¹) Die Hauptsache war indes doch, daß die städtische Bevölkerung das beliebte Fest wieder hatte. Aber im Jahre 492 erstand diesem ein heftiger Gegner in der Person des neuerwählten Bischofs Gelasius.

Ein Römer von Geburt, zeigt Gelasius in seiner kraftvollen, selbstbewußten Erscheinung die hervorstechenden Eigenschaften des Volkes, dem er entstammte. Der Aufgabe, die römische Kirche nach außen wie nach Innen sicher zu stellen, widmete er die Jahre seines Pontifikats. Für das Eine ist bezeichnend sein rücksichtsloses Auftreten gegen Byzanz, für das Andere sein Ausspruch: „Duldung der Häretiker ist verderblicher als die schlimmste Verwüstung der Provinzen durch die Barbaren." Es kann nicht Wunder nehmen, daß dieser Mann mit der Wiederherstellung eines doch im Grunde heidnischen Festes nicht einverstanden war.²) In seinen Predigten und sonst brachte er seinen Unwillen darüber zum Ausdrucke.³) Das verstimmte die an jener Restitution be-

---

¹) Gelasius a. a. O. n. 7: deduxistis venerandum vobis cultum salutiferumque quem putatis, ad viles trivialesque personas, abjectos et infimos . . . . . Cur vos pudet per vos ipsos talia celebrare? Angeredet ist die Aristokratie. Vgl. auch n. 10.

²) Ich möchte meinen, daß die Wiederherstellung der Lupercalien unmittelbar vor der Erwählung des Gelasius stattgefunden habe; die Erregung, in welcher der Traktat abgefaßt ist, weist darauf hin.

³) A. a. O. n. 13.

teiligten Personen: man bestritt dem Bischofe das Recht, sich in die Sache zu mischen, und suchte das Geschehene mit mancherlei Gründen zu verteidigen. Dadurch wurde Gelasius zu einem in leidenschaftlichem Tone abgefaßten Schriftstück veranlaßt, in welchem er die schwebende Frage mit besonderer Beziehung auf den Senator Andromachus und dessen Gesinnungsgenossen vor das Publikum brachte.[1])

Zunächst erweist er sein Recht, in dieser Angelegenheit mitzureden. Wie der leibliche Ehebruch der Gewalt des Pontifex unterliegt, so auch der geistliche. Ein heidnisches Fest wiedereinführen, ist aber nichts anderes als geistlicher Ehebruch. Daß die Schuldigen Laien sind, kann an der Sache nichts ändern; denn als Christen gehören sie zur Gemeinde, und die Gemeinde untersteht der Gerichtsbarkeit des Bischofs.

Gegen die Pestilenz sollen die Luperkalien nach der Meinung ihrer Erneuerer schützen. Aber auch als die Luperkalien noch bestanden, wurde Rom von Unglück heimgesucht. Die Verwüstung durch die Gallier, die Bürgerkriege sind Beweise dafür. „Und waren etwa die Luperkalien nicht da, als Alarich die Stadt zerstörte?" Gelasius selbst hat eine Seuche erlebt, die in der Stadt wie auf dem Lande den Menschen und den Herden verderblich wurde, und doch feierte man in Rom noch das Sühnefest. „Warum besitzt andererseits jetzt der Orient Überfluß an allen Dingen, der niemals die Luperkalien hatte noch jetzt sie hat?" Daß Rom so schwer heimgesucht ist, daran sind die Laster der

---

[1]) Gelasii tractatus VI Adversus Andromachum senatorem ceterosque Romanos, qui Lupercalia secundum modum pristinum colenda constituebant.

Römer schuld. „Sehet, die bereiten euch alles Widerwärtige und Feindselige, nicht die Luperkalien, die zu eurem Heile aufgehoben sind."

Lächerlich ist der Einwurf: was so lange gedauert hat, darf man nicht aufheben. „Dann möge auch in den Tempeln den Dämonen geopfert werden und auf dem Kapitol die Nichtigkeit des Götzendienstes wieder aufleben" — erwidert der Bischof. Auch darauf darf man sich nicht berufen, daß in christlicher Zeit die Luperkalien fortgedauert haben. Denn „was unter den frühern christlichen Vorstehern nicht abgeschafft ist, soll das deshalb auch unter den Nachfolgern bleiben?" Gelasius seinerseits giebt die bestimmte Erklärung ab: „was mich angeht, so wird kein Getaufter, kein Christ an diesem Fest teilnehmen, und die Heiden allein, deren Feier es ist, mögen diese ausführen." Mit dem Rate, die Luperkalien zu beseitigen, da sie nichts nützen, wohl aber der wahren Religion schaden, schließt das Schreiben.

Man wird an die Erwiderung des Ambrosius auf die Bittschrift des Symmachus erinnert. Dieselbe Erregtheit, dieselbe mehr überraschende als überzeugende Beweisführung, dieselbe Rücksichtslosigkeit in beiden. Auch inhaltlich berühren sich die Schriftstücke zuweilen. Eine eigenartige Bedeutung erhält die Streitschrift des Gelasius dadurch, daß sie bei Christen dieselben Einwände zu bekämpfen hat, welche die Apologeten bis dahin bei den Heiden zu widerlegen genötigt waren. Nur der Unterschied scheint zu bestehen, daß das, was dort religiöses Moment war, jetzt in das niedere Bereich des Aberglaubens herabgesunken ist. Hat diese Apostrophe Erfolg gehabt? Wir haben keine Nachricht darüber, aber man möchte es bejahen, wenn man sich die Persönlichkeit dieses Bischofs vergegenwärtigt.

Während so im Abendlande die Geschichte dem Heidentum eine gefährliche Waffe in die Hand gab und das Christentum zur Abwehr herausforderte, scheint im Orient die frühere Weise der Polemik und Apologetik, wie sie etwa bei Eusebius von Cäsarea sich darstellt, fortgedauert zu haben.

Die alten Vorwürfe, daß im Christentum alles auf bloßen, urteilslosen Glauben hinauslaufe, daß die Apostel ungebildete Männer waren und ihre Schriften barbarische Produkte, und anderes[1]) hat seine Existenz behauptet. Darnach ist auch das bedeutendste christlich-apologetische Werk dieser Zeit im Morgenlande bemessen, „Die Heilung heidnischer Affekte" des Bischofs Theodoret von Kyros.[2])

Als Veranlassung dieser Schrift giebt der Verfasser in der Vorrede an, daß häufig Heiden zu ihm gekommen und im vertraulichen Gespräch sich gegen den einen oder den andern Punkt des christlichen Glaubens geäußert hätten; er habe ihnen zwar mündlich geantwortet, wolle aber jetzt auch schriftlich und in einem größeren Umfange Verteidigung und Rechenschaft geben. In zwölf Abschnitten gedenke er zwölf wichtige Gegenstände der Kontroverse zu behandeln. Den Titel habe er gewählt, um damit seinen Zweck, die Kranken zu heilen, zu bezeichnen. Doch hoffe er auch den Gesunden von Nutzen zu sein.

Das Buch offenbart eine große Gelehrsamkeit und Gründlichkeit; doch laufen auch zahlreiche Irrtümer mit

---

[1]) Theodor. Graec. aff. cur. Prooem.: Isid. v. Pelus. Epist. IV, 27. 28. 31 (ed. Paris. 1638) und sonst.

[2]) Ἑλληνικῶν παθημάτων θεραπευτική (Graecarum affectionum curatio) geschrieben vor 438. Ausgabe von Gaisford, Oxford 1839.

unter, und zuweilen empfängt man den Eindruck einer unehrlichen Argumentation. Seine Vorgänger auf diesem Wege hat Theodoret fleißig benutzt. Vor den allgemein philosophischen und religiösen Fragen tritt das Praktische und Reale durchaus zurück; daher ist diese Schrift für unsere Kenntnis des damaligen Heidentums von sehr geringem Werte.

Mit ähnlichen Vorhaltungen und Einwürfen hatte sich um dieselbe Zeit der hochangesehene ägyptische Mönchsvater Isidor von Pelusium auseinanderzusetzen. Er sah sich genötigt, gebildete und ungebildete Heiden zurechtzuweisen, die über den „toten Jesus" spotteten, das Kreuz verhöhnten, die Ungebildetheit der Apostel und den schlechten Stil der hl. Schrift ins Lächerliche zogen.[1] Ein Philosoph disputiert mit ihm eingehend über die Auferstehung Christi; ein Scholastikus erbittet sich — vielleicht nur als Versucher — Auskunft von ihm über den Unterschied der Magna Mater der Heiden und der Jungfrau Maria der Christen.[2] Wie oft mögen solche Disputationen damals stattgefunden haben. Das Wort führt auf der gegnerischen Seite fast überall das philosophische Heidentum, welches den Bestand des volkstümlich-religiösen Heidentums weit überdauerte. Nachdem der Götzendienst abgethan und aus der Öffentlichkeit zurückgetreten war, blieb noch lange die heidnische Wissenschaft als Feindin und Bestreiterin des siegreichen Kreuzes übrig. Daher begreift sich, daß sie damals bei vielen, und nicht nur bei geistig beschränkten Leuten, in ihrer ganzen Erscheinung in Verdacht kam. Derselbe Isidor hat einst einen Mönch

---

[1] Isidor a. a. O.
[2] Isidor Epist. IV, 31. 28.

heftig getadelt¹), daß er, obwohl „in der Ruhe der Philosophie des Herrn sitzend", mit heidnischen Historikern und Poeten sich abgiebt. Denn bei diesen sei alles schändlich und lasterhaft und nichts, was die christliche Religion nicht besser hätte.

Ein Zeitgenosse Isidors im Abendlande, der Bischof Eucherius von Lyon, der von dem Standpunkte aus, daß die wahre Glückseligkeit darin bestehe, die Welt zu verachten, eine mönchisch=pessimistische Epistel über „die Verachtung der Welt und der weltlichen Philosophie" schrieb, teilt dieses Urteil: in der Philosophie, d. i. der heidnischen Wissenschaft, ist nur „falsche Weisheit" zu finden: Tugend höchstens in flüchtiger Andeutung.

Besser ist es, sich an die heilige Schrift zu halten.²) Die weltliche Weisheit wird indes von Eucherius nicht sowohl in ihrer Eigenschaft als heidnische verworfen, sondern in die allgemeine Verdammung alles desjenigen, was der Welt angehört und in der Welt etwas bedeutet, eingeschlossen. Aber er sieht doch in ihr eine Hinderung des weltflüchtigen Christentums, das er vertritt, darin in Übereinstimmung mit seinem Landsmanne Marius Victor, der in einer poetischen Jeremiade als die beiden Hauptübel der Zeit die Weiber und das klassische Studium entdeckt hat.³)

---

¹) A. a. O. I, 63. Mildere Urteile II, 3; III, 65, aber jenes erstere bezeichnet seine Grundanschauung (vgl. auch I, 96).

²) Eucher. Epist. paraenetica de contemptu mundi et saecularis philosophiae (Migne t. 50, 712 ff.).

³) Ich meine das aus 105 Hexametern bestehende Gedicht de perversis suae aetatis moribus epistola ad Salmonem Abbatem (Migne t. 61, 969 ff.), dessen Verfasser wohl identisch ist mit dem Victorius, welchem die drei Commentarii in Genesim (Gennad. c. 60) zugeschrieben werden. Vgl. Ebert a. a. O. S. 353 ff.

Frauen und Männer sind dadurch verderbt, daß sie, Paulus und Salomon verschmähend, an den heidnischen Poeten sich ergötzen.¹) Also im Grunde tritt hier in ungearbeiteter Gestalt die alte Anklage des Heidentums, welche Augustin und Orosius zu entkräften versuchten, wieder hervor, nur daß sie jetzt von Christen erhoben und gegen das Heidentum gestellt wird: die alte heidnische Weisheit ist mitschuldig an dem Unglück der Gegenwart, indem sie die volle Wirkung des Christentums hindert. Andererseits aber zeigt sich damit das Herannahen der Barbarei an, die bald darauf fast das ganze Abendland überspannen sollte und der das Verständnis für klassisches Altertum abging.

Man würde freilich irren, wenn man in jenen angeführten Einzelurteilen die ausschließlich herrschende Auffassung innerhalb der Kirche finden wollte, wenn schon die vorwiegende Meinung darin ausgesprochen ist.

So wahr es ist, daß seit dem Tode Augustins die antike Bildung den Menschen immer ferner rückt, und zwar im Westreiche schneller als im Osten, so haben doch die klassischen Studien nicht aufgehört, ihren Einfluß auch in einer Zeit auszuüben, welche nichts mehr davon wußte oder wissen wollte. Nur wurde der Kreis immer enger: es war eine kleine Schar von Geistesaristokraten, die den Zusammenhang mit dem klassischen Altertum festzuhalten suchte. Im Abendlande zählen unter andern dazu der Kleriker Claudianus

---

¹) Z. B. Non vitium nostrum est? Paulo et Salmone
relicto.
Quod Maro cantatur Phoenissae et Naso Corynnae,
Quod plausum accipiunt lyra Flacci aut scena Terenti?
Nos, horum nos causa sumus, nos turpiter istis
Nutrimenta damus flammis: culpane caremus?

Mamertus in Vienne, gestorben um 474, und der berühmte Staatsmann Cassiodorius. Im Morgenlande ist die Zahl der Namen größer: in einer Reihe angesehener, blühender Akademieen, besonders in Alexandrien und Athen, lebte das Altertum noch fort. Die größere politische Ruhe und die größere theologische Unruhe im Osten waren günstige Momente für den Betrieb der Wissenschaft. Die neuplatonische Philosophie bewies auch noch in ihrem Greisenalter eine starke Anziehungskraft weit in die theologischen Kreise hinein. Es galt nicht überall als ausgemacht, daß diese Philosophie und das Christentum sich ausschließen. Aber auch wo man hiervon wenigstens eine Ahnung hatte, gab man dem Zwiespalt nicht immer praktische Konsequenzen. Ein naives Beispiel dafür bietet der Bischof Synesius von Kyrene.

Aus einer angesehenen heidnischen Familie stammend, ein begeisterter Schüler der Hypatia und Anhänger der neuplatonischen Philosophie, empfing er doch in seinem ersten Mannesalter, vielleicht durch Vermittelung seiner christlichen Frau, Eindrücke vom Christentum. Indes noch ehe sich diese geklärt hatten, verlangte im Jahre 409 die Gemeinde von Ptolemais den einflußreichen, aber noch nicht getauften Mann zum Bischof. Synesius nahm nach einigem Zögern die Wahl an. Seine Bedenken und Vorbehalte äußerte er mit der ihn auszeichnenden Offenheit in einem an seinen Bruder Euoptius gerichteten Briefe.[1]) „Du weißt," meint er, „daß die Philosophie mancherlei Meinungen aufstellt, die mit den anerkannten kirchlichen Lehren nicht im Einklang stehen." Doch brauche die Gemeinde von der tiefen

---

[1]) Synes. Epist. 105 (ed. Pet.).

philosophischen Wahrheit nichts zu wissen. Wie für ein krankes Auge die Dunkelheit nützlicher ist als das Licht, das gelte auch in Beziehung auf diejenigen, welche nicht die Kraft haben, den Blick auf die volle Klarheit der Wahrheit zu richten. Dem Irrtume müsse man gewisse Zugeständnisse machen. Daher bestimmt Synesius seine Stellung so: zu Hause Philosoph, draußen im Gewande der Mythe.[1])

Doch wo und wie immer in dieser oder anderer Form das Heidentum sich erhielt, es bedeutete nichts mehr. Daher auch nirgends in der Kirche Spuren einer Beunruhigung über dasselbe.

Die Überwindung des griechisch-römischen Götterdienstes wird so zu sagen der geschichtlichen Entwickelung überlassen, nur hier und da greift die Kirche noch aktiv ein. Denn das Bewußtsein, daß dem Christentum die Herrschaft über die Welt zukomme, ist in ihr nie erloschen, und daraus erfolgte immer wieder eine stärkere oder schwächere Anregung zur Heidenbekehrung. Es fehlt daher auch im sechsten Jahrhundert weder in der homiletischen noch in der sonstigen theologischen Literatur an Beziehungen auf den Götterglauben im allgemeinen noch in seinen besonderen Erscheinungsformen.[2]) Doch es mag genügen, die Auffassung und den Betrieb der Mission gegen

---

[1]) A. a. O.: $\tau\grave{\alpha}$ $\mu\grave{\epsilon}\nu$ $o\breve{\iota}\varkappa o\iota$ $\varphi\iota\lambda o\sigma o\varphi\tilde{\omega}\nu$, $\tau\grave{\alpha}$ $\delta\grave{\epsilon}$ $\breve{\epsilon}\xi\omega$ $\varphi\iota\lambda o\mu\upsilon\vartheta\tilde{\omega}\nu$.

[2]) Es sei nur an den um die Mitte des 5. Jahrhunderts lebenden Bischof Maximus von Turin erinnert, der in seinen Homilieen öfters auf die Heiden Bezug nimmt und eine eigene Abhandlung Contra paganos abfaßte, in welcher er in übermütiger, lebhafter, aber auch oberflächlicher Weise gegen die „Feinde der Wahrheit Christi" ankämpft (Migne t. 57 S. 782 ff.). Auch der ältere Zeitgenosse des Maximus, der hl. Nilus vom Sinai verfaßte eine (verloren gegangene) Schrift gegen die Heiden.

Ende jenes Jahrhunderts an einer Persönlichkeit zu zeigen und zu charakterisieren, welche bedeutungsvoll am Ausgange der altchristlichen Zeit steht, ich meine Gregor den Großen.

Dieser rastlose Mann, der zu keiner Zeit im Großen das Kleine übersah, hielt, wie sehr er auch von den Gefühlen beherrscht war, daß der Erdkreis, soweit er damals überhaupt in der Geschichte der Kulturvölker in Anschlag kam, dem Christentum gehöre[1]), dennoch sein Augenmerk fest auf die Bekehrung der noch verbliebenen Heiden gerichtet. Durch sein ganzes Pontifikat hindurch zieht sich seine Sorge für die Bekehrung der Angelsachsen. Aber auch den Resten des Heidentums in denjenigen Gebieten, welche der Jurisdiktion des römischen Bischofs unterstanden, blieb seine Aufmerksamkeit stetig zugewendet. Was jedoch den Angelsachsen gegenüber in die Form väterlicher Liebe sich kleidete, die mit Nachsicht ihr Ziel sucht, war hier ein Eliaseifer, der keine Rücksicht kannte. Für Gregor gab es weder ein göttliches noch ein menschliches Recht des Heidentums innerhalb der Machtsphäre der Kirche. In der einfachen Thatsache des Vorhandenseins götzendienerischer Leute sah er eine sakrilegische Duldung, eine Verhöhnung des wahren Gottes. Begierig griff er Denunziationen dieses Inhaltes auf und bedrohte die säumigen Bischöfe mit dem vollen Maße seiner Ungnade.

So veranlaßten ihn Nachrichten aus Sardinien zu energischen Schreiben. Das Heimatland des Bischofs Lucifer

---

[1]) Z. B. In Job. lib. 17 (I, 547): super gentes fundavit Dominus ecclesiam suam: lib. 26 (S. 486): in cunctis mundi partibus sancta ecclesia culmine religionis excrevit. Vgl. auch den nur wenig späteren Kommentar In prim. Reg. (III, 12; 41; 137; 143).

hatte noch eine starke heidnische Landbevölkerung. Die christlichen Grundbesitzer bezeigten gar kein oder nur geringes Interesse an einer Bekehrung der ihnen zum Teil hörigen Bauernschaft; auch der erste Geistliche des Landes, der Bischof Januarius von Calaris war lässig.

Gregor, der durch Freunde und Agenten genau über die Lage unterrichtet war, schrieb an den neuernannten Dux von Sardinien und zu gleicher Zeit an die „Nobiles und und Possessoren" der Insel. Mit tiefer Betrübnis habe er vernommen, daß auf ihren Besitzungen noch fast alle Bauern den Götzen dienen. Die Gutsherrn laden damit eine schwere Verantwortung auf sich. „Ihr Diener des wahren Gottes sehet mit an, daß die Euch Anvertrauten Steine anbeten, und schweigt?" Sie mögen schleunigst Abhilfe schaffen und über den Erfolg an den Papst berichten. Sollten sich Schwierigkeiten ergeben, so weist sie Gregor an den Bischof Felix und den Abt Cyriacus.[1]

Härtere Worte bekam der Bischof Januarius zu hören. Durch seine „Nachlässigkeit" geschehe es, daß die der Kirche zugehörenden Bauern noch im Heidentum verharren. Das müsse sogleich geändert werden; sonst werde er, Gregor, eingreifen. „Sollte ich in der Bauernschaft irgend eines Bischofs auf der Insel Sardinien einen einzigen Heiden entdecken, so werde ich gegen diesen Bischof mit aller Strenge einschreiten." Wenn der Bauer gegen die Taufe sich widerspenstig zeigt, so „soll er mit um so größeren Lasten beschwert werden, auf daß er durch die Strafe der Bedrückung angetrieben wird, den rechten Weg zu suchen."[2] Der Bischof scheint sich darauf-

---

[1] Epist. IV, 24. 25 (II, 702 f.).
[2] Epist. IV, 26 (II, 704): tanto pensionis onere gravandus

hin in Bewegung gesetzt zu haben, aber doch nicht mit dem
Eifer und dem Erfolge, den Gregor erwartet und gefordert
hatte. Daher wird er in einem zweiten Schreiben „eindring
licher" ermahnt und dabei zugleich seine Aufmerksamkeit auf
einen weiteren Punkt gerichtet, nämlich die Fortdauer der
Divination unter den Christen selbst. Er soll diese Erscheinung
unter pastorale Aufsicht nehmen, gegen die Irrenden öffent=
lich in der Predigt sich wenden und sie sowohl mit Hinweis
auf das jüngste Gericht als auch unter Androhung zeitlicher
Strafe verwarnen. Erweist sich dies als erfolglos, so möge
er in „glühendem Eifer" entbrennen, die Sklaven körperlich
züchtigen lassen, die Freien aber zur Pönitenz in sicheres
Gewahrsam nehmen.[1]

Auch der Bischof Agnellus von Terracina erhielt einen
scharfen Verweis, weil — „es sei kaum auszusprechen" —
in seiner Diözese, wie man dem Papste berichtet habe, noch
Leute wären, die „Bäume verehren und anderes Unerlaubtes
und dem christlichen Glauben Widerstreitende vollziehen."
„Wir wundern uns sehr," schreibt ihm Gregor, „daß Eure
brüderliche Liebe noch nicht mit Strenge dagegen eingeschritten
ist." Doch werde erwartet, daß er es jetzt thue. Auch wird
ihm mitgeteilt, daß der Vicecomes Maurus von der Ange=
legenheit in Kenntnis gesetzt sei.[2]

Der feindseligen Gesinnung Gregors gegen die Götzen=
diener entspricht sein Wohlwollen für die Mission und die
Missionare. Als ihm der Bischof Petrus von Korsika über

---

est, ut ipsa exactionis suae poena compellatur ad rectitudinem
festinare.

[1] Epist. IX, 65 (II, 982).
[2] Epist. VIII, 18 (II, 908). Vgl. auch den Brief an die
Königin Brunhilde (Epist. IX, 11).

erfolgreiche Propaganda unter den dortigen Heiden Meldung erstattete, belobt ihn Gregor und giebt zugleich Anweisungen, wie die Aufnahme der Bekehrten in die Gemeinde zu vollziehen sei: der Bischof soll sie auf das jüngste Gericht hinweisen und ihnen die Ungereimtheit einer Verehrung von „hölzernen und steinernen Götzen" darlegen. Als Beitrag zur Beschaffung von Kleidern für die Getauften sendet der Papst fünfzig Solidi und macht zu demselben Zwecke auch in Korsika Geld flüssig.[1])

Sein klarer Blick ließ den Papst den Wert dieser oder jener Konversion sofort erkennen. Als z. B. der Bischof Stephanus eine Patrizierin Maria zur Taufe geführt hatte, schrieb er ihm mit dem Ausdruck der Freude: „ich erwarte, daß durch jene Viele zur Kirche geführt werden."[2])

Man sieht aus diesen Äußerungen und Thatsachen, daß das Heidentum in der abendländischen Kirche eine fremdartige Erscheinung geworden war, deren Entdeckung Staunen und Unwillen in gleich hohem Maße erregt, und daß die gewaltsame Unterdrückung dieser dürftigen Überbleibsel der alten Religion als Recht und Pflicht der Kirche angesehen wird. Was einst Firmicus Maternus von dem weltlichen Arm begehrte, das leistet jetzt die Kirche. Dieses Ergebnis kann freilich nicht überraschen. Denn wenn der Kirche schon im vierten Jahrhundert als selbstverständlich galt, den Häre-

---

[1]) Epist. VIII, 1 (II, 894). Bei dieser Gelegenheit erfahren wir auch, daß sich unter den von dem Bischof Gewonnenen auch Apostaten befanden, die freiwillig oder unter dem Drucke gewisser Verhältnisse zum Heidentum zurückgekehrt waren. Gregor ordnet an, daß sie nach geziemender Pönitenz unter ernster Ermahnung wieder aufgenommen werden sollen.

[2]) Epist. VII, 8 (II, 856).

tikern die Freiheit des Kultus zu versagen, so hatte diesem Standpunkt gegenüber das Heidentum ebensowenig Anspruch auf Duldung. Es geschah ihm nichts Schlimmeres als der Häresie. Nur verwehrte die bedrohliche Macht des Götterglaubens längere Zeit, die Konsequenz zu ziehen. Der Staat mußte die ersten Axtschläge thun; die Kirche kam hinterher.

Es ist schon hervorgehoben worden, daß in den vom Strome der Völkerwanderung überfluteten Provinzen des westlichen Reiches die Reste der antiken Religion in dem barbarischen Heidentum Bergung fanden. Die zum Teil verschiedenartigen, zum Teil nahe verwandten Elemente wuchsen vielfach zusammen. Indem aber die germanischen Stämme in das Christentum eingingen, sank mit ihrer eigenen Religion das mit dieser verbundene klassische Heidentum auf die Stufe des gemeinen Aberglaubens herab und dauerte nur noch in der Form der Superstition fort. In dieser Gestalt haben sich zahlreiche Stücke des griechisch-römischen Götterglaubens und seines Ritus bis in das Mittelalter hinein erhalten, wo sie in gleicher Weise wie die Überbleibsel der altgermanischen Religion und zusammen mit dieser von der Kirche andauernd abgewiesen wurden.

Diese Mischung tritt in eigentümlicher Weise hervor in einer fälschlich dem Augustin beigelegten „Homilie über götzendienerische Handlungen" aus dem Ende des siebenten Jahrhunderts.[1]) Dieselbe richtet ihr Hauptaugenmerk auf die Augurien; weiterhin wird auf Zaubersprüche und Zauberlieder und mancherlei andere abergläubische Praktiken Bezug genommen, die sich auf germanische und romanische Sitte

---

[1]) Homilia de sacrilegiis, mit Kommentar herausgegeben von Caspari, Christiania 1886.

verteilen oder beiden gemeinsam sind. Die Schrift scheint im nordfränkischen Reiche ihren Ursprung zu haben[1]); als Quellen dienten dem Verfasser neben seinen eigenen Beobachtungen mehrere Schriftstücke[2]) aus nur wenig älterer Zeit. Dennoch lassen sich aus jener Darlegung nicht ohne Weiteres Schlüsse auf die Verhältnisse der Gegenwart ziehen.[3])

Was also im vierten Jahrhundert in weitesten Kreisen als eine Herabwürdigung des römischen Namens empfunden wurde, die Verbindung von Römertum und Germanentum, ist in der schließlichen Verflechtung beider Religionen Thatsache geworden. Doch ohne Gewinn. Der Untergang der antiken Religion ist dadurch nicht aufgehalten worden: er war überhaupt nicht mehr aufzuhalten. Jene Beschützung durch das Barbarentum hatte keine lange Dauer. Indes auch wo der Götterglaube unberührt von fremdländischen Elementen sein Dasein behauptete, auf dem platten Lande, im Gebirge, auf den vom Verkehr abseits liegenden Inseln wurde er in raschem Fortschritt mehr und mehr eingeschnürt.

---

[1]) Caspari S. 66ff. Dazu die wertvollen Belege zu den vom Verf. gerügten Mißbräuchen S. 17ff.

[2]) Z. B. ist in hohem Maße ausgeschrieben der pseudoaugustinische Sermo CXXIX de Kalendis Januariis (August. opp. V, 233ff.), in welchem Christen zurechtgewiesen werden, welche die Kalenden nach heidnischer Art feiern; ebenso Sermo CCLXXVIII de auguriis (ebendas. S. 462ff.). Über die weitern Quellen Caspari S. 63ff.

[3]) Nur beiläufig seien in diesem Zusammenhange zwei frühmittelalterliche Reden an Getaufte erwähnt, in denen an diesen ebenfalls die Ausübung heidnischer Bräuche gerügt wird (Ausgabe von Caspari in „Kirchenhistorische Anekdota" I Christiania 1883 S. 193ff.). Beide berühren sich mit den oben erwähnten Schriften zum Teil wörtlich und setzen dieselbe Mischung von antikem und altgermanischem Götterglauben bezw. Aberglauben voraus.

Wirksamen Schutz gab es für ihn überhaupt nicht mehr; wohl aber stand ihm eine Kirche gegenüber, die ihre feste, unwiderstehliche Organisation immer weiter über Land und Leute warf und damit das Heidentum an sich heranzog, um es zu vernichten. Nur von zufälliger Nachlässigkeit konnte dann noch aufs Ungewisse eine Frist gewonnen werden. Aber die Anordnungen Gregor d. Gr. bezeugen, daß man in der Kirche auf solche Nachlässigkeit aufmerksam geworden war. Andere suchten und fanden in der Maske des Christentums die Freiheit, den Göttern zu dienen. Jemand erschlich sich sogar die Priesterweihe, um mit desto größerer Sicherheit den alten Kult zu üben; neben seinen kirchlichen Funktionen vollzog er heidnische Funktionen vor einem versteckten Götterbilde in seinem Hause.[1]) Einen großen Teil der Schuld solcher Vorkommnisse trägt die Kirche. Denn sie hatte sich, wie bei Gregor d. Gr. grell hervortritt, auf den Standpunkt der Zwangstaufe gestellt.

Den Getauften war, nachdem sie in den kirchlichen Organismus eingegliedert und der Aufsicht des Klerikers unterstellt waren, die Möglichkeit genommen, eigentliche heidnisch=religiöse Akte öffentlich auszuüben. Desto zäher hielten sie an solchen Stücken, welche wohl religiösen Ursprungs waren, aber entweder nicht mehr die offenbaren Kennzeichen ihrer Herkunft an sich trugen oder in Rücksicht auf die neue Religion gewisse Abzüge erfahren hatten. Zu dieser Gruppe zählt die große Summe von Bräuchen, welche wichtige Ereignisse des Lebens, Geburt, Hochzeit, Begräbnis begleiten,

---

[1]) Gregor M. Epist. X, 4 (II, 1044). Gregor bezeichnet diesen Presbyter Sisinnius als idolorum venerator ac cultor: in seinem Hause habe er quodam idolum.

und eine Anzahl volkstümlicher Feste, wie die Luperkalien in Rom und die beliebte Feier der Kalenden des Januar. Die Kirche hat diese Dinge zum Teil geduldet, zum Teil andauernd bekämpft. Besonders waren ihr die ausgelassenen Volkslustbarkeiten an den Januarkalenden, die mit kirchlichen Ordnungen, z. B. dem Fastengebote, in Konflikt standen, ein Gegenstand eindringlicher Verwarnung.[1]) Diese Anstrengungen nehmen sich freilich kleinlich aus, gemessen an den Kämpfen der Kirche mit dem Heidentum im vierten Jahrhundert. Indes man sieht daran, daß das Heidentum der Kirche auf ihrem eigenen Gebiete noch Mühe machte, nachdem es draußen längst überwunden war.

Ruhmlos ist das Heidentum untergegangen. Wohl erweckt eine Reihe von Männern, die sich mit Aufrichtigkeit und Begeisterung zu Vorkämpfern der unterdrückten, rechtlos gemachten Religion aufwarfen, Achtung, vielleicht auch Bewunderung, aber hinter ihnen stand eine träge Masse, die gar keine oder nur unzureichende Empfindung hatte für die große Frage der Zeit. Augustinus ist im Recht, wenn er, die Glaubensfreudigkeit und Standhaftigkeit der christlichen Märtyrer mit der Haltung der Heiden vergleichend, fragt: „Wer unter ihnen hat, wenn er bei dem gesetzlich verbotenen Opfer ertappt wurde, nicht geleugnet? Wer unter

---

[1]) Daher die zahlreichen Bezüge auf die Kalenden des Januarius bei den Predigern und theologischen Schriftstellern jener Zeit, z. B. Maxim. v. Tur. Hom. XVI (Migne t. 57, 257f.); XXI (S. 270); CIII (S. 491f.); Sermo VI (S. 345f.) und sonst; dann der oben (S. 430 Anm. 2) erwähnte pseudoaugustin. Sermo de Kalendis Januariis; Martin v. Bracara a. a. O.: die Homilia de sacrilegiis (S. 429) u. s. w. Die Januarkalenden und die Divination sind die in der spätern Polemik am meisten hervortretenden Punkte.

ihnen hat, wenn er bei der Anbetung eines Idols ergriffen wurde, nicht mit lauter Stimme gerufen: ich habe es nicht gethan! und ist bange gewesen, daß man ihn überführen möchte? Solche Jünger hat der Teufel gehabt." [1]

---

[1] August. In Ps. 140 (IV, 1574).

Zweites Kapitel.

Die Zeit Justinians.

Im oströmischen Reiche behauptete der Hellenismus noch eine hervorragende geistige Bedeutung zu einer Zeit, als er im Abendlande bereits auf die untern Bevölkerungsklassen sich zurückgezogen hatte, und gerade darin besaß er ein Mittel, in die mittlern und obern Schichten der Gesellschaft immer wieder seinen Weg zu finden und sich festzuwurzeln. Die Achtung vor der nach dem göttlichen Plato sich nennenden Philosophie war noch im fünften Jahrhundert so groß, daß man das heidnisch-religiöse Gewand, in welchem dieselbe in die Öffentlichkeit trat, ertragen zu müssen glaubte. Doch geht neben dieser rücksichtsvollen Schonung des philosophischen Heidentums eine rastlose und erbitterte Verfolgung des gemeinen Götzendienstes.

Drei Mächte wirkten zusammen, die alte Religion, soweit sie noch in wirklichem, sei es öffentlichen, sei es versteckten Kultus vorhanden war, zu zerreiben: die Kirche, der Staat, das Barbarentum. Von den Bemühungen der Kirche war bereits die Rede: sie treten in den Geschichtsdenkmälern wenig hervor, aber die Beobachtung, daß die bischöfliche Organisation des Landes sich im fünften Jahrhundert auffallend rasch ausbreitet und plötzlich in Gebieten durch-

Die Zeit Justinians. 435

geführt erscheint, in denen vorher davon kaum noch etwas zu bemerken war¹), giebt zu denken und weist mit Bestimmtheit auf eine zielbewußte und kraftvolle Propaganda hin.

Am langsamsten kam die Christianisierung in dem eigentlichen Griechenland vorwärts. Auf diesem echt klassischen Boden waren, wie in Rom, vaterländische Erinnerungen und Götterglaube fest ineinandergewachsen, und zahlreiche Denkmäler und Orte erinnerten unaufhörlich an die glänzenden Zeiten des heidnischen Griechenlands. Wohl empfand man es als einen schmerzlichen Verlust, daß im Jahre 393 die olympischen Spiele zum letztenmale gefeiert²) und den Tempeln und öffentlichen Gebäuden fortwährend wertvolle Kunstwerke entzogen und nach der Hauptstadt am Bosporus oder sonstwohin geschafft wurden³), indes standen am Ende des vierten Jahrhunderts noch zahlreiche Heiligtümer unversehrt, und manche unter diesen sahen, den staatlichen Gesetzen zum Trotz, noch eine feiernde Menge. Da trat im Jahre 395 eine furchtbare Katastrophe ein.

Im Herbst nämlich dieses Jahres setzte sich Alarich von Thessalien aus gegen Griechenland in Bewegung. Den schwachen Widerstand, der sich ihm entgegenstellte, überwältigend, drang er in Achaja ein. Athen war so glücklich,

---

¹) Vgl. Hertzberg, Geschichte Griechenl. unter der Herrschaft der Römer. 3. Teil S. 437 ff. Die nähern Nachweise werden von mir im zweiten Bande gegeben werden.

²) Cedren. Hist. comp. S. 573. Die Aufhebung fand unter Theodosius d. Gr. statt. Der letzte geschichtlich bekannte Sieger zu Olympia ist der armenische Arsakide Varaztad (Moses Choren. III. 40).

³) Hertzberg a. a. O. S. 378; 428 f.

sich retten zu können: um so schwerer litt das Land. Die alten Kunstwerke, Tempel und Profanbauten wurden niedergebrannt. Aus Achaja wälzten sich die Scharen nach dem Peloponnes, um das Zerstörungswerk fortzusetzen. Mit der blinden Wut roher Eroberer scheint sich ein bewußter Haß gegen die Denkmäler und Kultstätten der alten Religion verbunden zu haben.[1]) Eine größere Verwüstung hat Griechenland nicht erlebt. Mit derselben Wucht, mit der dieser Schlag den Wohlstand und die Kultur des Landes traf, traf er den Götterglauben. Es war kein lebenskräftiges Heidentum da, um auf diesen Trümmern neu zu bauen, wohl aber eine kluge, missionseifrige Kirche, welche die Lage auszunutzen verstand.

Die Raubzüge der Vandalen an der griechischen Küste unter Leo I und die verderbliche Invasion der Bulgaren in Makedonien, Thessalien und Epirus am Beginn des sechsten Jahrhunderts müssen ähnliche Zustände geschaffen haben. Also während im Abendlande das Barbarentum dem einheimischen Götterglauben zu einer kurzen Frist verhalf, beschleunigte es in Griechenland seinen Untergang.

So wenig wie die Kirche hat in Ostrom die Regierung je darauf verzichtet, den sich vollziehenden Untergang des Heidentums zu beschleunigen. Durch staatliche Erlasse ist die Bevölkerung des Reichs auch in dieser letzten Zeit mehrfach daran erinnert worden, daß der Götterglaube etwas Ungesetzliches, Strafbares sei.

---

[1]) Zosim. V, 5 (vgl. Hertzberg a. a. O. S. 391 ff.). Aus Eunap. Vita Maximi (S. 53 ed. Boisson.) gewinnt man den Eindruck, daß an diesem Zerstörungswerk auch Mönche beteiligt waren, die sich im Zuge der Goten befanden.

So mußte unter der Regierung Zenos[1]) der Neuplatoniker Severianus auf die Anklage hin, daß er in Beziehung auf das kaiserliche Haus divinatorische Opferhandlungen verrichte, Konstantinopel verlassen; ein anderer Philosoph, Hierokles, der sich gegen Christen unziemlich benommen hatte, wurde blutig gegeißelt.[2]) Doch schritt die Regierung gegen die heidnischen Vertreter des Neuplatonismus damals immer erst dann ein, wenn eine besondere Verschuldung vorlag. Der Kaiser Zeno selbst bezeugte dem Neuplatoniker Pamprepius die höchste Achtung und bemühte sich persönlich, ihn für das Christentum zu gewinnen. Pamprepius blieb indes standhaft, und die Standhaftigkeit hat ihm keinerlei Beschwerde eingetragen.[3]) Der Kaiser Anastasius erneuerte[4]) im Jahre 505 in Beziehung auf eine bestimmte Funktion eine frühere Verordnung, welche das orthodoxe christliche Bekenntnis als Bedingung für Bekleidung öffentlicher Ämter forderte; Justin I wiederholte sie im weitesten Umfange.[5]) Denn denen, so heißt es in der betreffenden Verfügung, welche Gott nicht in rechter Weise verehren, muß auch der Genuß menschlicher

---

[1]) Der Isaurier Zeno regierte 474—491.

[2]) Suidas s. v. Σεβηριανός u. Ἱεροκλῆς.

[3]) Suidas s. v. Παμπρέπιος. Er ist später nicht als Heide, sondern als Landesverräter hingerichtet worden (Theoph. Chron. S. 201).

[4]) Cod. Justin. I, 4, 19: jubemus eos tantummodo ad defensorum curam peragendam ordinari, qui sacrosanctis orthodoxae religionis imbuti mysteriis hoc inprimis sub gestorum testificatione, praesente quoque religiosissimo fidei orthodoxae antistite, per depositiones cum sacramenti religione celebrandas patefecerint u. s. w.

[5]) Cod. Just. I, 5, 12 (a. 527).

Güter vorenthalten werden. Die weltlichen Beamten sollen sich mit den geistlichen Würdenträgern vereinigen, den kaiserlichen Willen durchzuführen. Doch sind in beiden Fällen die Häretiker das eigentliche Objekt dieser Verfügungen: das Heidentum kommt mit dem Judentum nur gelegentlich zur Erwähnung, nämlich nur insofern als es auch zu den Gemeinschaften gehört, welche von dem orthodoxen christlichen Bekenntnis abseits liegen. Man gewinnt hieraus nicht mehr als eine allgemeine Bestätigung der Thatsache der Fortdauer des Heidentums im Ostreiche. Aber bald darauf übermittelt uns dieselbe Gesetzgebung wertvolle Einzelheiten.

Am 1. August 527 folgte Justinian I seinem Oheim Justinus in der Regierung, die er schon längere Zeit mit jenem geteilt hatte. Die Herrschaft des thrakischen Bauernsohnes ist durch ihre Fehler und Schattenseiten wie durch ihre glänzenden Erfolge und positiven Schöpfungen für das byzantinische Reich bedeutungsvoll geworden. Unter ihm schloß das Kaisertum den engsten Bund mit der rechtgläubigen Theologie und Kirche. Eine Frucht dieses Bundes sind die scharfen Ketzergesetze, in deren Umfang in vielen Fällen auch das Heidentum hineingenommen ist; handelte es sich doch darum, das Gebiet der Orthodoxie von allen andersartigen christlichen und außerchristlichen Bildungen genau abzugrenzen. Es wird wiederum daran erinnert, daß einem Nichtorthodoxen jegliches Amt — dabei wird ausdrücklich der Jugendunterricht genannt — verschlossen bleibt: wer sich ein solches mit Heuchelei zu verschaffen gewußt hat, soll daraus entfernt werden.[1]) Vererbungen können nur an rechtgläubige Kinder

---

[1]) Cod. Just. I, 5, 18: — ὥστε τοῖς τὰ τοιαῦτα νοσοῦντας μήτε στρατεύεσθαι μήτε τινὸς ἀξιώματος ἀπολαύειν.

und Erwachsene stattfinden¹); kein Hellene oder Jude oder Samariter oder nicht Rechtgläubiger darf einen Christen als Sklaven haben.²) Nur ein orthodoxer Christ kann Aufnahme in die Armee finden; daher muß Jeder, der solches begehrt, sich einer genauen Prüfung unterziehen.³) Das Zeugnis eines Nichtorthodoxen gegen einen Orthodoxen hat keinen gerichtlichen Wert.⁴)

Alle diese und ähnliche Bestimmungen treffen wohl das Heidentum oder nennen es namentlich, sind aber nicht ausschließlich, nicht einmal in erster Linie gegen dasselbe gerichtet. Doch nahm oder fand die Regierung auch Veranlassung, gegen den Hellenismus Spezialverfügungen zu treffen. Es waren, scheint es, Klagen darüber eingelaufen, daß die alte Religion an vielen Orten noch ungescheut in ihrem Kultus fortdauere; gegenüber dem auf sie ausgeübten Druck schlossen sich die Altgläubigen um so enger und fester

---

ἀλλὰ μηδὲ ἐν σχήματι διδασκάλου παιδείας δῆθέν τινος τὰς τῶν ἁπλουστέρων ψυχὰς εἰς τὴν ἑαυτῶν ἀνθέλκειν πλάνην καὶ κατὰ τοῦτο ποιεῖν αὐτοὺς ἀργοτέρους περὶ τὴν ἀληθῆ καὶ καθαρὰν τῶν ὀρθοδόξων πίστιν.

¹) Cod. Just. I, 5, 19.

²) Cod. Just. I, 10, 2: Ἕλλην καὶ Ἰουδαῖος καὶ Σαμαρείτης καὶ πᾶς μὴ ὢν ὀρθόδοξος οὐ δύναται Χριστιανὸν ἀνδράποδον ἔχειν, ἐπεὶ καὶ αὐτὸ ἐλευθεροῦται καὶ ὁ κτησάμενος δίδωσι τοῖς περιβάτοις λ΄ λίτρας.

³) I, 4, 20: Οὐδεὶς στρατεύεται, εἰ μὴ ἐν ὑπομνήμασι μαρτυρηθῇ ἐπὶ τριῶν ἐπὶ τῶν ἁγίων εὐαγγελίων Χριστιανὸς ὀρθόδοξος, συνισταμένης τῆς πράξεως παρὰ τῷ ἄρχοντι, ἔνθα μέλλει στρατεύεσθαι, δύο νομισμάτων ὑπὲρ αὐτῆς διδομένων u. s. w.

⁴) I, 5, 21 (a. 531).

zusammen. Durch Geldgeschenke und letztwillige Verfügungen Einzelner wurden für die Erhaltung und den Betrieb der väterlichen Sacra die Mittel beschafft. Was in den Erstlingszeiten die Christen sich gewesen waren, lernte jetzt das Heidentum in seiner Bedrängnis; es bemühte sich, seine Religion und sich selbst durch Liebesgaben zu erhalten.

In Rücksicht auf diese Erscheinung verfügte Justinian eine genaue amtliche Untersuchung[1]), zu der auch die Bischöfe herangezogen wurden; in besondern Fällen soll an die Person des Kaisers Bericht erstattet werden. Als bestimmten Punkt hebt das Ausschreiben hervor, „daß Niemand sich unterstehe, weder testamentarisch noch in einer andern Geschenksform etwas an Personen oder Orte zur Unterhaltung der Gottlosigkeit des Hellenismus zu hinterlassen oder zu geben." Die Richter werden sich dabei nicht durch irgend eine täuschende Formel irre leiten lassen. Wo solche Zuwendungen nachgewiesen sind, fallen sie den Städten zu, in denen jene Personen oder Orte sich befinden, und sollen für die allgemeinen städtischen Ausgaben verwendet werden. Zum Schlusse bestätigt der Kaiser feierlich die Giltigkeit aller gegen den Hellenismus erlassenen Gesetze.

Noch umständlicher beschäftigt sich ein zweiter Erlaß mit dem Hellenismus, in welchem am klarsten, aber auch

---

[1]) I, 11, 9. Der Eingang: *Προστάττομεν τοὺς ἡμετέρους ἄρχοντας τούς τε κατὰ τὴν βασιλίδα πόλιν ταύτην καὶ κατὰ τὰς ἐπαρχίας διὰ πάσης χωρεῖν προθυμίας οἴκοθέν τε καὶ παρὰ τῶν θεοφιλεστάτων ἐπισκόπων τὰ τοιαῦτα διδασκομένοις πάντα τὰ τῆς Ἑλληνικῆς θρησκείας ἀσεβήματα νομίμως ἀναζητεῖν.*

Die Zeit Justinians. 441

am schärfsten die Anschauung der Regierung zum Ausdruck kommt.[1]

Immer noch, so wird gleich eingangs konstatiert, finden sich Leute, „die in dem Irrtume der unheiligen und widerwärtigen Hellenen hangen und Dinge thun, welche den barmherzigen Gott zu gerechtem Zorn reizen müssen." In „unsinniger Verblendung" bringen sie den Idolen Opfer und feiern Feste, „jeglicher Unheiligkeit voll." Der Kaiser will diese Dinge nicht „unverbessert" lassen und verordnet zunächst, daß diejenigen Christen, welche, obwohl sie die heilige und errettende Taufe empfangen haben, dennoch im Wahnsinn der Hellenen verbleiben, der Todesstrafe verfallen. Diejenigen dagegen, welche noch nicht getauft sind, sollen sich selbst zur Anzeige bringen und, sei es in der Hauptstadt, sei es in der Provinz, mit Weib und Kind samt ihrer ganzen Hausgenossenschaft zu den heiligen Kirchen sich begeben, den christlichen Glauben kennen lernen und die Taufe empfangen. Die, welche das versäumen, mögen wissen, daß sie an keinen der Wohlthaten des Staates teilhaben, weder bewegliches noch unbewegliches Vermögen besitzen können, sondern, jeglichen Dinges beraubt, sollen sie in der Not belassen werden und dazu noch die entsprechende Strafe erleiden.[2]

Bis zu diesem Punkt war die vorjustinianische Gesetzgebung noch nicht vorgedrungen. Wohl hatte sie die religiösen Rechte des Heidentums ganz und die bürgerlichen zum größten Teil beseitigt: doch blieb es Justinian vorbe-

---

[1] I, 11, 10.
[2] A. a. O.: — ἀλλὰ παντὸς ἀφαιρεθέντες πράγματος ἐν ἐνδείᾳ καταλειφθήσονται πρὸς τῷ καὶ ταῖς ἁρμοδίαις ἐμβληθῆναι ποιναῖς.

halten, die Anhänger des Götterglaubens in den Zustand völliger Rechtslosigkeit zu setzen. Sie stehen jetzt auf einer tieferen Stufe als die Sklavenschaft. Die Regierung giebt sie dem Elende preis: es bleibt ihnen nichts mehr als der Bettel, und hinter diesem steht noch eine Summe von Drohungen, welche die bürgerlichen Beamten und die Bischöfe im Namen des Kaisers in ihrer Hand hielten.

Aber als ob die Regierung selbst von diesen bedrohlichen Strafen nicht allzuviel Erfolg sich versprochen habe, so faßte sie jetzt auch die Schulverhältnisse ins Auge. Richtig erkannte sie, daß der Schulunterricht ein wichtiges Moment in dem Kampfe gegen den Hellenismus sei. Es war leicht, hier einzugreifen, denn neben den vom Staate unmittelbar eingerichteten und unterhaltenen Anstalten gab es zahlreiche städtische Schulen, über welche die Regierung das Aufsichtsrecht hatte, ganz abgesehen davon, daß die damalige Verfassung, welche die Kommunen vollständig der Gewalt des Staates unterordnete, einen gar nicht oder nur gering beschränkten Einfluß auf städtische Institute ermöglichte. In der Lehrerschaft der höheren, mittleren und niederen Schulen war das religiöse Bekenntnis ein gemischtes, obwohl das christliche Bekenntnis weit überwog. Denn auf dem Gebiete des Wissens und des Unterrichts hatte das Heidentum eine thatsächliche Toleranz sich behauptet. In der Kirche mag der Einfluß heidnischer Lehrer schon längst übel empfunden worden sein: vielleicht hat sie damals ihre Wünsche vor Justinian gebracht. Jedenfalls kam dieser der Stimmung der Kirche entgegen.

In dem erwähnten Edikt heißt es: „Wir untersagen jeglichen Unterricht bei den an Wahnsinn der Hellenen krankenden Personen", damit diese nicht unter dem Vorwande

Die Zeit Justinians.   443

der Erziehung die schon vordem in den göttlichen Wahrheiten unterrichteten Seelen verderben. Auch sollen sie nicht aus den öffentlichen Speisegeldern Bezüge haben, wennschon sie sich dabei auf irgend einen Rechtstitel berufen.¹)

Den heidnischen Lehrern wird also zwar nicht der Unterricht selbst genommen, nur verbietet der Staat seinen rechtgläubigen Unterthanen die Teilnahme an diesem Unterricht und entzieht den Lehrern die staatlichen Gehälter. In Wahrheit aber war damit die Wirksamkeit der heidnischen Lehrer so gut wie aufgehoben. Leider werden bestimmte Klassen von Lehrern nicht namhaft gemacht. Doch darf man annehmen, daß sämtliche öffentlich Lehrende, von den Elementarlehrern der Grammatik an bis hinauf zu den Rhetoren und Philosophen, gemeint sind.²)

Darauf wiederholt der Kaiser, daß die, welche nicht zu den Kirchen „eilen", den geziemenden Strafen verfallen, ihres Vermögens beraubt und „dem Elende preisgegeben werden" sollen. Auf Opferhandlungen und alle Vergehen der Idololatrie steht der Tod, wie auf Zugehörigkeit zum Manichäismus. „Denn daß jene (die Heiden) den Manichäern gleich zu achten seien, ist unsere Meinung." Von neuem wird dann zu eiligem Vollzug der Taufe bei Kindern und Erwachsenen ermahnt. Sollten Einige nur aus dem Grunde, um eine

---

¹) A. a. O.: πᾶν δὲ μάθημα παρὰ τῶν νοσούντων τὴν τῶν ἀνοσίων Ἑλλήνων μανίαν διδάσκεσθαι κωλύομεν — — μηδὲ ἐκ τοῦ δημοσίου σιτήσεως ἀπολαύειν αὐτούς, οὐκ ἔχοντας παῤῥησίαν οὐδὲ ἐκ θείων γραμμάτων ἢ πραγματικῶν τύπων τοιούτου τινὸς ἄδειαν αὑτοῖς ἐκδικεῖν.

²) Über die verschiedenen Klassen und die Besoldung der Lehrer vgl. Kuhn, Die städt. u. bürgerl. Verf. d. röm. Reichs I S. 84 ff.

Stellung im Heere oder in der Beamtenschaft zu erlangen, heuchlerisch sich der Taufe unterziehen wollen oder unterzogen haben, während ihre Frauen und Kinder und die übrigen Hausgenossen daheim im heidnischen Irrtum verharren, die sollen kein Amt empfangen im Staate, ja gebührend bestraft werden als solche, „die offenbar nicht mit aufrichtigem Glauben die heilige Taufe empfangen haben."

Der ausführliche Erlaß stellt die Thatsache fest, daß damals im byzantinischen Reiche noch erhebliche Reste des Heidentums sich erhalten hatten, die ihre Existenz auf zwiefache Weise behaupteten, durch Verborgenheit und durch Heuchelei. Gerade letztere scheint eine große Rolle gespielt zu haben; in den militärischen und bürgerlichen Ämtern müssen zahlreiche Altgläubige sich befunden haben, die entweder auf dem Wege der Taufe oder sonstwie dahin gelangt waren. Wir wissen, daß gerade damals, unmittelbar vor Veröffentlichung jenes Edikts, der Regierung überraschende Thatsachen dieser Art zur Kenntnis kamen. Mehrere hochstehende Personen, darunter auch Beamte, wie der Exreferendarius Macedonius, der Quästor Thomas, der Patrizier Photas, ein gewisser Pegasius mit seinen Söhnen, wurden als „Hellenen" denunziert und zum Teil hingerichtet; ihr Vermögen zog der Staat an sich.[1]) Die genauere Untersuchung ergab, daß Viele, die als Christen galten, heimlich noch Opfer und „andere unheimliche Verrichtungen" vollzogen.[2]) Diese Entdeckungen riefen in der Bevölkerung eine große Bestürzung hervor; man sah sich unerwartet vor Thatsachen

---

[1]) Malal. XVIII (S. 449); Theophan. I, 276: kürzer Leo Gramm. S. 125 u. Cedren. I, 642.

[2]) Procop. Hist. arcana c. 11 (III, 76 ed. Bonn.).

gestellt, an deren Wirklichkeit man kaum noch glauben konnte. Die Regierung ihrerseits formulierte das genannte Edikt, welches in allen Städten allgemein bekannt gegeben wurde[1]), und ließ es mit Strenge durchführen, so daß man den Eindruck einer „großen Verfolgung" des Hellenismus gewann. Die Kirche unterstützte bei diesem Werke bereitwillig den Staat. Ein angesehener kleinasiatischer Bischof Johannes bereiste im Jahre 532 im Auftrage Justinians mehrere kleinasiatische Provinzen zu dem Zwecke, unter den noch vorhandenen Heiden Mission zu treiben, natürlich mit dem kaiserlichen Edikte in der Hand. Derselbe will, nach seiner eigenen Angabe, 70,000 Personen der Kirche zugeführt haben: 41 Gotteshäuser bauten sich diese Bekehrten aus eigenen Mitteln, 55 ließ ihnen Justinian aufrichten und beschenkte sie außerdem freigebig mit silbernen und ehernen Gefäßen, heiligen Schriften und linnenen Taufkleidern.[2]) Der Bericht über diese Propaganda giebt leider keine Auskunft darüber, welcher Klasse der Bevölkerung die Getauften angehörten; die hohe Zahl und noch mehr die kaiserlichen Zuwendungen weisen auf bäuerliche Kreise.

Die Motive, welche Justinian zu diesen Schritten bestimmten, waren religiöse und hängen eng zusammen mit der ihn beherrschenden Idee, „die Millionen seiner Unterthanen mit Güte oder Gewalt zu der großartigen Monotonie jener Form christlicher Orthodoxie zu gewinnen, der er als leidenschaftlicher Theologe sich selbst angeschlossen hatte." Wenn die bei der Heidenverfolgung verlockend sich darbietende Ge-

---

[1]) Malal. a. a. O.: — ὅστις θεῖος τύπος ἐπεφανίσθη, ἐν πάσαις ταῖς ἐξωτικαῖς πόλεσιν.

[2]) Assemani, Bibl. orient. II S. 85.

legenheit, durch Konfiskation des Eigentums der Schuldigen die darniederliegenden staatlichen Finanzen aufzubessern, gründlich ausgenutzt worden ist, so darf darin doch nicht der Ausgangspunkt jener Prozesse und Verurteilungen gesucht werden.

Was den Charakter dieser Religionspolitik anbetrifft, so entdeckt man in ihr dieselbe Anschauung, welche Gregor d. Gr. in seinem Verhalten zum Heidentume leitete. Das Recht, die Anhänger der alten Religion zur Taufe zu zwingen, steht ihr unzweifelhaft fest; die Mittel, dieses Recht zur Durchführung zu bringen, bestimmten sich nach den Verhältnissen: Justinian versuchte durch völlige Entrechtung, Gregor durch Steigerung der Frohnden die Widerspenstigen willig zu machen.

Eine besondere geschichtliche Bedeutung haben die Maßnahmen Justinians gegen die philosophische Schule zu Athen. Die Lehrstühle daselbst waren fast ausschließlich im Besitz heidnischer Neuplatoniker, die ihren Unterhalt aus uralten Stiftungen bezogen. Wenn gegen Ende des vierten Jahrhunderts Synesius von Kyrene das scharfe Urteil aussprach, Athen habe von seiner alten Herrlichkeit nichts mehr als leere Namen, die Philosophie sei fortgezogen: jetzt sei die Stadt nur noch durch ihre Honigkrämer berühmt[1]), so war das nur halb wahr. Allerdings hat die allgemeine Entwickelung zum Christentume hin und die innere Auflösung der neuplatonischen Philosophie und vor allem die auf Grund eines umfassenden Plans und mit reichen Mitteln durchgeführte Neuordnung der Akademie zu Konstantinopel durch Theodosius II das einst berühmte Athen zurückgedrängt und mehr auf die Erinnerungen an seine frühere Herrlichkeit ange-

---

[1] Synes. Epist. 136 S. 493.

wiesen, indes die tüchtigsten Vertreter der damaligen Philosophie setzten ihren höchsten Ruhm darin, in Athen zu lehren. Allerdings befand sich diese Philosophie im Stadium des Greisenalters. „Wenn man den Stand der neuplatonischen Wissenschaft in der Schule des Proklus und die innere Unmöglichkeit ihrer weiteren Fortbildung beachtet, so wird man darüber nicht in Zweifel sein können, daß diese Schule untergehen mußte, auch wenn ihre äußere Lage günstiger gewesen wäre, als sie seit dem Siege des Christentums sein konnte."¹) Mit Schonung wurde die ehrwürdige Akademie lange Zeit von den christlichen Kaisern behandelt: die Bedrängnisse, in welche einzelne Philosophen kamen, entsprangen aus zufälligen Verwickelungen²) und hatten mit dem Verhalten des Staates zu der Universität nichts zu thun. Selbstverständlich unterstanden auch die akademischen Lehrer den gegen den Götzendienst erlassenen Gesetzen: davon wurde indes ihre heidnische Philosophie zunächst nicht berührt.

Justinian griff in diese Verhältnisse mit gewaltsamer Hand ein. Sein oben erwähntes Verbot, den Unterricht eines heidnischen Lehrers zu genießen, ist als der einleitende und vorbereitende Schritt zu der tief einschneidenden Maßregel zu betrachten, welche er über die Universität Athen verhängte: im Jahre 529, wie es scheint, traf in Achaja der Befehl ein, daß in Zukunft in Athen Niemand mehr Philosophie lehren solle. Zugleich wurde die Einziehung

---

¹) Zeller, Die Philosophie d. Griech. III, 2, 849.
²) Schon Proklus hatte mancherlei Gefahren zu bestehen, worüber Marinus, Vita Procli c. 15 (vgl. auch c. 29); Marinus selbst flüchtete einmal nach Epidaurus (Damasc. Isid. 277; vgl. 228) und Hegias hatte wegen seiner Anhänglichkeit an den alten Kultus zahlreiche Feinde (Suidas s. v. Ἡγίας).

des Stiftungsvermögens angeordnet.¹) Es ist zweifellos, daß damit die den Götterglauben bekennende philosophische Schule vernichtet werden sollte; wertvoll wäre es, die genauere und unmittelbare Veranlassung dieser Verfügung zu wissen. Denn es ist wohl anzunehmen, daß ganz bestimmte Vorkommnisse den Gedanken nahegebracht haben. Überhaupt liegt das Ende der athenischen Universität im Dunkel. Wir wissen nur die Thatsache. Ein Teil der Professoren²) wanderte nach Persien aus, wo sie bei dem Könige Khosru Nuschirvan Gunst und Brot zu finden hofften. Doch kehrten sie bald enttäuscht zurück, nachdem ihnen in dem Friedensschlusse zwischen Persien und Ostrom im Jahre 533 Religionsfreiheit zugesichert war.³). Wie haben die Zurückgebliebenen ihre religiöse Freiheit behauptet? Wie stellte sich der Staat zu den sonst im Reiche lehrenden Neuplatonikern, besonders zu der alexandrinischen Akademie? Auf diese und andere Fragen geben uns die Quellen keine Antwort.

Es ist von vornherein anzunehmen, daß die Maßnahmen Justinians, wie umfassend und scharf sie auch waren, das Heidentum wohl einschüchterten und schwächten, aber doch

---

¹) Malal. S. 187 (a. 529): ἐπὶ δὲ τῆς ὑπατείας τοῦ αὐτοῦ Δεκίου ὁ αὐτὸς βασιλεὺς θεσπίσας πρόσταξιν ἔπεμψεν ἐν Ἀθήναις, κελεύσας μηδένα διδάσκειν φιλοσοφίαν μήτε νόμιμα ἐξηγεῖσθαι. Dazu Procop. Hist. arc. c. 26; Zonar. XIV, 6. Das Jahr 529 steht nicht absolut fest, ist aber wahrscheinlich.
²) Die Namen bei Agathias II, 30 f.
³) Agath. c. 31; wonach im Friedensvertrage festgesetzt wurde: τὸ θεῖν ἐκείνους τοὺς ἄνδρας εἰς τὰ σφέτερα ἤθη κατιόντας βιοτεύειν ἀδεῶς τολοιπὸν ἐφ' ἑαυτοῖς, οὐδὲν ὁτιοῦν πέρα τῶν δοκούντων φρονεῖν ἢ μεταβάλλειν τὴν πατρῴαν δόξαν ἀναγκαζομένους.

nicht beseitigten. In der That treten in der Folgezeit noch vereinzelte Spuren desselben hervor[1]); doch allmählich verlieren sie sich, und die Geschichte des Götterglaubens schließt im Ostreich in derselben Weise ab wie im Westen, das heißt, das eigentlich Idololatrische schwindet, das Übriggebliebene aber sinkt zum Werte des Aberglaubens herab. Bezeichnend für diesen Abschluß der Entwickelung ist das Concilium Trullanum vom Jahre 692, welches vom Götzendienst nichts mehr weiß, wohl aber eine ganze Summe hellenischen Aberglaubens und hellenischer Gebräuche bekämpft.[2]) Der letzte Zeitpunkt, bis zu welchem wir im griechischen Reiche die Fortdauer des alten Götterglaubens in organisiertem Kultus verfolgen können, ist das neunte Jahrhundert. Von jener Zeit wird uns berichtet, daß es Basilius dem Macedonier gelang, die tapfern Nachkommen der Eleutherolakonen, die Maniaten in dem südlichen Teile des Taygetos, zur Taufe zu zwingen.[3]) Doch auch diese waren nicht mehr Träger des reinen Hellenismus, sondern schon mit slavischen Elementen vermischt. So verliert sich auch hier der Hellenismus im Barbarentum.

---

[1]) 3. vgl. Evagrius. H. E. I. 11; V. 18; Cedren. I. 692; Theophyl. I c. 11.
[2]) Kan. 61. 62. 71. 94.
[3]) Constant. Porphyr. De admin. imp. c. 50 (III. 224).

Drittes Kapitel.

Rückblick.

Durch ein denkwürdiges Reskript entzog einst Trajan dem Christentum im römischen Reiche das Existenzrecht, welches bis dahin der neuen Religion in Unkenntnis ihres Wesens stillschweigend bewilligt worden war. Zwei Jahrhunderte hindurch ist diese Entscheidung für das grundsätzliche Verhalten des antiken Staates zum Christentum maßgebend gewesen und hat die Voraussetzung der gewaltthätigen Verfolgungen gebildet. Erst das Mailänder Religionspatent schuf die Lage um; es führte das Christentum aus dem Zustand der Rechtlosigkeit heraus und gab ihm die begehrte staatliche Duldung.

Damit war äußerlich der Friede zwischen den beiden hadernden Religionen hergestellt, aber in Wirklichkeit trug jenes Schutzedikt den Zündstoff neuer Konflikte in sich, die bald in die Erscheinung traten. Denn das der einen Religion zugestandene, scheinbar gerechte Privilegium bedeutete einen Rechtsverlust der anderen Religion, die nun gezwungen ist, das Gebiet des Weltreichs mit dem Christentum zu teilen. Die persönliche Haltung Konstantins in der Religionsfrage hat das Hervortreten dieser Konflikte beschleunigt, die eine heidenfreundliche Regierung möglicherweise noch um einige Jahrzehnte hätte zurückhalten können. Der geschichtliche Verlauf hat es thatsächlich so gefügt, daß das angebliche Toleranzedikt der Ausgangspunkt immer intensiver sich gestaltender Bedrückungen des Heidentums wurde.

Diese Bedrückungen gehen zugleich vom Staate und von der Kirche aus. Die Kirche hat anfangs den Kampf in der Weise geführt, in welcher sie seit längerem sich heimisch fühlte, nämlich mit literarischen Mitteln. Noch in einer Zeit, als die weltliche Regierung ihre Gewaltmaßregeln gegen die alte Religion in rücksichtslosester Form durchführte, ist sie mit wissenschaftlicher Bestreitung und Belehrung abwehrend und einladend an das Heidentum herangetreten. Obwohl die Versuchung groß war, hat sie sich verhältnismäßig doch erst spät von dem Staate auf denselben verkehrten Weg hinreißen lassen. Freilich nicht da liegt ihre größte Schuld, sondern vielmehr in der Thatsache, daß sie das gewaltsame Vorgehen des Staates nicht nur nicht gehindert oder auch nur ermäßigt, sondern sogar gefördert hat. Denn der Einfluß der Kirche im öffentlichen Leben war schon unter Konstantin ein solcher, daß eine einmütige und entschiedene Einsprache vom Staate nicht ganz außer Rücksicht gelassen worden wäre. Es scheint aber nicht einmal der Gedanke daran bestanden zu haben. Wie ist das zu erklären?

Die Wahrheit, wenn sie sich wirklich voll und ganz als Wahrheit fühlt, neigt stets zur Intoleranz. Die Christenheit lebte aber in dem absoluten Wahrheitsbewußtsein. Die Kehrseite war eine tiefe Verachtung und scharfe Abneigung gegen das Heidentum. Wenn die Reaktion des christenverfolgenden Heidentums aus der Empfindung verletzter Pietät hervorgewachsen ist, welche die schroffe Abweisung der Göttergestalten und der Götterbilder und den rücksichtslosen Hohn darüber nicht dulden konnte und wollte, so war hier das übermächtige Gefühl des ausschließlichen Wahrheitsbesitzes der nicht ruhende Antrieb ungerechten Handelns gegen das Heidentum. Die Weltüberwindung war den Gläubigen von dem Herrn selbst und seinen Aposteln zugesichert und von ebenderselben Seite die einzige Wahrheit und damit das einzige Recht der neuen Gottesoffenbarung ausgesprochen worden. Dieser Glaube beherrschte die apostolische Zeit, als das Christentum, äußerlich angesehen, noch nichts bedeutete; er beherrschte die Verfolgungszeit, wo die Erfahrungen der Gegenwart das Gegenteil zu weissagen schienen; um wie viel mehr mußte er das siegreiche, vom Staate widerwillig in Schutz genommene, bei dem Kaiser und in der Welt angesehene Christentum beherrschen.

Vergleichungen zwischen der frühern und der spätern Lage sind damals nicht selten angestellt worden; ihr Ergebnis war stets der Christenheit günstig. Man redete sich ein, daß ein körperlicher Zwang, wie er in den Christenverfolgungen üblich war, oder gar die Todesstrafe um des religiösen Bekenntnisses willen nicht mehr stattfinde. Das ist richtig; der christliche Gedanke erwies sich hier siegreich, aber doch nur bis zu einer gewissen Linie. Denn die Todesstrafe fehlt wenigstens als Drohung nicht, und die Verwüstung der Tempel und Altäre, die Auflösung der priesterlichen Ordnungen und Korporationen, die Einziehung des heiligen Besitzes und der Staatszuschüsse waren Gewaltmaßregeln, welche das Prinzip der Toleranz verletzten. Der heidenverfolgende Staat hat vor dem christenverfolgenden Staate das voraus, daß die Vernichtung der alten Religion zwar nicht ohne Gewalt, aber im allgemeinen schonender und in langsamer Steigerung der Maßnahmen vollzogen wurde. Die furchtbaren Blutedikte und Blutscenen fehlen ganz.

Andererseits läßt sich kaum vorstellen, wie der christliche Staat mit den Grundsätzen strengster Toleranz seine Aufgabe hätte lösen wollen. Nachdem einmal das Heidentum als etwas in der geschichtlichen Entwickelung Hinderliches erkannt und durch die Erfahrung als überlebt und untüchtig erwiesen war, lag es im höchsten Interesse des Staates, das Ende der absterbenden Religion möglichst zu beschleunigen. Was ferner in der neuen Zeit lebenskräftig war, befand sich in Widerspruch und Gegensatz zu dem Heidentum, und ein solcher Antagonismus war dem Staatswesen nicht förderlich. Es mußte daher als eine ernste Pflicht erscheinen, diese Hemmnisse, die Trümmerstücke einer überwundenen, untergehenden Welt, möglichst schnell zu beseitigen. Das forderte das Staatswohl. Dieses aber hat stets ein größeres Recht als irgend eine Doktrin. Die religiöse Differenz kam hinzu, um diese Auffassung zu erhalten und zu festigen.

In Konstantin erscheinen diese beiden Momente, das staatliche und das religiöse Interesse geeint. Seine weltgeschichtliche Größe besteht darin, daß er seine Zeit verstand. Für ihn war nicht zweifelhaft, welcher der beiden Religionen, die er im Kampfe miteinander vorfand, die Zukunft gehöre. In seiner Person und in seinem Principate endet im römischen Staatstum eine alte Religion und hebt eine neue an. Er hat zugleich den richtigen Weg gefunden, auf welchem der Staat durch die gefährliche Krisis schadlos hindurchgehen konnte. Es läßt sich nicht absehen, zu welchen Erschütterungen es geführt haben würde, wenn statt Konstantin die leidenschaftliche Politik des Konstantius den Krieg gegen das Heidentum eröffnet hätte. Konstantin hat den Grund gelegt, auf welchen die Folgezeit bauen konnte. Er hat als der Erste dem Heidentum die Kenntnis erschlossen, daß es von dem Staate nichts mehr zu erhoffen habe; er ist der erste Kaiser auf dem Throne des Weltreichs, der die alte Religion öffentlich mit Verachtung behandelt und die neue empfiehlt. Sein Ziel war die Beseitigung des Heidentums, aber auf dem Wege allmählicher Zertrümmerung.

Die Religionspolitik der nachfolgenden christlichen Herrscher zeigt manches Schwanken, indem politische Verwickelungen und sonstige außergewöhnliche Vorkommnisse, die unter Konstantin fehlten, störend einwirkten. Der Kampf ist bald mit größerem, bald mit geringerem Nachdruck geführt worden. Doch ist in allen diesen Wechselfällen und Ungleichheiten die Richtung auf das Ziel immer wieder gefunden worden. In der That hätte eine Regierung, die jenes Ziel aufgegeben hätte, sich selbst aufgegeben. Denn in jenem Ziele lag die Zukunft des Reichs. Wenn zugestanden wird, daß für die griechisch-römische Menschheit die alte Religion nutzlos und hemmend geworden war, so wird damit die Notwendigkeit der Vernichtung derselben zugestanden. Der Staat hat zwei Jahrhunderte gebraucht, um bis zu diesem Punkte zu gelangen, ein Beweis, daß dieser Religionskampf im Großen und Ganzen mit Schonung und Geduld geführt worden ist. Einzelne Ausnahmen heben diesen Schluß nicht auf.

Widerstandswille und Widerstandskraft des Heidentums treten nur an vereinzelten Punkten hervor. Die alte Religion ist fast ganz ohne große Momente untergegangen; da-

mit bezeugte sie ihre eigene Unfähigkeit, den an sie Glau=
benden noch etwas sein zu können. Unter den Wirkungen
der kaiserlichen Religionspolitik im Bunde mit der Arbeit
der Kirche und an ihrer eigenen Schwäche und inneren Halt=
losigkeit ist sie ruhmlos abgestorben.